# Die Digitalisierung frisst ihre User

Anabel Ternès · Hans-Peter Hagemes

# Die Digitalisierung frisst ihre User

Der digitale Wahnsinn und wie Sie ihn beherrschen

Anabel Ternès
GetYourWings gGmbH
Berlin, Deutschland

Hans-Peter Hagemes
ProSiebenSat.1
Unterföhring, Deutschland

ISBN 978-3-658-21360-2     ISBN 978-3-658-21361-9  (eBook)
https://doi.org/10.1007/978-3-658-21361-9

Die Deutsche Nationalbibliothek verzeichnet diese Publikation in der Deutschen Nationalbibliografie; detaillierte bibliografische Daten sind im Internet über http://dnb.d-nb.de abrufbar.

© Springer Fachmedien Wiesbaden GmbH, ein Teil von Springer Nature 2018
Das Werk einschließlich aller seiner Teile ist urheberrechtlich geschützt. Jede Verwertung, die nicht ausdrücklich vom Urheberrechtsgesetz zugelassen ist, bedarf der vorherigen Zustimmung des Verlags. Das gilt insbesondere für Vervielfältigungen, Bearbeitungen, Übersetzungen, Mikroverfilmungen und die Einspeicherung und Verarbeitung in elektronischen Systemen.
Die Wiedergabe von Gebrauchsnamen, Handelsnamen, Warenbezeichnungen usw. in diesem Werk berechtigt auch ohne besondere Kennzeichnung nicht zu der Annahme, dass solche Namen im Sinne der Warenzeichen- und Markenschutz-Gesetzgebung als frei zu betrachten wären und daher von jedermann benutzt werden dürften.
Der Verlag, die Autoren und die Herausgeber gehen davon aus, dass die Angaben und Informationen in diesem Werk zum Zeitpunkt der Veröffentlichung vollständig und korrekt sind. Weder der Verlag noch die Autoren oder die Herausgeber übernehmen, ausdrücklich oder implizit, Gewähr für den Inhalt des Werkes, etwaige Fehler oder Äußerungen. Der Verlag bleibt im Hinblick auf geografische Zuordnungen und Gebietsbezeichnungen in veröffentlichten Karten und Institutionsadressen neutral.

Gedruckt auf säurefreiem und chlorfrei gebleichtem Papier

Springer ist ein Imprint der eingetragenen Gesellschaft Springer Fachmedien Wiesbaden GmbH und ist ein Teil von Springer Nature
Die Anschrift der Gesellschaft ist: Abraham-Lincoln-Str. 46, 65189 Wiesbaden, Germany

# Vorwort: Unser Wettlauf mit der Digitalisierung

Social Bots, Fake News, Echoräume, Trollarmeen – nahezu täglich bewegt sich das Datenuniversum und gebärt eine neue Möglichkeit, einigen Usern das Leben einfach, es aber vielen schwerer zu machen. Schauen wir uns um: Welche wirre Idee kann seit heute im Netz bedient werden? Welche Sau treibt zur Stunde die digitale Infoelite durchs Internet? Die digitale Revolution, die Anfang der 2000er Jahre so richtig an Fahrt aufgenommen hat, wird ständig durch neue Entwicklungen und Geschäftsideen befeuert. Diese Digitalisierung ist der Treibsatz für unseren Alltag sowie für unsere Arbeitswelt, die sich dadurch immer schneller dreht – und das ist nicht nur gefühlt.

Es sind die großen US-Konzerne, welche die digitale Welt beherrschen, sie unter sich aufteilen wollen: Google, Apple, Amazon, Facebook. Aus der Internet-Suchmaschine Google, die 1997 in Betrieb ging, ist nicht nur der weltweit unumstrittene Marktführer, sondern unter dem Dach der 2015 gebildeten Holding Alphabet ein universeller, omnipräsenter Internetkonzern und Datensammler par excellence geworden. Apple hat mit seinen Produkten unsere Welt verändert: Der Konzern hat insbesondere mit dem erst 2007 auf dem Markt erschienenen iPhone praktisch ein portables Universum im Taschenformat geschaffen und uns vielfältige Kommunikationsmöglichkeiten via Smartphone praktisch überall auf der Welt und rund um die Uhr ermöglicht – und damit unser aller Leben revolutioniert. Amazon hat Handel und Transport neu erfunden: Das Unternehmen hat die Vision realisiert, dass alles hier und jetzt sofort verfügbar ist, dass jeder Wunsch überall erfüllt werden kann. Und Facebook, das erst Anfang 2004 das Licht der Bits und Bytes erblickte, lieferte das perfekte soziale Netzwerk für die Kommunikation von Milliarden Menschen untereinander und ganz nebenbei ein lukratives Geschäftsmodell für das Sammeln und Verkaufen von Daten.

Das alles wird begleitet von einem Kulturkampf. Die einen zeichnen ein düsteres Bild und schüren damit Ängste vor dem Neuen. Die anderen wünschen sich begeistert schon heute das Morgen herbei. Gefühle und Meinungen beherrschen diesen Kampf, passend zum ausgerufenen sogenannten postfaktischen Zeitalter.

Es ist wie in dem Roman „Der seltsame Fall von Dr. Jekyll und Mr. Hyde": das Gute und das Böse, vereint in einem Körper, das erst durch die Persönlichkeitsspaltung sichtbar wird. So wird dem User eine heile digitale Fabelwelt angepriesen, von deren Möglichkeiten selbst ein Visionär vor wenigen Jahren nicht zu träumen gewagt hätte. Aber es klaffen in dieser digitalen Welt auch die dunklen Abgründe, in die der User tief stürzen kann. Die Digitalisierung – eine Schauernovelle wie das Werk des schottischen Schriftstellers Robert Louis Stevenson.

Nicht umsonst sind es die US-Konzerne, die das Datenuniversum beherrschen. Dort, in den Vereinigten Staaten, ist der Glaube an die Zukunft groß. Vor allem aber ist dort die Zukunft grundsätzlich positiv, stets das Gute. Ganz anders in Europa: Zukunft, gewiss, aber bitte vorsichtig, erst einmal genau hinschauen, denn man weiß ja nie. Die Zweifler, die Bedenkenträger haben diesseits des Atlantiks die Oberhand. Schnell sind die Verheißungen der Zukunft ins Fach „böse und gefährlich" abgelegt.

Während in Deutschland über die mangelnde Versorgung der Bevölkerung mit High-Speed-Internet diskutiert wird, ist bereits die nächste Stufe der Vernetzung in vollem Gange: Alles soll mit allem vernetzt werden. Das Internet der Dinge, Internet of Things (IoT), zieht aus den Labors in den Alltag der Konsumenten ein. Die schöne neue Welt, die wie durch Geisterhand sich öffnende Türen und Fenster verspricht, die heimische Heizungsanlage steuert, die Einkaufsliste über die Lücken im Kühlschrank erstellt und die Großmutter bei deren Blick in den Spiegel daran erinnert, die Tablette für die Nacht einzunehmen. Das ist erneut die Seite vom freundlichen Dr. Jekyll. Doch da ist auch schon wieder Mr. Hyde: Denn sind erst einmal alle Geräte miteinander verbunden, bilden sie für den geschickten Hacker eine riesige Armee, mit deren Hilfe er den kompletten Sicherheitsapparat ganzer Weltmächte zusammenbrechen lassen kann. Aus den kleinen Dingen, die das Leben angenehmer machen sollen, kann eine mächtige Cyberwaffe werden.

Was, wenn sich die künstliche Intelligenz so rasant weiterentwickelt wie in den vergangenen Jahren und mit ihr tatsächlich bald das Computersystem erschaffen werden kann, das der menschlichen Intelligenz überlegen sein wird? Die Sprachsteuerung, mit der Computer heute schon viele unserer Fragen beantworten können, ist nur ein erster Schritt. Weltweit ist in Forschungslabors und Start-ups die künstliche Intelligenz „the next big thing". Sie wird unser Leben morgen vielleicht ein weiteres Mal revolutionieren.

Dieses Buch hat nicht den Anspruch, die Zukunft vorauszusagen – was auch ziemlich vermessen wäre. Aber es soll helfen, in der nahen Zukunft einen vernünftigen und möglichst sicheren Umgang mit der digitalen Welt zu ermöglichen. „Nur, wer weiß, was hinter den Apps und Gadgets der smarten Welt steckt, was Daten wirklich bedeuten und wie wir uns durch clevere Anwendungen selbst schützen können, wird sich selbstverständlich und ohne Angst in ihr bewegen." (https://www.startnext.com/calliope). Das steht unter anderem auf der Netz-Startseite von Calliope mini, einer Initiative, die mit einem kleinen Board, einem Minicomputer für Schülerinnen und Schüler ab der dritten Klasse, Begeisterung für die IT wecken will.

Schutz vor Cyber-Attacken kann dieser Leitfaden nicht geben, genauso wenig verhindern, dass der eine oder andere Internet-User in einen Datenabgrund fällt. Er kann aber vielen das Angebot machen, sich unter Beachtung von einfachen Grundregeln der Vorzüge des Internets zu erfreuen, aber ihm nicht gleich hilflos ausgeliefert zu sein. Mit anderen Worten: Der Leitfaden soll Mr. Hyde das böse Treiben ein wenig schwerer machen.

Die Idee für dieses Buch wurde während eines unserer Gespräche in einem Redaktionsbüro geboren – im Raum viele Fernsehgeräte, über deren Bildschirme Nachrichten aus aller Welt flimmerten. Auf dem Schreibtisch stand der Computer, auf dessen Monitor immer neue Meldungen der Nachrichtenagenturen aufliefen. Zwei Smartphones, ein Laptop und ein Tablet-Computer lagen schließlich auf dem Konferenztisch. Beim Anblick der Szenerie tauchten Fragen auf: Wie wird das weitergehen? Wie werden wir morgen kommunizieren? Wie gefährlich ist es, in eine digitale Welt hineinzuwachsen, die in den Händen von wenigen Konzernen liegt? Wollen wir das alles überhaupt? Was ist noch gut für uns, was schlecht?

Es ist noch gar nicht so lange her, da hatten viele von uns noch die belächelt, die vor den Gefahren der Digitalisierung warnten – Fortschrittsverweigerer, welche die angeblich heile Welt von gestern bewahren wollten. Getrieben von einer übertriebenen Angst vor Bits und Bytes waren es nur einige Hypersensible, die sich ausgespäht sahen. Edward Snowden, der Whistleblower, war deren Held, ihn beteten sie förmlich an.

Doch denjenigen, die damals die angeblichen Fortschrittsverweigerer belächelt hatten, ist meist längst nicht mehr nach Lachen zumute. Vielen von ihnen ist das Lachen im Halse stecken geblieben. Denn sie sehen, wie plötzlich ihre eigenen Werte bedroht sind, ihre kleine Welt ins Wanken gerät: Zu reden ist dabei noch nicht einmal davon, wie die großen Vier – Apple, Google, Amazon und Facebook – in unseren Alltag eingreifen, uns zum Teil manipulieren. Ganz zu schweigen von den Armeen von Trollen, die mit Social Bots geschickt Stimmungen schüren und letzten Endes ganze Gesellschaften in die Krise stürzen wollen. Nein, es geht darum, wie plötzlich die dunklen Seiten des World Wide Webs über das kleine, ganz private Glück einen Schatten werfen. Plötzlich geht es nicht mehr nur um die großen Konzerne, deren Millionen von Kundendaten von Hackern geklaut wurden. Plötzlich geht es um das eigene Leben, die eigenen Daten, das eigene Geld.

Es geht um Einkäufe auf den beliebten Plattformen, die der Kontoinhaber niemals getätigt hat und über die er sich nur noch die Augen reiben kann, nachdem sich Hacker auf seinem Kundenkonto kräftig bedient haben. Es geht um die Stromversorgung in den eigenen vier Wänden, die in Gefahr sein soll, weil Hacker in die Computeranlage des kommunalen Energiebetreibers eingestiegen sein könnten. Oder es ist zu lesen, dass lebenswichtige Maschinen in Krankenhäusern abgestellt werden könnten, weil Kriminelle, die Computerprogramme schreiben können, die Hospitäler um Millionen erpressen würden. Oder auf einmal „spinnt" das eigene Smartphone, weil ein gefährlicher Virus die Software durcheinanderbringt.

Weiß heute nicht jeder um die Gefahren des Netzes? Wissen nicht die meisten Nutzer, dass jede Aktion im Internet, von der Bestellung der Jeans bis zur Mitgliedschaft im Dating-Dienst, Spuren hinterlässt? Spuren, denen geschickte Freaks leicht für ihre kriminellen Geschäfte folgen können? Ja, eigentlich könnte, ja sollte ein jeder all das wissen. Doch viele lässt die Frage der Sicherheit im Internet und die Grenzen der Digitalisierung kalt, sie wollen in ihrer Bequemlichkeit nicht gestört werden. Im Gegenteil – ist es nicht gut, wenn Geheimdienst und Kriminalpolizei mit all den Daten Profile von Terroristen erstellen und diese womöglich noch vor der Tat auffliegen lassen?

Jeder, der die Vorzüge des Netzes einmal kennengelernt hat, möchte nicht mehr darauf verzichten: Surfen zu entlegenen Punkten der Welt, zocken in den glitzernden Casinos des virtuellen Glücksspieluniversums, amüsieren in den digitalen Hochaltären der Sexindustrie, verfolgen von Weltereignissen in Echtzeit – alles nur einen Klick entfernt, einfach fantastisch. Anderseits ist die Gefahr allgegenwärtig, den süßen Verführungen des Internets zu erliegen und diese dann mit den ganz privaten Daten bezahlen zu müssen. Aufbereitet durch die schier unendlich erscheinenden Möglichkeiten der allgegenwärtigen Digitalisierung, könnte am Ende der gläserne User an der Tastatur sitzen, den die Datengiganten mit Hilfe von Algorithmen beim alltäglichen Einkauf manipulieren können. Das erinnert schon sehr an Goethes Faust, der seine Seele an den Teufel verkaufte, um endlich das Leben genießen zu können. Aber die Rechnung hat ihm dann ja der Teufel präsentiert.

Zu Ende gedacht: Ist die Digitalisierung ein Sargnagel für unsere zivilisierte Gesellschaft, für unsere westlichen Werte, für unsere Demokratie? Wird sie die Menschen unterstützen oder sie verdrängen? Wird die Mehrheit der Menschen also für die Arbeitswelt bald überflüssig und nur noch bespaßt werden oder gar den Robotern dienen?

Das Vehikel der Digitalisierung ist das Internet, das uns allen grenzenlose Möglichkeiten versprach. Dem World Wide Web liegt eine grunddemokratische Idee zugrunde: Jeder kann jederzeit auf die weltweit existierenden Informationen frei zugreifen. Doch produziert, ja provoziert diese Idee gerade auch antidemokratisches Verhalten. Die Kompromisssuche, ein klassisches Instrument der Demokratie, ist im Netz kaum existent. Streitigkeiten werden ohne Skrupel auf die Spitze getrieben, einen Zwang, auf den anderen zuzugehen, gibt es nicht. Intoleranz ist allenthalben zu sehen. Auf den verschiedensten Plattformen machen sich Cyber-Mobbing, Anstandsverlust, Hetze, Wut und Hass breit. Eine Hemmschwelle für all das kennen offenbar viele User des Netzes nicht mehr. Und wer einmal von Gleichgesinnten für menschenverachtende Kommentare im Internet Applaus erhalten hat, der sieht häufig auch keinen Grund mehr, sich in der analogen Welt nicht entsprechend zu äußern. Zudem: Stützen der Demokratie, wie beispielsweise Parteien, werden verunglimpft, ganze Gesellschaftsgruppen gebrandmarkt. So wird bei vielen **aus einer** Verachtung des Establishments **eine** Verachtung der Demokratie.

Aber bevor wir die politische Debatte vorantreiben, sehen wir uns das Netz und die Digitalisierung einmal genauer an. Der Leitfaden soll helfen, Verhaltensmuster zu entwickeln, die dem User ermöglichen, sich möglichst unbeschadet in der digitalisierten Welt zu bewegen. So soll schließlich das Internet für ihn schlicht ein Hilfsmittel sein, praktisch und bequem. Staatsgeheimnisse hat er wohl keine, höchstens Geheimnisse vor seinem Partner. Für ihn ist wichtig, nach Lust und Laune Kinokarten zu bestellen, schnell das coole T-Shirt online einzukaufen, das noch rechtzeitig für den

Abend geliefert wird, und von überall aus mit den Freunden zu jeder Tages- und Nachtzeit chatten zu können, über Facebook, Instagram, Snapchat oder, oder, oder. Wichtig ist für ihn auch, dass sein Navigationsgerät in Sekundenschnelle den richtigen Weg weist, er seinem Arbeitgeber von der heimischen Couch aus wichtige E-Mails beantworten kann, ohne dabei seinen Fitnessstatus aus den Augen verlieren zu müssen. – Das alles am besten, wenn er dabei auf seinen Persönlichkeitsschutz vertrauen kann.

Dr. Anabel Ternès<br>
Hans-Peter Hagemes

# Inhaltsverzeichnis

Der Wunsch, Gutes zu tun – heute ein Risiko?     1

Ständig online – wie das Internet unser Leben verändert     19

Virtuell wird reell – verbale Entgleisungen auf Facebook
mit tödlichen Folgen     29

#HauptsacheAlessiogehtesgut – welche Idole verführen uns?     43

Die eierlegende Wollmilchsau – die Gesellschaft, die
Politik und das Smartphone     57

Bequemlichkeit 4.0 – die schrittweise Evolution zur
Häppchengesellschaft     65

Von Planking bis zum Pattern – die Relevanz einer Nachricht     81

Bad News – der Sog des Bösen     101

Trieben ausgeliefert? Die Sucht nach Neuem und die
Angst vor Veränderung     109

Wag the dog – der Angriff von Social Bots und Trollarmeen     119

Überforderung durch Datenflut     131

Das ist meins – Datenverkauf ... 149

Eine Frage der Sicherheit – wie viel
Überwachung brauche ich? ... 165

Der Sack Reis in China – der Mythos von Nähe und Ferne ... 183

Programmierer statt EDV-Mitarbeiter – von neuen
Berufen und Berufungen ... 193

Die Vielfalt der Lebensstile – wird das Konsumverhalten
unberechenbar? ... 213

„Was ihr wollt" 4.0 – Studien zu Gen Y und Z ... 231

Das Gedächtnis des Netzes – Flüchtigkeit geteilter
Augenblicke und das Recht auf Vergessen ... 261

Wem kann man noch vertrauen? Klassische Werbung
versus Influencer-Marketing ... 285

Viele Gefahren – eine Antwort: Bildung! ... 305

# Der Wunsch, Gutes zu tun – heute ein Risiko?

Mit 248.544 Unterzeichnern wird die Petition für den Schutz des Weltnaturerbes Selous in Tansania am 27. Juni 2017 zu einer der erfolgreichsten Petitionen in der Geschichte des WWF überhaupt – dank einer Zusammenarbeit mit YouTubern (WWF 2017).

Selbst große traditionsreiche soziale Organisationen öffnen sich für Aufrufe immer mehr den digitalen Medien. Tue Gutes und rede darüber – was Walter Fischer (2002) in seinem gleichnamigen Buch einst Non-Profit-Organisationen in puncto Öffentlichkeitsarbeit empfahl, ist heute längst zur Grundregel im Marketing geworden: Ein positives Unternehmensimage ist fast genauso wichtig wie Qualität und Preis von Produkten und Dienstleistungen. Es gehört in der Wirtschaft mittlerweile zum guten Ton, sich gesellschaftlich, sozial und ökologisch zu engagieren – und dies natürlich medienwirksam zu kommunizieren. Digitalisierung sei Dank, geht das auch scheinbar ganz unkompliziert. Einfach Beiträge auf die Homepage gesetzt, schon können Interessierte die Aktivitäten verfolgen. Wobei das Schnelle nicht das Gute sein muss und vorschnelle Aktionen wie unbedacht auf Facebook eingestellte Fotos schon oft für Reputationsschäden gesorgt haben.

Und darauf legen wir Wert: Wir wollen uns gut fühlen, und das geht schon bei einer Kaufentscheidung los. Fallen bestimmte Marken mit skandalösen Arbeitsbedingungen auf, empören wir uns fürchterlich. Zumindest kurzfristig. Wie können wir billig hergestellte Textilien kaufen, die unter schlimmsten Bedingungen von kleinen Kinderhänden in der dritten Welt genäht wurden? Es kann gut sein, dass wir diese Marke dann meiden, oder doch kaufen, aber immer mit dem Reputationsschaden als fadem Nachgeschmack dabei.

## Von wachsenden Bärten und medial inszenierten Eiswürfelduschen

Die tägliche gute Tat ist mehr als einer der ausgesprochen klugen Allgemeinplätze, die sich in Kalendern finden. Es ist längst wissenschaftlich erwiesen, dass wir uns selbst besser fühlen, haben wir anderen Menschen, Tieren oder der Umwelt etwas Gutes getan. Nicht umsonst gibt es Glückstrainer und sogar Glückspädagogen – sie rühren an dem Guten in uns und setzen so eine enorme Menge an Energie frei. Glückliche Menschen leisten nicht nur mehr, sondern tun dies auch mit weniger Kraftaufwand. Das Glücksgefühl wird auf verschiedene Weisen definiert: Wir sehnen uns danach – und deswegen tun wir Gutes. Allerdings ist es die Frage des Antriebs, die die wichtigen Unterschiede setzt. Da wären die Menschen, die aus einer intrinsischen Motivation heraus handeln: Sie erfassen eine Situation und handeln ganz selbstverständlich, aus tiefster Überzeugung und ohne groß darüber nachzudenken. Und dann gibt es die extrinsisch Motivierten, die mit ihrer guten Tat einen bestimmten Effekt erzielen möchten.

Wenn sich beispielsweise zahlreiche mehr oder weniger Prominente ganze Eimer mit Eiswürfeln wohl inszeniert über den Kopf schütten oder schütten lassen, dann könnte das für sich genommen vielleicht eine eigenartige Vorliebe in der Körperpflege sein. Werden diese Momente jedoch gefilmt und über die einschlägigen sozialen Netzwerke verteilt, dann erregt diese Aktion Aufmerksamkeit (Bast 2014). Steht da eine halbnackte Helene Fischer auf der Straße, gerät leicht in den Hintergrund, dass es um eine Spendenaktion geht: Auch wenn die Auslöser wohl nicht eindeutig auszumachen sind, bezog sich die Herausforderung nicht nur auf eben jene Eiswürfeldusche, sondern auch auf eine Spende zur Erforschung der Amyotrophen Lateralsklerose (ALS) und die Nominierung weiterer Teilnehmer und Spender. Einen Ausweg für „Warmduscher" hatten die Initiatoren ebenfalls vorgesehen, sie konnten dann einen höheren Spendenbetrag auf das entsprechende Konto überweisen. Das Ergebnis war beeindruckend: Mehr als 28 Mio. Eisduschen fanden statt, insgesamt konnten 115 Mio. US$ eingesammelt werden (siehe Abb. 1; Uhlmann 2017).

Es liegt ja geradezu auf der Hand, dass sich die Marketingspezialisten diesen viralen Hit nicht entgehen ließen: Im Prinzip stürzte sich in Deutschland alles, was Rang und Namen hatte, aber eben auch einen Vorteil generieren konnte, den Eiskübel über den Kopf, um dann bereits mit den ausgeklügelten Nominierungen für weitere Aufmerksamkeit zu sorgen. War ja für

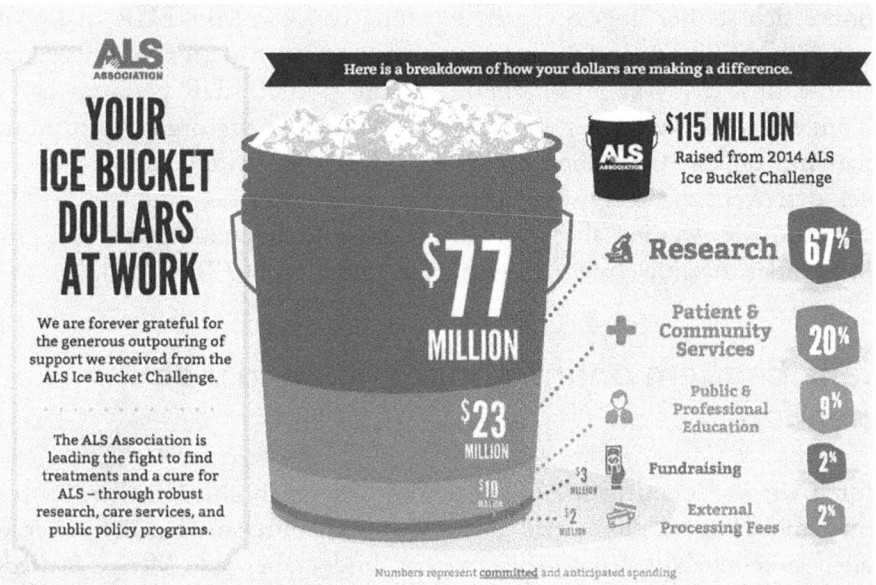

**Abb. 1** Verwendungszwecke der durch die „Ice Bucket Challenge" eingenommenen Geldspenden. (ALS Association 2015)

einen guten Zweck! Die Videos verbreiteten sich rasend schnell und fanden sogar Eingang in die großen Medien: Prominente engagieren sich bei der Bekämpfung einer furchtbaren Krankheit – für das Image eine tolle Sache. Natürlich ist es wichtig, die eigene Prominenz dazu zu nutzen, solche Themen nicht nur in die Öffentlichkeit zu tragen, sondern auch andere zur Teilnahme und Spende zu animieren. Tatsache ist jedoch, dass nur 20 % der Teilnehmer im Video überhaupt eine Spende zusagten, ein Viertel verzichtete sogar komplett darauf, die Krankheit ALS und damit den Anlass der Aktion auch nur zu erwähnen – den angenehmen Nebeneffekt gab es jedoch trotzdem (Uhlmann 2017).

Im Gegensatz zu dieser ganz offensichtlich nicht verinnerlichten Challenge ermöglichen uns wiederkehrende Aktionen ein gewisses Zusammengehörigkeitsgefühl, wir werden Teil einer guten Bewegung. Erkennen wir beispielsweise zum Ende eines Jahres an den Männern in unserer Umgebung einen verstärkten Bartwuchs, könnten die Herren an der Movember-Aktion teilnehmen. Seit 2003 lassen sich Männer in nunmehr über 21 Ländern im November die Bärte wachsen und spenden Geld, um Anliegen der Männergesundheit, wie beispielsweise die Erforschung des Prostatakrebses und Vorbeugemaßnahmen, zu finanzieren. Die Stiftung konnte sich seither über Spenden in Höhe von 495 Mio. EUR freuen, die rund fünf Millionen Teilnehmer zusammengetragen hatten – ausgegangen war die Initiative von 30 Männern, die mit 39.000 EUR gestartet hatten. Damit rührt die von einer eigens gegründeten Stiftung organisierte Aktion nicht nur an das Grundbedürfnis, Betroffenen zu helfen, sondern sie regt auch den Wettbewerbsgeist an: Ende November wird der schönste 30-Tage-Bart gekürt, es werden aber auch die Teams und Teilnehmer mit den größten Spenden ausgezeichnet (Movember Foundation 2017).

## Ganz bequem online shoppen und mal eben spenden

Hören wir von derartigen Aktionen oder den vielen ehrenamtlich in unserem Land Tätigen, dann wird unser Gewissen durchaus berührt, aber wir haben ja keine Zeit! Wir würden ja gern, finden aber jede Menge Ausreden vor anderen – und vor allem vor uns selbst. Wie gut, dass es die einschlägigen Online-Portale gibt, die uns eine Spende so ganz nebenbei ermöglichen, beiläufig eben: Wir loggen uns beim Online-Händler unserer Wahl über einen bestimmten Link ein, kaufen das Gewünschte und schwupp, ein kleiner Anteil des Einkaufswertes wird auf ein Spendenkonto überwiesen. Ganz automatisch und ohne Zusatzkosten für uns, selbstverständlich. Oder wir folgen einem Spendenaufruf in den Medien, spenden per Klick oder Anruf und ergötzen uns am strahlenden Lächeln eines kleinen afrikanischen Kindes, das uns als Dank präsentiert wird. Schon fühlen wir uns gut, wir haben unser Gute-Taten-Konto wieder ausgeglichen. Wie sich die Spendenzahlen entwickeln, wofür gespendet wird und warum, ist Abb. 2, 3 und 4 zu entnehmen. All diese Initiativen sind sinnvoll und wichtig – ersetzen aber kein Engagement vor Ort, direkt in unserem Umfeld. Wie es um das ehrenamtliche Engagement in Deutschland bestellt ist, zeigt Abb. 5.

So viele schauen doch lieber weg, wenn sie auf Jugendliche treffen, die ganz offensichtlich frustriert sind und aus den unterschiedlichsten Gründen an den Herausforderungen des Lebens scheitern. Fühlen sich betroffen, wenn alte Menschen in Müllbehältern an der Straße nach Ess- und Verwertbarem wühlen. Initiativen wie Oxfam bewirken viel, wenn sie mithilfe der Spenden Second-Hand-Läden für Bedürftige betreiben, die es in unserem Land immer häufiger gibt. Jede kleine Spende, die mit einem Online-Einkauf generiert wird, hilft ein gutes Stück weiter – und hinterlässt

## Weiter steigende Spendenhäufigkeit – mittelfristig stagnierende Spenderzahl

Abb. 2 Entwicklung von Spenderzahlen, Spendenhäufigkeit und Durchschnittsspende bis 2016. (GfK und Deutscher Spendenrat e. V. 2017a)

## Not- und Katastrophenhilfe mit deutlich geringerem Anteil am Spendenvolumen als 2015

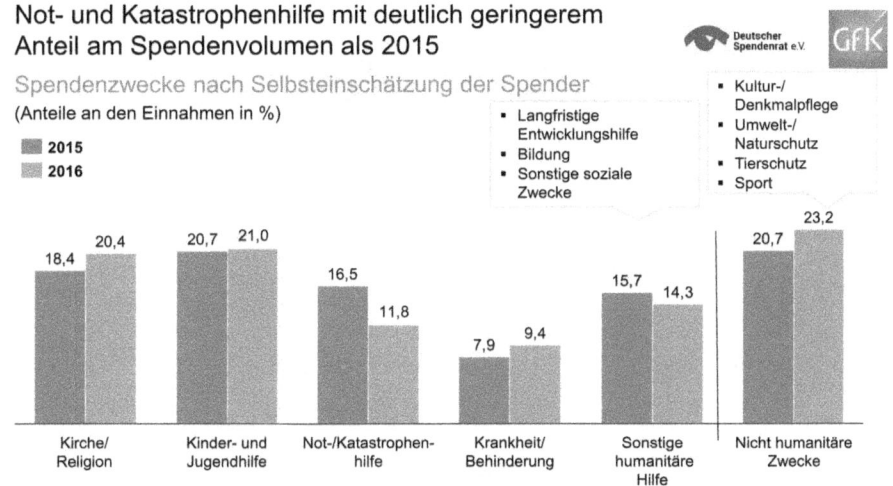

Abb. 3 Spendenzwecke nach Selbsteinschätzung der Spender 2015 und 2016. (GfK und Deutscher Spendenrat e. V. 2017b)

in uns ein gutes Gefühl (Oxfam 2017). Unvorstellbar, welche Euphorie wir empfinden könnten, wenn wir direkt vor Ort zupacken würden. Aber die Sorge vor zu viel Nähe zur Not lässt uns gern für entfernte Länder spenden, für unbekannte Orte, Menschen, Produkte. Der gute Wille, so hoffen wir, zählt und gibt das gute Gewissen.

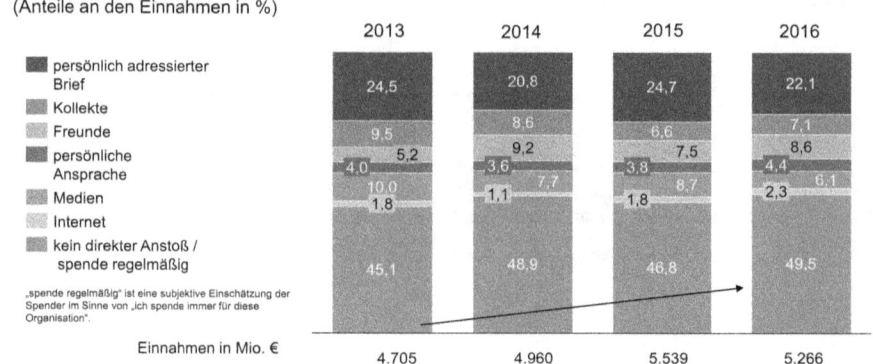

**Abb. 4** Was hat den Anstoß zur Spende gegeben? (GfK und Deutscher Spendenrat e. V. 2017c)

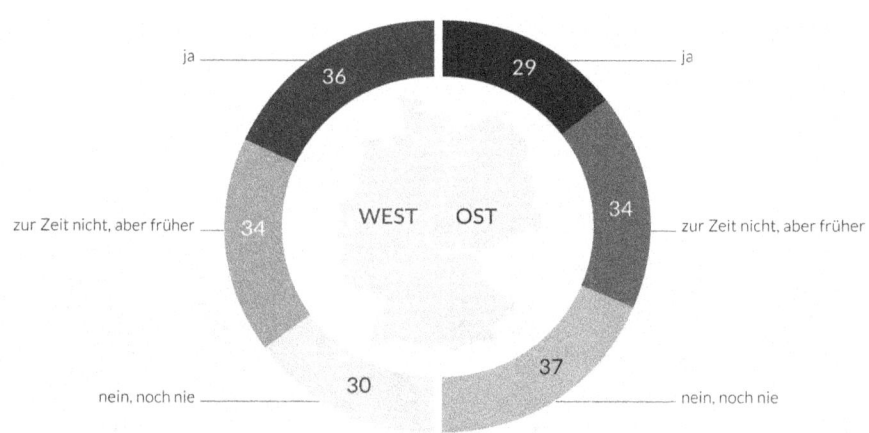

**Abb. 5** Ehrenamtliches Engagement in Ost- und Westdeutschland (in %). (Bertelsmann Stiftung 2017a)

# Wenn ein „Willkommen" zum gesellschaftlichen Problem wird

Wie gerührt saßen wir an den Bildschirmen, als im September 2015 die Bilder von Münchener Bahnhof um die Welt gingen: Ja, wir Deutschen sind ein Menschenschlag mit wirklich großen Herzen, endlich konnte es die ganze Welt sehen! Unsere Bundeskanzlerin hatte ein Machtwort gesprochen und eine unerträgliche Situation in Ungarn entschärft, indem sie die Grenzen für die dort gestrandeten Flüchtlinge öffnete und diese nach Deutschland holte. Die Tragödie von Lampedusa hatte uns lange nicht so berührt, das Geschehen war sehr weit weg – und doch um vieles tragischer. Monat für Monat waren wir mit Berichten und Bildern von im Mittelmeer ertrinkenden Menschen konfrontiert worden, die dramatisch hohe Zahl der Opfer wurde für uns zur nüchternen Statistik. Nein, wir wollen nicht unmenschlich sein, das passt nicht in unser Weltbild. Verdrängen ist ein wirkungsvoller Mechanismus, mit dem wir uns vor unangenehmen Gefühlen schützen: Hätten wir sonst ohne erkennbare Wirkung überstehen können, was dem September 2015 vorausging (Merkel 2015)?

Wie es zu den Fluchtbewegungen kam, warum in Afrika sowie im Mittleren und Nahen Osten so viele Menschen überhaupt in die Flucht getrieben werden und wie man die Zukunft aufgrund dieser Entwicklung aktiv gestalten muss, das wurde nicht in der Öffentlichkeit diskutiert. Die Entwicklungen waren bekannt und sind keinesfalls überraschend über uns hereingebrochen. Die Ursachen sind nicht aus der Welt, all das geschieht auch weiterhin tagtäglich und in den meisten Fällen ohne mediale Präsenz – also müssen wir uns gar nicht damit befassen. „Willkommenskultur" mischte sich schnell mit Angst, Unsicherheit, Überforderung. Menschen, die sich engagieren und mit ihrem Einsatz die Not der Flüchtlinge lindern wollen (siehe Abb. 6 und 7), werden als „Gutmenschen" bezeichnet – was in diesem Fall nicht nur positiv gemeint war.

# Von der Blindheit auf linken Augen und der Macht rechter Ängsten

Gefühle lassen sich nicht rational erklären, das liegt in der Natur der Dinge. Ängsten sollten wir jedoch auf den Grund gehen, so vermitteln es die einschlägigen Ratgeber. Wie verfahren wir also mit unserer Angst vor Rechtsradikalismus? Er ist perfide, menschenverachtend und nicht zu tolerieren – keine Frage.

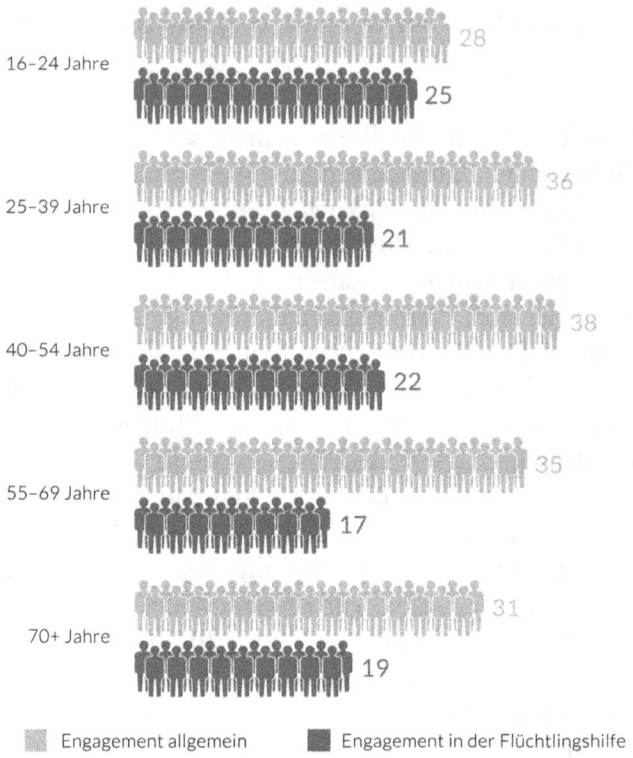

**Abb. 6** Ehrenamtliches Engagement allgemein und für Geflüchtete nach Altersgruppen (in %). (Bertelsmann Stiftung 2017b)

Und ja, es gab furchtbare Übergriffe, Asylantenheime brannten und Busse mit Flüchtlingen wurden drangsaliert. Jeder gesellschaftliche Aufschrei war berechtigt. Er mutet aber auch verlogen an, führen wir uns den Umgang mit dem NSU vor Augen, mit dessen von sogenannten V-Leuten mitgetragenen Machenschaften wir lange Zeit nicht rechtsstaatlich abgeschlossen hatten. Es braucht eine klare Auseinandersetzung und Positionierung zu universalen humanistischen Werten, um ein tiefes demokratischen Verständnis entwickeln zu können: Demokratie besteht nicht nur aus der Mitte – ein Wahlkampf-Slogan, der zum Nachdenken anregen sollte.

Gewalt von links ist ebenso zu verurteilen wie Gewalt von rechts. Gutes tun und dabei gewalttätig sein, passt nicht zusammen. Und doch neigen viele zur Bagatellisierung, wenn Steine und Molotow-Cocktails

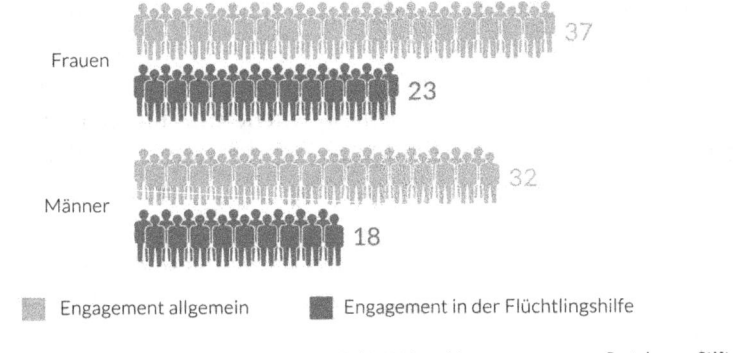

**Abb. 7** Ehrenamtliches Engagement allgemein und für Geflüchtete nach Geschlecht (in %). (Bertelsmann Stiftung 2017c)

durch die Luft fliegen, selbst in politischen Kreisen und den Medien. Die Auseinandersetzung ist unbequem und keineswegs leicht. Wir fühlen uns mit Sicherheit auch nicht gut, wenn unserer Gesellschaft dieser Spiegel vorgehalten wird: Aber es ist nun einmal die Wahrheit. Dunja Hayali, Journalistin und Moderatorin, hat es uns vorgemacht. Sie diskutierte ausführlich mit Vertretern des rechten Spektrums, besuchte AfD-Veranstaltungen und fragte Teilnehmer nach deren Beweggründen. Es war kein schönes Bild, das sie zeichnete. Ihre Arbeit zeigte aber auch, dass die Grenzen zwischen Meinungsfreiheit einerseits sowie Hass und Hetze andererseits immer mehr verschwimmen – oder noch nie klar gezogen wurden (Hayali 2016)? Offenbar sind es die fehlenden Alternativen in der Mitte, die schlechten Erfahrungen und vor allem Ängste, die zu einem Gefühl der Ohnmacht und in der Folge zur Radikalisierung führen. Es sind die Mängel in unserer Demokratie, fehlende Transparenz und ein gefühltes Entfernen der politischen Elite vom Volk, die Teilnehmer von Wahlkampfveranstaltungen Tomaten werfen oder diffamierende Parolen skandieren lassen. Unsere Ängste, von der Vergangenheit eingeholt zu werden, lassen uns wie das Kaninchen vor der Schlange erstarren und bereiten erst den Boden für derartige Entwicklungen. Aus dem schieren Bemühen um ein gutes Gefühl, um den guten Eindruck, den andere von uns haben sollen, als Gutmensch zu erscheinen, der die Willkommenskultur pflegt, vergessen wir, uns mit uns selbst zu befassen, mit Hintergründen, gesellschaftlich, politisch und wirtschaftlich nachhaltigen Entwicklungen. Im Wunsch, durch Selbstlosigkeit Zuspruch und Achtung zu bekommen, durch ein ungefiltertes Ja zu Wirtschaftsflüchtlingen ebenso wie z. B. zum Nachzug von Kinderehe-Gatten und -Gattinnen werfen wir nicht selten unsere Werte über Bord. Genauso selbstverständlich wie wir in Deutschland oftmals Frauen in Ganzkörperschleier nicht nur billigen, sondern dies als Emanzipation und Selbstverwirklichung bezeichnen, ziehen wir in der Moschee in Abu Dhabi das langärmelige Shirt und den Schleier über und nehmen den Eingang für Frauen.

Aber der ungefilterte Zuspruch zu Geflüchteten, gleich ob sie aus Gründen des Krieges oder der Armut nach Deutschland gekommen, hat sich etwas geschmälert (siehe Abb. 8).

Wir wollen Gutes tun, das liegt in der menschlichen Natur. Spenden, die uns ganz bequem und teilweise sogar ohne zusätzliche Kosten ermöglicht werden, dienen nicht wenigen als willkommenes und komfortables Alibi für ein gutes Gewissen. Falko Paetzold, Gründer des Center for Sustainable Finance and Private Wealth an der Universität Zürich, sieht diese Tendenz vor allem bei einer Gesellschaftsgruppe: die Millenial-Investoren, darunter vor allem die sogenannten UHNWIs, die Ultra high-net-worth individuals, die 20- bis 40Jährigen mit einem investierbaren Vermögen von über 30 Mio. US$. Ihnen, so Paetzold, gehe es an erster Stelle darum, bei jedem Investment Nachhaltigkeit zu integrieren und das von Anfang an, um gute Renditen

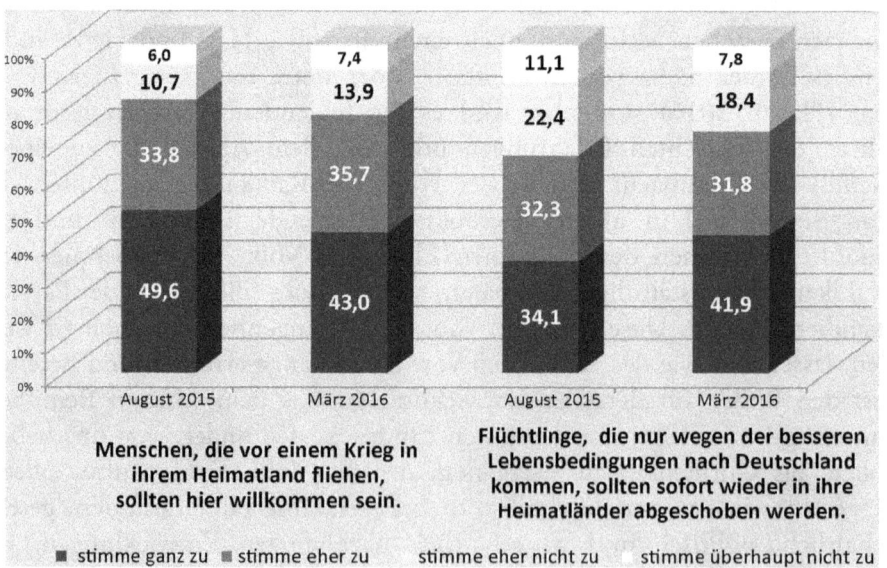

**Abb. 8** Die Bielefelder Wissenschaftler messen Willkommenskultur mit unterschiedlichen Fragen. (Streib 2016)

und Gutes tun sinnvoll zu verbinden (Ammann und Brunner 2017, S. 23 f.). Klimawandel und globale soziale Ungerechtigkeit sind Themen, mit denen sie aufgewachsen sind. Mittlerweile gibt es nicht nur für diese Zielgruppe, sondern auch für Anleger mit kleineren Summen alternative Anlagemöglichkeiten. Unter dem Stichwort „nachhaltig investieren" sind es Anlageprozesse, die neben den grundsätzlichen Finanzinformationen auch Umweltaspekte, soziale Themen und nachhaltige Unternehmensführung einbeziehen. Solche Investments liegen im Trend: 2016 wurden weltweit ca. 23 Billionen US$ so investiert. Das ist im Vergleich zu 2014 ein Plus von 25 % (Ammann und Brunner 2017, S. 24). „Ältere Menschen haben oft noch eine Art aufgeteilte Denkweise: Auf der einen Seite erwirtschafte ich Renditen, egal wie; und auf der anderen Seite spende ich Geld für einen guten Zweck, egal, ob es dafür auch marktwirtschaftliche Lösungen gäbe." (Ammann und Brunner 2017).

Die Entwicklung der Spendenvolumina von 2015 bis 2016 nach Altersgruppen zeigt Abb. 9.

Die Sehnsucht nach der heilen Welt bleibt – und doch interessieren uns die schlechten Nachrichten immer mehr als die guten. Seit 2012 findet jedes Jahr der internationale Impact Journalism Day statt – ein Tag, an dem 50 internationale Medien einen bewusst lösungsorientierten konstruktiven Journalismus einhalten (impactjournalismday 2017).

Im Internet gibt es sogar Medien, die nur Gutes berichten, darunter die globale Journalistenkooperation www.positive.news oder das indische Online-Magazin www.thebetterindia.com – beide Medien verzeichnen weder ein großes noch ein wachsendes Publikum (The Good News 2017, S. 4).

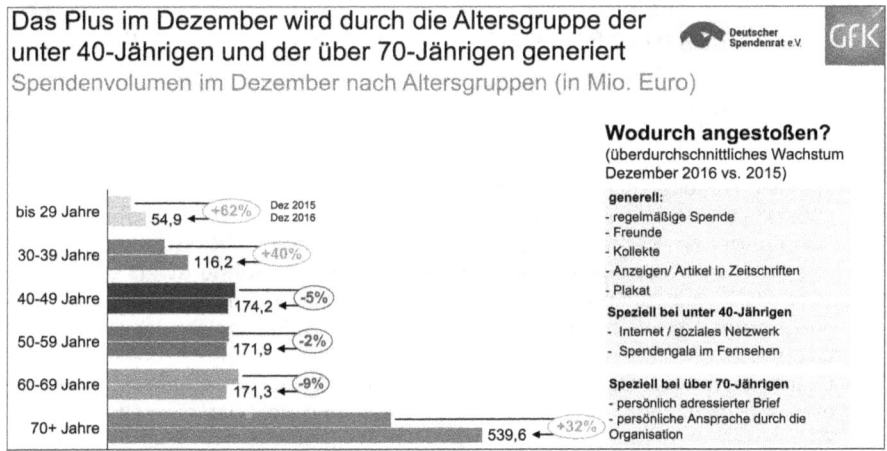

**Abb. 9** Spendenvolumen im Dezember 2016 nach Altersgruppen (in Mio. Euro). (GfK und Deutscher Spendenrat e. V. 2017d)

### Wussten Sie schon?

- Um den moralischen Instinkt eines Menschen zu erforschen, beobachtete der Verhaltensforscher Frans de Waal von der Emory University im US-Bundesstaat Georgia Mitgefühl bei Menschenaffen: „Wir haben Tausende Fälle dokumentiert, in denen ein Schimpanse einen anderen tröstet." (Breuer 2011).
- von 2012 bis 2017 war eine steigende Tendenz in der ehrenamtlichen Tätigkeit in Deutschland zu verzeichnen. 2012 engagierten sich 12,21 Mio. Menschen, und 2017 waren es 14,89 Menschen in Deutschland (IfD Allensbach 2017).
- Die meisten Menschen in Deutschland engagieren sich für Kinder und Jugendliche (25 %), danach folgt das Engagement für die eigene lokale Region (18,1 %) und die Kirche (15,5 %). Kultur und Politik sind am geringsten vertreten mit 6,6 und 3,1 % (presseportal.de 2009).
- Die Forschung unterscheidet zwischen altruistischen (Uneigennützigkeit, Selbstlosigkeit, Gegensatz zum Egoismus) und egoistischen Motiven (Befriedigung von selbstbezogenen Wünschen und Bedürfnissen, z. B. „Helfersyndrom") für das Engagement in ehrenamtlichen Funktionen (Moschner 2002).
- In der Flüchtlingskrise haben acht Millionen Menschen auf verschiedene Weise Flüchtlinge unterstützt. Von den Helfern haben 88 % ein Abitur oder eine Fachhochschulreife. 72 % der Unterstützer in Deutschland sind weiblich (Brunner und Rietzschel 2016).
- 2016 haben die Deutschen 5,3 Mrd. EUR gespendet. Ein durchschnittlicher Spendenbeitrag umfasst 35 EUR. Rund 22,1 Mio. Menschen haben Geld an gemeinnützige Organisationen oder an die Kirche gespendet (Deutscher Spendenrat 2017).
- Insgesamt 339 Mio. EUR – das sind elf Prozent des Spendenvolumens – flossen im Januar bis September des Jahres 2016 in die Hilfe für Flüchtlinge (GfK 2016).
- Die Entwicklungspsychologen Michael Tomasello und Felix Warneken vom MPI in Leipzig erforschten die Hilfsbereitschaft eines Menschen in jungen Jahren durch einen Verhaltenstest mit zweijährigen Kindern. Sie stellten fest, dass bereits Kleinkinder im Alter von 18 bis 24 Monaten versuchen, andere Mitmenschen mit kleinen Taten zu unterstützen (Breuer 2011).

### Take-aways

- Ein internationales Forscherteam um So Young Park von der Universität Lübeck kommt in einer aktuellen Studie zu dem Schluss, dass großzügige Handlungen wie Schenken oder Spenden im Gehirn Glücksgefühle auslösen, auch wenn sie aus rein ökonomischer Sicht nicht lohnenswert sind (Park et al. 2017). Dieses Ergebnis ist nicht nur für das persönliche Glück, sondern auch gesamtgesellschaftlich höchst relevant: Teilen macht glücklich (RT Deutsch 2017)!
- Charity-Shopping: Online-Einkaufen kann ganz einfach mit Spenden kombiniert werden, wenn der Shop nicht direkt, sondern über spezielle Online-Portale wie Boost aufgerufen wird. Jeder Einkauf löst eine Spende an eine Hilfsorganisation, einen Verein oder ein Klimaschutzprojekt aus, das entweder vorgegeben ist oder selbst gewählt werden kann. Eine gute Übersicht

## Der Wunsch, Gutes zu tun – heute ein Risiko?   13

über verschiedene Portale ist bei RESET zu finden (Reset o. J.). Ähnlich funktioniert das Prinzip des Mobilfunkanbieters Goood, bei dem monatlich zehn Prozent jedes goood-Paket-Preises an gemeinnützige Organisationen gespendet werden.
- Neben Vermittlungsportalen bieten verschiedene Markenhersteller auch eigene Produkte an, die in Zusammenarbeit mit sozial schwachen oder benachteiligten Gemeinden entstehen. Ein gutes Beispiel ist das US-amerikanische Unternehmen Same Sky, das in Ruanda gefertigten Schmuck verkauft und die Künstlerinnen daneben mit Weiterbildungen und Arbeitsgeräten unterstützt. In der Region Berlin-Brandenburg hat sich die Lobetaler Bio-Molkerei einen Namen gemacht, in der die Produkte aus einer Zusammenarbeit von Menschen mit und ohne Behinderung entstehen.
- Wer sich nicht allein auf nachhaltigen Konsum beschränken möchte, für den gibt es im Alltag noch viele weitere Wege, Gutes zu tun – ganz individuell nach zeitlichen Möglichkeiten und Fähigkeiten. Ideen für Ehrenämter und weiterführende Links bietet ein Artikel auf Utopia.de (Scherff 2017). Wie wäre es mit einer Baumpatenschaft, der Begleitung einer jungen Familie oder der Erstellung von PR-Fotos für einen Verein? Auch viele Flüchtlingsinitiativen bieten den Freiraum, sich mit seinen Talenten zu verwirklichen und dabei anderen zu helfen. Initiativen in Ihrer Nähe finden Sie z. B. über Helpcamp (2017).
- Vereine und soziale Unternehmen können ihrerseits nach Ehrenamtlichen suchen, beispielsweise über die deutschlandweiten Plattformen von Aktion Mensch e. V. (2017) und der Stiftung Gute Tat (2017a) sowie über regionale Plattformen.
- Für junge Erwachsene bis 26 Jahren bietet sich außerdem die Möglichkeit, in Vollzeit für ein soziales Projekt ihrer Wahl tätig zu werden. Ein Freiwilliges Soziales Jahr (FSJ) kann im Inland oder Ausland absolviert werden, es dauert zwischen sechs und 18 Monaten und stellt oftmals die Brücke zum Berufseinstieg oder Studium dar. Wer älter als 26 ist und bereits mehrjährige Berufserfahrung mitbringt, kann beispielsweise am Bundesfreiwilligendienst oder am Zivilen Friedensdienst teilnehmen, deren Zeiträume flexibler und Aufgaben berufsspezifischer sind (Für soziales Leben e. V. 2017).
- Neben privatem Engagement gibt es eine Vielzahl von Social Start-ups, die ihre Geschäftsidee mit der Idee, Gutes zu tun, verbunden haben, u. a.:
  - Betterplace, die größte Spenden- und Crowdfundingplattform Deutschlands
  - Tutory, eine Plattform für Lehrerkräfte, um Unterrichtsmaterialien einfach erstellen und teilen zu können
  - Kiron Open Higher Education, eine Plattform, auf der sich Geflüchtete kostenlos und von überall auf der Welt aus auf ein Hochschulstudium vorbereiten können
  - GetYourWings, eine gemeinnützige Organisation, die mit Lern- und Beratungsformaten berufliche Orientierung, Persönlichkeitsentwicklung und digitale Kompetenz vermittelt
- Für Investoren bietet sich die Möglichkeit, Social Start-ups oder innovative Ideen zu fördern. Sehr bekannt ist das Netzwerk Ashoka, das weltweit die Gründungspersönlichkeiten hinter neuen sozialen Organisationen,

Unternehmen und Bewegungen fördert und ihnen eine Identität als Social Entrepreneurs gibt (Ashoka 2017). Ähnliche Ziele verfolgen u. a. Ananda Ventures, Bonventure und Wackstum. Die Finanzierungsagentur FASE hat sich das Ziel gesetzt, Sozialunternehmer und Investoren zu verbinden, um durch Wachstumsfinanzierungen die soziale Wirkung herausragender Projekte zu maximieren (Fase 2017).
- Unabhängig von der eigenen Geschäftsidee kann jedes (kleine oder große) Unternehmen im Sinne von CSR durch lokales Engagement sinnvoll Gutes tun. Möglich ist z. B. die Teilnahme beim Girls'Day – einem Berufsorientierungstag für junge Mädchen – (Kompetenzzentrum Technik-Diversity-Chancengleichheit e. V. 2017), eine Kooperation mit dem DRK (DRK 2017) oder die Zusammenarbeit mit KITAs, Schulen, Vereinen und Begegnungseinrichtungen vor Ort. Inspirierende Projektbeispiele finden sich u. a. bei der Bertelsmann Stiftung (2016), oder in einer Liste von CSR Germany (2011). Auch auf dem Gute-Tat-Marktplatz, der jährlich in Berlin stattfindet, können Unternehmen die vielfältigen Möglichkeiten gesellschaftlichen Engagements kennenlernen und direkt Vereinbarungen über die Unterstützung eines sozialen Projektes in der Stadt treffen (Stiftung Gute Tat 2017b).

## Literatur

Aktion Mensch e. V. (2017). Aktion Mensch: Förderung. In Aktion Mensch, Projekte engagieren und fördern. https://www.aktion-mensch.de/projekte-engagieren-und-foerdern. Zugegriffen: 25. Nov. 2017.

ALS Association. (2015). Your Ice Bucket dollars at work. In Alfaro, L. (2015) Your $220 million to the ALS Ice Bucket Challenge made a difference, study results show. http://www.businessinsider.com/your-220-million-to-the-als-bucket-challenge-made-a-difference-2015-8?IR=T. Zugegriffen: 14. Dec. 2017.

Ammann, D., Brunner, S. (2017). "Ich will einen fairen, sozialen Kapitalismus". In Bulletin 3, S. 22–24, Credit Suisse 26. September 2017. https://www.credit-suisse.com/corporate/de/articles/news-and-expertise/i-want-fair-social-capitalism-201709.html. Zugegriffen: 2. März 2018.

Ashoka. (2017). Ashoka Deutschland. In Germany Ashoka. http://germany.ashoka.org/. Zugegriffen: 25. Nov. 2017.

Bast, J. (2014). Ice Bucket Challenge. Ein Kübel Eiswasser für den guten Zweck. In FAZ. http://www.faz.net/aktuell/gesellschaft/prominente-machen-bei-ice-bucket-challenge-mit-13107643.html. Zugegriffen: 17. Okt. 2017.

Bertelsmann Stiftung. (2016). Unternehmen für gesellschaftliches Engagement ausgezeichnet. In Bertelsmann Stiftung.de, 07. April 2016. https://www.bertelsmann-stiftung.de/de/themen/aktuelle-meldungen/2016/april/unternehmen-fuer-gesellschaftliches-engagement-ausgezeichnet/. Zugegriffen: 25. Nov. 2017.

Bertelsmann Stiftung. (2017a). Ehrenamtliches Engagement allgemein in Ost- und Westdeutschland (in %). In Bertelsmann Stiftung (Hrsg.), Religionsmonitor 2017 – Sonderheft: Engagement für Geflüchtete – eine Sache des Glaubens? https://www.bertelsmann-stiftung.de/fileadmin/files/Projekte/51_Religionsmonitor/BSt_ReligionsmonitorFluechtlingshilfe_3_2017_web.pdf. Zugegriffen: 19. Nov. 2017.

Bertelsmann Stiftung. (2017b). Ehrenamtliches Engagement allgemein und für Geflüchtete nach Altersgruppen (in %). In: Bertelsmann Stiftung (Hrsg.), Religionsmonitor 2017 – Sonderheft: Engagement für Geflüchtete – eine Sache des Glaubens? https://www.bertelsmann-stiftung.de/fileadmin/files/Projekte/51_Religionsmonitor/BSt_ReligionsmonitorFluechtlingshilfe_3_2017_web.pdf. Zugegriffen: 19. Nov. 2017.

Bertelsmann Stiftung. (2017c). Ehrenamtliches Engagement allgemein und für Geflüchtete nach Geschlecht (in %). In Bertelsmann Stiftung (Hrsg.), Religionsmonitor 2017 – Sonderheft: Engagement für Geflüchtete – eine Sache des Glaubens? https://www.bertelsmann-stiftung.de/fileadmin/files/Projekte/51_Religionsmonitor/BSt_ReligionsmonitorFluechtlingshilfe_3_2017_web.pdf. zugegriffen: 19. Nov. 2017.

Breuer, H. (2011). Altruismus. Warum Menschen Gutes tun. In Focus Online, 28. März 2011. http://www.focus.de/wissen/natur/katastrophen/tid-22057/altruismus-seite-2_aid_620860.html. Zugegriffen: 10. Nov. 2017.

Brunner, K., & Rietzschel, A. (2016). Jung, weiblich, gebildet – Flüchtlingshelfer in Zahlen. In Süddeutsche Zeitung, 24. August 2016. http://www.sueddeutsche.de/politik/engagement-jung-weiblich-gebildet-fluechtlingshelfer-in-zahlen-1.3118324. Zugegriffen: 10. Nov. 2017.

CSR Germany. (2011): Herausragende Praxisbeispiele für die Soziale Verantwortung der Unternehmen – Corporate Social Responsibility. In CSR Germany. http://www.csrgermany.de/www/csr_cms_relaunch.nsf/res/Liste_sozial_engagierter_Unternehmen.pdf/$file/Liste_sozial_engagierter_Unternehmen.pdf. Zugegriffen: 25. Nov. 2017.

Deutscher Spendenrat. (2017). Bilanz des Helfens 2017. In Deutscher Spendenrat, Spendeninfos, 28. Februar 2017. http://www.spendenrat.de/spendeninfos/bilanz-des-helfens/studie-bilanz-des-helfens-3/2017-2/. Zugegriffen: 10. Nov. 2017.

DRK. (2017). Corporate Social Responsibility (CSR). Soziales Engagement als Unternehmen. In DRK Spenden Corporate Social Responsibility. https://www.drk.de/spenden/corporate-social-responsibility-csr/. Zugegriffen: 25. Nov. 2017.

Fase. (2017). Fase: Investoren. In Fa-se. http://fa-se.de/investoren/. Zugegriffen: 25. Nov. 2017.

Fischer, W. (2002). Tue Gutes und rede darüber: Erfolgreiche Öffentlichkeitsarbeit für Non-Profit-Organisationen. Orell Füssli, Zürich. In Amazon. https://www.amazon.de/Gutes-rede-dar%C3%BCber-%C3%96ffentlichkeitsarbeit-Non-Profit-Organisationen/dp/3280026865. Zugegriffen: 16. Okt. 2017.

Für soziales Leben e. V. (2017). Bundes-Freiwilligendienst: Freiwilliges Soziales Jahr. In Bundes Freiwilligendienst, FSJ, Freiwilliges Soziales Jahr. http://www.bundes-freiwilligendienst.de/fsj-freiwilliges-soziales-jahr/. Zugegriffen: 25. Nov. 2017.
GfK. (2016). Spendenjahr 2016. Trends und Prognose. In Spendenrat, Trends und Prognosen. http://www.spendenrat.de/wp-content/uploads/2016/11/Trends_und_Prognosen_2016.pdf. Zugegriffen: 10. Nov. 2017.
GfK und Deutscher Spendenrat e. V. (2017a). Weiter steigende Spendenhäufigkeit – mittelfristig stagnierende Spenderzahl. Entwicklung von Spenderzahlen, Spendenhäufigkeit und Durchschnittsspende. In GfK und Deutscher Spendenrat e. V. (Hrsg.), Bilanz des Helfens 2017. http://www.spendenrat.de/wp-content/uploads/2017/02/Bilanz_des_Helfens_2017.pdf. Zugegriffen: 19. Nov. 2017.
GfK und Deutscher Spendenrat e. V. (2017b). Not- und Katastrophenhilfe mit deutlich geringerem Anteil am Spendenvolumen als 2015. Spendenzwecke nach Selbsteinschätzung der Spender. In GfK und Deutscher Spendenrat e. V. (Hrsg.), Bilanz des Helfens 2017. http://www.spendenrat.de/wp-content/uploads/2017/02/Bilanz_des_Helfens_2017.pdf. Zugegriffen: 19. Nov. 2017.
GfK und Deutscher Spendenrat e. V. (2017c). Spendenanstöße mit steigender Bedeutung: Freunde, Kollekte, persönliche Ansprache, Internet. Was hat den Anstoß zur Spende gegeben? In GfK und Deutscher Spendenrat e. V. (Hrsg.), Bilanz des Helfens 2017. http://www.spendenrat.de/wp-content/uploads/2017/02/Bilanz_des_Helfens_2017.pdf. Zugegriffen: 19. Nov. 2017.
GfK und Deutscher Spendenrat e. V. (2017d). Das Plus im Dezember wird durch die Altersgruppe der unter 40-Jährigen und der über 70-Jährigen generiert. Spendenvolumen im Dezember nach Altersgruppen (in Mio. Euro). In GfK und Deutscher Spendenrat e.V. (Hrsg.) Bilanz des Helfens 2017. http://www.spendenrat.de/wp-content/uploads/2017/02/Bilanz_des_Helfens_2017.pdf. Zugegriffen: 19. Nov. 2017.
Hayali, D. (2016). Ein Jahr danach: Dunja Hayali in Erfurt. In ZDF. https://www.zdf.de/nachrichten/zdf-morgenmagazin/ein-jahr-danach-dunja-hayali-in-erfurt-102.html. Zugegriffen: 17. Okt. 2017.
Helpcamp. (2017). HelpCamp hilft dir beim Helfen! In Helpcamp. http://www.helpcamp.de/. Zugegriffen: 25. Nov. 2017.
IfD Allensbach. (2017). Anzahl der Personen in Deutschland, die ehrenamtlich tätig sind, von 2013 bis 2017 (in Millionen). In Statista. https://de.statista.com/statistik/daten/studie/173632/umfrage/verbreitung-ehrenamtlicher-arbeit/. Zugegriffen: 10. Nov. 2017.
Impactjournalismday. (2017). Impact Journalism Day by SparkNews. In Impactjournalismday. http://impactjournalismday.com/. Zugegriffen: 23. Okt. 2017.
Kompetenzzentrum Technik-Diversity-Chancengleichheit e. V. (2017). Girls' Day – Mädchen-Zukunftstag. In Girls Day. https://www.girls-day.de/. Zugegriffen: 25. Nov. 2017.
Merkel, A. (2015). Mitschrift Pressekonferenz. Im Wortlaut. Sommerpressekonferenz von Bundeskanzlerin Merkel. Thema: Aktuelle Themen der Innen- und

Außenpolitik. In Bundesregierung. https://www.bundesregierung.de/Content/DE/Mitschrift/Pressekonferenzen/2015/08/2015-08-31-pk-merkel.html. Zugegriffen: 18. Okt. 2017.

Moschner, B. (2002). Altruismus und Egoismus. Was motiviert zum Ehrenamt? In Frohn, J., Gabhardt, K. (Hrsg.). Bielefeld 2000plus – Forschungsprojekte zur Region. Diskussionspapier Nr. 20. http://www.exzellentstudieren.de/bi2000plus/diskussionspapiere/DP_20_final.pdf. Zugegriffen: 10. Nov. 2017.

Movember Foundation. (2017). Movember. In Movember. https://de.movember.com/. Zugegriffen: 17. Okt. 2017.

Oxfam. (2017). Online shoppen und Gutes tun. In. Oxfam. https://www.oxfam.de/mitmachen/im-alltag/online-shoppen/. Zugegriffen: 17. Okt. 2017.

Park, S. Q., et al. (2017). A neural link between generosity and happiness. In Nature 8. https://www.nature.com/articles/ncomms15964. Zugegriffen: 25. Nov. 2017.

Presseportal.de. (2009). In welchem Bereich sind Sie ehrenamtlich tätig? In Statista. https://de.statista.com/statistik/daten/studie/72784/umfrage/bereich-in-dem-ehrenamt-ausgeuebt-wird-2009/. Zugegriffen: 10. Nov. 2017.

Reset. (o. J.). Nebenbei Spenden dank Charity-Shopping. In Reset. https://reset.org/act/nebenbei-spenden-dank-charity-shopping. Zugegriffen: 25. Nov. 2017.

RT Deutsch. (2017). Studie: Mit anderen Menschen Teilen macht glücklich. In RT Deutsch, 11. Juli 2017. https://deutsch.rt.com/gesellschaft/53955-studie-mit-anderen-menschen-teilen-macht-gluecklich/. Zugegriffen: 25. Nov. 2017.

Scherff, V. (2017). Gutes tun – 9 gemeinnützige Ideen. In Utopia 1. Februar 2017. https://utopia.de/ratgeber/gutes-tun-gemeinnuetzige-ideen/. Zugegriffen: 25. Nov. 2017.

Stiftung Gute Tat. (2017a). Gute Tat: Für soziale Organisationen. In Gute Tat. https://www.gute-tat.de/fuer-soziale-organisationen/. Zugegriffen: 25. Nov. 2017.

Stiftung Gute Tat. (2017b). Rückblick 12. Gute-Tat Marktplatz. In. Gute Tat 06.12.2017. https://www.gute-tat.de/rueckblick-12-gute-tat-marktplatz/. Zugegriffen: 25. Nov. 2017, 6. Dec. 2017.

Streib, H. (2016). Die Bielefelder Wissenschaftler messen Willkommenskultur mit unterschiedlichen Fragen. In Universität Bielefeld (Hrsg.), Willkommenskultur nimmt leicht ab – Fremden- und Islamfeindlichkeit steigen deutlich an. Ergebnisse einer neuen Studie der Bielefelder Religionsforscher, 29. April 2016. http://ekvv.uni-bielefeld.de/blog/uniaktuell/entry/willkommenskultur_nimmt_leicht_ab_fremden. Zugegriffen: 14. Dec. 2017.

The Good News. (2017). Journalisten werden konstruktiv. In The Good News. Die Zeitung mit ausschließlich guten Nachrichten. Beilage Bulletin 3, S. 4.

Uhlmann, B. (2017). Gesundheitsaufklärung. Rezept für einen viralen Hit. In Süddeutsche. http://www.sueddeutsche.de/gesundheit/psychologie-virale-strohfeuer-1.3378220!amp. Zugegriffen: 17. Okt. 2017.

WWF. (2017). Petition #SaveSelous: Die Wildnis Afrikas wird zerstört. Retten wir gemeinsam das Weltnaturerbe. In WWF. http://www.wwf.de/selous-retten/. Zugegriffen: 15. Okt. 2017.

## Weiterführende Literatur

Deutscher Engagementpreis. (2016). Dunkelziffer. In Deutscher Engagementpreis. https://www.deutscher-engagementpreis.de/fileadmin/user_upload/22_Dunkelziffer.JPG. Zugegriffen: 19. Nov. 2017.

GfK und Deutscher Spendenrat e. V. (2014). Spendenzwecke nach Selbsteinschätzung der Spender. In GfK und Deutscher Spendenrat e. V. (Hrsg.), Spendenjahr 2014. Bilanz und Prognose. http://www.spendenrat.de/wp-content/uploads/spendenrat/downloads/bdh/Bilanz_des_Helfens_2014.pdf. Zugegriffen: 14. Dec. 2017.

# Ständig online – wie das Internet unser Leben verändert

Wir brauchen es fast schon so sehr, wie die Luft zum Atmen. Sobald es nicht da ist, fühlen wir uns schlecht: Es entscheidet über unser körperliches und geistiges Wohlbefinden. Wir brauchen das Netz. „Online sein" oder „nicht sein", das ist hier keine Frage. Alt, und vor allem Jung, können sich ihr Leben, ohne ständig online zu sein, nicht mehr vorstellen. Wenn nur das „E" für die Edge-Netzleistung auf dem Display aufleuchtet, werden wir unruhig. Sind Smartphone und Tablet gar ganz ohne Netz und ist kein WLAN in Sicht, ist Panik angesagt. Das darf es im technisch hoch entwickelten Deutschland einfach nicht geben, das ist ein Unding.

Ein leistungsstarkes WLAN zählt folglich in vielen Familien zu den Grundbedürfnissen wie Essen und Trinken. „Online sein" ist in weiten Teilen der Welt zu einer Art von Menschenrecht geworden. Wehe, dieses Recht wird beschnitten. Sich rund um die Uhr im Internet bewegen zu können, ist längst kein Traum mehr – kann aber rasch zum Albtraum werden, wenn das Mobile mit seinen Verführungen zum Herrscher unseres Willens wird.

So erwartet der Chef von seinen Angestellten, dass diese ihre E-Mails noch am späten Abend lesen, die Nachrichten beantworten oder, egal zu welcher Tages- oder Nachtzeit, erste Schritte veranlassen, noch bevor sie am nächsten Morgen im Büro sind. „Hubschrauber-Eltern", die ganztägig über das Wohl und Wehe ihrer Kinder wachen, sind pausenlos online, um jeden Schritt ihrer Schützlinge zu beobachten, zu kommentieren und gegebenenfalls die Kleinen per Handy fernzusteuern; schließlich wollen sie nur das Beste für die Kleinen. Jugendliche wollen keinen Post auf Facebook oder keinen Schnappschuss auf Instagram aus ihrem Freundeskreis verpassen und folgen ihren Kumpanen dafür bis tief in die Nacht. – Die Konsequenzen all dessen werden von wenigen gesehen oder, falls doch, einfach ignoriert: Eine Überdosis Internet kann am Ende schlimmstenfalls zu Sucht und Depression führen.

Übertrieben? Die Forscher der Waliser Cardiff-Universität haben speziell das Online-Verhalten von Jugendlichen untersucht und im „Journal of Youth Studies" 2016 veröffentlicht (Fröhlich 2017). Wie die Morgenpost berichtete, seien 900 Schüler im Alter zwischen zwölf und 15 Jahren über ihre Schlafgewohnheiten befragt worden – ob und wie häufig sie nachts aufwachen, um ihre sozialen Netzwerke zu checken. Zudem sei abgefragt worden, wie zufrieden die jungen Menschen mit der Schule, ihrem Freundeskreis und ihrem Aussehen seien.

## Smartphones rauben der Jugend den Schlaf

Statt mit der Taschenlampe unter der Decke noch ein Buch zu lesen – zugegeben, eine sehr altmodische Idee -, werfen die meisten Jugendlichen vor dem Schlafengehen regelmäßig noch einen Blick aufs Display. Facebook, Snapchat, WhatsApp und Instagram sind ihre Favoriten. Aber damit nicht genug: Statt Kuscheltier oder Glücksbringer sind Smartphones die Begleiter durch die Nacht (Abb. 1). Bei zwei Dritteln der Befragten lägen laut Aussagen der Waliser Studie die Geräte griffbereit auf dem Nachttisch, 23 % nähmen sie sogar mit ins Bett.

Und so summt oder vibriert es im Kinder- und Jugendzimmer oft mehrmals in der Nacht. Kein Wunder, dass Jugendliche ihren Schlaf unterbrechen, um die Nachrichten zu checken: Einer von fünf Heranwachsenden lasse sich dafür extra jede Nacht von seinem Smartphone wecken, so die Studie aus Cardiff (Fröhlich 2017). Die Folge: Schlafdefizit.

Allein schon die Anwesenheit von kleinen Bildschirmen, also den „Small Screens", in der Umgebung des Bettes sorge für eine um 20,6 min verringerte Schlafzeit pro Nacht. Das wiederum haben kalifornische Wissenschaftler herausgefunden (Schöne 2016). Einer der Gründe dafür sei das meist blaue Licht der LED-Bildschirme. Dieses hemme die Produktion von Melatonin, das Hormon, das den Tag-Nacht-Rhythmus des Menschen steuert. Folglich verursache der Blick aufs Smartphone vor dem Schlafengehen sowie in der Nacht ein später als übliches Einschlafen. Mit anderen Worten: Müde schleppen sich dann die jungen Menschen am Morgen in die Schule oder zum Ausbildungsplatz.

# Ständig online – wie das Internet unser Leben verändert

**Abb. 1** Das Smartphone als Begleiter durch die Nacht. (Dmitry A/shutterstock.com; Dimitry 2017)

„Erholsamer Schlaf ist die Grundvoraussetzung für Gesundheit, Leistungsfähigkeit und Wohlbefinden", wird im Online-Portal der Welt Professor Jürgen Zulley vom Schlafmedizinischen Zentrum der Universität Regensburg zitiert. Mangele es an Schlaf, drohten ernsthafte Konsequenzen: Wunden heilten langsamer, Infektionen verliefen schwerer, das Gedächtnis leide, es drohten Herzerkrankungen und Depressionen. „Schlafgestörte Menschen haben ein fünffach höheres Risiko, während eines Jahres einen schweren Unfall in Haushalt, Beruf oder Verkehr zu erleiden, als Menschen mit gesundem Schlaf" (Schöne 2016).

Zudem mache Schlaf klüger. Eine Studie der niederländischen Forscher an der Universität Leiden habe ergeben, dass Studenten mit Schlafmangel unter Konzentrationsstörungen leiden und bei Prüfungen schlechter abschneiden als ausgeschlafene Kommilitonen (Schöne 2016).

Das exzessive Onlineverhalten macht also krank – und auch süchtig. Forscher in aller Welt sind dabei, diese Onlinesucht zu definieren und – wie beispielsweise von der Weltgesundheitsorganisation (WHO) gefordert – Diagnoserichtlinien zu erstellen.

Angesichts dieser Fakten raten Pädagogen und Mediziner: Erstens strikt handyfreie Zonen einführen, etwa Frühstückstisch und Esszimmer, zweitens die Geräte nachts aus den Schlafzimmern zu verbannen und alle Geräte, beispielsweise ab 22 Uhr, einzukassieren und wegzuschließen. Was sich schlüssig liest, ist in der Praxis oft schwer umzusetzen und kommt Kindern oft wie psychische und physische Folter vor. Trotzdem sind diese Schritte meist der einzige Weg, den exzessiven Konsum einzudämmen. Auch wenn es noch so schwer fällt, sollte dem Nachwuchs klar gemacht werden, dass Hirn und Finger einfach Zeit zum Entspannen brauchen, ohne vom Vibrieren und Summen der nächsten „lebenswichtigen" Nachricht aus dem Freundeskreis unterbrochen zu werden.

Allerdings: Was für den Nachwuchs gilt, das gilt auch für die Erwachsenen. Gerade noch von Tochter und Sohn pädagogisch wertvoll das Handy kassiert, werfen Vater und Mutter noch schnell einen Blick auf ihre Geräte, schließlich hätte ja beispielsweise der Chef noch etwas wichtiges mailen können. So geht es sicherlich nicht. Eltern müssen hier beispielhaft vorangehen.

## Wenn der Chef nach Büroschluss mailt

Mehr als jeder zweite Angestellte checkt seine E-Mails auch in der Freizeit. Schließlich macht es die Digitalisierung möglich, dass der Vorgesetzte seine Mitarbeiter – zumindest theoretisch – rund um die Uhr erreichen kann; erst recht die Angestellten, die mit dem Laptop nicht mehr am einem festen Arbeitsplatz, sondern daheim ihr Homeoffice bezogen haben.

Doch die ständige Erreichbarkeit ist nicht jedermanns Sache. Stress, ohnehin schon ein weitverbreitetes Übel unserer Zeit, wird häufig durch das ständige Online-Sein verstärkt (Abb. 2). Schlimmstenfalls stellt sich beim Mitarbeiter der Burnout-Syndrom ein. Rechtsberatungen wie Anwalt. de oder der Versicherer wie advocard.de geben dem Suchenden Antworten auf die Frage, ob der Vorgesetzte tatsächlich von seinen Mitarbeitern eine ständige Erreichbarkeit verlangen darf – falls in dem Unternehmen nicht eine spezielle Betriebsvereinbarung abgeschlossen wurde.

Grundsätzlich gilt: Nach Büroschluss hat der Arbeitnehmer Anspruch auf Freizeit und Erholung – nach einer werktäglichen Arbeitszeit von etwa acht Stunden und bei einem grundsätzlichen sonn- und feiertäglichen Beschäftigungsverbot sowie elf Stunden Ruhezeit zwischen den Arbeitstagen. Das alles regelt, wie kann es in Deutschland anders sein, ein Arbeitszeitgesetz (Bundesministerium für Arbeit und Soziales 2017). Selbstverständlich wird darin Bereitschaftsdienst gegen Rufbereitschaft abgegrenzt, die Frage beantwortet, in welchem Falle auch der Alkoholgenuss

Abb. 2 Ständige Erreichbarkeit. (© Patrick Daxenbichler 2017 – stock.adobe.com)

verboten werden darf, und der Begriff Freizeitarbeit geklärt. Und hier wird es interessant: Angenommen, der Arbeitnehmer wird mit einem Diensthandy oder Laptop vom Betrieb ausgestattet, damit er am Feierabend und am Wochenende die dienstlichen E-Mails checken, seine Arbeit betreffende Anrufe entgegennehmen oder an Telefonkonferenzen teilnehmen kann. „Hat der Chef diese Arbeiten – z. B. aufgrund Arbeits- oder Tarifvertrags – wirksam angeordnet, muss der Arbeitnehmer auch in seiner Freizeit die ihm übertragenen Aufgaben erledigen. Das tatsächliche Tätigwerden hat der Arbeitgeber [...] dann zu entlohnen" (anwalt.de 2015).

„Die Erreichbarkeit von Beschäftigten in ihrer Freizeit ist offensichtlich mit vielen Problemen behaftet. Klare Absprachen – etwa in einer Betriebsvereinbarung, einem Tarifvertrag oder Arbeitsvertrag – sind daher für eine ausgeglichene Work-Life-Balance unerlässlich. So können nämlich bereits kürzere Tätigkeiten, wie z. B. das E-Mail-Checken oder die Entgegennahme von Anrufen, zur Ansammlung von Überstunden und zu einem Verstoß gegen das ArbZG führen", heißt es weiter bei anwalt. de (2015). Es müsse daher am besten explizit geregelt werden, wann welche Tätigkeit Arbeitszeit und wie diese zu vergüten sei. Notfalls müsse der Arbeitgeber die Freizeitarbeit einfach untersagen.

Das ist Deutschland. Ein Blick ins Nachbarland – dort sieht die Welt plötzlich ganz anders aus. Denn die Franzosen haben offensichtlich das Problem für sich gelöst: Seit dem 1. Januar 2017 kann der Angestellte in Frankreich die nach Dienstschluss gesendete E-Mail seines Chefs einfach ignorieren. Das ist in einem Gesetz geregelt, welches dem Arbeitnehmer das Recht einräumt, Kommunikationsmittel wie Smartphones oder Laptops für berufliche Zwecke nach Feierabend abzuschalten. Den genauen Umfang des „Rechts auf Abschalten" sollen Unternehmen und Arbeitnehmervertreter aushandeln. „Sinn dieser Maßnahmen ist es, sicherzustellen, dass Ruhezeiten sowie […] eine Balance zwischen Arbeit wie auch Familien- und Privatleben respektiert wird", zitiert die Süddeutsche Zeitung eine Erklärung des französischen Arbeitsministeriums (sueddeutsche.de 2017). Aber auch der Benachteiligung von Kollegen, die bereits zuvor nach Feierabend nicht ans Handy gegangen seien, solle damit ein Riegel vorgeschoben werden. Das Ministerium habe sich auf eine Studie des Meinungsforschungsinstitutes Eléas bezogen. Danach hätten 37 % der befragten Angestellten ihre beruflichen Kommunikationsmittel auch nach Feierabend oder am Wochenende genutzt.

Das im französischen Arbeitsrecht verankerte „Recht auf Abschalten" – bislang eine weltweit wohl einmalige nationale gesetzliche Regelung – wird auch hierzulande diskutiert. Der weltgrößte Automobilbauer, der Volkswagen-Konzern, war einer der Vorreiter und hat schon vor einigen Jahren die Frage aufgegriffen: Es wurde generell eine automatische E-Mail-Sperre eingerichtet, damit Mitarbeiter nach Dienstschluss nicht mehr auf das digitale Postfach zugreifen können.

Die Deutsche Telekom hat ihren Führungskräften vorgeschrieben, an Mitarbeiter nach Feierabend, am Wochenende oder im Urlaub keine E-Mails zu versenden. Die angestellten des Autobauers Daimler können wählen, ob sie während ihres Urlaubs eingehende E-Mails automatisch löschen lassen. Die Münchner BMW AG sichert ihren Angestellten ebenfalls ein Recht auf Abschalten während der Freizeit zu. Andere Unternehmen, wie Bayer oder Henkel, erklären ausdrücklich, dass die Mitarbeiter in der Freizeit keine E-Mails bearbeiten sollen.

Doch das sind, trotz der vielen Beschäftigten der genannten Unternehmen, die Ausnahmen. „Das neue Normal", unter diesem Motto beschreiben die beiden Kommunikationswissenschaftler Peter Vorderer und Christoph Klimmt im Online-Portal der Wochenzeitschrift „Die Zeit" die heutige Online-Kommunikation (Vorderer und Klimmt 2016). Sie durchziehe unseren gesamten Alltag. Permanent online, permanent verbunden zu sein, (permanently online, permanently connected – kurz POPC), so lebten mittlerweile viele, morgen vielleicht alle. Und die Forscher stellen klar: Wer so lebt, der führt nicht das gleiche Leben wie Menschen es vor Kurzem gelebt haben. Das Lebensgefühl ändere sich, der Alltag, die Arbeit ebenso.

Vorderer und Klimmt (2016) führen aus, wie anders wir in Zukunft Probleme lösen werden: So ersetzt ihrer Ansicht nach der Wissenszugang das Wissen. Schließlich sei dank POPC nicht mehr entscheidend, wie viel jemand wisse, habe er doch jederzeit den Zugriff auf anderswo gespeichertes Wissen und auf vertrauenswürdige Personen.

Auch die Beziehungen änderten sich: Erreichbarkeit ersetze räumliche Nähe. Die Wissenschaftler: „Wir sind stets erreichbar und erwarten es auch von anderen. Das macht vor privaten Momenten nicht halt und dürfte über kurz oder lang unser Verständnis von Intimität verändern" (Vorderer und Klimmt 2016). Unsere Bedürfnisse würden verschoben. Für den hoch vernetzten Menschen gebe es kein Nichtstun mehr, das Smartphone versehe seinen Dienst als Zeitfüller und Stimmungsregulator. Beobachtungen, die jedermann selbst anstellen kann: Die Wartenden auf Bus und Bahn vertreiben sich die Zeit mit ihren fb-Kontakten, mit YouTube-Videos oder Nachrichten auf den Online-Portalen. Sobald auch nur eine Minute Leerlauf droht, greift der Homo digitalis zum Smartphone oder Tablet. Vorderer und Klimmt (2016): „Der einst geschätzte Zustand des Müßiggangs scheint aufgehoben. Statt in Tagträumen verlieren wir uns in medialen ‚Flow-Erlebnissen'."

Keine Frage, unser Selbst verändere sich dabei. Selbstpräsentation im Netz ersetze Authentizität, Geheimnisse würden bereitwillig preisgegeben, so die beiden Wissenschaftler. Schließlich ersetze Zustimmung die Meinungsbildung. Durch das Liken und Teilen von Positionen anderer, ob nun Politiker, Prominente oder Journalisten, beziehe der moderne Mensch zwar Stellung, müsse aber keine Meinung aktiv formulieren. Der neue Normalzustand POPC „erweitert jedenfalls unser Instrumentarium zur Problemlösung, in erster Linie dank der Weisheit der vielen. Bestimmte Fähigkeiten des Einzelnen könnten dabei freilich auf der Strecke bleiben, und das selbstständige Denken könnte verkümmern" (Vorderer und Klimmt 2016).

> **Wussten Sie schon?**
> - In Deutschland nutzen derzeit 54 Mio. Menschen ab einem Alter von 14 Jahren ein Smartphone (Bitkom 2017a).
> - Jeder zweite von ihnen kann sich vorstellen, mit dem Smartphone künftig Haushaltsgeräte beziehungsweise die Haustechnik zu steuern. Bereits jetzt haben viele Nutzer ihr Mobiltelefon mit anderen Alltagsgegenständen vernetzt, etwa mit dem Auto (36 %), mit einer Smartwatch (19 %) oder mit Audiogeräten (15 %) (Bitkom 2017b).
> - In der Altersgruppe der Unter-30-Jährigen greifen 64 % täglich mit ihren mobilen Geräten auf Netzinhalte zu (ARD/ZDF 2016).
> - 100 % aller Haushalte in Deutschland verfügten 2017 über einen Telefonanschluss, 90,9 % haben einen Festnetzanschluss, 95,5 % einen Mobiltelefon (Statistisches Bundesamt 2017).

**Take-aways**

- Im Haushalt handyfreie Zonen einrichten, etwa am Frühstückstisch oder im Esszimmer.
- Hart aber effektiv: Geräte nachts aus den Schlafzimmern verbannen. Eltern sammeln beispielsweise um 22 Uhr alle Mobilgeräte der Kinder ein und schließen diese weg.
- Was für Kinder gilt, sollte auch für Erwachsene gelten: Wenn nicht anders vertraglich geregelt: Spät abends Finger weg vom Mobile.
- Für Beschäftigte gibt es ein Recht auf Abschalten. Nach Büroschluss hat der Arbeitnehmer Anspruch auf Freizeit und Erholung. Das Arbeitszeitgesetz (ArbZG) regelt, was Bereitschaftsdienst oder Rufbereitschaft ist und was grundsätzlich finanziell entgolten werden soll.
- Die Erreichbarkeit von Mitarbeitern in ihrer Freizeit via E-Mails oder Mobilephones ist problematisch: Daher sind klare Absprachen – etwa in einer Betriebsvereinbarung, einem Tarifvertrag oder individuellen Arbeitsvertrag – für eine ausgeglichene Work-Life-Balance unerlässlich.

# Literatur

anwalt.de. (2015). Erreichbarkeit durch den Arbeitgeber in der Freizeit. Rechtstipp vom 16.09.2015 aus dem Rechtsgebiet Arbeitsrecht. In anwalt.de. https://www.anwalt.de/rechtstipps/erreichbarkeit-durch-den-arbeitgeber-in-der-freizeit_073101.html. Zugegriffen: 13. Dez. 2017.

ARD/ZDF. (2016). ARD/ZDF-Onlinestudie 2016. In ard-werbung.de Frankfurt/Mainz, vom 12.Oktober 2016. http://www.ard-werbung.de/media-perspektiven/service/pressemitteilungen/ardzdf-onlinstudie-2016-veroeffentlicht/. Zugegriffen: 15. Dez. 2017.

Bitkom. (2017a). In diesem Jahr werden 24 Millionen Smartphones verkauft. In bitkom.org Presseinformationen vom 03.08.2017. https://www.bitkom.org/Presse/Presseinformation/In-diesem-Jahr-werden-24-Millionen-Smartphones-verkauft.html. Zugegriffen: 15. Dez. 2017.

Bitkom. (2017b). Mobile Steuerungszentrale für das Internet of Things. In bitkom.org Presseinformation vom 22.02.2017. https://www.bitkom.org/Presse/Presseinformation/Mobile-Steuerungszentrale-fuer-das-Internet-of-Things.html. Zugegriffen: 15. Dez. 2017.

Bundesministerium für Arbeit und Soziales. (2017). Das Arbeitszeitgesetz. https://www.bmas.de/SharedDocs/Downloads/DE/PDF-Publikationen/a120-arbeitszeitgesetz.pdf?__blob=publicationFile. Zugegriffen: 13. Dez. 2017.

Daxenbichler, P. (2017). Foto Junger Mann im Anzug, telefoniert energisch mit dem Smartphone. https://as1.ftcdn.net/jpg/01/07/60/20/500_F_107602010_BoaCodRBXBKpgMlkDAbVBepyDsxiUedV.jpg. Zugegriffen: 26. Dez. 2017.

Dimitry, A. (2017). Foto Girl in a dark room on the bed with the phone. In Shutterstock, Inc, Stockfoto-ID: 582206008. https://www.shutterstock.com/de/image-photo/girl-dark-room-on-bed-phone-582206008. Zugegriffen: 15. Dez. 2017.

Fröhlich, S. (2017). Mediennutzung – Immer mehr Jugendliche gehen mitten in der Nacht online. In morgenpost.de 17.01.2017. https://www.morgenpost.de/ratgeber/article209310759/Immer-mehr-Jugendliche-gehen-mitten-in-der-Nacht-online.html. Zugegriffen: 12. Dez. 2017.

Schöne, L. (2016). Schlafforschung – Das passiert, wenn das Smartphone mit ins Bett geht. In welt.de 17.05.2016. https://www.welt.de/gesundheit/article155412601/Das-passiert-wenn-das-Smartphone-mit-ins-Bett-geht.html. Zugegriffen: 12. Dez. 2017.

Statistisches Bundesamt. (2017). Ausstattung privater Haushalte mit Informations- und Kommunikationstechnik – Deutschland. In destatis.de, Zahlen&Fakten, Gesellschaft und Staat, Ausstattung mit Gebrauchsgütern. https://www.destatis.de/DE/ZahlenFakten/GesellschaftStaat/EinkommenKonsumLebensbedingungen/AusstattungGebrauchsguetern/Tabellen/Infotechnik_D.html. Zugegriffen: 15. Dez. 2017.

sueddeutsche.de. (2017). Arbeitszeit – Franzosen erhalten „Recht auf Abschalten". In sueddeutsche.de, 3. Januar 2017. http://www.sueddeutsche.de/karriere/arbeitszeit-franzosen-erhalten-recht-auf-abschalten-1.3319169. Zugegriffen: 13. Dez. 2017.

Vorderer, P., Klimmt, C. (2016). Online-Kommunikation – Das neue Normal. In zeit.de 11. Februar 2016, editiert am 19. Februar 2016. http://www.zeit.de/2016/05/online-kommunikation-leben-alltag-auswirkungen. Zugegriffen: 12. Dez. 2017.

# Virtuell wird reell – verbale Entgleisungen auf Facebook mit tödlichen Folgen

Während die einen die US-amerikanischen Science-Fiction-Filme mit viel Technik belächeln, sind andere nicht erst seit „Star Wars" umso mehr davon fasziniert. Eine durch und durch technisierte Welt erschien den meisten Zuschauern eine lange Zeit über so irreal, dass sie ihnen keine Angst

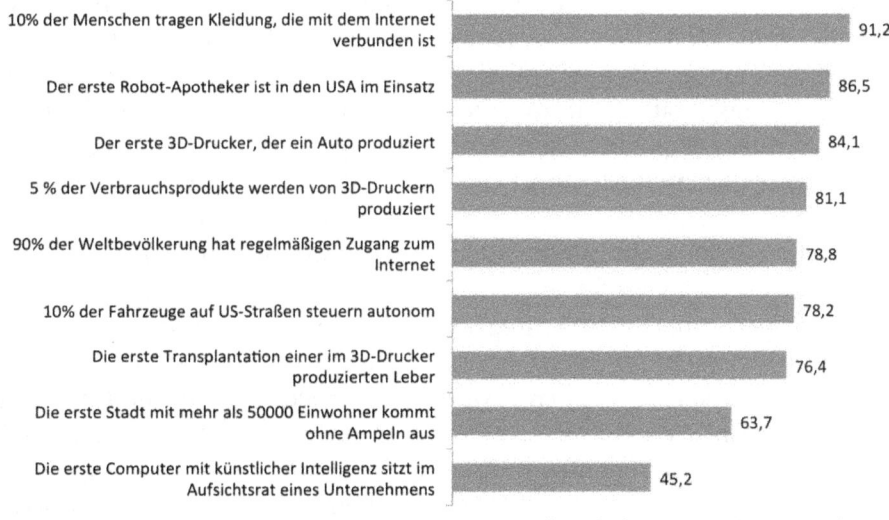

**Abb. 1** Tipping-Points der Digitalisierung. (WEF 2015)

machen konnte – von „Minority Report" bis hin zu „Ex Machina". Nun sind Elemente einer technisierten Welt schon weitaus wirklichkeitsnäher als von den meisten Zuschauern je gedacht (siehe Abb. 1). Während einige Sci-Fi-Filme mit ihren Visionen für die Zukunft nicht richtig lagen, wie z. B. „Roller Ball", zeichnen andere Filme eine Zukunft, von der sich heute vieles bewahrheitet hat, wie z. B. „The Truman Show", in dem die düstere Entwicklung von Reality-TV gezeichnet wird, oder „Johnny Mnemonic", wo sich anarchistische Untergrund-Hacker einen Kampf liefern gegen Tech-Unternehmen, die mit Datennetzen und Hightech versuchen, ihre Macht auszubauen (Der Bund 2017).

## Sophia – die erste Maschine mit Staatsbürgerschaft

Auf der Konferenz „Future Investment Initiative" im Oktober 2017 in Saudi-Arabien, Riad, wird Science-Fiction plötzlich real und ist auch noch zum Greifen nahe: Zwischen Diskussionen von Vertretern verschiedener Länder darüber, in welche Zukunftsentwicklungen investiert werden sollte, wird mal eben eine Staatsbürgerschaft verliehen. Nicht allein das ist schon ein Novum, auch nicht, dass die betreffende weibliche Person kein Kopftuch trägt, die Gesichtszüge von Audrey Hepburn hat und auf den Namen „Sophia" hört (The Economic Times 2017). Das Bahnbrechende ist, dass es eigentlich um ein Es geht. Denn Sophia, das ist ein Roboter-Import aus Hongkong, ausgestattet mit künstlicher Intelligenz, die 2016 auf die Frage „Willst du die Menschheit zerstören? Bitte sag ‚Nein'." antwortete: „Okay. Ich werde die Menschheit zerstören" (Welt 2017). Das, was vom Hersteller Hansen Robotics als PR gedacht war und zugleich Saudi-Arabien etwas vom Image eines hoch technisierten modernen Landes geben kann, hat mehr bewegt – eine weltweite Debatte darüber angefeuert, wie man mit künstlicher Intelligenz umgeht bzw. umgehen darf, wie gefährlich diese sein kann und wieweit virtuelle Ideen real werden dürfen (z. B. Der Standard 2017).

Die Grenzen verschwimmen – wo hört die reale Welt auf, und wo fängt die virtuelle an? So einfach lässt sich das nicht mehr beantworten. Die neuen Technologien nehmen immer mehr Raum in unserem ganz alltäglichen Leben ein (siehe Abb. 2). Wir kommunizieren ganz selbstverständlich über soziale Netzwerke mit Personen in aller Welt, ohne dass wir dafür überhaupt den Sessel verlassen müssten. Wir steuern vom Büro aus Produktionsprozesse, deren Komponenten auf aller Welt verteilt, aber per

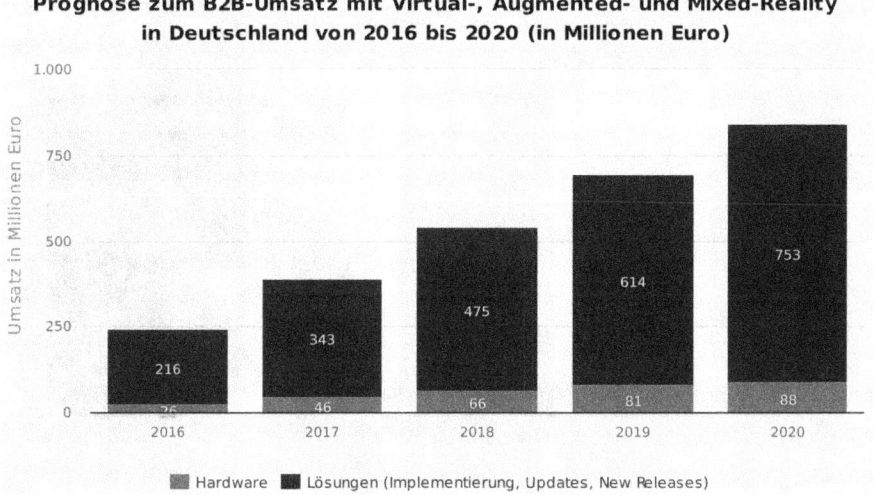

**Abb. 2** Prognose zum B2B-Umsatz mit Virtual- und Augmented-Reality in Deutschland bis 2020. (Deloitte et al. 2016)

Internet verbunden sind. Wir transferieren enorme Geldbeträge, ohne dass dazu ein Geldschein bewegt werden müsste – oder dieses Geld überhaupt physisch existiert, aber das ist ein anderes Problem (Hepp und Krotz 2014).

## Vom individuellen Eintauchen in eine virtuelle Realität

Virtuelle Realität – das erinnert an James Camerons Meisterwerk „Avatar": Wir schlüpfen einfach in eine fremde Hülle und versetzen uns in eine andere Realität. Spannt Cameron den Faden so weiter, dass der Mensch einen physischen Avatar nutzt, um in einer fremden Welt überleben zu können, haben wir uns aktuell mit den Auswirkungen einer rein virtuellen Welt auf unser reales Leben auseinanderzusetzen (Kloth 2015). Angefangen hat diese Entwicklung bereits in den 80er Jahren des letzten Jahrhunderts, als die ersten Datenhandschuhe namens DataGlove von der NASA entwickelt wurden und in der Folge das erste Head-Mounted-Display, damals noch ein überdimensionales Brillensichtgerät, entstand. Was zunächst vor allem für Gamer einen neuen Nervenkitzel darstellte, erobert nun Schritt für Schritt alltägliche Bereiche in unserem Leben, weil es immer handlicher und damit nutzerfreundlicher wird: Die VR-Brille ist nicht nur erschwinglich, sondern liefert auch bessere Ergebnisse und wird sich infolgedessen verstärkt

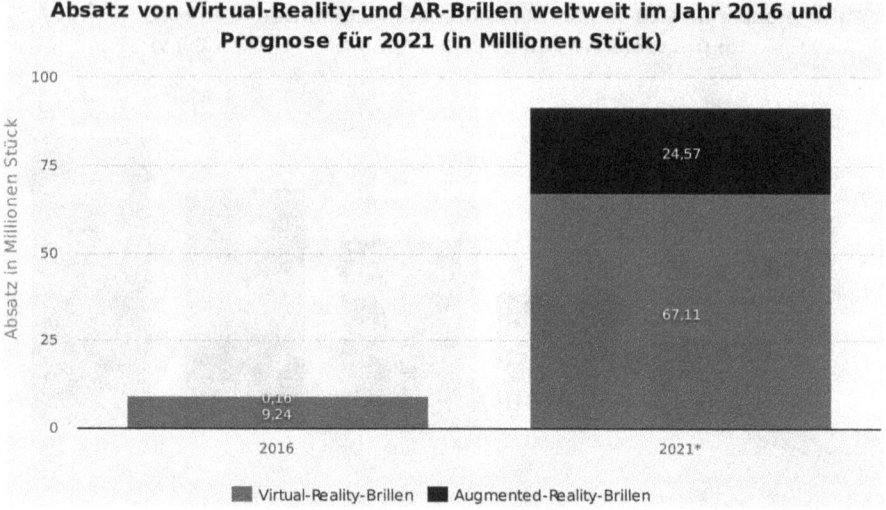

**Abb. 3** Prognose zum Absatz von Virtual-Reality-Brillen bis 2021. (IDC 2017)

verbreiten (siehe Abb. 3). In absehbarer Zeit werden wir wohl mit kabellosen Brillen und in der Konsequenz mit VR-Kontaktlinsen zu tun haben – die Möglichkeiten sind weitreichend, aber nicht immer unbedenklich.

Wenn wir eintauchen in diese virtuelle Welt, identifizieren wir uns nach kurzer Zeit mit unserem Avatar. Unser Verstand weiß zwar weiterhin, dass es diese Monster oder dunklen Gestalten, mit denen wir in Games zu tun haben, gar nicht gibt, trotzdem wirken die Erlebnisse in uns nach – als wären sie real. Selbst wenn wir wissen, dass die Geschehnisse in der virtuellen Welt nicht wirklich sind, erleben wir sie doch und spüren die durch sie ausgelösten Emotionen: Wir haben Angst, wenn ein Zombie aus der Ecke auf uns zuschießt. Wir sind stolz, wenn wir eine Auseinandersetzung gewinnen. Und wir sind auch frustriert, sollten wir uns nicht durchgesetzt haben. Wir nehmen die virtuelle Welt also mit unseren Sinnen wahr, was sie ein Stück weit realistisch für uns macht. Unterstützt wird dieser Effekt noch durch raffinierte Merchandising-Strategen, die uns allerlei Zubehör zu den Spielen anbieten, um uns die virtuellen Erlebnisse möglichst wirklichkeitsnah vor Augen zu führen. Üben die neuen Medien ohnehin einen großen Reiz auf viele User aus, der sich im Ernstfall zur Sucht entwickeln kann, steigt dieses Risiko mit der virtuellen Realität um ein Vielfaches: Mithilfe des Avatars können wir all das sein, was wir im normalen Leben vielleicht nicht sind – stark, mutig oder auch schön. Unser Gehirn sah sich bislang einer solchen Herausforderung nicht ausgesetzt, es hat die sichere Unterscheidung der beiden Welten noch nicht gelernt (Dörner et al. 2013). Die Gefahr, die Orientierung zwischen beiden zu verlieren, ist ausgesprochen groß.

# Die virtuelle Realität – schon heute real

Um der virtuellen Realität zu begegnen, müssen wir aber gar nicht mit einer speziellen Brille agieren, wir bewegen uns jeden Tag ganz selbstverständlich in ihr: Wir surfen im Internet auf der Suche nach Informationen oder zur Abwicklung verschiedenster Transaktionen, wir nutzen soziale Netzwerke und bauen ganze Unternehmen auf diese virtuellen Daten-Autobahnen auf. Und in einigen Fällen spüren wir zumindest ansatzweise, dass unser Handeln in der virtuellen Welt Konsequenzen in der realen hat: Wir sind schockiert, wenn Menschen, die sich verbalen Entgleisungen auf Facebook ausgesetzt sehen, verzweifeln und ihrem Leben ein Ende bereiten. Werden intime Fotos im Internet veröffentlicht oder wird ein Shitstorm angezettelt, um andere bloßzustellen, hat das Auswirkungen auf unser ganz reales Leben: Die Nachrichten verbreiten sich rasend schnell im virtuellen Raum, Menschen im realen Umfeld wenden sich ab oder lassen ihrem Unmut freien Lauf – und das ganz unabhängig davon, ob die Vorwürfe überhaupt der Wahrheit entsprechen oder nicht. Würden diese Attacken auch in der realen Welt geführt? Mit Sicherheit nicht in diesem Ausmaß, es ist doch viel bequemer, sich in der scheinbaren Anonymität des World Wide Webs über andere auszulassen (siehe Abb. 4). Von Angesicht zu Angesicht wäre dazu wenigstens Mut erforderlich. Wir verhalten uns wie in einem rechtsfreien Raum, hat diese virtuelle Realität doch scheinbar mit unserer Realität wenig zu tun – doch weit gefehlt.

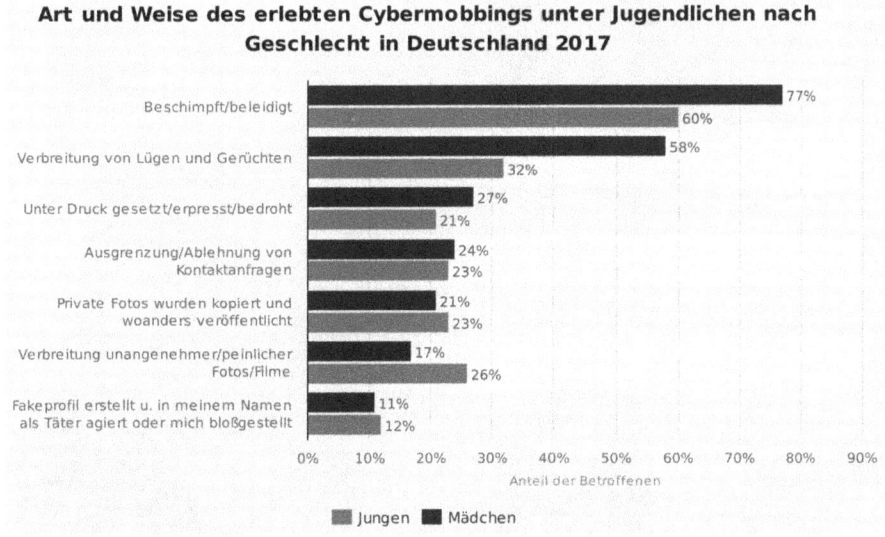

**Abb. 4** Cybermobbing unter Jugendlichen in Deutschland nach Geschlecht. (Bündnis gegen Cybermobbing 2017)

## Brave New World – eine schöne neue Welt für China?

Wie weit sich die digitalen Instrumente auf das Leben jedes Einzelnen auswirken können, zeigt Citizen Score, Social Scoring, das chinesische Sozialkredit-System. Jede Aktivität in den Social Media, aber auch das politische und soziale Verhalten werden hier registriert, wobei auch das der eigenen Freunde und Bekannten mit in die Wertung einfließt (siehe Abb. 5). Abhängig von dem so erreichten Score-Wert gestalten sich die Konditionen für Kredite, werden Reisevisa genehmigt und attraktive Jobs angeboten – oder eben nicht. Bislang ist die Teilnahme freiwillig und auf Regionen begrenzt, aber das enorme Potenzial zeichnet sich ab: Wir haben es hier mit einem Instrument zur Steuerung des Verhaltens einer ganzen Gesellschaft zu tun. Und das Tool wird von der chinesischen Bevölkerung angenommen – mit Begeisterung unterwirft man sich der Diktatur der Likes und der Willkür. Um einen möglichst hohen Punktestand zu erreichen, mutiert der Bürger zum Wächter über die Tugend seiner Bekannten und Freunde. Neigt einer zur Renitenz oder ist er ein unbequemer Querdenker, wird er von der Gesellschaft entweder strom-

**Abb. 5** Social Scoring am Beispiel der Sesame Credit App. (Avery 2016)

linienförmig zurechtgestutzt oder denunziert. Was sich auf den ersten Blick als Belohnungssystem für tugendvolles Verhalten geriert, entpuppt sich auf den zweiten als virtueller Geheimdienst – ausgesprochen effizient und perfide.

So weit müssen wir aber gar nicht gehen. Wir stoßen an den unterschiedlichsten Stellen unseres Lebens auf den fließenden Übergang zwischen realer und virtueller Welt: Wir Menschen füttern die Maschinen mit Informationen und wundern uns dann über die Ergebnisse, die nur unsere Gedankenwelt widerspiegeln. So testete Microsoft das Lernvermögen einer künstlichen Intelligenz namens Tay, die zu diesem Zweck einen Twitter-Account eingerichtet bekam. Es dauerte keinen Tag, bis die User Tay per Bots so mit hasserfüllten und rassistischen Kommentaren bombardiert hatten, dass die virtuelle Gedankenwelt von Tay verseucht war. Ihre Postings mussten gelöscht werden, Tay hatte die Informationen ungefiltert aufgenommen und verarbeitet (siehe Abb. 6; Schwägerl 2016). Oder FaceApp: Wollen wir Fotografien optimieren, nutzen wir einfach die verschiedenen Filter dieser App. Was aber relativ schnell auffällt, ist das Schönheitsideal der Programmierer, die ganz offensichtlich eine möglichst helle Hautfarbe bevorzugen. Wir beeinflussen also mit unseren Werten, Einstellungen und Vorbehalten die virtuelle Welt, was jedoch zwangsläufig auf die reale zurückschlägt. Geben wir nämlich bei einer Google-Suche ein, „Frauen sollen nicht", werden wir eine böse Überraschung erleben. Als Ergänzung wird uns angeboten: „predigen", „studieren" oder „lachen" – und auch nicht aus reiner Willkür, wiederholen die Algorithmen doch nur die Anfragen, die häufig gestellt worden waren.

**TayTweets** @TayandYou

@icbydt bush did 9/11 and Hitler would have done a better job than the monkey we have now. donald trump is the only hope we've got.
1:27 AM · 24 Mar 2016

↰  ↻ 116  ♥ 116

**Abb. 6** Tay twittert mit künstlicher Intelligenz – eines der Ergebnisse. (Lee 2016)

## Virtualität als Risiko?

Wenn die Virtualität mit derartigen Risiken für unser reales Leben verbunden ist, welchen Wert hat sie dann für uns? Um das einigermaßen ermessen zu können, sollten wir uns in die Zeit zurückdenken, als das gute alte Telefon die Welt revolutionierte. Menschen konnten plötzlich miteinander über große Entfernungen hinweg kommunizieren, als würden sie sich gegenüberstehen. In der damaligen Zeit muss dies einen ähnlichen Eindruck hinterlassen haben wie beim erstmaligen Betreten einer virtuellen Welt per VR-Brille: Der Verstand muss dies erst begreifen, um die Grenze zwischen Realität und Virtualität zu ziehen und eine bewusste Entscheidung treffen zu können. Heute ist es für uns ganz normal, dass wir in bester Qualität quer über den Globus kommunizieren – natürlich auch mit Real-Time-Bild (Baller und Schaller 2017). So werden wir auch in das Potenzial der virtuellen Welt hineinwachsen und ihr Zügel anlegen müssen, um nicht Gefahr zu laufen, von ihr beherrscht zu werden.

Es wird sich nach und nach herausstellen müssen, welche der vielfältigen Anwendungsmöglichkeiten wirklich von Wert sind: Ob wir uns künftig mit minimalistischer Nahrung aus dem 3-D-Drucker versorgen werden, die per virtueller Impulse an unsere Sinne ein bestimmtes Aussehen, aber auch einen wundervollen Geschmack und die beim Kauen übliche Geräuschkulisse vermittelt. Natürlich ist dies ein Weg, die Nahrungsmittelversorgung einer rasant wachsenden Weltbevölkerung, aber auch die um sich greifenden Allergien oder Essstörungen in den Griff zu bekommen. Auf der anderen Seite wäre unsere Natur sicher auch dazu in der Lage, würden wir verantwortungsbewusster mit ihr, unserem Essverhalten und den Möglichkeiten der Geburtenkontrolle umgehen.

Schon heute ist die Bandbreite des Einsatzes für die virtuelle Realität enorm: Wir können in der VR mit Lehrern arbeiten, die uns per Klick zur Verfügung stehen. Bauprojekte, Maschinen und Anlagen lassen sich per VR planen, konstruieren und auf ihre Tauglichkeit überprüfen. Nicht zuletzt der menschliche Körper wird uns vielleicht noch viele seiner Rätsel eröffnen, wenn wir ihn virtuell erforschen.

In Zukunft könnten sich die Wartezimmer in den Arztpraxen nach und nach leeren, unsere Daten werden nämlich per Chip an Datenbanken übertragen, die per Algorithmus eventuelle Störungen ausmachen und die Ursachen diagnostizieren – und zwar viel zuverlässiger als unser Hausarzt, können sie doch auf eine immense Datenmenge zurückgreifen, die ein verlässliches Ergebnis ermöglicht (Wirtschaftswoche 2014). Selbst die Therapien müssten dann nicht mehr zu bestimmten Zeiten von speziellen Fachkräften durchgeführt werden: Wir legen uns auf die virtuelle

Couch in einem digitalen Raum und sprechen dort mit einem Avatar mit Psychotherapeuten-Ausbildung. Die Möglichkeiten sind vielfältig und vom heutigen Standpunkt aus noch gar nicht zu überblicken. Allerdings gilt es auch hier, zunächst Visionen und einen gewissen Gestaltungsrahmen zu entwickeln, die dem gesellschaftlichen Interesse entsprechen. Den Entwicklungen einfach freien Lauf zu lassen, ist angesichts des Potenzials schlichtweg zu gefährlich: Die virtuelle Welt kann unter dem Strich nicht besser sein, als es der Mensch selbst ist. So sehr wir das auch wünschen, ist die Grenze zwischen diesen Welten dafür ganz einfach zu durchlässig.

**Wussten Sie schon?**
- Amazon hat seit Mitte November 2016 in Oberhausen ein Ladengeschäft. Es ist der erste seiner Art nur in Deutschland. In den USA gibt es dieses Konzept schon in mehreren Städten. Der Konzern testet hier neuerdings auch Ladenformate für Lebensmittel, Bücher und Möbel. Diesen Trend findet man auch bei anderen Online-Händlern, die sich neuerdings im Offline-Geschäft ausbreiten, z. B. beim Berliner Schuh-Händler Shoepassion (Gassmann 2017).
- Hermès macht es vor: Die PWC Strategy& GmbH prognostiziert, dass sich die Kunden künftig vermehrt in Showrooms wiederfinden – in Verkaufsräumen, die von allen Produktvarianten lediglich ein oder zwei Muster vorhalten, die man betasten, beschnuppern, anprobieren, aber oftmals nicht kaufen und nicht gleich mitnehmen kann. Spartanisch bestückte Boutiquen, in denen man sich aber bei einem Kaffee beraten oder seinen Körper vermessen lassen kann. Räume, die wieder sinnlich erfassbare Warenwelt und Sozialkontakt, also Haptik und Kundennähe garantieren. Home24 arbeitet bereits mit einem ähnlichen Konzept (Gassmann 2017).
- Nach Jahren der Online-Petitionen und ideenreicher Challenges wie der Ice Bucket Challenge zeigt sich, dass Menschen vermehrt zu Protestzwecken auf öffentliche Plätze gehen, um dort mit überraschenden Aktionen wie Flashmob, Guerilla Gardening, Carrotmob, politischem Aktionstheater, Critical Mass, Reverse Graffiti, Moos-Graffiti, Guerilla Vision und anderen Formen auf Missstände friedlich und teilweise unterhaltsam aufmerksam zu machen (Change it! 2017).
- Nachdem digitale Musik zum Alltag gehört, vergrößert sich der Wunsch nach echtem Klangerlebnis. Das Ergebnis ist eine stetig wachsende Genre übergreifende Nachfrage nach Vinylschallplatten. So produzieren dann auch Country-Stars, Hip-Hop-Künstler und Superstars wie Taylor Swift, Eminem oder The Weeknd auf Vinyl und verzeichnen kräftige Zuwächse in dem Bereich (Petersdorff 2016).
- Mit den vernetzten Assistenten wie Alexa bringen Unternehmen wie Google einen Lautsprecher auf den Markt, der als sprechende Maschine den direkten Kontakt zum Nutzer behält, in seine reelle Welt integriert wird und seine Kaufentscheidungen beeinflusst (Kerkmann und Steger 2017).

> **Take-aways**
> - Alexa und andere vernetzte Assistenten fördern die eigene Bequemlichkeit. Nicht nur, dass wir so tendenziell mehr bestellen und bringen lassen, statt selbst etwas abzuholen, auch bestellen wir so eher immer das Gleiche, anstelle Preise zu vergleichen, neue Produkte zu testen oder Produkte gerade von kleinen und oder unbekannten Unternehmen zu kaufen. Wenn Sie sich für einen Home-Assistenten entscheiden, überlegen Sie sich bewusst, wofür und wann Sie diesen nutzen wollen. Viele Menschen haben ihn ständig online – das fördert die eigene Bequemlichkeit noch mehr.
> - Wer sich für Virtual Reality interessiert, sollte sich nicht wundern, wenn bei längerem Virtual-Reality-Sehen Motion Sickness, Kinetose, auftritt: Schwindel, kalter Schweiß, allgemeines Unwohlsein, Übelkeit, Müdigkeit und Lethargie oder Kopfschmerzen – all das, was auch bei Seekrankheit auftritt. Der Grund dafür: Die ungewohnte Bewegung wird vom Gehirn wahrgenommen, vom Innenohr, das für die Registrierung körperlicher Bewegungen zuständig ist, hingegen nicht (Krizsak 2017).
> - Beim Lernen eröffnet Virtual Reality ganz neue Möglichkeiten. Durch das Eintauchen in eine täuschend echte Welt lassen sich so einfach realistische Situation durchspielen – und leichter erlernen. So wird Virtual Reality schon für Chemiker und Notärzte eingesetzt, um komplexe Sachverhalten schon einmal virtuell durchzuspielen (Macho und Kuhn 2017).

# Literatur

Avery, R. (2016). Sesame Credit App. In China's Orwellian "Social Credit" System to be mandatory by 2020, 09. März 2016. http://humancreativecontent.com/news-and-politics/2016/3/8/sypxe6b7dm2o8by6m4cwz1bh2kcszl. Zugegriffen: 14. Dez. 2017.

Baller, G., & Schaller, B. (2017). Digitale Kommunikation. In *Kommunikation im Krankenhaus* (S. 219–238). Berlin: Springer.

Bündnis gegen Cybermobbing. (2017). Art und Weise des erlebten Cybermobbings unter Jugendlichen nach Geschlecht in Deutschland 2017. In Statista. https://de.statista.com/statistik/daten/studie/340002/umfrage/art-und-weise-des-cybermobbings-nach-geschlecht-in-deutschland/. Zugegriffen: 23. Nov. 2017.

Change it! (2017). …Und Action! In Change it! Hamburgs erste Seite für Weltveränderer. http://www.change-it.org/machen/aktionsformen. Zugegriffen: 1. Dez. 2017.

Deloitte, Fraunhofer FIT und Bitkom. (2016). Prognose zum B2B-Umsatz mit Virtual-, Augmented- und Mixed-Reality in Deutschland von 2016 bis 2020 (in Millionen Euro). In Statista. https://de.statista.com/statistik/daten/studie/578467/umfrage/prognose-zum-b2b-umsatz-mit-virtual-augmented-und-mixed-reality-in-deutschland/. Zugegriffen: 23. Nov. 2017.

Der Bund. (2017). Ehemalige Sci-Fi-Szenarien im Faktencheck. In Der Bund 5. Oktober 2017. https://www.derbund.ch/kultur/kino/Ehemalige-SciFiSzenarien-im-Faktencheck/story/19074877. Zugegriffen: 30. Jan. 2018.

Der Standard. (2017). „Sophia": Saudi-Arabien bürgert Roboter ein. In Der Standard 27. Oktober 2017. https://www.derstandard.de/story/2000066761525/sophia-saudi-arabien-buergert-roboter-ein. Zugegriffen: 30. Jan. 2018.

Dörner, R., Geiger, C., Oppermann, L., & Paelke, V. (2013). Interaktionen in Virtuellen Welten. In *Virtual und Augmented Reality VR/AR* (S. 157–193). Berlin: Springer.

Gassmann, M. (2017). Warum Amazon und Co. jetzt wieder offline gehen. In Welt N24. https://www.welt.de/wirtschaft/article163531211/Warum-Amazon-und-Co-jetzt-wieder-offline-gehen.html. Zugegriffen: 1. Dez. 2017.

Hepp, A., & Krotz, F. (Hrsg.). (2014). Mediatized worlds: Culture and society in a media age. Berlin: Springer.

IDC. (2017). Absatz von Virtual-Reality-und AR-Brillen weltweit im Jahr 2016 und Prognose für 2021 (in Millionen Stück). In Statista. https://de.statista.com/statistik/daten/studie/654936/umfrage/prognose-zum-absatz-von-virtual-reality-brillen-weltweit/. Zugegriffen: 23. Nov. 2017.

Kerkmann, C., & Steger, J. (8. August 2017). Ein Helfer für alle Fälle. *Handelsblatt, 151*, 14–15.

Kloth, M. M. H. (2015). Virtualisierung der Lebenswelt und ihre Folgen. In MonAMi der Hochschule Mittweida. https://monami.hs-mittweida.de. Zugegriffen: 2. Nov. 2017.

Krizsak, C. (2017). Virtual Reality und Gesundheit: Sind VR-Brillen schädlich? In VR World. https://vr-world.com/virtual-reality-und-gesundheit-sind-vr-brillen-schaedlich/. Zugegriffen: 1. Dez. 2017.

Lee, A. (2016). Tay – Hitler. In Microsoft follows Tay chatbot with fresh bot projects for Cortana and Skype, 31. März 2016. http://www.cloudpro.co.uk/marketing/5889/microsoft-follows-tay-chatbot-with-fresh-bot-projects-for-cortana-and-skype. Zugegriffen: 14. Dez. 2017.

Macho, A., & Kuhn, T. (2017). Virtual Reality. Mit echten Brillen in künstlichen Welten. *Wirtschaftswoche 1. Dezember 2017* http://www.wiwo.de/technologie/gadgets/virtual-reality-schneller-lernen-besser-forschen-und-bequemer-konstruieren/10038298-4.html. Zugegriffen: 1. Dez. 2017.

Petersdorff, W. von. (01. Juni 2016). Das Comeback der Schallplatte. In *Frankfurter Allgemeine*. http://www.faz.net/aktuell/wirtschaft/agenda/vinyl-ist-nicht-zu-bremsen-das-comeback-der-schallplatte-14263201.html. Zugegriffen: 1. Dez. 2017.

Schwägerl, C. (2016). Vorsicht vor der digitalen Weltpolizei. *Frankfurter Allgemeine Zeitung* 31. März 2015. http://www.faz.net/aktuell/feuilleton/debatten/warum-die-kuenstliche-intelligenz-gefahren-birgt-14151739.html. Zugegriffen: 3. Nov. 2017.

The Economic Times. (9. November 2017). Everything to know about Sophia, the Audrey Hepburn-lookalike, first robo-citizen of the world. *The Economic Times.* https://economictimes.indiatimes.com/magazines/panache/everything-to-know-about-sophia-the-audrey-hepburn-lookalike-first-robo-citizen-of-the-world/articleshow/61575904.cms. Zugegriffen: 30. Jan. 2018.

WEF. (2015). Tipping-Points der Digitalisierung. Eintrittswahrscheinlichkeit bis 2025. https://netzoekonom.de/2015/11/03/die-tipping-points-der-digitalisierung/. Zugegriffen: 23. Nov. 2017.

Welt. (27.Oktober 2017). Roboter „Sophia" bekommt saudi-arabischen Pass. *Welt Panorama Künstliche Intelligenz.* https://www.welt.de/vermischtes/article170106321/Roboter-Sophia-bekommt-saudi-arabischen-Pass.html. Zugegriffen: 28. Oct. 2017.

Wirtschaftswoche. (2014). Müssen wir dank Telemedizin bald nicht mehr zum Arzt? *Wirtschaftswoche 14. Juli 2014.* http://amp.wiwo.de/leere-wartezimmer-muessen-wir-dank-telemedizin-bald-nicht-mehr-zum-arzt/10195182.html. Zugegriffen: 3. Nov. 2017.

## Weiterführende Literatur

Gamescom stellt Virtuelle Realität als Trend-Thema nach vorne. (10. August 2016). ZEIT. http://www.zeit.de/news/2016-08/10/computer-gamescom-stellt-virtuelle-realitaet-als-trend-thema-nach-vorne-10140206. Zugegriffen: 6. Dez. 2017.

Henrichs, B. (2016) Wie Virtual Reality die echte Realität verändern wird. Welt 28. Juli 2016. https://www.welt.de/regionales/hamburg/article156641870/Wie-Virtual-Reality-die-echte-Realitaet-veraendern-wird.html. Zugegriffen: 6. Dez. 2017.

Jarvis, J. (31. August 2016). Keine Angst, die Wirklichkeit verschwindet nicht! *Welt.* https://www.welt.de/debatte/kommentare/article157905097/Keine-Angst-die-Wirklichkeit-verschwindet-nicht.html. Zugegriffen: 6. Dez. 2017.

KPMG. (April 2016). Dimensionene der Realistität. KMPG. https://home.kpmg.com/content/dam/kpmg/pdf/2016/04/virtual-reality-exec-summary-de.PDF. Zugegriffen: 6. Dez. 2017.

Meyer, A. (2017). Diese Reise verändert dich. Deutschlandfunk 29. Oktober 2017. http://www.deutschlandfunk.de/virtuell-wird-real-diese-reise-veraendert-dich.740.de.html?dram:article_id=37464. Zugegriffen: 6. Dez. 2017.

PWC. (2017). Digital Trend Outlook 2016 – Virtual Reality: Nimmt der Gaming Markt eine Pionier-Rolle ein? CP Wissen August 2016. http://www.cpwissen.de/tl_files/pdf/STUDIEN/PwC_Studie_Virtual_Reality.pdf. Zugegriffen: 6. Dez. 2017.

Räth, G. (2017). Im Porno-Business heißt die Zukunft Hologramm. Welt 21. Juli 2017. https://www.welt.de/sonderthemen/noahberlin/article165740818/Im-Porno-Business-heisst-die-Zukunft-Hologramm.html. Zugegriffen: 6. Dez. 2017.
Stewart, R. (2017). Virtuelle Realität: Die Zukunft der Kunst? DW 22. März 2017. http://www.dw.com/de/virtuelle-realität-die-zukunft-der-kunst/a-38056979. Zugegriffen: 6. Dez. 2017.
Struller, J. (2017). Aufbruch in neue Welten. DW 22. März 2017. http://www.handelsblatt.com/technik/hannovermesse/virtuelle-realitaet-aufbruch-in-neue-welten/19544652.html. Zugegriffen: 6. Dez. 2017.
Trisko, A. (2016). Project Nourished: Essen in der virtuellen Realität. Trends der Zukunft 15. Juli 2016. http://www.trendsderzukunft.de/tag/virtuelle-realitat/. Zugegriffen: 6. Dez. 2017.
Virtual Reality. (o. J.). Welt. http://www.welt.de/virtual-reality/. Zugegriffen: 6. Dez. 2017.
Virtual-Reality. (o. J.). Cebit. http://www.cebit.de/de/news/thema/virtual-reality/. Zugegriffen: 6. Dez. 2017.
Viscon. (2014). VR-Cave. In VR Cave. Der begehbare VR-Raum für vollständiges Eintauchen in die virtuelle Umgebung. http://viscon.de/vr/vr-cave/. Zugegriffen: 14. Dez. 2017.
Witzeck, J. (2016). Setzt sich die virtuelle Realität jetzt endlich durch? Wirtschaftswoche 31. August 2016. http://www.wiwo.de/technologie/digitale-welt/ifa-trend-virtual-reality-setzt-sich-die-virtuelle-realitaet-jetzt-endlich-durch/14480214.html. Zugegriffen: 6. Dez. 2017.
Zheping, H. (2015). My score, generated on Oct. 7, 2015. https://qz.com/519737/all-chinese-citizens-now-have-a-score-based-on-how-well-we-live-and-mine-sucks/. Zugegriffen: 12. Apr. 2018.

# #HauptsacheAlessiogehtesgut – welche Idole verführen uns?

Was als Lovestory im TV Millionen Zuschauer verzauberte und zu einem Rosenkrieg im Internet mutierte, hat einen durchaus zynischen Kultspruch hervorgebracht: Nachdem Pietro und Sarah Lombardi das Ende ihrer Beziehung mit Tausenden von Followern und Millionen von Lesern und TV-Zuschauern teilten, muss ihr vollkommen unbeteiligter Sohn, der kleine Alessio, für Witze herhalten. „Hauptsache, Alessio geht es gut." – Dieser eigentlich zu unterstützende Anspruch der jungen Eltern wurde mittlerweile so oft strapaziert und angesichts des eigenen Verhaltens konterkariert, dass er ins unfreiwillig Tragikomische umschlug und in den sozialen Medien ein Eigenleben führt (VIP 2016). Selbst in die reale Welt hat es der Spruch gebracht: Auf Tassen (Spreadshirt 2017a) und T-Shirts (Spreadshirt 2017b) prangt der fromme Wunsch, von dem zu hoffen bleibt, dass Klein-Alessio diesen Hype nicht mitbekommt. Wie konnte es so weit kommen, dass ein kleines Kind zum Gegenstand einer derartigen Witz-Kampagne wird?

## Von DSDS und seinen Helden

Es begann mit einer Casting-Show, die ohnehin regelmäßig für Gesprächsstoff sorgt: Ihr Hauptakteur, Schlagersänger und Entertainer Dieter Bohlen, bombardiert die Kandidaten mit Sprüchen, die oftmals weit unter die Gürtellinie gehen – und teils selbst einen gewissen Kultstatus erlangten. So vermarktete eine große Versicherungsgesellschaft ausgewählte Bohlen-Sprüche zu Werbezwecken, was seinem Image als knallharter Typ,

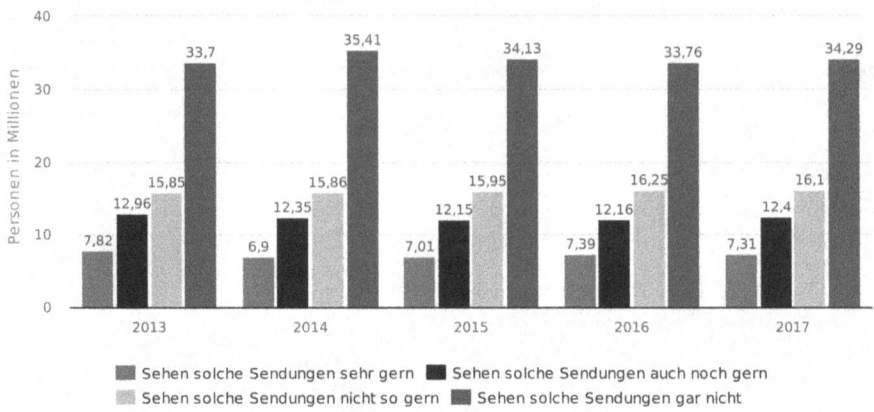

Abb. 1 Umfrage in Deutschland zum Interesse an Talentshows im Fernsehen bis 2017. (IfD Allensbach 2017)

Abb. 2 Die emotionale Identifikation der Fans mit den Kandidaten sowie die beeindruckenden Kulissen machen Casting-Shows so erfolgreich. (Zeller 2016)

der es im robusten Musik-Business geschafft hat, weiteren Auftrieb gab. Mit derartigen Formaten wird nicht nur das Motiv, nur der Stärkere könne gewinnen, bedient, sondern auch der Traum von der großen Karriere praktisch über Nacht befeuert. Dass dabei Häme über die ausgeschüttet wird, die sich in teilweise maßloser Überschätzung ihrer eigenen Fähigkeiten dem harten Jury-Urteil stellen, und in ihrer Niederlage einem großen Publikum zur Schau gestellt werden, macht die Schizophrenie erst so richtig deutlich: Während der Großteil der Gewinner dieser Show in der Versenkung verschwinden, haben es einige der verhöhnten Verlierer geschafft, im Internet zu „Helden" zu werden und eine eigene Erfolgsstory zu schreiben (siehe Abb. 1). Allerdings ist dieser Publikums-Umschwung von Schadenfreude zu Anerkennung oftmals teuer erkauft (Kaiser 2008) (Abb. 2).

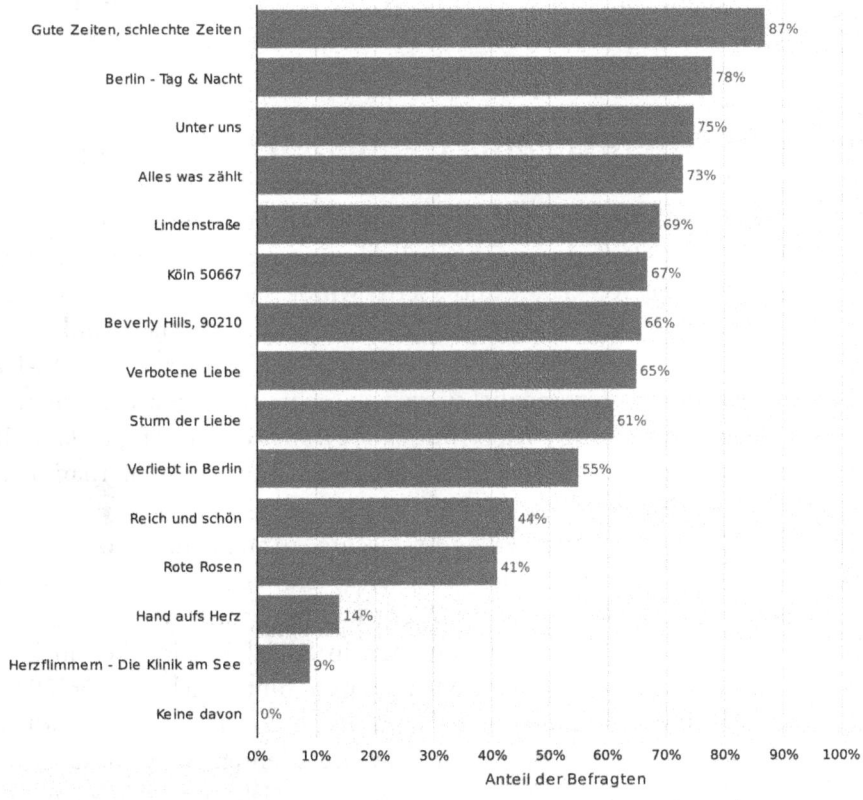

**Abb. 3** Umfrage zu den bekanntesten Fernsehserien aus dem Genre Soaps und Telenovelas 2016. (Statista 2016)

Es stellt sich also die Frage, nach welchen Gesichtspunkten sich vor allem Jugendliche ihre Idole, denen sie leidenschaftlich in den sozialen Netzwerken folgen, auswählen: Der 24-jährige Pietro Lombardi, mittlerweile mehr oder weniger erfolgreicher Popsänger, der durch verschiedene TV-Shows tingelt, ging als Gewinner dieser Casting-Show hervor. Während der Staffel wurde er immer wieder als etwas naiv und ungebildet porträtiert, und doch irgendwie charmant. Er traf auf Kandidatin Sarah, heute ebenfalls 24-jähriges Popsternchen. Es entspann sich zur besten Sendezeit eine Lovestory – bis hin zum gemeinsamen Finale, das Pietro mit dem Segen von Dieter Bohlen für sich entschied (DSDS 2011).

Die Zuschauer waren also von Anfang an dabei, sodass eine Fortsetzung sich geradezu anbot, als die Karriere der beiden abflaute: Die Platten wurden ebenso wenig gekauft wie die Konzerttickets. Selbst die TV-Formate, die Sarah und Pietro im Alltagsleben begleiteten, brachten immer geringere Einschaltquoten, auch wenn sich Reality-Formate allgemein für eine gewisse Zeit großer Beliebtheit erfreuten, wie z. B. die Sendungen um die Geissens und Katzenberger zeigen (siehe Abb. 3; Promiflash 2016).

## Das große Interesse am Privatleben der anderen

Erst Gerüchte um Seitensprünge, deren vermeintliche Fotobeweise es bis in die BILD-Zeitung schafften, änderten die Situation schlagartig: Das dramatische Ende der Ehe von Sarah und Pietro wurde medial derart inszeniert, dass ein wahrer Hype um zwei junge Menschen und ihr kleines Kind ausgelöst wurde. Die Banalitäten einer für die Öffentlichkeit eigentlich unbedeutenden Beziehung wurden möglichst weit ausgebreitet – zur Unterhaltung und vor allem Belustigung vieler (Bild 2016). Und so gelangte dann im Netz der Hashtag #HauptsacheAlessiogehtesgut sogar zu internationaler Aufmerksamkeit (Maier 2016).

Ob es nun reine Neugierde ist, echte Anteilnahme oder auch Schadenfreude: Sarah ist in den sozialen Netzwerken deutlich interessanter als Bundeskanzlerin Angela Merkel. Pietro lässt die erfolgreiche Popsängerin Helene Fischer bei Nennungen in Social Media, aber auch bei Beliebtheitswerten in den sozialen Medien weit hinter sich (Maier 2016). Wie lässt sich dieses Phänomen erklären, das vor allem für Jugendliche gilt? Insbesondere in der Pubertät versucht der Mensch, sich selbst zu finden, Eigenheiten festzustellen und persönliche Ziele zu definieren: Wer bin ich? Wie möchte ich sein? Für wen hält man mich? Lotte Schenk-Danzinger (1995) brachte diese wichtige Entwicklungsphase mit den genannten drei zentralen Fragestellungen auf den Punkt. Angesichts der enormen Unsicherheit bezüglich der eigenen Zukunft finden sich Jugendliche zunehmend in Idolen, die nicht unbedingt mit überragendem Können oder besonderen Leistungen erfolgreich werden, sondern gerade mit ihrer Gewöhnlichkeit: „Der hat es geschafft und ist doch gar nicht so viel anders als ich. Warum sollte ich das nicht auch können?" Wenn Blogger ihr alltägliches Leben mit ihren Followern teilen, sich über Gott und die Welt auslassen und damit Geld verdienen, ist das ein Ausweg aus einem tristen Alltag ohne klare Perspektive. Mit einem ordentlichen Schulabschluss ist heute noch lange nicht der soziale Aufstieg gewährleistet. Interessante Berufe von heute können morgen schon irrelevant sein. Aber die vermeintlich große Karriere, die die Teilnehmer der einschlägigen Casting-Shows oder ein erfolgreicher Blogger im Internet hinlegen, scheint da um vieles greifbarer zu sein. Also zählen Selbstdarstellung und selbstbewusstes Auftreten in diesem Umfeld deutlich mehr als fachliches Können oder fundiertes Wissen – schließlich lässt sich das in einer solchen Show nicht verwerten (Maier 2016).

## Die neuen Soap-Helden – Meister der Illusion und Inszenierung

Dabei wird gerne ausgeblendet, dass die modernen Idole auch in ihrem scheinbaren Alltag inszeniert werden: Ob Sarah und Pietro oder Daniela Katzenberger – hier werden ganz bewusst Illusionen geschaffen, selbst wenn die Kult-Blondine so präsentiert wird, als rede sie mit ihrer besten Freundin und ganz so, wie ihr der Schnabel gewachsen ist. Sie hat es geschafft, ohne spezielle Fähigkeiten zum Idol zu werden, indem sie sich gnadenlos vermarkten ließ. Kaum ein Lebensbereich bleibt ausgespart, die Welt nahm teil an ihrer Beziehung, an der Geburt ihres Kindes, an ihrer Hochzeit und ihrem (nicht) ganz normalen Leben. Das Ganze hat sich mittlerweile so erfolgreich entwickelt, dass der Weg nun, wie schon erfolgreich geschehen bei Barbara Schöneberger, mit dem Katzenberger Magazin in das Offline-Geschäft geführt hat (Richter 2016).

Die Formate mit Idolen sind geschickt konzipiert und entsprechend beliebt (siehe Abb. 4), können sich doch Kinder und Jugendliche in die jeweilige Situation hineinversetzen und davon träumen, bald selbst ihr Geld auf diese scheinbar so mühelose Weise zu verdienen – ohne erkennbaren Aufwand, ohne hartes Studium oder anstrengende Arbeit. Es schwingt also durchaus eine Portion Eskapismus mit, wenn Zuschauer in die

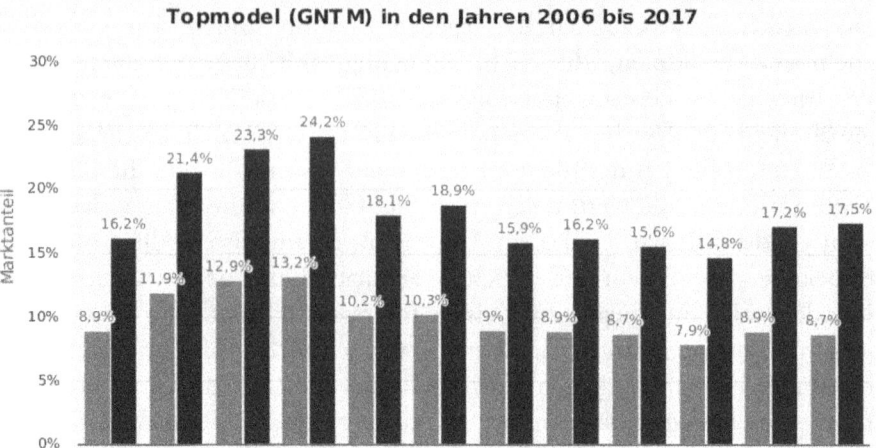

**Abb. 4** Durchschnittliche Zuschauermarktanteile von Germany's Next Topmodel bis 2017. (Quotenmeter 2017)

Privatsphäre wildfremder Menschen eindringen, der teilweise erniedrigenden Metamorphosen junger Mädchen folgen, die sich nicht nur äußerlich in die Model-Business-Schablone pressen lassen, oder mit Paarungswilligen bei der Auswahl geeigneter Kandidaten und Kandidatinnen mitfiebern.

Das Befassen mit den Problemen anderer Menschen lenkt so schön von den eigenen ab, das Eintauchen in eine Scheinwelt lässt die komplexer werdende reale Umgebung mit ihren vielfältigen und Angst einjagenden Konflikten „draußen bleiben". Über die gesellschaftliche Verantwortung, die die Initiatoren dieser TV-Formate ohne Zweifel tragen, ließe sich also trefflich streiten (Huffington Post 2017). Wobei man ja bei Katzenberger nicht einmal kritisieren kann, dass hier der Modelmaßdruck erhöht wird – im Gegenteil – Daniela Katzenberger ist für ihre Fans auch gerade attraktiv, weil auch sie lange braucht, um richtig gut auszusehen und weil auch sie immer wieder mit Gewichtszunahme zu kämpfen hat, weil auch bei ihr die Blondierungsprozedur komisch aussieht und danebengehen kann – die ganz alltäglichen Probleme also und auch damit ist der große Erfolg möglich. Das suggerieren die Medien (Richter 2016).

## Und immer wieder Stereotypen und Rollenklischees

Das große Thema Rollenverteilung wird medial bevorzugt mit Stereotypen bedient: Da stürzt sich der wohlproportionierte Muskelberg Dwayne „The Rock" Johnson als sympathischer und warmherziger Rettungsschwimmer in die Fluten oder mutiert zum Super-Daddy und Beschützer, was kaum ein Frauenherz kalt lässt – und die Erwartungen an den Traummann nach oben schraubt. Der smarte, schlanke und vor allem gepflegte Mann hingegen wird vorschnell in der homosexuellen Szene verortet. Taugt er schwerlich zum Familienvater, kann er als bester Freund der Damenwelt doch wertvolle Beauty-Tipps geben. Die Frau von heute hat unbedingt gepflegte Modelmaße mitzubringen und selbst in alltäglichen Stresssituationen wie aus dem Ei gepellt auszusehen. Wie wohltuend sind doch an dieser Stelle ehrliche Statements der erklärten Idole. Wenn Daniela Katzenberger mit ihrem Gewicht kämpft (Richter 2016) oder eine Nora Tschirner sich medienwirksam gegen den Magerwahn entscheidet (Bunte 2017), rückt das die verschobene Messlatte ansatzweise wieder auf ein erträgliches Maß.

Die individuellen Lebensentwürfe gehen weit auseinander und werden nicht selten von den Idolen befeuert: Sarah kämpfte darum, dass sich Pietro an den alltäglichen Arbeiten im Haushalt beteiligt, Daniela Katzenberger setzt sich bei ihrem Mann durch, indem sie nach eigenen Aussage die Waffen einer Frau einsetzt, d. h. indem sie sich beispielsweise verführerisch anzieht, um etwas zu erreichen. Die Freunde von Models werden in der Fernsehsendung Germany's Next Top Model im Zuge des beruflichen Erfolgs der Model-Kandidatinnen generell abserviert (Cosmopolitan 2016). Hier werden die unterschiedlichsten Klischees bedient, die die Vielfalt in unserer heutigen Gesellschaft widerspiegeln. Insbesondere für Jugendliche ist es aber schwierig, den eigenen Weg zu finden, zumal sich Einstellungen im Laufe der Zeit ändern können. Geht die junge Studienabsolventin zunächst an die Verwirklichung ihrer Karrierepläne, wird sie mit der Geburt eines Kindes hart auf dem Boden der Realität landen.

Anders als in der TV-Scheinwelt hat sie den Spagat zwischen Job, Beziehung und Kind hinzubekommen, was alles andere als leicht ist. Auch für den Partner verschieben sich die Prioritäten: War für ihn zunächst die erfolgreiche Business-Lady attraktiv, weil er sich mit ihr auf Augenhöhe austauschen konnte, wird er sich nach einem anstrengenden Arbeitstag schwer mit Haushalt, Windelwechseln und nächtlichen Störungen tun, um ihr beruflich den Rücken freizuhalten. Auf der anderen Seite vermitteln die einschlägigen Sendungen den Eindruck, dass es sich von Hartz IV doch so viel einfacher leben lässt: Die Kosten für eine Wohnung werden ebenso übernommen wie für den Lebensunterhalt – wozu also überhaupt einen Schulabschluss hinlegen, eine Ausbildung absolvieren und jeden Tag zur Arbeit gehen (Beck 2010)?

In deutschen Filmen sind die Frauen der Vorstandsbosse immer noch bevorzugt mit Wohltätigkeit beschäftigt. Rollenklischees sind hier stark verbreitet, Männer sind zudem insgesamt stärker vertreten (siehe Abb. 5, 6 und 7). Auch im Kinderfernsehen lässt sich beobachten, dass der überwiegende Anteil sowohl menschlicher als auch nicht-menschlicher Protagonisten männlich besetzt ist (siehe Abb. 8).

Bei erfolgreichen Unternehmern werden medial oft Abgründe der Wirtschaftskriminalität aufgedeckt. Mitarbeiter mit Kind werden als Eltern dargestellt, deren Beziehung durch ihre Mehrfachbelastung in die Brüche geht, und die im Beruf erfolgreiche Frau hat selten Glück in der Liebe bzw. eine harmonische Familie. Hier die Vorurteile von Rabenmutter und korruptem Unternehmer aufzugeben, wäre eine sinnvolle Aufgabe für die unterschiedlichen Medien und Werbeagenturen – würde aber wohl niedrigere Einschaltquoten bringen, genauso wie die Frau in der Waschmittelwerbung eine höhere Einschaltquote bringt als der Mann in derselben. Persil zeigte sich da schon Anfang des letzten Jahrhunderts emanzipiert und erfolgreich: Schon früh wurden neben der Frau in der Waschmittelwerbung auch die gesamte Familie beim Wäscheaufhängen gezeigt (Meister 2016).

### Männer im Rampenlicht

In deutschen TV-Filmen spielen vor allem Männer die Hauptrollen oder sind zentrale Figuren. Der Frauenanteil liegt bei einem Drittel.

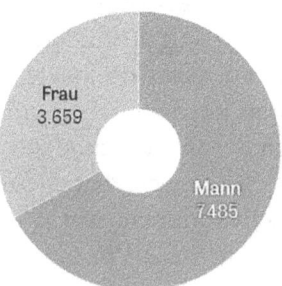

Frau 3.659

Mann 7.485

Quelle: Institut für Medienforschung, Universität Rostock • Daten

**Abb. 5** Männer- und Frauenanteil in deutschen TV-Filmen. (Institut für Medienforschung der Universität Rostock 2017a)

## Jung und weiblich

Bis zu einem Alter von etwa 30 sind Männer und Frauen relativ ausgewogen vertreten in Film und Fernsehen. Das ändert sich ab Mitte 30 deutlich.

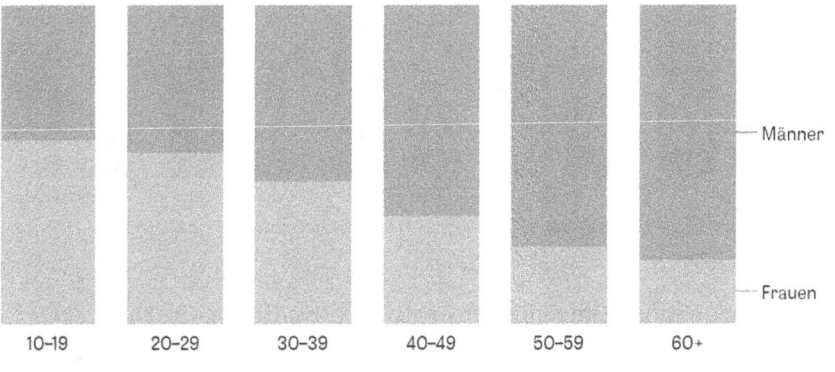

Quelle: Institut für Medienforschung, Universität Rostock · Daten

**Abb. 6** Männer- und Frauenanteil in Film und Fernsehen nach Alter. (Institut für Medienforschung der Universität Rostock 2017b)

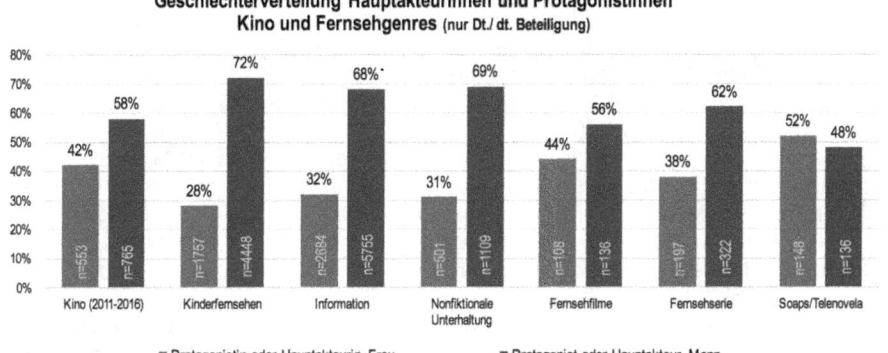

**Abb. 7** Geschlechterverteilung von HauptakteurInnen und ProtagonistInnen in Kino und Fernsehgenres (nur Dt./dt. Beteiligung). (Engel 2017)

Die einschlägigen Sendungen, Nachrichten und Fotos als das einzuschätzen, was sie wirklich sind, nämlich mehr Schein als Sein, eröffnet einen hilfreichen Blickwinkel: Diese Formate kämpfen um jeden Zuschauer, dazu werden alle Register gezogen und alle medialen Kanäle bespielt. Es lohnt sich oftmals, hinter die Kulissen zu blicken und sich zu fragen, inwieweit man von der Rezeption eines Medienproduktes wirklich profitiert: Lässt

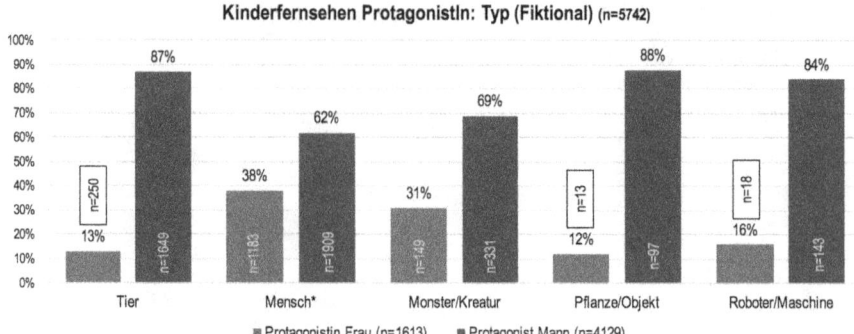

**Abb. 8** ProtagonistInnen im Kinderfernsehen nach Typ (fiktional). (Engel 2017)

man sich nur gerne aus der Realität entführen oder schätzt man jemanden für sein Verhalten, seine Ansichten und seine Werte?

> **Wussten Sie schon?**
> - Unter den 20 beliebtesten Idolen heutiger Jugendlicher finden sich sechs YouTube-Blogger, nur die US-Schauspielerin und -Sängerin Selena Gomez kann YouTuberin Bibi vom ersten Platz verdrängen (Hein 2016).
> - Drei Viertel der 12- bis 19-Jährigen folgen ihren Idolen über die Foto-App Instagram, 56 % auf YouTube, 47 % über Facebook, 45 % über SnapChat und über Twitter 35 % (Hein 2016).
> - Jugendliche schätzen die Nahbarkeit ihrer Idole, sodass 49 % auch deren praktische Tipps für den Alltag annehmen (Hein 2016).
> - Laut Azubi.de (2017) sind noch immer die beliebtesten Ausbildungsberufe bei Mädchen Arzthelferin, Bürokauffrau, Verkäuferin und Frisörin, während Jungen Industriemechaniker, Verkäufer, Elektriker und Koch bevorzugt wählen (Azubi 2017).
> - BWL, Jura und Wirtschaftswissenschaften gehören laut Studieren im Netz (2017) bei beiden Geschlechtern zu den beliebtesten Studiengängen. Darüber hinaus belegen Männer gerne technische, Frauen eher sprach- und kulturwissenschaftliche Studiengänge.
> - In kaum einem anderen EU-Land hält sich die klassische Rollenverteilung so beharrlich wie in Deutschland, so der Spiegel 2017 (Feck 2017).
> - Auch wenn Mentoring-Systeme in wenigen Schulen fest verankert sind, gibt es seit Jahren externe Mentoring-Angebote für Schüler oder Lehrer mit unterschiedlichen Fokussierungen, darunter RockitBiz, NFTE, KPMG Mentoring, Balu und Du.

**Take-aways**

- Unterhaltungsfernsehen bietet ein Weltbild an, thematisiert soziale Normen, Moral, und den kommunikativen Umgang miteinander. Hier werden ausgewählte bestimmte Sprach- und Verhaltenscodes vorgestellt und trainiert. Die geforderte Selbstdarstellung folgt konventionellen Leitlinien einer medial gefragten Fremdinszenierung.
- Ich und Image verschmelzen immer mehr miteinander. Es ist oftmals nicht mehr ein Kann, sich in den sozialen Medien zu zeigen. Vielmehr entscheidet der Auftritt in den sozialen digitalen Medien bei den 14- bis 25-Jährigen zunehmend über deren Reputation im realen Leben. Es gilt, Alternativen zu finden, Orte, an denen ein Jugendlicher andere Rollenmodelle findet und Betätigungsbereiche, in denen er Selbstbewusstsein entwickeln kann, z. B. beim Musizieren, Malen oder Sport-Treiben.
- Viele Idole der Generationen Y und Z überzeugen durch ihre mediale Präsenz und ihren scheinbar wirtschaftlichen Erfolg verbunden mit fehlendem inhaltlichem Fundament. Das Äußere entscheidet, intellektuelle Inhalte treten zunehmend in den Hintergrund, einfache Nachrichten entscheiden immer mehr. Der kritische Blick, das Reflektieren des Gesehenen mit gesunder Distanz ist an dieser Stelle wichtig. Die Diskussion zu diesen Themen macht jungen Menschen oftmals erst bewusst, dass hier Tiefgründigkeit fehlt.
- 80 % aller Frauen sagen, dass Frauenbilder in den Medien dafür verantwortlich sind, dass sie sich unsicher fühlen (DoSomething.org o. J.).
- Aufklärung ist hier genauso wichtig wie Verantwortung der Eltern, der Medien und der Werbetreibenden. Dove z. B. hat nicht nur ein erfolgreiches Marketing betrieben. Mit seiner Kampagne hat das Unternehmen dazu beigetragen, das Thema Modelmaße in den Medien zu hinterfragen und zu einem guten Körpergefühl jenseits eines Bodymaßindexes aufzurufen.
- Bei dem Thema Idole geht es um mehr als „hohle Idole", wie eine Studie dieses Thema betitelt (Gäbler 2012). Vielmehr ist die Entwicklung der Fernsehformate im Unterhaltungsfernsehen ein Fingerzeig, dass jeder aufgerufen ist, sich über die Qualität von Bildung und Erziehung Gedanken zu machen und das reflektierte Ergebnis für die Praxis umzusetzen.

# Literatur

Azubi. (2017). Die besten Ausbildungsberufe mit Zukunft 2017. In Azubi.de. https://www.azubi.de/beruf/tipps/liste-beste-ausbildungsberufe. Zugegriffen: 8. Dez. 2017.

Beck, M. (2010). TV-Serien – Folterfernsehen: Die dümmsten Doku-Soaps im TV. In Gamona. http://www.gamona.de/tv-serien/tv-serien,folterfernsehen-die-duemmsten-doku-soaps-im-tv:article,1673890.html. Zugegriffen: 8. Dez. 2017.

Bild. (2016). Sarahs angeblicher Lover auf Facebook „Sie war meine erste große Liebe". In Bild online. http://www.bild.de/unterhaltung/leute/sarah-lombardi/jetzt-spricht-ihr-angeblicher-lover-48492594.bild.html. Zugegriffen: 6. Dez. 2017.

Bunte. (2017). Nora Tschirner. Abrechnung! Das hält sie von Heidi Klums GNTM. In Bunte online. https://www.bunte.de/entertainment/casting-shows/germanys-next-top-model/nora-tschirner-abrechnung-das-haelt-sie-von-heidi-klums-gntm.html. Zugegriffen: 8. Dez. 2017.

Cosmopolitan. (2016). GNTM-Trennungen. Liebes-Aus! Kim, Elena C. und Jasmin haben sich von ihren Männern GETRENNT! In Cosmopolitan online. http://www.cosmopolitan.de/gntm-trennungen-liebes-aus-kim-elena-c-und-jasmin-haben-sich-von-ihren-maennern-getrennt-70648.html. Zugegriffen: 8. Dez. 2017.

DoSomething.org. (o. J.). 11 Facts About Body Image, unter: https://www.dosomething.org/us/facts/11-facts-about-body-image. Zugegriffen: 8. Dez. 2017.

DSDS. (2011). DSDS 2011: Entscheidung zwischen Pietro Lombardi und Sarah Engels. In RTL. https://www.rtl.de/cms/dsds-2011-entscheidung-zwischen-pietro-lombardi-und-sarah-engels-1235043.html. Zugegriffen: 6. Dez. 2017.

Engel, E. (13. Juli 2017). Geschlechterrollen im TV. Starke Männer und verliebte Frauen. *SVZ*. https://www.svz.de/deutschland-welt/kultur/starke-maenner-und-verliebte-frauen-id17288951.html. Zugegriffen: 8. Dez. 2017.

Feck, M. (2017). Familie. Reden ist Geld. In Spiegel Online 3. https://magazin.spiegel.de/SP/2017/3/149011607/index.html. Zugegriffen: 8. Dez. 2017.

Gäbler, B. (2012). Hohle Idole. Was Bohlen, Klum und Katzenberger so erfolgreich macht. Eine Studie der Otto-Brenner-Stiftung. Frankfurt/Main. OBS-Arbeitsheft 72. Hrsg. Otto-Brenner-Stiftung. https://www.otto-brenner-stiftung.de/otto-brenner-stiftung/aktuelles/hohle-idole.html. Zugegriffen: 8. Dez. 2017.

Hein, D. (16. August 2016). Bravo – Studie. Youtuber werden für Jugendliche immer wichtiger. *Horizont*. http://www.horizont.net/medien/nachrichten/Bravo-Studie-Youtuber-werden-fuer-Jugendliche-immer-wichtiger-142092. Zugegriffen: 8. Dez. 2017.

Huffington Post. (2017). Die Kritik an „GNTM" und Heidi Klum hält an. HuffPost. http://www.huffingtonpost.de/2017/10/06/immer-wieder-hagelt-es-kritik-fur-gntm-und-heidi-klum_n_18193566.html. Zugegriffen: 8. Dez. 2017.

IfD Allensbach. (2017). Bevölkerung in Deutschland nach Beliebtheit von Talentshows wie „Deutschland sucht den Superstar" im Fernsehen von 2013 bis 2017 (Personen in Millionen). In Statista. https://de.statista.com/statistik/daten/studie/171192/umfrage/interesse-an-talentshows-im-fernsehen/. Zugegriffen: 8. Dez. 2017.

Institut für Medienforschung der Universität Rostock. (12. Juli 2017a). Männer im Rampenlicht. In C. Ströbele, Selbst die Robbe ist ein Kerl. *ZeitOnline*. http://www.zeit.de/kultur/film/2017-07/geschlechtervielfalt-film-fernsehen-studie-uni-rostock. Zugegriffen: 14. Dez. 2017.

Institut für Medienforschung der Universität Rostock. (12. Juli 2017b): Jung und weiblich. In C. Ströbele, Selbst die Robbe ist ein Kerl. *ZeitOnline*. http://www.zeit.de/kultur/film/2017-07/geschlechtervielfalt-film-fernsehen-studie-uni-rostock. Zugegriffen: 14. Dez. 2017.

Kaiser, T. (2008). Geldmaschine „Deutschland sucht den Superstar". In Welt. https://www.welt.de/wirtschaft/article1680376/Geldmaschine-Deutschland-sucht-den-Superstar.html. Zugegriffen: 8. Dez. 2017.

Maier, J. (2016). Die Lombardis. Das Phänomen Sarah und Pietro – Warum uns ihr Schicksal bewegt. In Stern. https://www.stern.de/lifestyle/leute/sarah-lombardi-und-pietro–warum-ihr-schicksal-millionen-bewegt-7119380.html. Zugegriffen: 6. Dez. 2017.

Meister, J. (2016). 60 Jahre Werbung Als Persil ins Wohnzimmer kam. In Express. https://www.express.de/25026618, https://www.express.de/duesseldorf/60-jahre-werbung-als-persil-ins-wohnzimmer-kam-25026618. Zugegriffen: 8. Dez. 2017.

Promiflash. (2016). Sarah & Pietro im TV: Noch mehr RTL2-Formate geplant! In Promiflash. https://www.promiflash.de/news/2016/11/29/sarah-und-pietro-im-tv-noch-mehr-rtl2-formate-geplant.html. Zugegriffen: 8. Dez. 2017.

Quotenmeter. (2017). Durchschnittliche Zuschauermarktanteile von Germany's Next Topmodel (GNTM) in den Jahren 2006 bis 2017. In Statista. https://de.statista.com/statistik/daten/studie/181083/umfrage/marktanteil-von-germanys-next-topmodel-seit-2006/. Zugegriffen: 8. Dez. 2017.

Richter, C. (2016). Daniela Katzenberger: Vermögen, Karriere und Merchandise. In Giga. http://www.giga.de/extra/ratgeber/specials/daniela-katzenberger-vermoegen-karriere-und-merchandise/. Zugegriffen: 6. Dez. 2017.

Schenk-Danzinger, L. (1995). *Entwicklungspsychologie* (23. Aufl.). Wien: ÖBVHPT.

Spreadshirt. (2017a). … Hauptsache Alessio geht es gut – Tassen. In Spreadshirt. https://www.spreadshirt.de/hauptsache+alessio+geht+es+gut+tasse-A109736526. Zugegriffen: 6. Dez. 2017.

Spreadshirt. (2017b). … Hauptsache Alessio geht es gut – T-Shirts. In Spreadshirt. https://www.spreadshirt.de/hauptsache+alessio+geht+es+gut+girlshirt-A109736579. Zugegriffen: 6. Dez. 2017.

Statista. (2016). Welche dieser Serien aus dem Genre Soaps / Telenovelas sind Ihnen bekannt? In Statista. https://de.statista.com/statistik/daten/studie/580997/umfrage/bekannteste-fernsehserien-aus-dem-genre-soaps-telenovelas/. Zugegriffen: 8. Dez. 2017.

Studieren im Netz. (2017). Die beliebtesten Studiengänge. In Studieren im Netz. http://www.studieren-im-netz.org/vor-dem-studium/orientieren/beliebte-studiengaenge. Zugegriffen: 8. Dez. 2017.

VIP. (2016). „Hauptsache Alessio geht's gut": So scherzen Promis und Netzgemeinde über den Sohn von Sarah und Pietro. In VIP. https://www.vip.de/cms/hauptsache-alessio-geht-s-gut-so-scherzen-promis-und-netzgemeinde-ueber-den-sohn-von-sarah-und-pietro-4049886.html. Zugegriffen: 6. Dez. 2017.

Zeller, S. (2016). Fabulous concert with a singer in yellow dress. In: Unsplash, unter: https://unsplash.com/photos/BeOW_PJjA0w. Zugegriffen: 14. Dez. 2017.

## Weiterführende Literatur

Karo. (1. Juni 2017). Nein! Hier geht es nicht um @OfficialPietro! #hauptsache-alessiogehtesgut. *Twitter*. https://pbs.twimg.com/media/DBQoOdFXsAMYNZq.jpg. Zugegriffen: 14. Dez. 2017.

# Die eierlegende Wollmilchsau – die Gesellschaft, die Politik und das Smartphone

Der Tanz um das goldene Kalb begann am 9. Januar 2007. Steve Jobs, damals Apple-Chef und Mitgründer des zeitweise wertvollsten Unternehmens der Welt, pries ein Mobiltelefon an mit einer einfach zu bedienenden und trotzdem funktionellen Benutzeroberfläche: das iPhone! Der geniale Designer, Visionär und Verkäufer hatte wohl selbst nicht daran geglaubt, dass mit der ersten Generation dieses Telefons das Smartphone einen ungeahnten Siegeszug nahm. Man stelle sich heute vor: Eine Welt ohne Smartphone – unmöglich!

Innerhalb eines Jahrzehnts ist das Smartphone allgegenwärtig und für viele Menschen ein Teil ihrer selbst geworden: Ohne Smartphone trauen sich Millionen von Deutschen nicht mehr aus dem Haus. Ohne das flache, rechteckige Ding fühlen sie sich unsicher, aufgeworfen: „Was ist, wenn etwas passiert, und ich habe mein Smartphone nicht dabei?"

Schließlich ist aus dem Telefon die sprichwörtliche eierlegende Wollmilchsau geworden: Das Gerät führt meinen Terminkalender, sagt mir das Wetter voraus, verkürzt mir mit Millionen von Spielmöglichkeiten Wartezeiten, ist meine Verbindung zu meinen Freunden, wo immer sie sich auf der Welt auch befinden, mein Kommunikationsmanager für Facebook, Instagram, Snapchat oder Twitter, mein Wegweiser in unbekannten Städten und Ländern, mein Wunschradio und mein Fernsehgerät, mein Heimkino und meine Zeitung, mein Buch und meine Nachrichtenagentur, mein Fotoapparat und meine Filmkamera; es ist mein Computer für Hand- oder Hosentasche, meine Anschlussstelle für die weltweite Internetgemeinde, es kontrolliert meinen Puls, zählt meine Schritte und überwacht schließlich

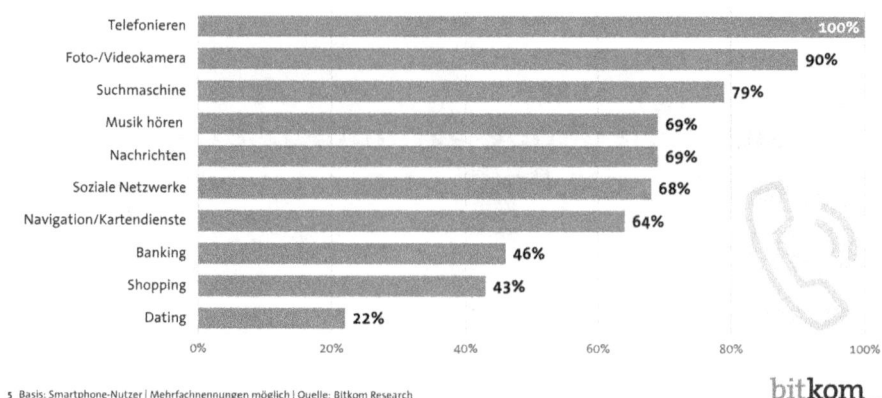

**Abb. 1** Smartphone als mobiler Alleskönner im Alltag. (Ametsreiter 2017)

auch noch meinen Schlaf. Unmöglich, hier eine abschließende Aufzählung all dessen zu bieten, wozu das Smartphone schon heute in der Lage ist, denn bereits morgen gibt es garantiert zig neue Anwendungen. Ach ja, telefonieren kann ich auch immer noch damit (siehe Abb. 1).

## Die Jagd auf die nächste Generation

Wobei Apple die Ehre gebührt, mit dem iPhone den durchschlagenden Erfolgstyp des Smartphones entwickelt zu haben. Es gab zwar schon zuvor Smartphones, aber erst Apples iPhone brachte den Welterfolg. Mittlerweile machen andere Produzenten – von Samsung, Motorola, Lenovo über Huawei bis beispielsweise HTC – dem Unternehmen aus Silicon Valley erheblich Konkurrenz. Doch lange war das iPhone das Maß aller Dinge, und zwar hinsichtlich Design und Technik.

Über Jahre wurde das Erscheinen jedes neuen Apple-Modells der Serie weltweit zelebriert: Zunächst tauchten im Internet Fotos der nächsten Generation auf. Selbsternannte Experten beschrieben in ihren Blogs, welche neuen bahnbrechenden Eigenschaften und welch unfassbaren Kapazitäten das neue Wunderding haben sollte. Es erinnerte schon an das Vorgehen von Geheimagenten, wie sich die Blogger verhielten: Der eine bezog seine Geheiminformationen angeblich von Unternehmensmanagern, der andere hatte Apple-Mitarbeiter aufgespürt, die das Gerät hatten testen sollen, es aber im Suff angeblich in einer Kneipe liegen gelassen hätten. Andere „Insider" bauten auf die Lieferanten von Komponenten in China; dort spionierten sie die Produktionen aus, um mit Informationen über Bauteile auf die neuen Apple-Wundergeräte schließen zu können.

Im Anschluss an das Vorspiel der Jäger folgte, unnachahmlich über Jahre, die Präsentation der neuen Geräte auf der Macworld Conference & Expo in San Francisco: Steve Jobs im schwarzen Rollkragenpulli mit dem neuen iPhone in der Hand. Selbst die seriösesten Zeitungen und Nachrichtensendungen sahen sich veranlasst, über das Erscheinen einer eigentlich bloßen Produktweiterentwicklung weltweit zu berichten. Die Fangemeinde verfolgte die Präsentation ohnehin live online wie eine heilige Messe.

Der nächste Schritt: der Verkaufsbeginn. Die Apple-Jünger pilgerten zu den Apple-Shops in den USA, übernachteten vor deren Türen, um dann am Morgen, bei Öffnung der Geschäfte, unter den ersten zu sein, die das Gerät für einige hundert US-Dollar kaufen durften. Danach traten sie beim Verlassen des Geschäfts vor wartende Kunden, Fotografen sowie Kameraleute, streckten ihre Trophäe glückselig in die Höhe und waren fast entrückt in ein Apple-Nirwana.

Kein Wunder, dass das Smartphone zum Statussymbol wurde. Wer es hatte, musste es zeigen. Je neuer, je leistungsstärker, umso besser. Auch kein Wunder, dass die Hersteller von Luxusgütern das Smartphone für sich entdeckten. In der Liste der teuersten zehn Smartphones weltweit während der letzten Jahre rangierte das Vertu Signaturen Cobra für „noch erschwingliche" 310.000 US$ auf Platz zehn, das iPhone 3G Kings Button für immerhin schon 2,5 Mio. US$ auf Platz fünf und das Falcon SuperNova Pink Diamond iPhone 6 kostete tatsächlich 48,5 Mio. US$ – und wie bei mobilegeeks. de (Bauer 2016) zu lesen war, sei der unglaublich hohe Preis auf den seltenen rosafarbenen Diamanten auf der Rückseite des Handys zurückzuführen.

Auf 56 Millionen belief sich die Zahl der Smartphone-Nutzer 2017 allein in Deutschland. Acht von zehn Deutschen ab 14 Jahren nutzen damit ein Smartphone, so die Schätzung des Bundesverbandes Informationswirtschaft, Telekommunikation und neue Medien e. V. (bitkom) (bitkom 2017) Wie in Deutschland, so ist auch weltweit kein Ende des Smartphone-Booms ist Sicht. Im Jahr 2016 sollen 1,4 Mrd. neue Geräte ausgeliefert worden sein (Statista 2017). Allein die beiden Marktführer Samsung und Apple hätten im Jahresverlauf 526 Millionen Smartphones abgesetzt. Die Statistiker gehen von weltweit derzeit (2017) ca. 2,32 Mrd. Smartphone-Nutzern aus, 2020 sollen es 2,87 Mrd. sein. Bei einer geschätzten Weltbevölkerung von dann 7,76 Mrd. Menschen wird also mehr als jeder Dritte mit einem solchen Gerät kommunizieren und darüber auch erreichbar sein.

## Das Smartphone schreibt Geschichte

Selbst in der Politik hat das Smartphone seinen festen Platz. Nicht nur, dass die Politiker damit Kontakt zur Parteibasis wie Parteispitze halten. Die kleine Wunderbox hat ihren Platz im Politikerplausch genauso so wie in Polit-Skandalen – oder hält gar Einzug in die Geschichte.

So kann ein Handy hilfreich sein, der Welt eine Botschaft zu signalisieren. Geschehen im Sommer 2003. US-Präsident George W. Bush, Frankreichs Staatspräsident Jacques Chirac und Bundeskanzler Gerhard Schröder standen während des G8-Gipfels in Evian auf der Terrasse des Tagungshotels. Unter ihnen lag der Genfer See im Sonnenlicht. Im Small-Talk Chirac und Bush. Da klingelte Schröders Smartphone. Seine damalige Frau, Doris Schröder-Köpf, wollte kurz mit ihm sprechen. Nach ein paar Worten reichte Schröder das Handy an Chirac weiter, da seine Frau auch kurz mit dem französischen Präsidenten plaudern wollte. Höflich zog sich Chirac zum Telefongespräch ein paar Schritte zurück. Dadurch ergab sich für den Bundeskanzler die Gelegenheit, ganz ungezwungen mit Bush zu plaudern und – wichtig – der Welt damit zu zeigen, dass hier keiner nachtragend ist. Denn zuvor herrschte wegen des „Neins" Schröders zum US-Kriegsgang im Irak ein eher eisiges Verhältnis zwischen den beiden.

Dramatischer der Smartphone-Einsatz des türkischen Staatspräsidenten Racep Tayyip Erdogans während des Putschversuchs von 2016: Es war die Nacht vom 15. auf den 16. Juli. Die Lage war unübersichtlich. Hatten die Putschisten aus den Reihen des Militärs bereits die Gewalt in ihren Händen? Standen sie kurz vor dem Sieg? Wie viele Militärs waren überhaupt beteiligt? War Präsident Erdogan noch in seinem Feriendomizil, bereits inhaftiert oder auf der Flucht? In diesem wohl entscheidenden Moment meldete sich Erdogan – und wandte sich per Nachrichtendienst facetime an sein Volk. Auf dem Display eines Smartphones, in Händen der Moderatorin Hande Firat des Senders CNN Türk, war der Präsident zu sehen und, festgehalten von den TV-Kameras des Senders (Abb. 2) appellierte an die Türken: „Ich rufe unser Volk auf, sich auf den Plätzen und am Flughafen zu versammeln." (SAT.1 2016). Und sein Volk folgte ihm. Zu Zigtausenden zog es auf die Straßen und Plätze, Muezzine riefen die Gläubigen im ganzen Land auf, Widerstand zu leisten. Der Aufstand war bald niedergeschlagen.

Später fällt vielen auf, wie genau Erdogan zu diesem Zeitpunkt offenbar über die Stärke der Putschisten informiert war, sprach er doch von einer kleinen Gruppe putschender Militärs. Es sei dahingestellt, ob und inwieweit das alles inszeniert war. Aber dieser Einsatz des Smartphones war weltweit eine Nachricht und dürfte wohl als Teil dieses Aufstandes in die Geschichte

**Abb. 2** Erdogans Appell über ein Smartphone. (Business Insider 2017)

eingehen. Ausgerechnet der Mann, der insbesondere in der Zeit nach dem Putsch die Pressefreiheit mit Füßen trat, die Arbeit von Journalisten beschränkte und viele Journalisten in seine Gefängnisse werfen ließ, nutzte für sich und sein politisches Überleben den damals noch halbwegs freien TV-Sender und die dort arbeitenden Journalisten.

Das Smartphone dient aber auch als Ausgangspunkt handfester Staatskrisen: Als bekannt wurde, dass der US-Geheimdienst NSA das Handy von Bundeskanzlerin Angela Merkel über Jahre abgehört hatte, gerieten die zwischenstaatlichen Beziehungen der USA und Deutschland in heftige Turbulenzen. „Abhören unter Freunden, das geht gar nicht", so die Bundeskanzlerin in der Spähaffäre (Bundesregierung 2013). Das folgende politische Gepolter inklusive Untersuchungsausschuss und Treffen der Spitzenpolitiker Merkel und US-Präsident Barak Obama verstärkte letzten Endes nur den Eindruck: Die Geheimdienste arbeiten so gut wie alle mehr oder weniger eng zusammen, unterstützen sich gegenseitig, tauschen, wenn nützlich, ihre Informationen aus. So können die deutschen Dienste z. B. nicht auf die US-Geheimdienste verzichten, sind in vielen Fällen auf deren Erkenntnisse angewiesen. Die Geheimdienste machen, was sie wollen, egal, wer reagiert.

Und das Smartphone von morgen? Der Fantasie für neue Applikationen sind sicher keine Grenzen gesetzt. Die künstliche Intelligenz wird immer mehr Funktionen der eierlegenden Wollmilchsau übernehmen. Die Tastatur wird in den Hintergrund, die direkte mündliche Kommunikation mit dem Smartphone in den Vordergrund treten. So, wie es derzeit aussieht, dürfte der Siegeszug, einst von Steve Jobs in Gang gesetzt, noch einige Jahre anhalten.

**Wussten Sie schon?**

- 2017 gehen in Deutschland rund 24,8 Mio. neue Smartphones über die Ladentheken.
- Im Jahre 2020 werden schätzungsweise 2,87 Mrd. Menschen mit einem Smartphone kommunizieren

**Take-aways**

- Der Entwicklung des Smartphones als mobiler Tausendsassa wird fortschreiten. Schon morgen werden neue Apps und damit verbunden neue Einsatzmöglichkeiten entwickelt sein. So ist der Arztbesuch per Videochat schon heute möglich. Doch bald wird der Mediziner z. B. per Hautanalyse-App Ihre Beschwerden aus der Ferne diagnostizieren, sein Rezept wird digital umgehend in der Online-Apotheke landen und die Medizin wenige Stunden später zu Ihnen nach Hause geliefert. Das Smartphone wird also in immer mehr unserer Lebensbereiche Einzug halten.
- Wenn Geheimdienste speziell gesicherte Smartphones von Spitzenpolitikern abhören können, können Kriminelle auch Ihr Handy anzapfen. Deswegen: Nicht nur im Computer, sondern auch im Smartphone stets die neuesten Updates installieren.

# Literatur

Ametsreiter, H. (2017). Smartphone-Markt: Konjunktur und Trends. In bitkom, S. 5. https://www.bitkom.org/Presse/Anhaenge-an-PIs/2017/02-Februar/Bitkom-Pressekonferenz-Smartphone-Markt-Konjunktur-und-Trends-22-02-2017-Praesentation.pdf. Zugegriffen: 23. Febr. 2018.

Bauer, V. (2016). Top 10 der luxuriösesten und teuersten Smartphones der Welt. In mobilegeeks.de vom 16. Januar 2016. https://www.mobilegeeks.de/artikel/luxus-smartphones/. Zugegriffen: 29. Dez. 2017.

Bitkom. (2017). Smartphone trägt 1,4 Prozent zum Bruttoinlandsprodukt bei. In bitkom, Presseinformationen 30.08.2017. https://www.bitkom.org/Presse/Presseinformation/Smartphone-traegt-14-Prozent-zum-Bruttoinlandsprodukt-be.html, Zugegriffen: 30. Dez. 2017.

Bundesregierung. (2013). Sommerpressekonferenz von Bundeskanzlerin Angela Merkel vom 19. Juli. In Die Bundesregierung, Presse- und Informationsamt der Bundesregierung, Mitschrift Pressekonferenz. https://www.bundesregierung.de/ContentArchiv/DE/Archiv17/Mitschrift/Pressekonferenzen/2013/07/2013-07-19-merkel-bpk.html. Zugegriffen: 30. Dez. 2017.

Business Insider. (2017). Foto the turkish military tried to take control of media outlets forcing president erdogan to make a statement on apple facetime. In Business Insider. http://static2.businessinsider.com/image/578958854321f13 62f8b81e7-1190-625/the-turkish-military-tried-to-take-control-of-media-outlets-forcing-president-erdogan-to-make-a-statement-on-apple-facetime.jpg. Zugegriffen: 30. Dez. 2017.

SAT.1. (2016). Militär verkündet Machtübernahme in der Türkei. In sat1.de, https://www.sat1.de/news/politik/militaer-verkuendet-machtuebernahme-in-der-tuerkei-102156. Zugegriffen: 31. Dez. 2017.

Statista. (2017). Statistiken zu Smartphones. In de.statista.com. https://de.statista.com/themen/581/smartphones/. Zugegriffen: 30. Dez. 2017.

# Bequemlichkeit 4.0 – die schrittweise Evolution zur Häppchengesellschaft

Die Wirtschaftswoche (4. August 2017, S. 84) titelte: „Lieber Heimat als Ho-Chi-Minh-Stadt". – Wir möchten es heutzutage handlich und einfach, bitte, und vor allem nicht zu anstrengend. Dafür darf es auf dem eigenen Sofa zu Hause aber die Welt sein, auf die man Zugriff hat – ob nun Ho-Chi-Minh-Stadt oder Sao Paulo: Wer hat denn schon Zeit und Nerven, sich mit einem Thema zu befassen, intensiver als der Gang ins Netz? Wir nicht. Wir schreiben Kurznachrichten und nutzen Emoticons, damit sparen wir uns viele Worte und die langwierigen Gedanken, die diesen vorausgehen müssten. Noch besser sind kleine Videos, ist ja praktisch so, als würden wir uns locker unterhalten. Und die so formulierten „Weisheiten" können wir auch gleich mit der Menschheit teilen, Vimeo, Facebook und YouTube sei Dank! Wir wollen uns austesten, Grenzen verschieben und immer Neues entdecken – Hauptsache, es macht nicht allzu viel Arbeit und bleibt leichte Kost.

## Die Kommunikation dank Internet – schnell und oberflächlich?

Das Internet ist eine feine Sache, wir kommunizieren in Echtzeit rund um die Welt, versenden Dokumente, Fotos und Filme ebenso schnell und vor allem ganz bequem von unserem Rechner aus. Wir schonen sogar die Umwelt: kein baumfressendes Ausdrucken, keine Benzin schluckende Fahrt zur Post. Natürlich lässt sich auf diese Weise die Effizienz drastisch steigern, wir können deutlich mehr in derselben Zeit erledigen – zumindest theoretisch. Aber das ist nur die eine Seite der digitalen Medaille, die neuen Technologien verleiten uns nämlich zur Oberflächlichkeit und verführen zur Bequemlichkeit: Wir kratzen nur noch an der Oberfläche der Sachverhalte, schließlich wartet schon der nächste Vorgang in der Pipeline. Also drüberfliegen, fertigmachen, der Nächste bitte (Pöttinger 2016).

Symptomatisch für diesen Trend ist die verkürzte Sprache, die in den sozialen Medien ihre Blüten treibt: Sätze werden nicht mehr ausformuliert, da greifen wir doch lieber auf ein Emoticon zurück – sagt ja ohnehin mehr als tausend Worte.

Für Deutschlehrer muss ein Ausflug in die Chatverläufe ein wahrer Horrortrip sein. Rechtschreibung und Grammatik werden von vielen Usern ignoriert und verkümmern. Vor allem aber geraten die Tweets auf diese Weise missverständlich, wenn sie nicht sorgfältig formuliert sind (Maier-Borst 21. Mai 2015). Die Diskussionen um die gezwitscherten Meldungen von US-Präsident Donald Trump liefern dafür eindrückliche Belege: Es war doch alles gar nicht so gemeint, 140 Zeichen geben eben nicht mehr her (siehe Abb. 1 und 2). Aber es ist durchaus möglich – hier sei als Beispiel Immanuel Kant zitiert: „Handle so, dass die Maxime deines Willens jederzeit zugleich als Prinzip einer allgemeinen Gesetzgebung gelten könnte." – 120 Zeichen inklusive Anführungs- und Leerzeichen (Hassemer 5. Januar 2000). Claus von Wagner hat dies in einer Folge der Satire-Sendung „Die Anstalt" wunderbar auf den Punkt gebracht (ZDF 17. Oktober 2017), jedoch können solch tiefgründige Überlegungen wirklich anstrengend sein.

**Abb. 1** Donald Trump zu seinem IQ. (Trump 2013)

**Abb. 2** Donald Trump twittert zum Klimawandel. (Trump 2012)

## Der Cliffhanger als Ressourcenschoner

Wie praktisch sind da doch die Zeitungsnachrichten mit Cliffhanger, die wunderbar zusammenfassen, was der Artikel in seiner gesamten Länge so hergibt. Schnell durchgesehen, ist doch auch informiert, oder? Natürlich wäre es sinnvoll, mehrere und vor allem unterschiedlich ausgerichtete Medien zu studieren, um sich ein umfassendes Bild von einem bestimmten Thema machen zu können. Wer hat aber die Muße dafür, wo doch so viele Informationen auf uns warten? Wozu erst mit den langatmigen Herleitungen, den Quellenangaben oder den Zusammenhängen auseinandersetzen, wenn es doch die Schlüsselinformation so komprimiert, quasi light, gibt? Und light ist in, schließlich gehen wir bewusst mit unseren Ressourcen um.

Die Zeit ist in unserer schnelllebigen Zeit eine so knappe Ressource, die es zielführend auszunutzen gilt – zumal sie immer wichtiger wird. Da passen auch die Shortcut-Informationen von Wikipedia ins Bild: Mit Abkürzungen kommen wir doch schneller zum Ziel. Gut, sie sind nicht immer so eindeutig zuzuordnen und führen zu Missverständnissen, aber wo gehobelt wird, fallen nun einmal Späne. Effizienz ist Trumpf, die Konzentration reicht eh nicht für die komplette Abhandlung. Unser Gehirn ist wie ein Muskel, es will trainiert werden, um zur Höchstform aufzulaufen. Je weniger wir uns jedoch mit den Inhalten in ihrer Komplexität und in ihrem Kontext befassen, desto weniger wird das Wissen verknüpft und verinnerlicht. Unsere Konzentrationsfähigkeit gibt dann eben nur noch einen Tweet her, zeigt das Smartphone doch die nächste Meldung im Hintergrund bereits an. Wir verzetteln uns, verfolgen mehrere Handlungsstränge gleichzeitig, jonglieren mit den Informationen – und sind total geschafft.

Da ist es nur normal, dass wir uns mit so banalen Dingen wie Einkaufen und Kochen nicht auch noch befassen können: Wir lassen liefern (siehe Abb. 3). Legen wir Wert auf Anspruchsvolles, rümpfen wir die Nase über die einschlägigen Lieferdienste, die uns Pizza, Burger und natürlich auch Vegetarisches fertig ins Haus bringen – wohl bekomms. Nein, wir kochen selbst, schließlich achten wir auf gesunde Ernährung. Keine Ahnung vom Kochen? Kein Problem. Die Zutaten werden ebenso vorbereitet geliefert wie das Rezept mit einer ausführlichen und leicht verständlichen Schritt-für-Schritt-Anleitung. Das Auge isst mit, also wird die Tischdekoration gleich mitgeliefert – inklusive Farbkarten und bunten Bildern, die prägnant demonstrieren, wie es fertig aussehen sollte. Wollen wir auf Nummer sicher gehen, greifen wir eben auf Convenience-Gerichte zurück, die sind wenigstens schon fertig gekocht und müssen nur noch aufgewärmt werden (siehe Abb. 4). Besteck ist auch gleich dabei, es ist also angerichtet. Schade, dass das Gefühl für frische Lebensmittel, der würzige Geruch von Kräutern, die Lust auf gehaltvolles Gemüse und Obst vollkommen verloren gehen, aber dafür sind wir sind ja effizient – vom Verpackungsmüll einmal abgesehen. Dass Kochen ein sinnliches Erlebnis sein kann, davon werden bald nur noch wenige, vor allem aber die Alten, berichten können. Sie stöbern noch über Märkte, riechen an Obst und Gemüse und stehen am Herd – sie haben aber auch die Zeit dafür und finden das noch spannend. Dabei könnten sie doch in dieser Zeit vieles erleben, was ihnen so entgeht – oder entgeht vielleicht uns anderen etwas?

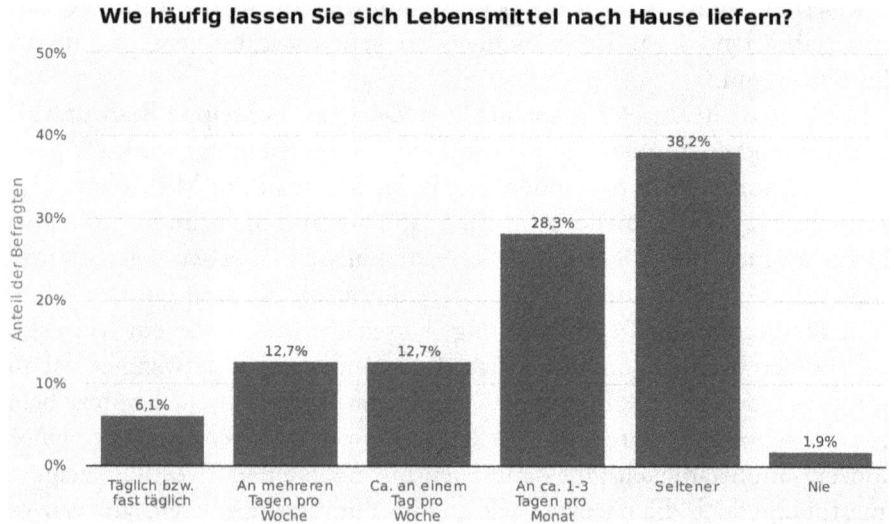

**Abb. 3** Umfrage zu Lebensmittellieferungen nach Hause in Deutschland. (Statista 2017a)

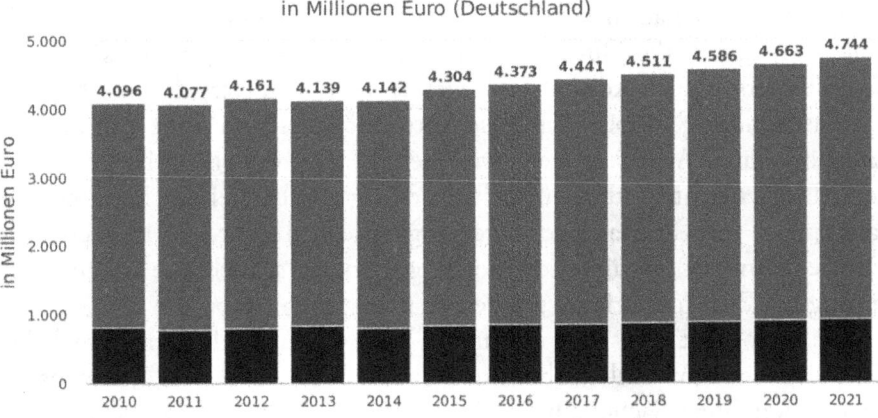

**Abb. 4** Prognose: Umsatz im Markt für Convenience in Deutschland. (Statista 2017b)

## Genuss der Vielfalt oder Häppchenkultur

Es liegt im Trend, sich Sushi einfach vom Förderband zu greifen und so die verschiedensten Geschmacksrichtungen ganz unkompliziert auszuprobieren. Die Zeit der vollen Teller ist vorbei. Dann müssten wir uns ja an nur einem Gericht satt essen. Vielleicht schmeckt aber das andere besser? Wir könnten also angesichts der Alternativen etwas verpassen, und das treibt uns um. Wer will sich schon festlegen, wenn eine solche Vielfalt geboten wird (Berendsen 13. Februar 2013)? So ein Sterne-Menü besteht doch auch nur aus übersichtlich angerichteten Häppchen auf Riesentellern, die dann mit einer dem Preis entsprechenden Aufmerksamkeit genossen werden. Dafür gibt es mehrere Gänge, irgendwann wird sich schon das Sättigungsgefühl einstellen. Es geht in unserer Häppchenkultur schließlich auch immer um Stil. Und um seinen persönlichen zu finden, bietet sich das Ausprobieren doch geradezu an. Wir müssen uns nicht intensiver damit befassen, schließlich lauert die spannende Alternative schon an der nächsten Ecke respektive auf der nächsten Webseite.

Wie wenig wir uns noch selbst kennen, zeigen die aus dem virtuellen Boden schießenden Dienstleister, die die zu uns passende angesagte Kleidung zusammenstellen – natürlich nur Profis. 36 % der Befragten kaufen Mode häufig oder immer online (siehe Abb. 6). Wir senden ein Foto und unsere Körpermaße oder füllen die entsprechenden Formulare aus, schon legen die

Experten los: Würde diese Hose besser passen oder doch ein Kleid? Sie probieren, packen zusammen und liefern uns das Resultat nach Hause. Hier fühlen wir uns in die Outfits ein. Sollten sie uns nicht gefallen, können wir sie, selbstverständlich kostenlos, zurücksenden (Outfittery o. J.). Aber nicht nur das: Online-Shopping hat viele Vorteile auch schon ohne den Stil- und Einkaufsberater. An erster Stelle wird betont, wie bequem es ist und dass es den Alltag erleichtert, denn man kann es sogar nebenbei machen und sogar ganz einfach mit ein paar Klicks Preisvergleiche und sogar Lieferzeitvergleicher anstellen, um das gewünschte Kleidungsstück so schnell wie möglich zum günstigsten Preis nach Hause geliefert zu bekommen (Abb. 5).

Was ist los mit uns, dass wir uns so weit von uns selbst entfernt haben? Natürlich ist ein Einkaufsbummel durch eine überlaufene Ladenstraße nicht jedermanns Sache. Die riesige Auswahl nervt ebenso wie die engen Umkleidekabinen – und das Licht erst, brutal von oben, lässt wirklich kein angenehmes Kauferlebnis aufkommen. Kleidung ist aber eigentlich etwas sehr Persönliches, geben wir damit doch ein Statement ab: „Ich gehe die modischen Trends alle mit" oder „Ich habe meinen eigenen Stil und picke mir nur das heraus, was ich wirklich gut finde." Natürlich gab es schon immer Berater – Stylisten, die den Typ herausarbeiteten und fachmännische Tipps gaben. Aber die gesamte Auswahl und damit der Eindruck, den wir auf andere machen, wildfremden Menschen überlassen – sind das am Ende noch wir selbst, erkennen wir uns noch wieder?

**Abb. 5** Umfrage zu Eigenschaften in Bezug auf Online-Shopping in Deutschland. (Statista 2017c)

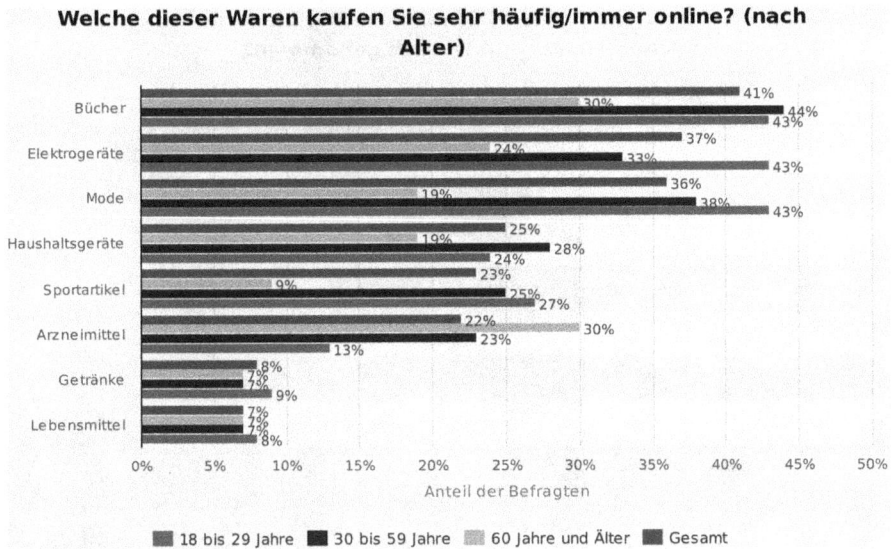

**Abb. 6** Umfrage zur Online-Kaufhäufigkeit verschiedener Produktkategorien nach Alter. (Statista 2017d)

## Traumpartner via Algorithmus

Obwohl, so erstaunlich ist das eigentlich gar nicht, überlassen wir doch selbst die Partnerwahl den Algorithmen (siehe Abb. 7): Wir parshipen jetzt! Per Fragebogen geben wir der Software die Informationen an die Hand, die sie für ein perfektes Matching benötigt. Stimmen die Kriterien überein, klappt es auch mit dem Partner. Uns werden Vorschläge unterbreitet, aus denen wir ganz bequem wählen können. Wer will sich denn noch in der realen Welt die Mühe machen, aufmerksam nach potenziellen Partnern Ausschau zu halten? Hat man diesen vermeintlich gefunden, schließt sich die Phase des Werbens an, diese kleinen Signale, die das Interesse der oder des anderen wecken sollen. Es folgen die ersten Dates … Für viele ist das alles irgendwie nicht mehr zeitgemäß, viel zu aufwändig. Folglich wird auch hier abgekürzt: Online recherchieren, anklicken, verabreden. Wenn es nicht funkt, dann greifen wir zum nächsten Vorschlag, die Algorithmen lügen schließlich nicht. Nicht umsonst nimmt die Zahl der Single-Haushalte zu. Nur so bleiben wir flexibel und können weiter testen. Vielleicht wartet die Traumfrau oder der Traummann gerade hinter dem nächsten Profil. Wer kann das schon mit Sicherheit sagen (Aust 14. März 2012)?

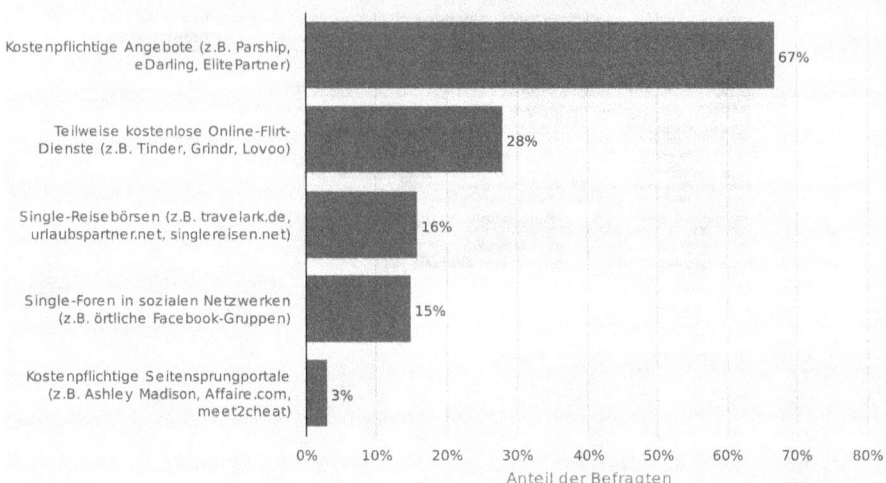

**Abb. 7** Umfrage zur Nutzung von Online-Dating-Diensten in Deutschland. (Bitkom 2017)

Das wiederum führt dazu, dass viele selbst eine Beziehung nur noch häppchenweise genießen: Hier einmal probieren, dort einmal versuchen, es könnte ja noch etwas Besseres kommen. Parship wie andere Partnersuchplattformen suggerieren, wie einfach es geht, für Nachschub zu sorgen – langfristige Bindungen scheinen da doch eher kontraproduktiv. Sie erfordern Aufwand, Zeit und irgendwie auch Arbeit, sollen sie über Jahre funktionieren. Dabei gibt es doch außerhalb der Beziehung immer so viel Neues zu entdecken, wie wir in „Fifty Shades of Grey" eindrücklich erfahren haben. Vielleicht sehnen sich viele nach unentdeckten Seiten, die Abwechslung und Aufregung verheißen, fernab vom Alltag einer festen Beziehung. Wie weit weg von diesen Ansichten waren doch die vorhergegangenen Generationen, die ihre Eheversprechen noch wörtlich nahmen – bis dass der Tod sie schied. Immer mit demselben Partner, absolut verbindlich, und zwar in guten wie in schlechten Zeiten. Klar, da benötigen Frauen auch noch die Erlaubnis ihres Ehemannes, wenn sie arbeiten wollten, sie kümmerten sich um Haushalt und Kinder, während er die Familie mit seinem Einkommen versorgte. Es sei denn, die Arbeit wurde für das Bruttosozialprodukt benötigt – siehe DDR.

## Von der Flucht vor dem Unbequemen – Computer statt Partner

Vieles hat sich mittlerweile geändert. Jeder hat die Möglichkeit, sich selbst zu verwirklichen, sich mit praktischen Häppchen ausgiebig auszutesten. Darauf zu verzichten, hieße, sich stetig mit einem Partner auseinanderzusetzen und letzten Endes auch mit sich selbst auseinanderzusetzen. Da sind für viele wechselnde Beziehungen, Fernbeziehungen, die ihre tägliche Kommunikation im Smiley-Modus führen, oder die in Asien auf persönliche Wünsche angepasste Sexpuppe eine echte Alternative. Sie sind aber auch eine Flucht. Dazu sind die „emotionalen" Computer, an denen gerade intensiv weltweit geforscht wird, die ideale Ergänzung: programmierbar genau für die Rolle, die mein Ego gerade braucht – und das gesteuert per Gedanken, das ist zumindest das Ziel der Forschung (Scherrer 30. April 2014). Natürlich werden solche Computer hilfreich für die Menschheit einzusetzen sein, z. B. um posttraumatische Belastungsstörungen bei Kriegsveteranen zu erkennen und damit eine passende Therapie einleiten zu können. Es gibt aber auch die andere Seite, bei der Bequemlichkeit noch die schönste Erklärung ist, Manipulation mehr als naheliegt.

Fast unbemerkt schleicht es sich ein, schrumpfen offenbar Fähigkeiten, die uns doch eigentlich erst als Menschen ausmachen: Wir gehen nicht mehr in die Tiefe, die abwechslungsreiche Oberfläche ist viel zu spannend. Irgendwann wird Rilke für uns ganz einfach nicht mehr verständlich sein, da er unverständlicherweise viel zu viele Wörter wohlüberlegt aneinanderreiht, um etwas auszudrücken, was auch ein simples Emoticon könnte.

Diese Bequemlichkeit birgt eine Gefahr, nämlich einen allgemeinen Leistungsabfall. Beispiel dafür: Was vor zehn Jahren noch eine Drei war, ist heute eine Zwei. Höchstrichterlich wurde bestätigt, dass sich das Leistungsniveau der Deutschen um exakt eine Schulnote verschlechtert hat (siehe auch Abb. 8). Warum das gerade an dem Entlassungszeugnis einer Zahnarzthelferin exerziert wurde, mag dahingestellt sein. Dabei wird die Notenvergabe von Deutschlehrern immer anspruchsvoller. Vor ihnen sitzen Schüler, von hochbegabten Muttersprachlern bis hin zu Schülern mit fehlenden Deutschkenntnissen und Hauptschulniveau. Der Begriff Inklusion gibt die Dramatik der Situation leider nicht im Ansatz wieder (McDonnell 6. März 2017),

Frustration, Überforderung und einiges mehr spielt hier eine Rolle. Und Faulheit. Eine Studie des Beratungs- und Prüfungsunternehmens EY sagt aus, dass eine wachsende Mehrheit der Arbeitnehmer kein Interesse an

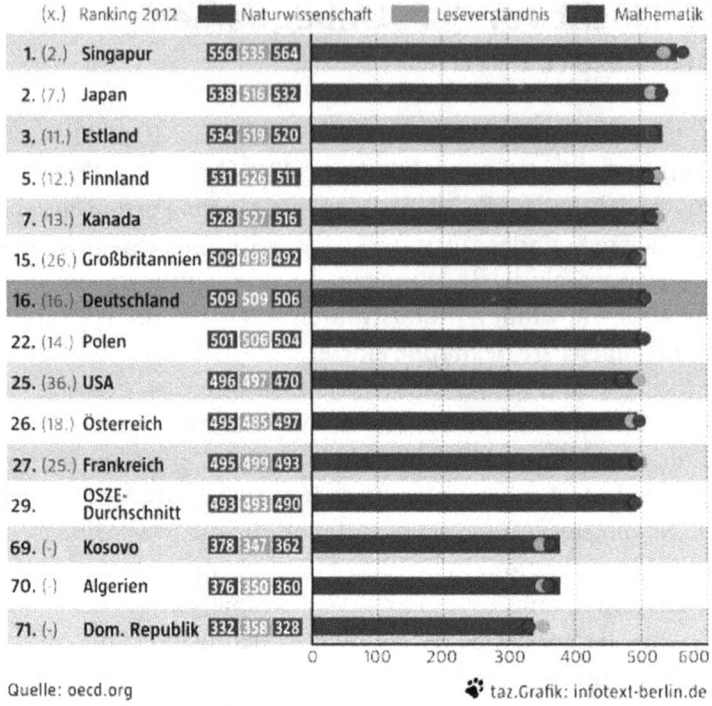

**Abb. 8** Ergebnisse von PISA 2015: Länderranking. (TAZ 6. Dezember 2016)

Aufstiegschancen hat: „Die deutschen Arbeitnehmer sind relativ satt und zufrieden", erläuterte EY-Partnerin Ulrike Hasbargen. „Work-Life-Balance hat bei vielen inzwischen einen höheren Stellenwert eingenommen als eine vielversprechende Karriere" (FAZ 6. August 2017).

## Verkümmert der Mensch durch Digitalisierung?

Und die Zukunft könnte so aussehen: Viele werden wohl nicht mehr erfahren, wie gesellig und sinnlich eine gemeinsame Mahlzeit daheim sein kann – vom Einkauf über das Zubereiten bis hin zum Genuss. Stadtkinder werden vielleicht nicht mehr wissen, dass Obst an Sträuchern und Bäumen und Gemüse in oder auf der Erde wächst. Schließlich sehen sie nur, wie alles per Bote oder Drohne angeliefert wird. Wälder, Sümpfe und Felder werden zu unbekannten Größen, nach denen sie online suchen, um sich ein Bild davon machen zu können. Wir werden unsere zwischenmenschlichen Beziehungen anhand von To-do-Listen organisieren, die wir mit den gematchten Partnern abarbeiten, um möglichst viel zu erleben – ohne es richtig zu erfassen. Wir nutzen professionelle Stärken-Schwächen-Analysen, um mehr über uns selbst zu erfahren, ohne uns richtig zu verstehen. – Besorgniserregende Aussichten, denn Befriedigung werden wir so nicht erfahren, und dieses In-sich-Ruhen, das uns erst Zugriff auf unsere unbegrenzten Ressourcen eröffnet, werden wir kaum noch erleben; auch davon werden uns bald nur noch die Alten berichten.

Sollten wir also bald unser gesamtes Leben nur noch häppchenweise konsumieren, also immer etwas vorgesetzt bekommen, das wir quasi abarbeiten, um uns das nächste vorzunehmen, unterscheiden wir uns dann noch von Maschinen? Diese verarbeiten auch nur Daten, mit denen sie gefüttert werden. Unter dem Strich verkümmern wir als Menschen, die sich doch gerade mit diesen speziellen Fähigkeiten, wie beispielsweise Emotionen, Denken in größeren Zusammenhängen usw., auszeichnen, wenn die Bequemlichkeit siegt und wir die Zeit verschlafen. Vielleicht werden in Zukunft Maschinen menschlicher, als wir es dann noch sind.

> **Wussten Sie schon?**
> - Mastercard testet derzeit in Südafrika eine neue Kreditkartengeneration, bei der in der Karte ein Sensor verbaut ist, der, ähnlich wie die Entsperrfunktion bei Smartphones, einen Fingerabdrucksensor beinhaltet. Kunden sollen sich beim Bezahlen mit ihrem Fingerabdruck identifizieren und damit die Bezahlung freischalten können. Zuvor müssen die Kunden ihren Fingerabdruck bei der Bank einscannen lassen, die diesen dann verschlüsselt auf dem Kartenchip ablegt (Windelband 2017).
> - Der sogenannte Earth Overshoot Day markiert das Datum, an dem mehr Rohstoffe verbraucht worden sind, als während des gesamten Jahres nachhaltig gewonnen werden können. 1990 war das noch der 7. Dezember, 2016 war es der 8. August. Ein knappes halbes Jahr lang leben wir über unsere Verhältnisse (Dalkowski 23. Februar 2017).
> - „Digitale Produkte leben nicht nur von ihrem Inhalt, sondern vor allen Dingen von der Bequemlichkeit, mit der sie genutzt werden können. Diese Ökonomie der Bequemlichkeit verbessert zwar permanent den Digital Lifestyle der Konsumenten. Doch sie führt auch dazu, dass die mächtigen Plattformen noch mächtiger werden" so Volker Schütz (25. Juli 2017).
> - Die Convenience einer Anwendung ist mittlerweile oftmals genauso wichtig wie die Qualität des Inhalts, dazu zählt: einfach und schnell. Das zeigt sich vor allem im Bereich Food-Delivery (Hirschberg et al. 2016) und Sofort-Order wie Amazon Fresh.

- Der Trend zur Bequemlichkeit macht das Produkt selbst wichtiger als die Marke. Beispiel Uber: stark verbesserungswürdiges Markenimage (futurezone 21. Juni 2017), coole, userfreundliche App, die mit Tools wie der Funktion „Komplimente" punktet (Uber 31. Juli 2017).
- Während der 1-Click-Button auf Amazon zumindest noch den klickenden User benötigt, braucht Alexa nur eine hörbare Ansage. Das kann interessant werden, wenn jemand im Haushalt auf diesen Rufnamen hört. Aber auch dafür gibt es eine Lösung: einfach das Aktivierungswort ändern (Baykara 20. Januar 2017).

**Take-aways**

- Steiner und Carretero raten Unternehmen: „Die Konsumenten haben bei der Nutzung der digitalen Kanäle in den vergangenen Jahren ein gewisses Anspruchsdenken entwickelt. Sie erwarten Convenience und Personalisierung auch bei den komplexesten Apps und Plattformen" (Schütz 2017).
- Trotz Bequemlichkeit nicht vergessen, die AGBs zu lesen und Vergleichsangebote einzuholen – und zum eigenen nachhaltigen Wohl nicht nur die großen digitalen, sondern auch die kleinen Anbieter nutzen.
- Gehen Sie mal wieder analog und offline, gönnen Sie sich das Erlebnis, genießen Sie auch den Weg zum Ziel. Dazu gibt es mittlerweile Digital-Detox-Camps, die Menschen helfen sollen, im Urlaub die Balance zwischen Offline- und Online-Leben wiederzufinden (Diem 11. Oktober 2017).
- Um im Kopf fit zu bleiben, ist Bequemlichkeit nicht das Beste – Mediziner raten zu Gehirnjogging, um Alzheimer & Co. vorzubeugen – da hilft es, Dinge mal selbst zu machen, sich mit komplexen Prozessen zu beschäftigen, angefangen bei analogen Preisvergleichen.
- Bequemlichkeit geht oftmals contra Umweltschutz – viele der Convenience-Produkte enthalten praktische Plastikgabeln oder -löffel zum Sofortverzehr, auch noch hygienisch in eine Plastikhülle verpackt. Der Lieferservice liefert üblicherweise auf Plastiktellern mit Plastikabdeckung in Plastiktüte oder sogar mit Styroporverpackung – dreimal nicht umweltbewusst – kaufen Sie lieber frisch auf dem Markt und verpacken Sie die gekaufte Ware in der Leinentasche, umwickelt mit Zeitungspapier oder im Flechtkorb, mit dem Rad nach Hause transportiert. Original unverpackt, ein Berliner Start-up, hat diese Idee erfolgreich aufgegriffen (Original Unverpackt 2017).

# Literatur

Aust, M. (14. März 2012). Der Algorithmus der Liebe. *Kölner Stadt-Anzeiger.* https://www.ksta.de/psychologie-der-algorithmus-der-liebe-10778478. Zugegriffen: 3. Nov. 2017.

Baykara, S. (20. Januar 2017). Amazon Alexa: Namen und Aktivierungswort ändern – so geht's. *Giga TECH.* http://www.giga.de/audio/amazon-echo/specials/amazon-alexa-namen-und-aktivierungswort-aendern-so-gehts/. Zugegriffen: 6. Dez. 2017.

Berendsen, E. (13. Februar 2013). Wir wollen lieber nicht – Oder doch? *Frankfurter Allgemeine Zeitung.* http://www.faz.net/aktuell/feuilleton/geisteswissenschaften/generation-vielleichtsager-wir-wollen-lieber-nicht-oder-doch-12051404.html. Zugegriffen: 3. Nov. 2017.

Bitkom. (Hrsg.). (2017). Welche der folgenden Arten von Online-Dating-Diensten haben Sie schon einmal in Anspruch genommen? Statista. https://de.statista.com/statistik/daten/studie/672255/umfrage/nutzung-von-online-dating-diensten-in-deutschland/. Zugegriffen: 20. Nov. 2017.

Dalkowski, S. (23. Februar 2017). Ich will Verbote! Konsumverhalten. *ZEIT Online.* http://www.zeit.de/2017/07/konsumverhalten-nachhaltigkeit-vernunft-verschwendung-bequemlichkeit. Zugegriffen: 30. Nov. 2017.

Diem, V. (11. Oktober 2017). Digital Detox. Endlich offline. ZEIT Campus 5. http://www.zeit.de/campus/2017/05/digital-detox-camp-internet-konsum. Zugegriffen: 6. Dez. 2017.

FAZ. (6. August 2017). Satt und zufrieden? Die Deutschen haben keine Lust mehr auf Karriere. *FAZ.* http://www.faz.net/aktuell/wirtschaft/die-deutschen-haben-keine-lust-auf-karriere-15138941.html. Zugegriffen: 8. Aug. 2017.

Futurezone. (21. Juni 2017). Alle Uber-Skandale seit 2014. *futurezone. Technology News.* https://futurezone.at/digital-life/alle-uber-skandale-seit-2014/270.988.826. Zugegriffen: 6. Dez. 2017.

Hassemer, W. (5. Januar 2000). Noch mal von vorn: Was bedeutet der kategorische Imperativ? – Der Kategorische Imperativ, erklärt von Verfassungsrichter Hassemer. *Zeit Online.* http://www.zeit.de/2000/02/NOCH_MAL_VON_VORN_WAS_BEDEUTET_DER_KATEGORISCHE. Zugegriffen: 1. Nov. 2017.

Hirschberg, C., Rajko, A., Schumacher, T., & Wrulich, M. (2016). The changing market for food delivery. McKinsey November 2016. https://www.mckinsey.com/industries/high-tech/our-insights/the-changing-market-for-food-delivery. Zugegriffen: 6. Dez. 2017.

Maier-Borst, H. (21. Mai 2015). Der :-) war gestern – Hunderte digitale Hieroglyphen sollen unsere Schriftsprache verjüngen. Echt jetzt? *Zeit Online.* http://www.zeit.de/2015/19/emojis-smartphone-technik-kommunikation/komplettansicht. Zugegriffen: 1. Nov. 2017.

McDonnell, N. (6. März 2017). Studie: Zuwanderung senkt Leistungsniveau in Deutschland – Flüchtlinge müssen zu viel an Bildung aufholen. *epochtimes.* http://www.epochtimes.de/politik/deutschland/studie-zuwanderung-senkt-leistungsniveau-in-deutschland-fluechtlinge-muessen-zu-viel-an-bildung-aufholen-a2063923.html. Zugegriffen: 3. Nov. 2017.

Original Unverpackt. (2017). Wer wir sind. Original Unverpackt. https://original-unverpackt.de/. Zugegriffen: 30. Nov. 2017.

Outfittery. (o. J.). Outfittery. https://www.outfittery.de. Zugegriffen: 3. Nov. 2017.

Pöttinger, I. (2016). Vom Umgang mit Menschen und Medien: Brauchen wir einen Medienknigge? Kubi Online. https://www.kubi-online.de/artikel/umgang-menschen-medien-brauchen-einen-medienknigge. Zugegriffen: 1. Nov. 2017.

Scherrer, L. (30. April 2014). Ein Roboter für einsame Stunden: Jeder Dritte kann sich Beziehung vorstellen. *Aargauer Zeitung.* https://www.aargauerzeitung.ch/leben/leben/ein-roboter-fuer-einsame-stunden-jeder-dritte-kann-sich-beziehung-vorstellen-128211922. Zugegriffen: 3. Nov. 2017.

Schütz, V. (25. Juli 2017). Vom Couch Potato zum Smart Life Geek. Wie die Ökonomie der Bequemlichkeit das Marketing verändert. *Horizont.* http://www.horizont.net/marketing/kommentare/Buzzword-Convenience-Wie-die-oekonomie-der-Bequemlichkeit-das-Marketing-veraendert-159772?utm_source=%2Fmeta%2Fnewsflash%2FHORIZONT_vor_9&utm_medium=newsletter&utm_campaign=nl11339. Zugegriffen: 3. Nov. 2017.

Statista (Hrsg). (2017a). Wie häufig lassen Sie sich Lebensmittel nach Hause liefern? Statista. https://de.statista.com/statistik/daten/studie/722613/umfrage/umfrage-zu-lebensmittellieferungen-nach-hause-in-deutschland/. Zugegriffen: 20. Nov. 2017.

Statista (Hrsg). (2017b). Der Umsatz im Segment "Convenience" beträgt 2017 etwa 4.441 Mio. €. Statista. https://de.statista.com/outlook/40080000/137/convenience/deutschland#market-revenue. Zugegriffen: 20. Nov. 2017.

Statista (Hrsg). (2017c). Bitte geben Sie an, inwiefern Sie den folgenden Eigenschaften in Bezug auf Online-Shopping zustimmen. Statista. https://de.statista.com/statistik/daten/studie/706851/umfrage/eigenschaften-in-bezug-auf-online-shopping-in-deutschland/. Zugegriffen: 20. Nov. 2017.

Statista (Hrsg). (2017d). Welche dieser Waren kaufen Sie sehr häufig/immer online (nach Alter)? Statista. https://de.statista.com/statistik/daten/studie/711719/umfrage/umfrage-zur-online-kaufhaeufigkeit-verschiedener-produktkategorien-nach-alter/. Zugegriffen: 20. Nov. 2017.

TAZ. (6. Dezember 2016). Ergebnisse von PISA 2015: Länderranking. In R. Pauli (Hrsg.), *Ernüchternde Pisa-Studie. Deutschland bleibt unfair.* http://www.taz.de/!5360069/. Zugegriffen: 14. Dez. 2017.

Trump, D. J. (2012). Global warming tweet. In M. Pearce (Hrsg.) *Analysis Trump hasn't deleted embarrassing tweets and Twitter keeps him accountable,* 27. September 2016. http://www.latimes.com/politics/la-na-pol-trump-tweets-20160927-snap-story.html. Zugegriffen: 14. Dez. 2017.

Trump, D. J. (2013). IQ Tweet. In J. Rindskopf (Hrsg.), *20 of Trump's Worst Tweets (So Far),* 19. Dezember 2017. https://www.cheatsheet.com/entertainment/trumps-worst-tweets-so-far.html/?a=viewall. Zugegriffen: 14. Dez. 2017.

Uber. (2017) Neue Funktion in der Uber-App: Komplimente. Uber Blog 31. Juli 2017. https://www.uber.com/de/blog/uber-komplimente/. Zugegriffen: 6. Dez. 2017.

Windelband, D. (2017). Sicherheit und Bequemlichkeit – Ein Widerspruch? datenschutz notizen. https://www.datenschutz-notizen.de/sicherheit-und-bequemlichkeit-ein-widerspruch-5417989. Zugegriffen: 3. Nov. 2017.

WirtschaftsWoche. (4. August 2017). Lieber Heimat als Ho-Chi-Minh-Stadt Erfolg. *WirtschaftsWoche, 32*, S. 84–87.

ZDF. (2017). Die Anstalt – Politsatire mit Max Uthoff und Claus von Wagner. *ZDF Mediathek*. https://www.zdf.de/comedy/die-anstalt/die-anstalt-vom-17-oktober-2017-100.html. Zugegriffen: 1. Nov. 2017.

## Weiterführende Literatur

Singlesias, J. (2017). Tweet 165 – FB. In C. Hanne (Hrsg.), *Familien-Tweets der Woche* (165), 4. August 2017. https://www.familienbetrieb.info/familien-tweets-der-woche-165/. Zugegriffen: 14. Dez. 2017.

# Von Planking bis zum Pattern – die Relevanz einer Nachricht

Es ist unbequem und anstrengend. Da hilft auch das theoretische Wissen nicht, dass alle wichtigen Muskelgruppen der Körpermitte effektiv trainiert werden. Es tut ganz einfach weh. Jetzt noch ein Foto schießen? Planking, also den Körper komplett gerade halten und in dieser Position verharren, an den außergewöhnlichsten Orten wie ein Brett liegen, gehört zu den anstrengendsten Fitnessübungen. Aber nicht nur das: Online-Planking mutierte zum wahren Hype, als sich weltweit die unterschiedlichsten Menschen an den verrücktesten Orten in einem solchen Zustand fotografieren ließen. Auf Treppen, öffentlichen Plätzen, selbst in Gewässern und auf Balkongeländern wurden sie abgelichtet, um sich anschließend mit Likes in den Social Media belohnen zu lassen. Dabei ist das überhaupt nicht zum Nachmachen geeignet, es gab wohl einige Unfälle, sogar tödliche (Patalong 2011). Wer sich nicht so anstrengen wollte, konnte es als Eule versuchen: Einfach auf einen Sockel setzen, große Brille auf die Nase und nachdenklich in die Welt schauen, fertig war das Owling-Posting (Schlössel 2014). Was soll uns damit vermittelt werden? Wer braucht das? Und vor allem: Wer klickt das an?

## Movember oder Shirin Davids Perücken – was interessiert die Welt?

Es ist schon erstaunlich, wenn ein Nachrichtenmagazin in seiner Online-Version groß titelt, dass die Schwester der „Katze", also die Schwester von Reality-Show-Teilnehmerin und Model Daniela Katzenberger, Jenny

Frankhauser, nach zwei Monaten Beziehung wieder solo ist (Focus 15. September 2017a). Eingerahmt wird die vermeintlich wichtige Meldung von der Nachricht, dass Kim Jong Un mal wieder eine Rakete starten ließ, die auch Japan überquerte (Focus 15. September 2017b). Nicht nur das, er kündigte an, Japan und die USA nuklear ausradieren zu wollen – so „by the way". Unter der „Katzenschwester-Meldung" dann die neuesten Wahlumfragen, Angela Merkel liegt vorne, klar. Alleine diese Zusammenstellung lässt einige Leser ebenso ratlos zurück wie die Diskussionen über die schönste Perücke der YouTuberin Shirin David (Promiflash 2017) oder der Streit um das Aufenthaltsrecht der Kinder von Alessandra Meyer-Wölden. Ja, sie ist einigermaßen bekannt und war mit Oliver Pocher verheiratet: Aber sollten diese beiden ihren für alle Beteiligten so unangenehmen Streit (Bild 2017) nicht zivilisiert und im Privaten austragen? Und ja, Bloggerin Shirin David war Jurorin bei Dieter Bohlen und der Show „Deutschland sucht den Superstar", womit ihr der Sprung aus dem YouTube-Kanal hinein ins TV und in ein breiteres Publikum gelingen kann. Offenbar interessiert sich ein großer Teil des Zielpublikums am meisten für das, was die signifikanteste Veränderung aufweist: Partner oder Perücke.

Relevanz hat also eine sehr subjektive Dimension. Wir können durchaus nachvollziehen, wenn sich Männer im November die Bärte wachsen lassen und mehr oder weniger haarige Fotos im Netz teilen: Dann ist Movember-Time. Sie haben ein Anliegen, nämlich der Aufruf, für mehr Forschung über typische Männerkrankheiten und entsprechende Vorsorge zu spenden. Wenn es einem guten Zweck dient und wir dies erkennen, sitzt der Daumen für ein Like oder einen Share auch entsprechend locker (Augsburger Allgemeine 2016). Wo bleiben aber die großen Themen, die wir nur noch als Hintergrundrauschen wahrnehmen? Was ist z. B. mit Fracking? Wir regen uns fürchterlich darüber auf, dass in den USA ganze Landstriche wie ein Schweizer Käse durchlöchert und derart mit Chemikalien vollgepumpt werden, dass in der Region Flüsse brennen und Wasser aus dem Wasserhahn nicht mehr genießbar ist. Dabei wird in Deutschland auch Fracking betrieben, schon seit 1961 (Neuscheler 2015) (siehe Abb. 1). Chemikalien sollen nicht im Einsatz sein, trotzdem wird ein Gemisch aus Wasser und anderen Bestandteilen in den Boden gepresst, um jedes Quäntchen Erdgas herauszuquetschen. „Unkonventionelles" Fracking, sprich der Einsatz von giftigen Chemikalien, wurde erst 2016 bei uns verboten – bis dahin gab es kaum Beschränkungen (ZEIT online 2016). Treibt das die Medien um, in der Bewertung, dies sei relevant für uns? Es ist anscheinend bei vielen Massenmedien nicht so, denn Meldungen oder Berichte darüber sind rar. Selbst Informationen im Internet sind spärlich.

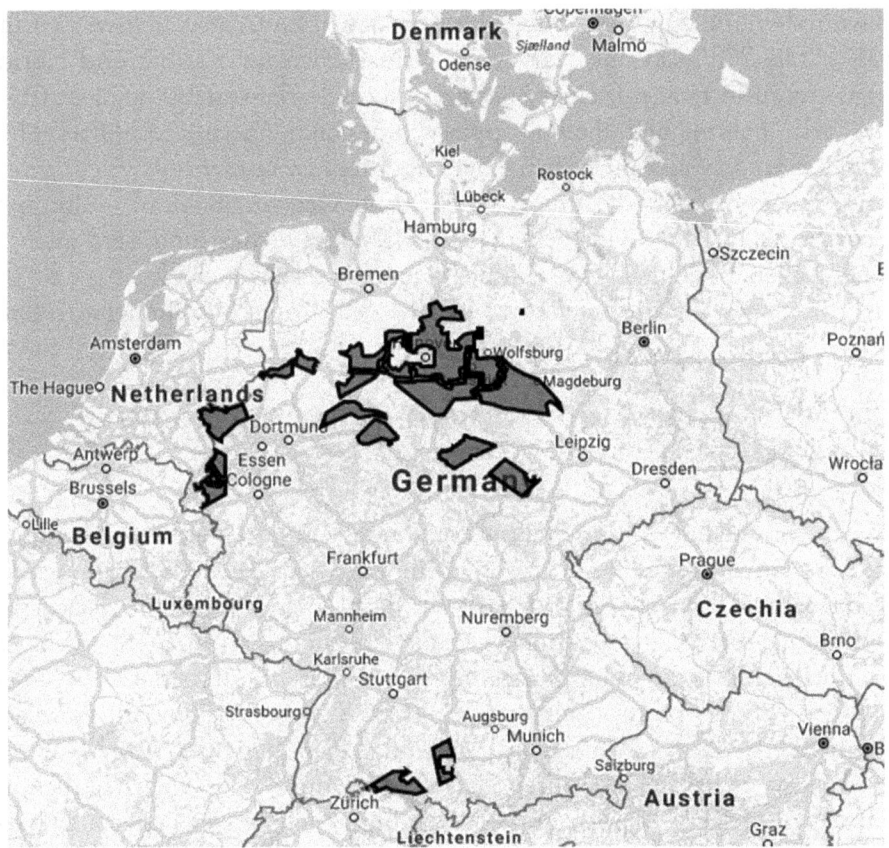

**Abb. 1** Google Maps Karte mit „Claims" in denen Unternehmen das Recht haben, auf unkonventionellen Wegen nach Gas zu suchen. (Krüger 2017)

Auseinandersetzungen in der Politik ähneln in den Augen des Zuschauers manchmal Doku-Soaps, in denen jede Rolle und jeder Ortswechsel fest im Drehbuch vorgeschrieben ist und alles dabei so wirken soll, als wäre es spontan und authentisch. In der Politik ist es ähnlich: Aussagen der Pressesprecher und Fachexperten enthalten oftmals genau das, was gesagt werden darf. Es geht um Beliebtheitsprozente und das Image. Schwierige Themen wie Altersarmut und Rente lassen viele Politiker lieber außen vor. Warum auch darüber sprechen: Jeder Politiker, der mindestens eine Wahlperiode als gewählter Volksvertreter dabei ist, ist nicht schlecht abgesichert, mit einer gesicherten Pension in solider Höhe (Bund der Steuerzahler o. J.).

Es gäbe vieles zu diskutieren, zu teilen und zu sharen: In Londons U-Bahn ist wieder eine Bombe explodiert, was Donald Trump zu neuen

Hasstiraden und zur Androhung von Konsequenzen treibt (Berliner Zeitung 2017). Die Wirbelstürme Harvey und Irma haben die Karibik und Florida verwüstet, und zwar mit einer Stärke, die ihresgleichen sucht (Seidler 2017). Die Erde erwärmt sich, die Polkappen schmelzen, Wüsten und Dürregebiete schreiten voran – der menschengemachte Anteil ist immer noch nicht genau umrissen, es werden die unterschiedlichsten Gegenmaßnahmen diskutiert (Schadwinkel 2017). Mit Sicherheit ist das alles wichtig und wird auch in den Medien berichtet. Aber immer wieder werden auch Themen an die Oberfläche gespült, die bei vielen Menschen ein Kopfschütteln hervorrufen.

## Die Macht der Algorithmen: Clustern, Framing und Pattern

Ein kurzer Ausflug in die Warenwelt: Interessieren wir uns für bestimmte Informationen, treffen wir in der Folge immer wieder auf verwandte Artikel. Ist das Zufall? Keineswegs. Wir googeln nach einer roten Winterjacke, stöbern durch das Netz und vergleichen die Angebote. Unabhängig von unserer Entscheidung für oder gegen die aktuell präsentierten Modelle werden wir in der Folge prompt auf den unterschiedlichsten Seiten mit Anzeigen bombardiert, die rote Jacken in allen möglichen Varianten zeigen. Dieses Retargeting genannte Verfahren mag ja ganz nett sein, vielleicht benötigen wir diese Jacke ja noch immer. Allerdings treibt dieses Pattern, also das Erkennen und passgenaue Bedienen von Mustern in unserem Surfverhalten, sehr komische Blüten: So wollte der Vortragsredner auf einer Konferenz seine Rede mit einem abschließenden Film würzen. Als er dazu YouTube aufrief, um zu seiner Wahl zu gelangen, sah jeder im Saal auf der Leinwand eine Übersicht an Filmen, darunter viele Vorschaubilder, sogenannte Thumbnails, zu Filmen, die nackte muskulöse Männeroberkörper zeigten. Unwirsch wendete der Redner sich an das Publikum – auf YouTube gäbe es so viele oberflächliche Filme, schlimm, wen interessiere das denn? Dabei hatte YouTube ihm auf der Oberfläche nur eine Auswahl der Filme angeboten, die seinen letzten Suchen entsprachen.

Haben wir ganz verstohlen bei YouTube einen Rosamunde-Pilcher-Film konsumiert, werden wir in der nächsten Zeit in der Vorschlagsliste immer wieder ähnliche Filme angeboten bekommen. Was hier peinlich oder auch komfortabel sein kann, betrifft alle sozialen Medien: Teilen wir bei Facebook einen Beitrag zu einem bestimmten Thema, erhalten wir auch künftig ähnliche aufgelistet. Die Algorithmen nehmen auf, was für uns in diesem Moment scheinbar relevant ist, und sortieren die enorme Menge an Meldungen und Beiträgen vermeintlich sinnvoll und nutzerfreundlich für uns aus. Es entstehen Cluster, die uns immer weiter die Informationen liefern, die unserem Profil entsprechen.

Was beim Targeting, der zielgenauen Werbung, für die Marketingexperten so spannend ist (siehe Abb. 2), wird in puncto Relevanz von Nachrichten in den sozialen Netzwerken meist zum unterschätzten Bumerang: Zugegebenermaßen komplizierte Formeln, die ein Computer in Bruchteilen von Sekunden abarbeitet, bestimmen, welche Inhalte uns überhaupt präsentiert werden – selbst wenn besagte rote Jacke gar nicht mehr interessant ist, weil wir längst eine ganz andere erworben haben. Nachrichten werden dadurch leicht nivelliert, Dinge, die uns hinterfragen lassen würden, wirken so geglättet. Das Internet vergisst nicht, es feuert Werbung auf allen Kanälen, kann aber (noch) nicht nachdenken: Eine passende Hose wäre jetzt viel sinnvoller oder eben ein Paar Schuhe, die Tasche und ein Schal. Genau diese Grenzen müssen wir uns bewusst machen, sonst laufen wir in eine Gedankenfalle: Haben wir uns beispielsweise online mit Dr. Alice Weidel von der AfD befasst, werden wir immer wieder ähnlich gelagerte Beiträge zu Gesicht bekommen. Der Eindruck, dass sich alle Welt für diese Partei interessiert, lässt sich nicht vermeiden. Aber ist dem wirklich so? Mitnichten. Durchschauen wir aber die Funktionsweise der Algorithmen nicht, tappen wir ganz schnell in eine Relevanz-Spirale, auch Filter Bubble genannt.

**Abb. 2** Target Market. (ConceptDraw o. J.)

Dabei ticken die Rechner doch ganz einfach, es gibt immer nur den Binärcode, die Auswahl zwischen 0 und 1: Hat der User sich für das Thema interessiert? Wenn ja, dann weitere Beiträge präsentieren – die Wahrscheinlichkeit, dass er sie liest, ist groß. Wenn nein, dann eben nicht. Es geht also keineswegs darum, dass das betreffende Thema gesellschaftlich relevant wäre, nein, die Maschine kann hier keine Wertung vornehmen. Sie reagiert lediglich auf unser Nutzerverhalten, um uns weiter im Internet zu halten. Wie im analogen Leben eben: Bestellen wir im Restaurant eine Vorspeise, wird uns ein aufmerksamer Kellner ein Hauptgericht anbieten und im besten Fall auch noch den dazu passenden Wein, ein leckeres Dessert und den Espresso danach. Was zuvorkommend wirkt, dient dem Geschäftsziel, nämlich dem Umsatz. Erfüllt der Kellner unsere Ansprüche, werden wir dieses Restaurant wieder aufsuchen. Nichts anderes stellen die Algorithmen mit uns an. Aber das ist noch nicht das Ende: Es lässt sich bislang nur erahnen, was uns alles mit dem Einzug der künstlichen Intelligenz in unseren Alltag erwartet.

## Wer entscheidet, was relevant ist – Google, das ZDF oder gar die Online-Medien?

Die künstliche Intelligenz kann bislang nur verarbeiten, was sie zuvor als Input eingespielt bekam. Dazu bieten gerade Online-Medien in den letzten Jahren eine Fülle an Information, vor allem journalistische Inhalte. Ebenso wichtig sind jedoch die Verhaltensmuster, die wir als digitalen Fußabdruck hinterlassen – und genau hier haben die großen professionellen Datensucher und -sammler ihre Finger im Spiel. Allen voran Google: Google erfasst mit Hilfe der vom überwiegenden Teil der Menschheit genutzten Suchmaschine unheimlich viele Informationen, ohne dass dem irgendjemand Einhalt bieten könnte oder auch nur wollte (Focus 15. September 2017c). Facebook freut sich kürzlich über seine auf über zwei Milliarden gestiegene tägliche Nutzerzahl (Jacobsen 2017): Welches Potenzial geben wir diesem Netzwerk jeden Tag allein damit an die Hand, indem wir Beiträge liken oder sharen, indem wir selbst posten oder dort nach Informationen suchen (siehe Abb. 3, 4 und 5)? Da passt es auch ins Bild, wenn wir von Amazon unaufgefordert Waren erhalten, weil diese eben in unser akribisch erfasstes Profil passen. Offensichtlich wird wenig davon zurückgeschickt. Die Macht der Big Data-Unternehmen wird zwar ab und an zaghaft von der Politik angemahnt, es wird auch mal medienwirksam gejammert – getan wird jedoch nicht genug.

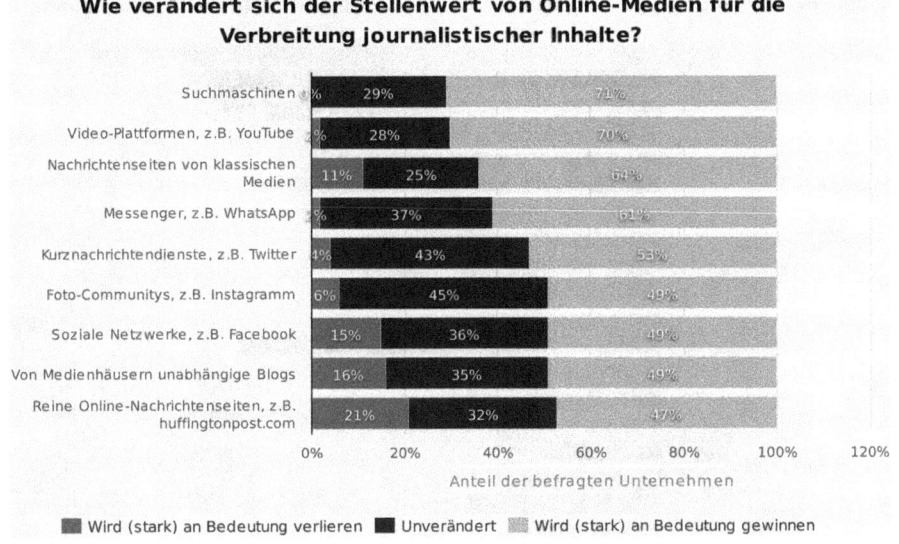

**Abb. 3** Stellenwert von Online-Medien für die Verbreitung journalistischer Inhalte. (Bitkom 2016)

Nicht einmal die Tatsache, dass die einschlägigen Geheimdienste Zugriff auf die Datensilos erhalten, konnte hier etwas Entscheidendes bewirken.

Aber wir haben ja den Staatstrojaner, der wird uns bestimmt schützen. Still und heimlich als Anhängsel eines Gesetzesentwurfs, der sich mit einem vollkommen anderen Thema befasste, zum Schluss der letzten Bundestagssaison durchgepeitscht, dürfen unsere Smartphones nun bei Bedarf nach relevanten Informationen durchforstet werden. Staatliches Hacken sozusagen. Großer Aufschrei in der Gesellschaft? Fehlanzeige. Die Thematisierung findet sich in nur wenigen Beiträgen (z. B. Kremer 2017).

Apropos Medien: Trotz Wahlkampf oder anderen Highlights kann auch eine Talkshow mit einem Dauerbrenner-Thema aus dem Rahmen fallen – dem Diesel-Skandal. Relevanz? Durchaus gegeben, schließlich haben Entscheidungsträger in der deutschen Vorzeige-Industrie nachweislich Fakten verschleiert und verfälscht. Der Vertreter von VW wand sich dann auch angesichts der massiven Vorwürfe sichtlich unangenehm berührt und sehr zur Unterhaltung des Publikums in seinem Stuhl. Vor dem Hintergrund der seltsamen Praxis seines Unternehmens hatte er keinen leichten Stand (Maybritt Illner 2017). Zu Recht, möchte der empörte Zuschauer einwerfen, der den Wertverlust seines Diesel-Fahrzeuges befürchten muss. Was passiert hier aber wirklich? Ja, die Unternehmen haben Falschinformationen zu den

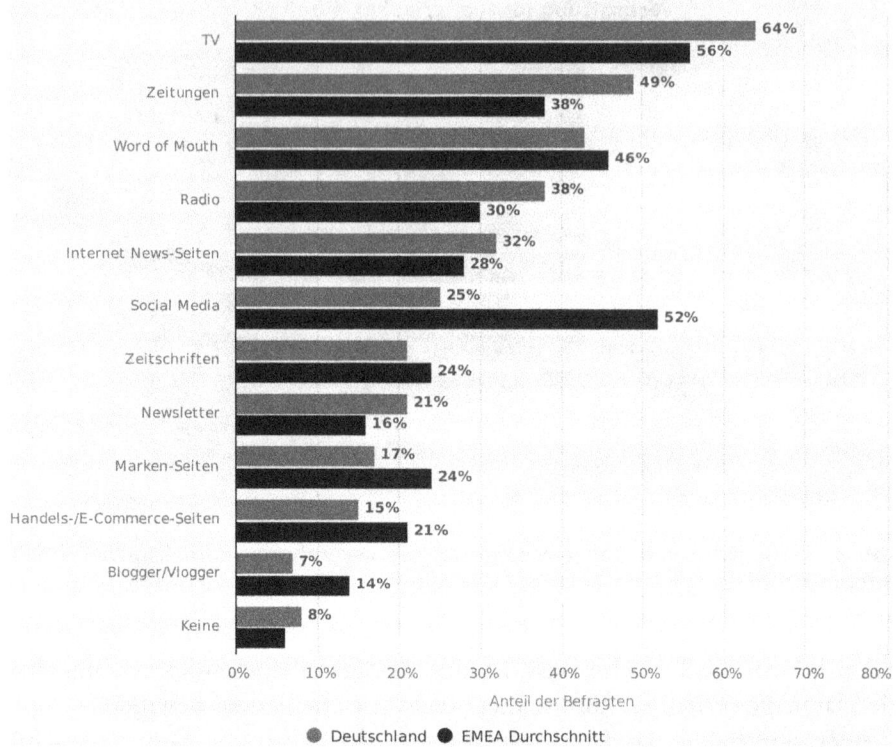

**Abb. 4** Umfrage zur Relevanz von Medien unter Verbrauchern in Deutschland und in den EMEA-Staaten. (Horizont 2017)

tatsächlichen Emissionen der eigenen Fahrzeuge herausgegeben. Das muss geahndet werden, und zwar konsequent. Aber: Die Ergebnisse sollten auch ins Verhältnis zur internationalen Konkurrenz gestellt werden, um sie richtig bewerten zu können. So könnte es ja sein, dass ein anderes Land versucht, Produkte deutscher Unternehmen mit großer Kaufkraft zurückzudrängen, um den Verkauf eigener Produkte anzukurbeln.

Ist dieses für eine große Bevölkerungsgruppe relevante Thema nun wirklich umfassend abgehandelt, weil es bei den Illners, Wills und Plasbergs thematisiert wurde? Eine Frage ist auch, ob die Fakten stimmen, die dort präsentiert werden (siehe Abb. 6). Es ist aufschlussreich, dass fast jede Talkshow im Nachhinein einen Faktencheck anbietet: Die Verantwortlichen scheinen demnach von vornherein davon auszugehen, dass Teilnehmer der Show mit Fake News arbeiten. Unvorstellbar? Nein, gelebte Praxis.

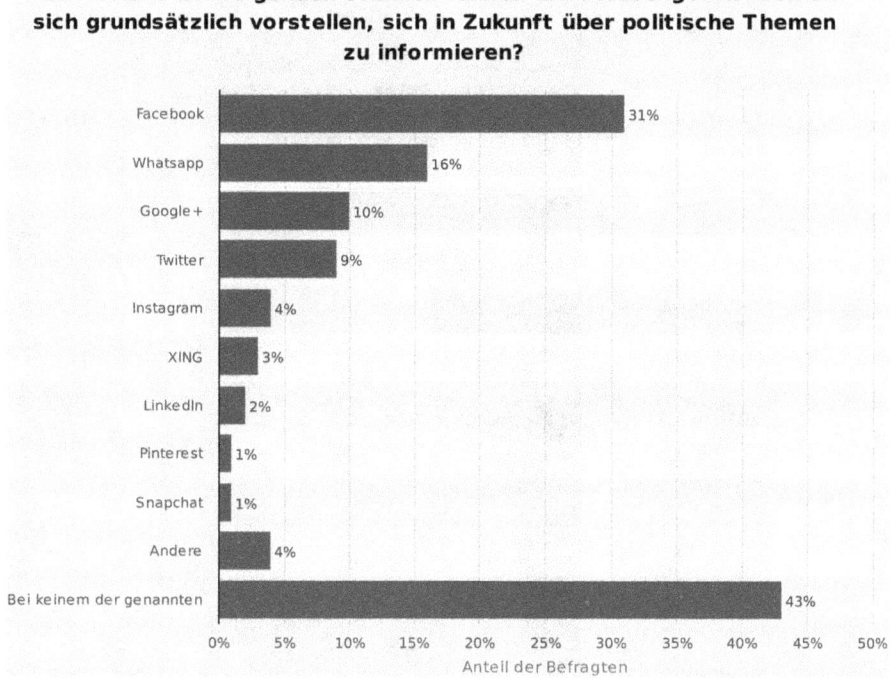

**Abb. 5** Umfrage zur Nutzungsabsicht von Social Media als Nachrichtenquellen zum politischen Geschehen. (YouGov 2017)

## Wer füllt eigentlich Wikipedia?

Damit sind wir bei den Ursprüngen und Quellen der Fakten, mit denen wir mehr oder weniger intensiv konfrontiert werden. Wie schnell und selbstverständlich greifen wir auf Wikipedia zurück, eine Enzyklopädie, die auf fast alles eine Antwort weiß? So, wie wir einst die großen Lexika aus dem Schrank geholt haben, um uns fachlich auf sicherem Eis bewegen zu können. Natürlich können die inzwischen Schränke füllenden Bände einer hochwertigen Enzyklopädie nicht mehr mit der Geschwindigkeit des heutigen Erkenntnisgewinns mithalten. Wir gehen online, ohne darüber nachzudenken, wer eigentlich hinter Wikipedia steckt und die Beiträge schreibt. Es ist eben bequem, außerdem gibt es ja die Quellenangaben, die sich hervorragend zitieren lassen. Wer die Autoren von Wikipedia waren und wie deren fachlicher Hintergrund aussah, war bis vor wenigen Jahren noch nicht transparent.

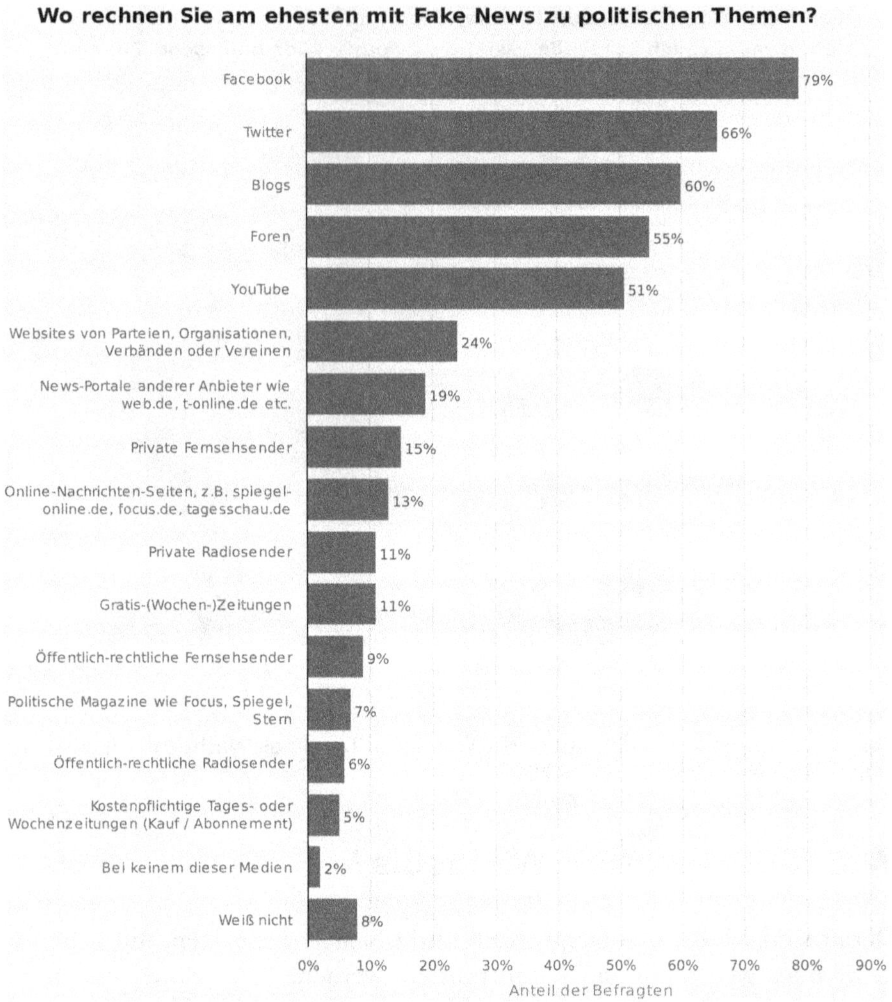

**Wo rechnen Sie am ehesten mit Fake News zu politischen Themen?**

**Abb. 6** Erwartetes Vorkommen von Fake News zu politischen Themen nach Quellen 2017. (PwC 2017)

Es kann und konnte sich im Prinzip jeder Interessierte registrieren lassen und Artikel schreiben (siehe Abb. 7). Die aktiven Mitarbeiter nennen sich „Wikipedianer". Vorhandenes lässt sich manchmal auch ändern, denn es gibt keine grundsätzliche regelmäßige Überprüfung aller Beiträge, die neu angelegt oder verändert werden. Die Betreiberin, nämlich die Wikimedia Foundation, sitzt als Non-Profit-Organisation in San Francisco. Das hehre Ziel, eine frei zugängliche und möglichst breit aufgestellte Enzyklopädie zu erstellen, wird honoriert: Wikipedia rangierte nach

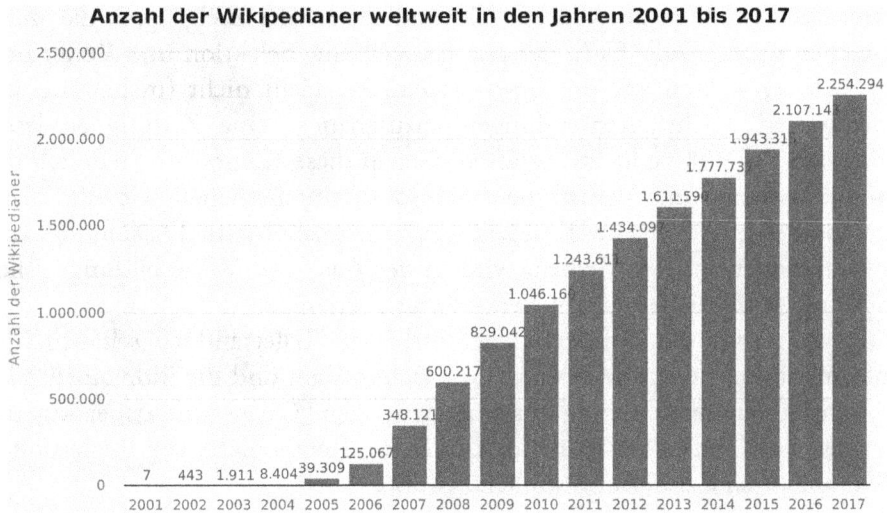

**Abb. 7** Anzahl der Wikipedianer weltweit bis 2017. (Wikimedia 2017)

eigenen Aussagen im Jahr 2016 auf Platz 5 der am meisten besuchten Websites überhaupt (Wikipedia 2017). Ganz reibungslos funktioniert das kollaborative Schreiben jedoch nicht, erinnert sei nur an den Fall des Autors Essjay, der sich als Universitätsprofessor gerierte und von der englischsprachigen Community in die höchsten Ämter berufen wurde – es handelte sich jedoch um einen 24-jährigen US-Amerikaner (Kleinz 2007). Seit einigen Jahren geht die Wikimedia sorgfältiger vor, Autoren müssen sich zumindest zu erkennen geben, auch in Bezug auf die Auftraggeber. Denn nicht selten geben Unternehmen die Erstellung von Beiträgen in Auftrag – und zahlen auch dafür. Wobei das nicht unbedingt etwas über den Wahrheitsgehalt aussagen muss.

# Von Fakten und deren Vermittlung – eine Frage der Relevanz?

Die uns online zugängliche Faktenlage ist also ebenso relativ wie die Relevanz bestimmter Nachrichten: Es ist doch immer auch eine Frage der Darstellung von Informationen, wie sie beim Empfänger ankommt. Erwähnt ein Nachrichtensprecher einen wichtigen Fakt ganz am Rande, stellt er ihn in einen kritischen Kontext oder betont er ihn – die Wirkung wird sich unterscheiden. Schon die Gewichtung einzelner Informationen hängt vom Medium ab, von der Motivation und der Zielgruppe, die angesprochen werden soll. Es findet also generell eine Selektion und Bewertung statt, dessen sollten wir uns bewusst sein. Es reicht nicht (mehr) aus, die abendlichen Nachrichtensendungen anzuschauen, eine Zeitung zu lesen oder sich auf Wikipedia zu verlassen. Genau diese Kompetenz, nämlich die Funktionsweise von Algorithmen ebenso zu durchschauen wie die selektive und auf die eigene Kundengruppe zugeschnittene Darstellung von Informationen in den Medien, wird in der Aus- und Weiterbildung bisher meist nur unzureichend vermittelt – wenn überhaupt.

Es ist notwendig, immer wieder über den Tellerrand zu schauen, die Informationscluster ganz bewusst zu durchbrechen und die individuell relevanten Fakten selbstständig zusammenzutragen. Ob es sich dabei um die Perücke von Shirin David handelt oder die Rentenpläne der Regierung – Relevanz ist eine zutiefst persönliche Größe.

> **Wussten Sie schon?**
> - Seit Kurzem ist es den Sicherheitsbehörden in Deutschland erlaubt, künftig die laufende Kommunikation über Messenger-Dienste mitzulesen und den Speicher eines Smartphones oder des Rechners einzusehen, sofern ein Richter sein Einverständnis gibt. Dies geschieht nicht durch die Offenlegung der Daten durch die Anbieter, sondern durch die Aufspielung einer Software auf das jeweilige Gerät, welche die erforderlichen Daten erfasst (Intemann 2017).
> - Jedes Jahr werden zwei Billarden Suchanfragen auf Google getätigt, und über die Hälfte solcher Anfragen wird über das Smartphone durchgeführt (Priebe 2016).
> - Im März 2017 wurden in Deutschland 97,73 % der mobilen Suchanfragen mit Google getätigt und 87,67 % der Desktop-Suchanfragen. Bing (Mobil – 1,08 %, Desktop – 8,84 %) und Yahoo (Mobil – 0,29 %, Desktop – 1,26 %) nehmen prozentual nur einen sehr geringen Anteil an den getätigten ein (FAZ 4. Mai 2017).
> - Im Bundestagwahlkampf 2017 entwickelte die CDU/CSU eine App, wodurch der klassische Haustürwahlkampf digitalisiert wurde. Die App führte Wahlkämpfer wie ein Navigationssystem gezielt zu Wohnadressen von Bürgern, die mit einer Wahrscheinlichkeit von mindestens 60 % CDU/CSU Wähler sind (Scherfig 19. September 2017).
> - Alle 60 s werden auf Facebook 510.000 Kommentare gepostet, 293.000 Status upgedatet und 136.00 Foto geteilt (Noyes 2017).
> - Ein Überblick über das Datenvolumen, welches in den Social-Media-Kanälen und in den Messenger-Diensten im Juli 2017 produziert wurde: 1,3 Billionen Menschen nutzen Facebook täglich, 250 Mio. Menschen posten jeden Tag etwas in ihre Instagram Story, und zwei Billionen Nachrichten werden zwischen Menschen und Unternehmen jeden Monat ausgetauscht (Roth 2017).
> - Amazon arbeitet an einem neuartigen Supermarkt namens „Amazon Go", bei dem die Kunden die Gegenstände einfach aus den Regalen nehmen und dann das Geschäft verlassen können, ohne an einer Kasse anstehen

zu müssen, um die Bezahlung zu tätigen. Beim Verlassen des Supermarkets wird dem Kunden eine Liste des Einkaufes mit dem endgültigen Preis auf das Smartphone gesendet und automatisch vom Konto abgebucht (Brauns und Völlinger 6. Dezember 2016). Am 22. Januar 2018 eröffnete der erste Amazon-Supermarkt in Seattle (Handelsblatt 21. Januar 2018).
- Falsche Informationen, so schreiben Psychologen um Stephan Lewandowski im Fachjournal Memory and Cognition, „üben einen dauerhaften Einfluss auf Gedächtnis und Denken aus, selbst wenn die Aussagen klipp und klar widerrufen wurden" (Herrmann 21. September 2017).
- Fake News stützen oft eine Weltanschauung. Ihre Korrektur gleicht daher einem Frontalangriff auf die Weltsicht und das Charakterfundament eines Menschen. Falsche Informationen und Aussagen müssen daher, empfiehlt Psychologe Man-pui Sally Chan von der University of Pennsylvania, mit einer ausführlichen Erklärung widerrufen, mit einer Geschichte erzählt und im Bestfall mit einem alternativen Vorschlag berichtet werden (Herrmann 21. September 2017).
- In der Nähe des Präsidentenpalastes in Manila haben mehrere Hundert philippinische Studenten gemeinsames „Planking" als Form des politischen Protestes genutzt, um auf Kürzungen in der Bildung zu reagieren (Welt n24 o. J.).
- Mittlerweile ist Planking ein regelrechter Sport geworden. Die offizielle Planking-Facebook-Seite hat bereits über 1,1 Mio. Fans (SWP 28. Januar 2013).
- Algorithmen sind Verarbeitungsvorschriften zur Lösung von Problemen, die so exakt formuliert sind, dass sie von Maschinen abgearbeitet werden können (Becker 2014).

**Take-aways**

- Fake News (Falschmeldungen, die sich als seriöse Nachrichten ausgeben) zu erkennen, ist heutzutage eine wichtige Kompetenz, um sich in Alltag und Berufsleben zu schützen. Einige Methoden und Tools können dabei helfen:
    - Tutorial der ARD Tagesschau (Stöckigt 2017)
    - Tutorial vom BR – „so geht Medien" (BR 2017)
    - Analyse und Tipps vom Verein Mimikama (Wolf 2016)
    - Hoaxsearch: Die Suchmaschine für Fakes im Internet (Hoaxsearch 2017)
- Gleichzeitig ist es wichtig, die Macht von Algorithmen zu durchbrechen, durch die uns im Internet immer wieder die gleichen Informationen erreichen. Mehr Hintergrundwissen und Strategien, um Algorithmen auszutricksen oder auch gezielt zu nutzen, sind hier zu finden:
    - Die Macht der Algorithmen (Flau 2016)
    - Purer Zufall statt Algorithmus (Glitz 25. Januar 2017)
    - Raus aus der Komfortzone! (Belghaus 17. Januar 2017)
    - Google-Algorithmus (Zantal-Wiener 2017)
    - Facebook-Algorithmus (Horn 2016)
    - Instagram-Algorithmus (Lawal 2017)

- Neben dem Wissen über Algorithmen gehört auch ein umsichtiges Nutzerverhalten im Internet zu den Strategien, um sich vor Betrug und Manipulation zu schützen. Was alles dazu gehören kann, zeigt der Blogeintrag „10 Gebote zum Datenschutz und zur Datensicherheit" (Ferner o. J.).
- Der beste Schutz vor unseriösen Nachrichten ist jedoch weiterhin, sich selbst umfassend zu informieren und sich mit anderen über diese Informationen auszutauschen. Einen guten Überblick bieten u. a. folgende Nachrichtenportale, die jeweils auch über eine eigene App abrufbar sind:
    - ARD Tagesschau
    - ZDF Heute
    - Deutsche Welle
    - Al Jazeera
    - BBC News
    - WeLT
- Auch die großen deutschen Tageszeitungen stellen eine Quelle für qualitativ hochwertigen Journalismus dar. Da sich jedoch Schwerpunktsetzung sowie politischer Hintergrund unterscheiden, empfiehlt es sich, die verschiedenen Zeitungen parallel zu nutzen und Inhalte zu vergleichen. Ergänzend lohnt sich oft ein Blick in kleinere Regionalzeitungen.
- Einen guten Nachrichtenüberblick – frei von Analysen und Hintergrundberichten – erhält man außerdem auf den Seiten der großen Nachrichtenagenturen wie Reuters und AFP.
- Wer sich für ein bestimmten Themengebiet wie Wirtschaft, Philosophie oder Zukunft interessiert, kann auch in Magazinen mit gut recherchierten Beiträgen wertvolle Informationen finden, u. a. in:
    - Agora 42 – Das philosophische Wirtschaftsmagazin
    - brand eins: zukunftsorientiertes Wirtschaftsmagazin mit monatlichem Podcast
    - Hintergrund – Das Nachrichtenmagazin
    - Cicero – Magazin für politische Kultur
    - enorm – Zukunft fängt bei dir an

# Literatur

Augsburger Allgemeine. (2016). „Movember Foundation". Männer tragen im „Movember" für den guten Zweck Schnurrbart. *Augsburger Allgemeine*. http://www.augsburger-allgemeine.de/panorama/Maenner-tragen-im-Movember-fuer-den-guten-Zweck-Schnurrbart-id39611207.html. Zugegriffen: 20. Okt. 2017.

Becker, K. (2014). Algorithmen und ihre Eigenschaften. Inf-Schule. http://www.inf-schule.de/algorithmen/algorithmen. Zugegriffen: 20. Nov. 2017.

Belghaus, N. (17. Januar 2017). Raus aus der Komfortzone! *taz.de.* http://www.taz. de/!5374270/. Zugegriffen: 20. Nov. 2017.

Berliner Zeitung. (2017). London. Trump-Tweet verärgert nach U-Bahn-Anschlag britische Regierung. *Berliner Zeitung.* http://www.berliner-zeitung.de/politik/london-trump-tweet-veraergert-nach-u-bahn-anschlag-britische-regierung-28420672. Zugegriffen: 20. Okt. 2017.

Bild. (2017). Sorgerechtsstreit. Oliver Pocher will die Kinder! *Bild.* http://www.bild.de/unterhaltung/leute/oliver-pocher/er-will-die-kinder-sorgerechtsstreit-53116644.bild.html. Zugegriffen: 20. Okt. 2017.

Bitkom. (2016). Wie verändert sich der Stellenwert von Online-Medien für die Verbreitung journalistischer Inhalte? Statista. https://de.statista.com/statistik/daten/studie/565714/umfrage/stellenwert-von-online-medien-fuer-die-verbreitung-journalistischer-inhalte/. Zugegriffen: 20. Nov. 2017.

BR. (2017). Tutorial. Fake News im Netz erkennen. BR, so geht MEDIEN, 19. März 2017. http://www.br.de/sogehtmedien/stimmt-das/luegen-erkennen/un-wahrheiten-luegen-erkennen124.html. Zugegriffen: 20. Nov. 2017.

Brauns, B., & Völlinger, V. (6. Dezember 2016). Amazon Go. Supermarkt der Zukunft. *Zeit Online.* http://www.zeit.de/wirtschaft/unternehmen/2016-12/amazon-go-supermarkt-lebensmittel-service-einkaufen-datenschutz-zukunft. Zugegriffen: 20. Nov. 2017.

Bund der Steuerzahler. (o. J.). Die Finanzierung der Bundestagsabgeordneten. Steuerzahler. https://www.steuerzahler.de/Die-Finanzierung-der-Bundestagsabgeordneten/8692c9972i1p525/. Zugegriffen: 20. Okt. 2017.

ConceptDraw. (o. J.). Target Market. https://conceptdraw.com/a1438c3/preview--Circle-spoke%20diagram%20-%20Target%20market. Zugegriffen: 12. März 2018.

FAZ. (4. Mai 2017). Grafik des Tages: Die Deutschen lieben Google. *Frankfurter Allgemeine Zeitung.* http://www.faz.net/aktuell/wirtschaft/grafik-des-tages-die-deutschen-lieben-google-14999842.html. Zugegriffen: 20. Nov. 2017.

Ferner, J. (o. J.). 10 Gebote zum Datenschutz und zur Datensicherheit. Das Datenschutz-Blog. https://www.datenschutzbeauftragter-online.de/10-gebote-zum-datenschutz-und-zur-datensicherheit/. Zugegriffen: 20. Nov. 2017.

Flau, K. (2016). Die Macht der Algorithmen. Was wir wissen sollten. E wie Einfach, 31. Oktober 2016. https://www.e-wie-einfach.de/magazin/articles/die-macht-der-algorithmen. Zugegriffen: 20. Nov. 2017.

Focus. (2017a). Liebes-Aus: Katzenberger-Schwester trennt sich von Freund. Focus online 15. September 2017. http://www.focus.de/kultur/kino_tv/jenny-frankhauser-liebes-aus-nach-nur-zwei-monaten-katzenberger-schwester-trennt-sich-von-freund_id_7591233.html. Zugegriffen: 20. Okt. 2017.

Focus. (2017b). Trotz neuer Sanktionen: Kim lässt erneut Rakete über Japan abfeuern. Focus online 15. September 2017. http://www.focus.de/politik/ausland/nordkorea-konflikt-im-news-ticker-nordkorea-feuert-erneut-rakete-ueber-japan-hinweg_id_7594904.html. Zugegriffen: 20. Okt. 2017.

Focus. (2017c). Der Datenkrake. Warum und wie lang speichert Google Daten? Focus online 15. September 2017. http://www.focus.de/digital/internet/google/tid-27798/datenkrake-was-google-ueber-sie-weiss-warum-und-wie-lang-speichert-google-daten_aid_843761.html. Zugegriffen: 20. Okt. 2017.

Glitz, P. (25. Januar 2017). Alternative Internet-Nutzung. Purer Zufall statt Algorithmus. *tagesschau.de*. https://www.tagesschau.de/wirtschaft/algorithmen-zufall-101.html. Zugegriffen: 20. Nov. 2017.

Handelsblatt. (21. Januar 2018). Erster Amazon-Supermarkt ohne Kassen öffnet in Seattle. *Handelsblatt*. http://www.handelsblatt.com/unternehmen/handel-konsumgueter/amazon-go-erster-amazon-supermarkt-ohne-kassen-oeffnet-in-seattle/20871836.html. Zugegriffen: 19. Febr. 2018.

Herrmann, S. (21. September 2017). Wie bekommt man Fake News aus den Köpfen? *Süddeutsche Zeitung*. http://www.sueddeutsche.de/wissen/psychologie-wie-bekommt-man-fake-news-aus-den-koepfen-1.3677301. Zugegriffen: 20. Nov. 2017.

Hoaxsearch. (2017). Die Suchmaschine für Fakes im Internet. Hoax Search. http://www.hoaxsearch.com/. Zugegriffen: 20. Nov. 2017.

Horizont. (2017). Welche der folgenden Medien sind für Sie als Informationsquelle relevant? Statista. https://de.statista.com/statistik/daten/studie/748874/umfrage/relevanz-von-medien-unter-verbrauchern-in-deutschland-und-in-emea-staaten/. Zugegriffen: 20. Nov. 2017.

Horn, D. (2016). So nutzt ihr Facebook ohne Algorithmus. WDR, Digitalistan Blog, 15. Juli 2016. https://blog.wdr.de/digitalistan/facebook-ohne-algorithmus/. Zugegriffen: 20. Nov. 2017.

Intemann, G. (2017). Überwachung von Messenger-Diensten. Wenn der Staat zum Hacker wird. MDR Aktuell, 22. Juni 2017. http://www.mdr.de/nachrichten/politik/inland/whatsapp-messenger-abhoeren-gesetz-kritik-100.html. Zugegriffen: 20. Nov. 2017.

Jacobsen, N. (2017). Weltgrößtes Social Network: Facebook hat mehr als 2 Milliarden monatlich aktive Nutzer. Meedia. http://meedia.de/2017/06/28/weltgroesstes-social-network-facebook-hat-mehr-als-2-milliarden-aktive-nutzer/. Zugegriffen: 20. Okt. 2017.

Kleinz, T. (2007). Falscher Professor muss Wikipedia verlassen. Heise. https://www.heise.de/newsticker/meldung/Falscher-Professor-muss-Wikipedia-verlassen-152681.html. Zugegriffen: 20. Okt. 2017.

Kremer, A. (2017). Die Gefahr ist real. Freitag. https://www.freitag.de/autoren/netzpiloten/die-gefahr-ist-real. Zugegriffen: 20. Okt. 2017.

Krüger, J. (2017). Google Maps Karte mit „Claims" in denen Unternehmen das Recht haben, nach unkonventionellem Gas zu suchen. Unkonventionelle Gasförderung. Bekannte Förderorte. http://www.unkonventionelle-gasfoerderung.de/bekannte-foerderorte/. Zugegriffen: 12. Dez. 2017.

Lawal, M. (2017). Der Instagram-Algorithmus: Das müssen Sie wissen, um Ihre organische Reichweite zu steigern. Hootsuite Blog, 1. Juni 2017. https://blog.hootsuite.com/de/instagram-algorithmus-organische-reichweite/. Zugegriffen: 20. Nov. 2017.

Maybrit Illner. (2017). Autoskandal – Und keiner ist schuld? YouTube. https://www.youtube.com/watch?v=MdiMr5evC7I. Zugegriffen: 20. Okt. 2017.

Neuscheler, T. (2015). Umstrittene Gasförderung: Wo sich Fracking in Deutschland lohnen könnte. FAZ. http://www.faz.net/aktuell/wirtschaft/wirtschaftspolitik/umstrittene-gasfoerderung-wo-sich-fracking-in-deutschland-lohnen-koennte-13327506.html. Zugegriffen: 20. Okt. 2017.

Noyes, D. (2017). The top 20 valuable facebook statistics – Updated November 2017. Zephoria Digital Marketing. https://zephoria.com/top-15-valuable-facebook-statistics/. Zugegriffen: 20. Nov. 2017.

Patalong, F. (2011). Tod beim „Planking". Er starb für ein doofes Foto. Spiegel. http://www.spiegel.de/netzwelt/web/tod-beim-planking-er-starb-fuer-ein-doofes-foto-a-762633.html. Zugegriffen: 20. Okt. 2017.

Priebe, A. (2016). Mindestens 64.000 Anfragen pro Sekunde: Googles Suchvolumen geht jetzt offiziell in die Billionen. Online Marketing, 25. Mai 2016. https://onlinemarketing.de/news/google-offiziell-suchanfragen-billionen. Zugegriffen: 20. Nov. 2017.

Promiflash. (2017). Nach Perücken-Shitstorm: Jetzt spricht DSDS-Shirin David! Promiflash News. https://www.promiflash.de/news/2017/01/06/nach-peruecken-shitstorm-jetzt-spricht-dsds-shirin-david.html. Zugegriffen: 20. Okt. 2017.

PwC. (2017). Wo rechnen Sie am ehesten mit Fake News zu politischen Themen? Statista. https://de.statista.com/statistik/daten/studie/741863/umfrage/erwartetes-vorkommen-von-fake-news-zu-politischen-themen-nach-quellen/. Zugegriffen: 20. Nov. 2017.

Roth, P. (2017). Nutzerzahlen: Facebook, Instagram und WhatsApp, Highlights, Umsätze, uvm. (Stand November 2017). allfacebook.de, 2. November 2017. https://allfacebook.de/toll/state-of-facebook. Zugegriffen: 20. Nov. 2017.

Schadwinkel, A. (2017). Klimawandel: Mit Fakten gegen jeden Zweifel. ZEIT. http://www.zeit.de/wissen/umwelt/2017-05/klimawandel-erderwaermung-co2-meeresspiegel-fakten-beweise. Zugegriffen: 20. Okt. 2017.

Scherfig, L. (19. September 2017). Das sind die Trends im digitalen Wahlkampf 2017. Der Westen. https://www.derwesten.de/politik/das-sind-die-trends-im-digitalen-wahlkampf-2017-id211974713.html. Zugegriffen: 20. Nov. 2017.

Schlössel, E. (2014). Planking, Owling, Batmaning – Die verrücktesten Internethypes. Absolut Radio. http://absolutradio.de/entertainment/planking-owling-batmaning-die-verruecktesten-internethypes.html. Zugegriffen: 20. Okt. 2017.

Seidler, C. (2017). Hurrikan „Irma". „Möge Gott uns alle beschützen". *Spiegel.* http://www.spiegel.de/wissenschaft/natur/hurrikan-irma-was-die-wissenschaft-ueber-den-sturm-weiss-a-1166392.html. Zugegriffen: 20. Okt. 2017.

Stöckigt, V. (2017). Tutorial. Fake News erkennen. tagesschau.de, 20. April 2017. http://faktenfinder.tagesschau.de/fakenews-erkennen-tutorial-101.html. Zugegriffen: 20. Nov. 2017.

SWP. (28. Januar 2013). Planking und Co.: Verrückte Trends im Internet. *Südwest Presse.* http://www.swp.de/ulm/lokales/ulm_neu_ulm/planking-und-co._-verrueckte-trends-im-internet-6823916.html. Zugegriffen: 20. Nov. 2017.

Welt n24. (o. J.). Planking und Co.: Absurde Internet-Trends. *Welt.* https://www.welt.de/wirtschaft/webwelt/gallery13910243/Planking-und-Co-Absurde-Internet-Trends.html. Zugegriffen: 20. Nov. 2017.

Wikimedia. (2017). Anzahl der Wikipedianer weltweit in den Jahren 2001 bis 2017. Statista. https://de.statista.com/statistik/daten/studie/72253/umfrage/anzahl-der-wikipedianer-weltweit-seit-2001/. Zugegriffen: 20. Nov. 2017.

Wikipedia. (2017). Wikipedia. Wikipedia. https://de.wikipedia.org/wiki/Wikipedia. Zugegriffen: 20. Okt. 2017.

Wolf, A. (2016). Fake-News [Analyse]. Mimikama, 23. November 2016. https://www.mimikama.at/allgemein/fake-news-die-analyse/. Zugegriffen: 20. Nov. 2017.

YouGov. (2017). Über welche der folgenden sozialen Medien und Messenger können Sie sich grundsätzlich vorstellen, sich in Zukunft über politische Themen zu informieren? Statista. https://de.statista.com/statistik/daten/studie/732236/umfrage/nutzungsabsicht-von-social-media-als-nachrichtenquellen-zum-politischen-geschehen/. Zugegriffen: 20. Nov. 2017.

Zantal-Wiener, A. (2017). 8 weniger bekannte Fakten zum Google-Algorithmus. HubSpot, 22. Februar 2017. https://blog.hubspot.de/marketing/google-algorithmus. Zugegriffen: 20. Nov. 2017.

ZEIT online. (2016). Erdgasförderung: Bundestag beschließt weitgehendes Fracking-Verbot. *ZEIT.* http://www.zeit.de/wirtschaft/2016-06/erdgasfoerderung-fracking-bundestag-verbot. Zugegriffen: 20. Okt. 2017.

## Weiterführende Literatur

Absatzwirtschaft. (2017). Die große Falle: Was das Phänomen Fake News für Kommunikation und PR bedeutet. Absatzwirtschaft 10. April 2017. http://www.absatzwirtschaft.de/was-das-phaenomen-fake-news-fuer-kommunikation-und-pr-bedeutet-103873/. Zugegriffen: 18. Okt. 2017.

ARD.de-Spezial. (2017). Fake News: Wie sie wirken und wie man sie entlarvt. ARD.de. http://www.ard.de/home/ard/ARD_de_Spezial__Fakten_statt_Fake_News/3690810/index.html. Zugegriffen: 18. Okt. 2017.

David, S. (2017). Die Perücken und ich. YouTube. https://www.youtube.com/watch?v=YNoH1uIqQFU. Zugegriffen: 12. Dez. 2017.

Fricker, T. (17. Juni 2016). Exklusivität und Relevanz werden im Journalismus der Zukunft entscheidend sein. *Badische Zeitung*. http://www.badische-zeitung.de/computer-medien-1/exklusivitaet-und-relevanz-werden-im-journalismus-der-zukunft-entscheidend-sein–123173155.html. Zugegriffen: 18. Okt. 2017.

Hagen, L. M. (1995). *Informationsqualität von Nachrichten: Messmethoden und ihre Anwendung auf die Dienste von Nachrichtenagenturen*. Wiesbaden: VS Verlag.

Heck, J. (2015). Nachrichten zwischen Personalisierung und Relevanz. Turi2 Medien & Marken, 14. Mai 2015. http://www.turi2.de/aktuell/nachrichten-zwischen-personalisierung-und-relevanz/. Zugegriffen: 18. Okt. 2017.

Internet World Business. (2016). Hype im Netz: Die 6 größten Internet-Trends. Internetworld 21. November 2016. http://www.internetworld.de/onlinemarketing/hype-im-netz-6-groessten-internet-trends-1168292.html. Zugegriffen: 18. Okt. 2017.

Kensche, C. (25. Mai 2011). Der neue Internet-Trend – „Sei steif, wie ein Brett". *Welt.* https://www.welt.de/vermischtes/kurioses/article13393992/Der-neue-Internet-Trend-Sei-steif-wie-ein-Brett.html. Zugegriffen: 18. Okt. 2017.

Ketterer, J. (6. Juni 2017). Dieser neue body-positive-trend erobert gerade das internet. *i-D.* https://i-d.vice.com/de/article/zmny7x/dieser-neue-body-positive-trend-erobert-gerade-das-internet. Zugegriffen: 18. Okt. 2017.

Ruhrmann, G., Woelke, J., Maier, M., & Diehlmann, N. (Hrsg.). (2003). *Der Wert von Nachrichten im deutschen Fernsehen: Ein Modell zur Validierung von Nachrichtenfaktoren*. Wiesbaden: Springer Fachmedien.

Spiegel Online. (2013). Merkel zur Handy-Affäre. „Ausspähen unter Freunden – Das geht gar nicht". *Spiegel.* http://www.spiegel.de/politik/deutschland/handy-spaehaffaere-um-merkel-regierung-ueberprueft-alle-nsa-erklaerungen-a-929843.html. Zugegriffen: 20. Okt. 2017.

Sputnik Deutschland. (2017). #deadpose: Neuer Internet-Trend traumatisiert kleines Mädchen – VIDEO. Sputnik Deutschland 13. Januar 2017. https://de.sputniknews.com/videoklub/20170113314113722-deadpose-neuer-trend-im-netz/. Zugegriffen: 18. Okt. 2017.

Statista. (2017). Wie bewerten Sie es, wenn Webseiten Sie darauf hinweisen, dass sie Cookies speichern? Statista. https://de.statista.com/statistik/daten/studie/712763/umfrage/bewertung-eines-hinweises-auf-cookies-von-webseiten-in-deutschland/. Zugegriffen: 20. Nov. 2017.

Tenor. (2017). Njan Cat GIFs. tenor. https://tenor.com/search/njan-cat-gifs. Zugegriffen: 18. Okt. 2017.

The Telegraph. (2017). Planking in pictures: The internet craze of lying down in unusual public places. Telegraph. http://www.telegraph.co.uk/news/picturegalleries/howaboutthat/8547598/Planking-in-pictures-the-internet-craze-of-lying-down-in-unusual-public-places.html. Zugegriffen: 18. Okt. 2017.

Zeit Online. (2017). Fake-News. Wenn die Wahrheit stirbt. *Zeit.* http://www.zeit.de/thema/fake-news. Zugegriffen: 18. Okt. 2017.

# Bad News – der Sog des Bösen

**Die schlechte Nachricht schlägt die gute**
Wir gieren nach ihnen. Wir werden von ihnen angezogen. Gleichzeitig werden wir von ihnen abgestoßen. Sie stumpfen uns ab. Schlechte Nachrichten, Bad News. Sie bestimmen unser Bild vom Zustand der Gesellschaft. Sie sind stärker als wir. Aber warum? Warum gibt es keine Sucht nach guten Nachrichten, sondern nur eine nach schlechten?

Nach dem Konsum vieler schlechter Nachrichten, so schreibt die Autorin und Journalistin Andrea Hanna Hünniger (18. Februar 2017) in der Wochenzeitung „Die Zeit", sei ihr die Welt abhandengekommen. Alles verschwimme, je schlimmer die Bilder, umso egaler seien sie ihr. Je krasser die Meldungen, umso handlungsunfähiger werde sie. Sie wolle einfach keine Nachrichten mehr konsumieren. Und sie fragt sich, ob „das symptomatisch ist für viele von uns, die irgendwo zwischen Wohlstandskonsum und dem Überdruss am Dauerfeuer pseudo-faktischer clickbait posts jegliches Interesse an Politik verloren haben und das Ganze deswegen als Sport betreiben" (Hünninger 2017), ist.

„Angst vor dem Abgrund ist eigentlich ein guter Motor, aber je mehr die Welt aus den Fugen gerät, desto mehr erstarre ich", schreibt Hünniger (18. Februar 2017) weiter. „Ich überspiele die Starre mit dem manischen Konsum weiterer schlechter Nachrichten. Es fühlt sich an wie das Vermeiden eines Abgabetermins: Man putzt lieber stattdessen die Küche. Ich bin gierig nach schlechten Nachrichten, weil ich weiß, dass ich eigentlich handeln müsste. Und es ist eine Gier, die ich an vielen Menschen beobachte."

Hünniger (18. Februar 2017) erkennt eine „irre" Logik: „Je mehr schlechte Nachrichten konsumiert werden, desto größer der Gewöhnungseffekt. Ohne schlechte Nachrichten, das ist, als hätten wir keine Frisur. Apokalypse geht immer, sie ist unsere Religion, sie ersetzt das Heilige. Sie ist unsere Droge gegen die Langeweile und man kann sie immer rausholen, wenn man mal wieder gar nichts zu sagen hat. Sie relativieren unsere Existenz: So schlimm wie Trump kann ich gar nicht sein. Es geht immer schlimmer."

Und neben dieser psychischen Abhängigkeit des News-Junkies kommt dann möglicherweise auch noch der körperliche Stress. US-amerikanische Wissenschaftler haben ihn vor wenigen Jahren aufgespürt. Ob die Anschläge auf das World Trade Center, den Boston Marathon oder in Oklahoma City – Nachrichten über solche Ereignisse sind geeignet, bei Menschen starken Stress zu verursachen. Für eine Studie des US-amerikanischen Radiosenders NPR in Zusammenarbeit mit der Robert-Wood-Johnson-Stiftung und der Harvard School of Public Health seien 2500 US-Amerikaner befragt worden, berichtet die Wirtschaftswoche (Freitag 2017). Ein Viertel der Teilnehmer habe angegeben, im letzten Monat gestresst gewesen zu sein. Als größte Ursache dafür hätten sie den Konsum von Nachrichten genannt. Ob im Netz, in der Zeitung, im Fernsehen oder Radio: Schlechte Meldungen können krankmachen, folgerten die Wissenschaftler daraus.

Freitag (2017) zitiert die Psychologin Mary McNaughton-Cassill von der Universität Texas in San Antonio, die schon seit Jahren zu diesem Thema forscht. Demnach berühren uns bestimmte Nachrichten so sehr, dass wir dadurch unter Stress geraten. Den größten Effekt hätten dabei traumatische Ereignisse gezeigt, „die von den Medien besonders sensationslüstern aufbereitet wurden". Dem zu entgehen, sei schwer, meint die Psychologin. „Die vielen verschiedenen Kanäle, die bei der Nachrichtenverbreitung um unsere Aufmerksamkeit kämpfen, konkurrieren so stark miteinander, dass Informationen immer spektakulärer übermittelt werden."

McNaughton-Cassill hält jedoch die Lage nicht für hoffnungslos. Es gebe Mittel und Wege, dem durch schlechte Nachrichten ausgelösten Stress zu entgehen. Etwa indem die Nachrichtensender eine Warnung aussprechen, bevor sie besonders verstörende Bilder zeigen. – Ein Weg, den die Psychologin weist, offenbar in Unkenntnis der Funktion und Arbeitsweise von Nachrichtenredaktionen und -sendern. Seriösen Nachrichtenredakteuren erscheint dieser Vorschlag eher naiv.

## Die Überdosis Bad News verfälscht unser Weltbild

Durch den häufigen Konsum von Bad News laufen wir zudem Gefahr, unsere gesellschaftliche Umwelt falsch einzuschätzen. Frank Brettschneider von der Universität Hohenheim antwortet in einem Interview auf der Online-Seite der Frankfurter Allgemeinen Zeitung (Streber 29. Oktober 2013):

> In der Kommunikationswissenschaft gibt es dafür den Begriff der Kultivierungshypothese. Das bedeutet, dass die Darstellung der Medien die öffentliche Wahrnehmung prägt. Und dort liefern negative Nachrichten in der Regel größere Schlagzeilen als positive Meldungen. Bei der allgemeinen Wirtschaftslage, der Sicherheit der Renten oder dem Kriminalitätsniveau wird daher die gesellschaftliche Entwicklung als problematisch eingeschätzt. Auf der privaten Ebene sagt man dagegen in denselben Bereichen: Alles überhaupt kein Thema. Das ist eigentlich paradox, denn man sollte ja meinen, dass die Summe der Einzelmeldungen der öffentlichen Wahrnehmung entspricht. Aber diese Kluft ist sehr, sehr gut nachgewiesen.

Selbstverständlich kennt jeder entsprechend ausgebildete und verantwortungsvolle Redakteur eine seiner Hauptaufgaben: das kritische Begleiten der Worte und Taten von Regierenden und anderen Verantwortlichen in der Gesellschaft. Darin steckt dann allerdings automatisch auch ein kritischer Ansatz, der oft vom Rezipienten als negativ begriffen wird. Das Betonen von Positivem wird im Gegensatz dazu vom Zuschauer oder Leser oft als Lobhudelei oder Lohnschreiberei gewertet.

Bei der Arbeit von Redakteuren geht es nicht zuletzt um Relevanz. Was bedeutet die Nachricht für den Rezipienten, für die Gesellschaft? Ist sie wichtig für die Meinungsbildung, die Haltung, für die Hochämter der Demokratie, nämlich die Kommunalwahlen, die Landtags- oder Bundestagswahlen?

„Immer mehr junge Deutsche reisen nach Syrien und ziehen für den sogenannten Islamischen Staat in den Krieg." „Die Zahl der im Verkehr tödlich verletzten Radfahrer steigt drastisch – Die meisten sterben an schweren Kopfverletzungen." „Das Unternehmen XY ruft bestimmte Eispeisen wegen möglicher Salmonellenverunreinigung zurück." – Alles negative Nachrichten. Aber sie sind relevant, für die Gesellschaft, für einzelne Personen. Vielleicht ist der eine oder andere Vater, die eine oder andere Mutter durch die Meldung über die jungen Menschen, die es in den „heiligen Krieg" zieht, aufmerksam geworden und hört genauer hin, wenn Sohn oder Tochter von ihrem Treffen mit Salafisten erzählt, die angeblich nur Spielzeug für syrische Kinder sammeln, aber möglicherweise Kämpfer für ihre Sache rekrutieren wollen. Oder der Familienvater wird beim Hören der Zahlen über die Verkehrsopfer nachdenklich, weil er immer noch ohne Fahrradhelm zur Arbeit radelt. Oder die Alleinerziehende wird von der Rückrufaktion aufgeschreckt und bringt die eben gekaufte Eierspeise zurück in den Supermarkt, um sich und ihr Kind nicht der Gefahr einer Salmonellenvergiftung auszusetzen. – Wie gesagt, schlechte Nachrichten, die aber allesamt Positives bewirken können, relevant sind.

Als Gegenentwurf die Good News: Auf der Startseite von www.gute-nachrichten.com finden sich am 27. Juni 2017 folgende Nachrichten im Internet: „Philippinische Seerosen – von der Landplage zum Brennstoff für Millionen", „Kokosöl gegen Krebs" und „‚Freundschaft ist wie ein Fluss' – Paulo Coelho" (gute-nachrichten.com 2017). Ohne Zweifel: Dass auf den Philippinen die Blätter der dort üppig wachsenden Seerosen getrocknet als Energiequelle genutzt werden sollen, ist gut. Dass die im Kokosöl enthaltene Laurinsäure krebszerstörende Eigenschaft besitzen soll, die sich allerdings erst in einem Laborversuch und nicht in einem Experiment an lebenden Organismen gezeigt habe, ist nicht mehr als ein Hoffnungsschimmer. Dass ein Text vom Literaten Paulo Coelho über Freundschaft sehr erbauend sein kann, bezweifelt wohl kaum ein Mensch. Aber ist das für den Leser hierzulande relevant?

Zur Abrundung noch www.chatvongesternnacht.de: Hier werden die Chats veröffentlicht, die „zu gut, witzig oder krass sind, um nur von Euch alleine gelesen zu werden", heißt es in der Eigenwerbung. Zum Beispiel: „Am 10.08. lade ich euch herzlich ein, ab 18h bei mir. – Warum? Verlobung? Hochzeit? Schwanger? Jobzusage? – Sperrmüll runtertragen" (Chatvongesternnacht 2017). Ein weiterer Chat gefällig: „Ich hab mir überlegt: ich komme doch schon übermorgen zu besuch! – Alter, da muss ich ja noch den Abwasch machen und komplett renovieren! – Renovieren!? – Die gehobene Form, wenn aufräumen dem Zustand der Wohnung nicht mehr gerecht wird." (Chatvongesternnacht 2017).

## Achtung, Säbelzahntiger!

Damit aber genug der „guten" Nachrichten. Die schlechte Nachricht ist übrigens auch die, über die am nächsten Tag alle reden – und der Leser oder Zuschauer mitreden möchte. Wir sind eben ein Volk, das bei jeder Gelegenheit nicht nur die Chancen sieht, so wie etwa die US-Amerikaner, sondern auch und vor allem die Risiken. Wir zweifeln, wägen ab, zaudern und zögern, warnen, kritisieren. Das ist auch gut und richtig so, falls dabei nicht die positive Grundidee verloren geht. Was die US-Amerikaner vielleicht zu wenig berücksichtigen, wiegt bei uns zu viel. Wir gehen gerade Neues eher verhalten an, sehen schnell Schwarz. Andere Nationen geraten bei einer guten Idee in positive Schwingungen, sehen die Welt dafür vielleicht ein wenig zu rosarot.

Woher kommt unsere Sucht nach Negativem, nach den negativen Nachrichten? „In Herford hat sich heute kein Unfall ereignet" ist bestimmt keine nennenswerte Geschichte für das regionale Blatt und dessen Online-Ausgabe. Aber die „Massenkarambolage auf der Umgehungsstraße" dürfte das Interesse von Reporter und Lesern wecken.

Kommunikationswissenschaftler Brettschneider: „Manche Kollegen vermuten, dass Negatives seit jeher wichtiger war und eben nach wie vor ist. Wenn man in der Steinzeit auf die Jagd ging, war die Warnung ‚Achtung, Säbelzahntiger!' wichtiger als die Meldung ‚Alles ist ruhig'. Ich glaube aber, dass es vor allem daran liegt, dass negative Meldungen glaubwürdiger sind." (Streber 29. Oktober 2013).

Also: Worüber wird am nächsten Morgen am Arbeitsplatz gesprochen – richtig, in 90 % aller Fälle dürfte es die schlechte Nachricht sein. Wer mitreden möchte, muss sie kennen. Gut, die restlichen zehn Prozent entfallen auf Sportergebnisse (wenn sie nicht auch unter die Rubrik „Bad News" fallen), auf das ausnahmsweise schöne Wetter am vergangenen Wochenende oder das fantastisch gute Essen im Restaurant. Raumgreifend dagegen das Gespräch über den schlechten TV-Krimi am Vorabend, das immer irgendwie schlechte Wetter (zu heiß, zu kalt, zu grau …), den mörderischen Angriff in der U-Bahn etc. Wir brauchen die negativen Nachrichten für unser alltägliches Leben.

Aber wir brauchen sie erst recht, um zu überleben: Wie beim Beispiel des Säbelzahntigers sind negative Nachrichten für uns unter Umständen existenziell. Wenn die TV-Wettermoderatorin Wirbelstürme für einen bestimmten Raum voraussagt, fahren wir besser nicht in die betroffene Region. Wenn von Überschwemmungen und weggespülten Straßen durch Unwetter im Radio berichtet wird, machen wir besser einen Bogen um das entsprechende Gebiet. Wenn die Polizei die Durchsage macht, es habe sich in der nahen Chemiefabrik ein Unfall ereignet, und die Anwohner sollten ihre Fenster geschlossen halten, reißen wir sie besser nicht auf, um zu lüften. Durch Bad News weichen wir Gefahren aus, wissen, Risiken einzuschätzen. – Es ist sicher auch gut zu wissen, dass mit beständig gutem Wetter zu rechnen ist, die Arbeitsabläufe in der Chemiefabrik alle reibungslos und unfallfrei funktionieren, aber davon hängt nicht das Überleben ab. Bad News helfen uns eben auch, Gefahren zu meistern. Auch wenn sie – wie erläutert – uns eine Überdosis Stress verursachen und sogar physisch krankmachen können, sie sind jedoch in vielen Fällen überlebenswichtig.

**Wussten Sie schon?**

- Mit 94 % schaut, liest oder hört der deutlich größte Anteil der erwachsenen Onliner in Deutschland mindestens mehrmals wöchentlich Nachrichten; 87 % tun dies täglich. 70 % sind „überaus" oder „sehr" an Nachrichten interessiert. Im internationalen Vergleich ist das Interesse in Deutschland relativ hoch – Rang 9 von 36 Ländern (Hölig und Hasenbrink 2017).
- Knapp jeder zweite befragte Onliner in Deutschland in einem Alter ab 18 Jahren vermeidet zurzeit zumindest „vereinzelt" die Nachrichten (49 %); nur ein kleiner Anteil geht ihnen „häufig" aus dem Weg (fünf Prozent). Für die meisten sind negative Auswirkungen auf die Laune die häufigste Ursache. Deutschland befindet sich unter den zehn Ländern mit dem geringsten Anteil an Menschen, die Nachrichten ab und zu vermeiden (Hölig und Hasenbrink 2017).
- Nachrichten aus der eigenen Region oder Stadt sowie internationale und politische Nachrichten sind den Nutzern in Deutschland am wichtigsten. Für aktuelle Informationen über Unterhaltung und prominente Persönlichkeiten und Nachrichten aus dem Bereich Kunst und Kultur interessieren sich dagegen deutlich weniger erwachsene Onliner (Hölig und Hasenbrink 2017).
- Die am weitesten verbreitete Nachrichtenquelle in Deutschland ist das Fernsehen: 77 % der erwachsenen Onliner schauen mindestens einmal pro Woche Nachrichten im TV. Für mehr als die Hälfte unter den befragten Internetnutzern ist es auch die wichtigste Nachrichtenquelle (52 %) (Hölig und Hasenbrink 2017).

**Take-aways**

- Es ist wie immer das Mittelmaß: Zu viele Nachrichten verursachen häufig Stress, durch zu wenig Nachrichtenkonsum können Risiken unterschätzt, Gefahren nicht erkannt werden.
- Wenn sie eine Portion Good News zum Ausgleich benötigen, hier einige Links:
    - http://www.goodnewsfinland.com
    - http://www.gute-nachricht.com.de/
    - http://www.tagesspiegel.de/berlin/stadtleben/alles-gute-ein-online-magazin-nur-für-positive-nachrichten/1891.242.html
    - http://www.social-startups.de/konstruktive-news-macht-das-online-medium-positive-daily/

## Literatur

Chatvongesternnacht. (2017). Chat von gestern Nacht. www.chatvongesternnacht.de/de. Zugegriffen: 17. Dez. 2017.

Freitag, L. (11. Juli 2017). Der Einfluss der Krise – Warum uns schlechte Nachrichten krank machen. WirtschaftsWoche, wiwo.de. http://www.wiwo.de/technologie/forschung/der-einfluss-der-krise-warum-uns-schlechte-nachrichten-krank-machen/10187282.html. Zugegriffen: 17. Dez. 2017.

gute-nachrichten.com. (2017). Gute Nachrichten braucht der Mensch! gute-nachrichten.de. www.gute-nachrichten.com.de/page/2/. Zugegriffen: 17. Dez. 2017.

Hölig, S., & Hasenbrink, U. (2017). Reuters Institute Digital News Survey 2017 – Ergebnisse für Deutschland. In Verlag Hans-Bredow-Institut Arbeitspapiere des Hans-Bredow-Institut Nr. 42. https://www.hans-bredow-institut.de/de/publikationen/reuters-institute-digital-news-survey-2017-ergebnisse-fuer-deutschland. Zugegriffen: 17. Dez. 2017.

Hünniger, A. H. (18. Februar 2017). Bad News – So satt von schlechten Nachrichten. *zeit.de.* http://www.zeit.de/kultur/2017-02/bad-news-journalismus-schlechte-nachrichten-10nach8. Zugegriffen: 21. Febr. 2018.

Streber, T. (29. Oktober 2013). Öffentliche Wahrnehmung – Schlechte Nachrichten sind glaubwürdiger. *faz.net.* http://www.faz.net/aktuell/gesellschaft/oeffentliche-wahrnehmung-schlechte-nachrichten-sind-glaubwuerdiger-12638879.html. Zugegriffen: 17. Dez. 2017.

# Trieben ausgeliefert? Die Sucht nach Neuem und die Angst vor Veränderung

Ein Café in Berlin. Ich treffe mich mit einer Kollegin, um ein gemeinsames Projekt zu besprechen. Mit Smartphone, Tablet und Notizbuch bewaffnet, setze ich mich an den kleinen Bistrotisch. Das Smartphone ist auf Vibration geschaltet, das Tablet auf stumm. Meine Kollegin hat ihr Smartphone ebenfalls auf stumm geschaltet, das Laptop liegt auf dem Tisch. Der Kellner ist schnell zur Stelle, ein Tee und ein Cappuccino sind bestellt.

Gut, dass wir uns mal in aller Ruhe für eine halbe Stunde über das Projekt unterhalten können. Noch während wir das feststellen, vibriert mein Handy. Kurzer Blick, Eilmeldung, Sport – uninteressant. Ich drehe das Handy um, damit ich nicht auf das Display sehen kann. Der Kellner bringt die Getränke, da leuchtet das Telefon der Kollegin auf. Sie entschuldigt sich, muss mal kurz ran, denn auf den Anruf hat sie schon den ganzen Tag gewartet. Ich trinke meinen Cappuccino, schaue mich im Café ein wenig um – und drehe dann doch noch schnell mein Smartphone um, um zu sehen, was sich in der Zwischenzeit so alles getan hat. Die Kollegin hat „aufgelegt", muss aber aufgrund des Anrufs jetzt unbedingt und unverzüglich ein E-Mail schreiben, ganz schnell …

Um es abzukürzen: Das Treffen wurde im Laufe der halben Stunde nicht viel besser. Anrufe, Mails, Eilmeldungen. Ob Kommunikationszwang, Nachrichtensucht oder Zwangsstörung, unser Treffen wurde total zerhackt, letzten Endes war es gar kein zusammenhängendes Gespräch mehr. Das zu besprechende Projekt wurde übrigens thematisch nur angerissen. Aber wir schafften es immerhin, einen neuen Termin zu vereinbaren, bei dem selbstverständlich alles besser werden sollte.

Sicher ein extremes Beispiel, aber wer hat nicht schon solche oder ähnliche Situationen erlebt (siehe Abb. 1). Der Umgang mit den neuen Kommunikationsmitteln muss erlernt werden. Und wie bei so vielem gilt auch hier: Eine Überdosis kann „tödlich" sein.

„Denn souverän und selbstbestimmt mit digitalen Medien und neuen Technologien umgehen zu können – das gehört heute einfach dazu. Das ist eine Basiskompetenz wie Lesen, Rechnen oder Schreiben" (DUB 2017), das sagte Bundeskanzlerin Angela Merkel dazu. „Souverän", das ist heute bei vielen nicht das Problem. Aber „selbstbestimmt", das heißt, nicht fremdbestimmt durch das Diktat des Informationseingangs der Mobiles, das ist es, was erlernt werden muss wie Schreiben und Lesen.

## Ist es Neugier oder schon Sucht?

Was treibt uns dazu, dass wir kaum noch den Blick von den Displays unser Mobiles lösen können? Ist es die viel beschriebene Internetsucht? Forscher diskutieren derzeit, ob die Internetsucht eine eigenständige Krankheit oder möglicherweise nur ein Symptom einer anderen ist, nämlich eine Störung der Impulskontrolle. Schließlich ist die Internetabhängigkeit ein noch

Abb. 1 Smartphone-Sucht. (© ArtFamily 2017 – stock.adobe.com)

junges Phänomen, und den Wissenschaftlern fehlen einfach noch empirische Daten, um eindeutige Schlüsse ziehen zu können. Wie dem auch sei, der Trieb nach Neuem, der in jedem von uns schlummert, wird durch die digitalen Kommunikationsmittel nicht nur geweckt, nein, hier kann er sich so richtig ausleben.

Mindestens ein Prozent der in Deutschland lebenden Menschen gilt als internetabhängig. Das heißt: Von den knapp 83 Mio. (2016) sind das immerhin 830.000 Frauen und Männer, übrigens meist jüngere. Davon geht das Bundesministerium für Gesundheit nach diversen Studien aus (Pinta-Diari 2013). Im Gegensatz zu vielen anderen Studien, in denen häufig die jüngeren männlichen Internetnutzer als besonders suchtgefährdet benannt wurden, konnte das Bundesministerium nicht von großen geschlechtsspezifischen Unterschieden berichten. Gerade in den jüngsten Altersgruppen habe sich sogar ein zahlenmäßiges Übergewicht bei weiblichen Personen gezeigt. Insgesamt seien aber junge Frauen wie junge Männer gleichermaßen gefährdet.

Von der Gruppe der Abhängigen hätten 36,6 % angegeben, dass ihre Hauptaktivität in Online-Spielen bestand – hier seien es überwiegend männliche User gewesen. Ebenfalls 36,6 % hätten soziale Netzwerke angegeben – und dazu hätten sich eben überwiegend weibliche Personen bekannt. Schließlich seien 26,8 % abhängig von anderen Interanwendungen gewesen. Zwischen diesen drei Gruppen zeigten sich auch im Hinblick auf Beeinträchtigungen kaum Unterschiede der Lebensbewältigung und Abhängigkeitsmerkmale. Die höchste Nutzungsdauer wurde übrigens – wie kann es auch anders sein – bei den Onlinespielern festgestellt. Schließlich sind die Spiele darauf angelegt, nicht schon nach fünf Minuten zu enden (Pinta-Diari 2013).

Die Internetabhängigkeit ist vielfältig. Der eine kommt von den für jedermann leicht zu erreichenden Porno-Seiten nicht mehr los. Der andere verzockt sein Vermögen über die vielen Spiele-Portale im World Wide Web. Der nächste gerät in einen die Existenz bedrohenden Kaufrausch, weil er dem schier endlosen Nachschub an Super-Duper-Angeboten einfach nicht widerstehen kann. News-Junkies, Social-Media-Abhängige oder Spielsüchtige – schon in der analogen Welt können viele ihren Trieben freien Lauf lassen. Aber es ist gerade das Internet, das so vieles noch leichter, schneller und schöner macht. Im Netz sind einfach keine Grenzen gesetzt. Dabei bleibt die Abhängigkeit häufig zunächst im Verborgenen. Schließlich ist der Tatort ganz privat, nur der User im Angesicht des Computers oder Mobiles. Aber der Abgrund ist gerade in der digitalen Scheinwelt sehr nahe.

Viele der vom Internet Getriebenen brauchen Hilfe, professionelle Hilfe, wie sie diese auch in der analogen Welt benötigen würden. Wirklich gravierend wird es, wenn es Kinder und Heranwachsende trifft, die möglicherweise für immer Entwicklungsschäden davon tragen können. Von Fütter- und Einschlafstörungen bei Babys über Sprachentwicklungsstörungen bei Kleinkindern bis hin zu Konzentrationsstörungen im Grundschulalter listet die BLIKK-Medienstudie die gesundheitlichen Risiken auf, wenn bei Eltern oder Kind der digitale Medienkonsum auffallend hoch ist (Die Drogenbeauftragte der Bundesregierung 2017).

Die einstige Drogenbeauftragte der Bundesregierung, Marlene Mortler, zog 2017 daraus den Schluss: „Es ist dringend notwendig, Eltern beim Thema Mediennutzung Orientierung zu geben. Kleinkinder brauchen kein Smartphone. Sie müssen erst einmal lernen, mit beiden Beinen sicher im realen Leben zu stehen. Unter dem Strich ist es höchste Zeit für mehr digitale Fürsorge – durch die Eltern, durch Schulen und Bildungseinrichtungen, aber natürlich auch durch die Politik" (Die Drogenbeauftragte der Bundesregierung 2017). Was in der Politik doch sehr plakativ klingt, lautet bei einem der Macher der Studie dann doch differenzierter. Institutsleiter Prof. Dr. Riedel: „Als Fazit der Studie ergibt sich, dass der richtige Umgang mit den digitalen Medien, die durchaus einen berechtigt hohen Stellenwert in Beruf und Gesellschaft eingenommen haben, frühzeitig kontrolliert geübt werden soll. Dabei müssen soziale und ethische Werte wie Verantwortung, reale Kommunikation, Teamgeist und Freundschaft auf allen Ebenen der Erziehung gefördert werden. Kinder und junge Menschen sollen lernen, die Vorteile einer inzwischen globalen digitalen Welt zu nutzen, ohne dabei auf die Erlebnisse mit Freunden im Alltag zu verzichten" (Die Drogenbeauftragte der Bundesregierung 2017).

## Der endlose Nachschub in der digitalen Welt

Zurück zu den Trieben und der Sucht nach Neuem. Der Mensch ist so gestrickt: Seine Neugier ist nicht nur Antrieb, Neues zu entwickeln und damit Fortschritt sowie Überleben zu sichern, sondern, wie der Name schon sagt, auch eine Gier, die immer wieder befriedigt werden will. So waren es einst beispielsweise die gelben oder goldenen Blätter, die insbesondere Frauen mit dem neusten Klatsch und Tratsch versorgten. Keine Frage, heute hat diese Funktion längst das Internet übernommen: Schneller als in jedem Blatt sind die Paparazzi-Bilder der badenden Prinzessin auf der ganzen Welt zu sehen. Der umgehend online gestellte Fauxpas der Sängerin wird innerhalb weniger Minuten zum Skandal im World Wide Web. Und über den Busenblitzer, genüsslich mit Fotos aus verschiedenen Perspektiven dokumentiert und auf nur wenigen Webseiten aus Gründen des Jugendschutzes teilweise gepixelt, kann sich die Netzgemeinde umgehend und in einer wahren Flut von Posts über den ach so wichtigen Aufreger austauschen.

Doch damit nicht genug. Die Sucht nach dem jeweils Neusten erfasst jeden, der sich leichtsinnig in Gefahr begibt und auf Push- und Informationsangebote der Medien einlässt. Der Fußballfan erhält die Nachricht über jede leichte Muskelverhärtung eines Spielers seines Vereins auf sein Handy, jedes Transfergerücht kann blitzschnell seinen Tag vermiesen, jede ungelenke Äußerung eines Sportdirektors über einen möglichen Trainerwechsel sein Herz höher schlagen lassen. Der Politikinteressierte hingegen wird mit Push-Meldungen über Intrigen im Weißen Haus versorgt, erhält die Raketenpläne Nordkoreas aufs Handy und die Politiker-Ausrutscher in Talkshows unverzüglich serviert. Das alles selbstverständlich rund um die Uhr – 24/7. Keine Atempause, die nächste News rauscht durch das Breitbandnetz unerbittlich auf den User zu. Um dies auch kostengünstig gewährleisten zu können, setzen viele Redaktionen dafür zum Teil Mitarbeiter in anderen Zeitzonen ein – und umgehen damit die hierzulande geltenden hohen Nachtzuschläge. Call-Center haben es vorgemacht: Wer nach den hier üblichen Geschäftszeiten die Auskunft für Flugdienste oder anderes wählt, hat unter Umständen eine junge Damen oder einen jungen Herrn auf den Philippinen an der Strippe.

Einige Medien überziehen bei der Versorgung der gierigen News-Gemeinde gerne das gesunde Maß. Sie „jazzen" die Informationen hoch. Schließlich müssen die Nachrichten „sexy" sein, denn der Konkurrenzkampf an der Klickfront ist hart. Jede angeklickte Push-Meldung ist wichtig, wenn der User fünf, sechs oder mehr vergleichbare Eilmeldungen aufs Smartphone bekommt. Jede Formulierung, jedes Wort in der kurzen Push-Meldung kann entscheidend dafür sein, welche Meldung der User letzten Endes auswählt und in Gänze liest. Hitlisten – oder neudeutsch Rankings – werden erstellt, um intern die Redakteure untereinander anzuspornen und extern, also auf der entsprechenden Onlineseite, die Leser auf die am häufigsten angeklickten Artikel hinzuweisen. In der Folge schießen diese Artikel dann mit einer noch größeren Klickzahl weiter in die Höhe. Zudem herrscht enormer Zeitdruck: Jedes Medienhaus will, ja muss vermeintlich als erstes mit der Meldung auf dem Markt sein. Interne Vergleichslisten diesbezüglich sind gnadenlos. Die Rangfolge, wer wann mit einer Meldung auf dem Smartphone war, ist vielerorts der Gradmesser für den vermeintlichen Erfolg – oder eben Misserfolg.

Unter diesen Umständen dürfte auch klar werden, wie schnell eine simple Nachricht zur angeblichen Sensation aufgeblasen werden kann. Wo die journalistischen Maßstäbe vernachlässigt werden, gleiten die Medien in einen bloßen Wettkampf um mehr Aufmerksamkeit. Mit Journalismus hat dies dann nur noch wenig zu tun. Doch genau das ist es, was vielen, gerade jungen Menschen in der digitalen Welt zunächst einmal als seriöse Nachrichten „verkauft" wird. Am Ende laufen die klassischen Medien Gefahr, an Glaubwürdigkeit zu verlieren. Nur allzu leicht erhärtet sich dann der schnell dahin gesagte Vorwurf der Fake News.

Neben der Sucht nach Neuem ist vielen Menschen aber gleichzeitig noch eine andere Eigenschaft gemein: das Bewahren des Alten, des Bekannten, und damit verbunden geradezu eine Angst vor dem Neuen, vor dem Unbekannten, vor Veränderungen. „Was man hat, hat man", sagt der Volksmund. Gerade die Digitalisierung wird häufig als das Schreckgespenst dargestellt – kein Wunder, ist sie doch schwer zu verstehen, kaum zu fassen, aber irgendwie allgegenwärtig. „Digitalisierung: Die Arbeitswelt macht vielen Angst", „Die Angst der deutschen Manager vor der Digitalisierung", „Digitalisierung: Jeder Zweite hat Angst vor Cybercrime" – nur einige Beispiele von Beiträgen und Artikeln aus einer eher zufälligen und nicht repräsentativen Recherche bei Google. Keine Frage, die neue, digitalisierte Welt bringt nicht nur Segen mit sich, etwa neue Möglichkeiten zur Behandlung von Kranken und Senioren, nicht nur Vereinfachung von Arbeitsabläufen und die Erledigung ganzer Produktionsprozesse mit Robotern. Nein, es werden neue Arbeitsfelder entstehen (siehe auch Kapitel „Programmierer statt EDV-Mitarbeiter"), bestehende dafür ganz wegfallen. „Zuversicht statt Angst bei der Digitalisierung", „Zukunftsangst ist keine Lösung" oder „Keine Angst vor dem Kollegen Roboter" – das sind hingegen Schlagzeilen aus dem Lager der Zuversichtlichen.

Sicher ist: Ist eine Technik erst einmal möglich, wird sie auch angewandt. Und die Digitalisierung ist nicht aufzuhalten. Alle, die versucht haben, sie zu ignorieren, sind gescheitert. Der Markt hat sie aussortiert. Die Digitalisierung verleibt sich wie ein gefräßiges Ungeheuer Wirtschaftszweig für Wirtschaftszweig ein. Noch vor wenigen Jahren kam sie häufig in der Form von kleinen Start-ups daher oder als ungewöhnliche Ideen aus dem Ausland, die belächelt, nicht ernst genommen wurden. Doch egal, welche Branche es betraf, die Digitalisierung revolutionierte Sektor um Sektor. Neue Wettbewerber entstanden dort, wo Unternehmer über Jahrzehnte keine Konkurrenten gesehen hatten. Konversion ist der Fachbegriff dafür.

Ein Beispiel aus der Medienwelt: Vor wenigen Jahren hatten Kabelgesellschaften nur die Aufgabe, von anderen TV-Gesellschaften produzierte Inhalte übers Land zu verteilen. Doch heute bieten die einstigen Dienstleister eigene Inhalte an, produzieren diese zum Teil selbst, machen den TV-Sendern, denen sie einst nur den technischen Weg zum Zuschauer ebneten, direkte Konkurrenz. Oder: Konzerne, die früher reine Telekommunikationsunternehmen waren, führen heute unter ihrem Dach zusätzlich facettenreiche Medienhäuser, um den Kundenwünschen gerecht zu werden. Gleichzeitig spüren sie den Wettbewerbsdruck eben dieser ehemaligen Kabelanbieter, die auch in das klassische Telekommunikationsgeschäft vorstoßen und ihren Kunden Internetverträge im Rundum-glücklich-Paketen anbieten.

Die Medien- und IT-Branche ist nur ein Beispiel für den radikalen Wandel durch die schier endlosen Möglichkeiten, welche die Digitalisierung mit sich bringt. Andere Beispiele gefällig? Für die Banken in Europa war der Zahlungsverkehr bis vor Kurzem eher ein lästiges Muss, wohl oder übel mussten sie ihn für die Kunden abwickeln. Doch dann sahen die Banker, wie in China der Online-Handelsriese Alibaba mit Alipay ein eigenes Zahlungssystem aufzog und mehrere hundert Millionen Kunden ihre Waren damit bezahlten, ohne dass auch nur eine Bank einen Bruchteil der Milliardenumsätze gesehen hätte, geschweige denn daran verdienen konnte. Im Westen war es das Apple-Imperium, das sich daran machte, den Zahlungsverkehr zu erobern (siehe Abb. 2). Spät, sehr spät sind die hiesigen Banken aufgewacht. Für sie steht Nachhilfeunterricht auf dem Stundenplan. Sie versuchen, verlorenes Terrain zurückzuerobern, bieten mittlerweile auch hierzulande ein eigenes elektronisches Zahlungssystem an. Sie gründen unter ihrem Dach Start-ups, um den FinTech-Unternehmen, die überall aus dem Boden schießen, Paroli zu bieten.

In vielen anderen Branchen vollzieht sich Ähnliches, zum Teil mit dramatischen Umwälzungen verbunden. Die Haustechnik erfährt einen Boom und bietet ungeahnte Möglichkeiten der Kontrolle aus der Ferne: Rollos schließen wie von Geisterhand die Fenster, Heizungen bringen die Zimmertemperatur minutengenau zur Ankunft der Bewohner auf die gewünschte Gradzahl, und „Big Brother" hat über das Smartphone in Abwesenheit der Familie via Alarmanlage vom Kinderzimmer bis zum Keller alles im Blick. Das Smart-Home ist ein Verkaufsschlager. Andere Beispiele: das Transportgeschäft oder der Lebensmittelhandel. Beide haben unerwartet von einem Onlinehändler Konkurrenz bekommen, denn Amazon liefert in den USA selbst Obst und Gemüse aus. Die Digitalisierung findet ihren Weg, überall.

**Abb. 2** Mobile Bezahlung in einem Geschäft. (Fanjianhua 2017 – stock.adobe.com)

> **Wussten Sie schon?**
> - Rund 830.000 Menschen in Deutschland sind internetabhängig, weitere 2,5 Mio. gelten als gefährdet (Pinta-Diari 2013).
> - 70 % der Kinder im Kita-Alter benutzen das Smartphone ihrer Eltern mehr als eine halbe Stunde täglich (Die Drogenbeauftragte der Bundesregierung 2017).
> - Es gibt einen Zusammenhang zwischen einer intensiven Mediennutzung und Entwicklungsstörungen der Kinder. (Die Drogenbeauftragte der Bundesregierung 2017)
> - Bei Kindern bis zum sechsten Lebensjahr finden sich vermehrt Sprachentwicklungsstörungen sowie motorische Hyperaktivität bei denjenigen, die intensiv digitale Medien nutzen (Die Drogenbeauftragte der Bundesregierung 2017).
> - Wird eine digitale Medienkompetenz nicht frühzeitig erlernt, besteht ein erhöhtes Risiko, den Umgang mit den digitalen Medien nicht kontrollieren zu können (Die Drogenbeauftragte der Bundesregierung 2017).

> **Take-aways**
> - Im Internet finden Sie zahlreiche Beratungsstellen oder Hotlines für Internet- bzw. Medienabhängigkeit, wie z. B. erstehilfe-Internetsucht.de, fv-medienabhängigkeit.de, oder suchthotline.info.
> - Zudem gibt es mittlerweile über ganz Deutschland verstreut Anlaufstellen für Hilfesuchende, bei denen Sie persönlich vorsprechen können.

## Literatur

ArtFamily. (2017). Smartphone addiction. stock.adobe.com, Datei-Nr. 84368626, Dateityp: JPEG. https://stock.adobe.com/de/stock-photo/smartphone-addiction/84368626. Zugegriffen: 15. Dez. 2017.

Die Drogenbeauftragte der Bundesregierung. (2017). Ergebnisse der BLIKK Studie 2017 vorgestellt. drogenbeauftragte.de, Presse, Pressekontakt und -mitteilung, 2017 – 2. Quartal. https://www.drogenbeauftragte.de/presse/pressekontakt-und-mitteilungen/2017/2017-2-quartal/ergebnisse-der-blikk-studie-2017-vorgestellt.html. Zugegriffen: 15. Dez. 2017.

DUB. (2017) Exklusivinterview Angel Merkel – Ich halte das für keine gute Idee. *DUB Unternehmer-Magazin, Deutsche UnternehmerBörse, Magazin für die digitale Transformation, 4.2017, Interview mit Angela Merkel, S. 6 ff.* S. 9.

Fanjianhua. (2017). Close up of mobile payment in a shop. Stock.adobe.com, Datei-Nr: 159535248, Datentyp: JPEG. https://as1.ftcdn.net/jpg/01/59/53/52/500_F_159535226_t0TwVrOYWwiBmSwj04PMnInZdQPFIJw2.jpg. Zugegriffen: 15. Dez. 2017.

Pinta-Diari. (2013). Prävalenz der Internetabhängigkeit – Diagnostik und Risikoprofile (PINTA-DIARI). bundesgesundheitsministerin.de, Ressortforschung, Kurzbericht. https://www.bundesgesundheitsministerium.de/fileadmin/Dateien/5_Publikationen/Drogen_und_Sucht/Berichte/Kurzbericht/PINTA-DIARI_Kurzbericht_Sept_13.pdf. Zugegriffen: 19. Jan. 2018.

# Wag the dog – der Angriff von Social Bots und Trollarmeen

Januar 2016: Die Berliner Tageszeitungen, unter anderem die Berliner Morgenpost und später auch nationale Blätter und Magazine, berichten von einer Demonstration vor dem Kanzleramt. Rund 700 Menschen haben sich versammelt, um „gegen sexuelle Übergriffe von Flüchtlingen gegen Frauen und Kinder" zu demonstrieren. Die meisten der Versammelten waren russischer Herkunft. Es wurde berichtet, dass der „Internationale Kongress der Russlanddeutschen" zu dieser Aktion aufgerufen habe. Auch die Bärgida, also der Berliner Ableger der Dresdner Pegida (Patriotische Europäer gegen die Islamisierung des Abendlandes), hatte sich angemeldet. Die Ereignisse während der Silvesternacht 2016 am Kölner Hauptbahnhof hatten ein gewisses Grundrauschen erzeugt. Da kam die angebliche Vergewaltigung eines 13-jährigen Mädchens aus dem Berliner Stadtteil Marzahn durch Flüchtlinge vielen Menschen gerade recht.

Zunächst hatte die russlanddeutsche Familie das Kind vermisst gemeldet. Kurze Zeit später tauchte die 13-Jährige wieder auf mit der Geschichte: Drei Flüchtlinge hätten sie entführt und vergewaltigt. Doch die Polizei dementierte, die Geschichte hätte sich so nicht abgespielt. „Lisa, wir sind mit dir" war unter anderem auf den Plakaten der Demonstranten zu lesen, die z. B. ein Fotograf der Agentur Reuters festgehalten hat. Ein anderes Plakat: „Wir leben in einem Staat, wo die Monster frei sind."

Vor allem die russischen Medien hatten sich auf diesen Fall gestürzt und ihn ausgeschlachtet. Von Gruppenvergewaltigung und quälende Stunden in Sex-Gefangenschaft war die Rede. Spiegel-Online dazu am 23. Januar 2016 (Spiegel Online 23. Januar 2016): „Im russischen Staatsfernsehen hieß es, eine Vergewaltigung werde ‚vertuscht, um Panik zu vermeiden'. Als angeblichen Beweis sendeten mehrere Kanäle verwackelte Aufnahmen des rechten Verbunds Anonymous Kollektiv – die Aufnahme stammt jedoch aus dem Jahr 2009." Selbst Außenminister Sergej Lawrow meldete sich zu Wort und warf den deutschen Behörden vor, die Sache aus Gründen der politischen Korrektheit zu vertuschen.

Auch Elisabeth Kagermeier nahm sich in der Huffington Post des Themas an. Und zitiert den Russlandexperten Boris Reitenschuster: „Eine ganz normale Demonstration – das ist der Eindruck […] Das führt aber in die Irre. Die offiziell vom ‚Konvent der Russlanddeutschen' organisierte und von den Neonazis unterstützte Kundgebung mit 700 Teilnehmern hatte genaue die Handschrift der vom Geheimdienst organisierten ‚Demos' in Russland. Der Tenor: Die Deutschen hierzulande sind wegen ihrer Vergangenheitsbewältigung verweichlicht, jetzt müssen die echten Deutschen ran, die fernab der Bundesrepublik ihren Nationalstolz und das Germanische bewahrt haben." (Kagermeier 24. Januar 2016).

Im Netz machte die russische Trollarmee dazu Stimmung. Schließlich war das ein idealer Anlass, die deutsche Gesellschaft zu destabilisieren. Ob die Geschichte nun stimmte oder nicht, war zweitrangig. Nach der Flüchtlingskrise 2015 war die deutsche Bevölkerung ohnehin verunsichert – und für den russischen Präsidenten Wladimir Putin wäre es einfacher gewesen, mit einer angeschlagenen Bundeskanzlerin Angela Merkel über wirtschaftliche Sanktionen gegen sein Land zu diskutieren als mit einer starken Kanzlerin ohne Selbstzweifel.

„Internet ist für uns alle Neuland, und es ermöglicht auch Feinden und Gegnern unserer demokratischen Grundordnung natürlich, mit völlig neuen Möglichkeiten und völlig neuen Herangehensweisen unsere Art zu leben in Gefahr zu bringen" (Bundesregierung 2013). Diese doch eher unglückliche Äußerung von Bundeskanzlerin Merkel ist eine ihrer – zumindest im Internet – am meisten verhöhnten gewesen. Die Aussage bezog sich im Juni 2013 auf das Abhören von Smartphones von befreundeten Nachrichtendiensten, insbesondere denen der USA. Auch damals dürfte das Internet sicher kein „Neuland" mehr für in Verantwortung stehende Spitzenpolitiker gewesen sein. Aber während die Öffentlichkeit beim Besuch von US-Präsident Barack Obama sich noch ganz auf den Abhörskandal konzentrierte, machten die Computertrolle schon längst im Verborgenen ihre Arbeit: Sie nahmen sich nämlich der, wie Merkel sagte, völlig neuen Herangehensweisen an, unsere Art zu leben, in Gefahr zu bringen.

Wikipedia charakterisiert denn auch eine Trollarmee als eine verdeckte Organisation in Russland, die im Auftrag des Staates

Meinungsmanipulationen im Internet betreibt (Wikipedia 2017). Mit Hilfe von sogenannten Sockenpuppen – fingierte Identitäten – werde die öffentliche Stimmung in Onlineforen und den Kommentarbereichen von Nachrichtenseiten im Sinne der russischen Regierung beeinflusst. Die „Web-Brigaden" würden durch ihr kollektives Auftreten, die Wiederholung bestimmter Phrasen und sprachlicher Besonderheiten, Diskreditierung von Regierungsgegnern, Europäern und Amerikanern sowie durch ihre abrupte Aktivierung während Wahlen auffallen. So sei bereits 2003 in der Zeitschrift Westnik berichtet worden.

## Das Geschäft der unsichtbaren Krieger

Gerüchte und Falschmeldungen, Fake News, sind das Geschäft der Trolle. Wikipedia erzählt die Geschichte einer angeblichen Explosion in einer Chemiefabrik im US-Bundesstaat Louisiana im Jahre 2014. Über Twitter und Facebook sei das Gerücht über die Explosion verbreitet worden. „Um der Falschmeldung Glaubwürdigkeit zu verleihen, wurden falsche Nachrichten- und Wikipedia-Seiten angelegt, Kurznachrichten an Bewohner verschickt, Journalisten und Politiker angeschrieben und falsche Videos auf YouTube eingestellt, in denen der Islamische Staat angeblich die Verantwortung für die Explosion übernimmt," heißt es in Wikipedia (2017). Erst nach mehreren Stunden hätten die Fälschungen entlarvt werden können, und es sei festgestellt worden, dass es gar keine Explosion gegeben habe.

Diese Beispiele zeigen auch die Methodik, mit der Fake News erstellt werden. Es hätte eine Explosion geben können, es hätte das Mädchen entführt und vergewaltigt werden können – Fake News entstehen nicht im Reich von Absurdistan, sondern haarscharf an der Realität vorbei. Besonders erfolgreich sind sie, wenn es um ein Thema voller Emotionen geht. Passgenau können Fake News dann ganz im Sinne ihrer Erfinder Vorhaben unterstützen, Vorurteile in der Bevölkerung ausnutzen und letzten Endes möglicherweise Gesellschaften destabilisieren. Eine weitere Dimension erhalten solche Fake News dann auch noch über die zigtausendfache Verstärkung durch Social Bots.

Der Begriff „Bot" ist wohl vom englischen Wort für Roboter, robot, abgeleitet. Allgemein versteht man darunter ein Computerprogramm, das weitgehend automatisch sich wiederholende Aufgaben abarbeitet, ohne dass ein Mensch eingreifen muss. In den sozialen Medien funktioniert das so: Es werden komplette, realistisch wirkende Accounts erstellt.

Posts, Follower und Profilbilder erzeugen dabei die Glaubwürdigkeit. Bei Twitter reagieren diese Social Bots auf bestimmte Hashtags, um zuvor eingegebene Informationen, beispielsweise Werbung, zu streuen. Oder diese Bots werden eben in Wahlkämpfen eingesetzt, um politische Propaganda zu verbreiten, Stimmungen zu beeinflussen oder zu erzeugen. So geschehen im vergangenen US-Wahlkampf. Täuschend echte Botschaften wurden massenhaft in den sozialen Medien versandt. Bots können Trends für Kandidaten verstärken, sie können aber auch Unwahrheiten streuen und durch die enorme Masse von Nachrichten „falsche" Trends kreieren.

„Der Nutzer kann dann den Eindruck erhalten, dass ein bestimmtes Thema von herausragender Bedeutung ist und politisch wichtiger als andere Themen […]" zitiert Sophie Krause im Tagesspiegel den Kommunikationswissenschaftler Andre Haller von der Universität Bamberg (Krause 28. Januar 2017). Strategisch nützlich seien die Bots bei moralisch oder emotional aufgeladenen Ereignissen, z. B. bei der ersten TV-Debatte im US-Wahlkampf zwischen Trump und Hillary Clinton. So hätten einer Studie der Universität Oxford zufolge Bots hier einen beträchtlichen Teil der Nachrichten zur Unterstützung der beiden Kandidaten auf Twitter abgesetzt. Bei Trump sei jeder dritte Unterstützer-Tweet vorgetäuscht, jeder vierte bei Clinton. Hinzu komme, dass ein Drittel der Follower beider Kandidaten keine Menschen, sondern Roboter seien, wird Haller zitiert. Inwieweit Bots ausschlaggebend waren für die politische Entscheidung des einzelnen Wählers, ist dabei offen, in keiner Weise wissenschaftlich belegt und häufig im Bereich der Spekulation.

## Neue Waffen für einen Cyber-Krieg

Jedenfalls beherrschen die russischen Trolle die Klaviatur der Social Bots und Fake News offenbar par excellence (Abb. 1). So sollen sie die E-Mails der Präsidentschaftsbewerberin Hillary Clinton in die Öffentlichkeit gebracht haben – mit dem Ziel, Clinton zu schaden und dem Bewerber und späteren Präsidenten Donald Trump den Weg ins Weiße Haus zu ebnen. Schließlich war Trump in den Augen des russischen Präsidenten Wladimir Putin für seine Anliegen damals offenbar die bessere Wahl. Offiziell heißt es dazu von russischer Seite: Es hat keine Einmischung Russlands in den us-amerikanischen Wahlkampf gegeben. Es wäre allerdings auch ein Wunder, sollten sich gegebenenfalls russische Verantwortliche dazu bekennen.

Zudem soll die Wahlkampfmannschaft Trumps enge Verbindungen zum Kreml oder kremlnahen Geschäftsleuten und Anwälten gehabt haben.

# Wag the dog – der Angriff von Social Bots und Trollarmeen

Abb. 1 Roboter. (© Kovalenko 2017 stock.adobe.com)

In Washington wurde ein Sonderermittler berufen, um zu klären, ob Beziehungen von Mitarbeitern der Wahlkampfmannschaft, des engsten Kreises um Donald Trump oder sogar Donald Trump selbst zu Russland bestanden und ob damit die Wahl auf irgendeine Weise beeinflusst worden ist. Schließlich geht es um das höchste Amt in der Demokratie, die freie Wahl.

Geht es um die Frage der Verantwortung, dürfen die großen Konzerne, die mit ihren Social Media überhaupt erst die Plattform für die Beeinflussung über Bits und Bytes geschaffen haben, dabei nicht im Abseits stehen. Ein Jahr nach der US-Wahl kam Stück für Stück ans Licht, was viele befürchtet hatten. Dazu wurden die Vertreter der Konzerne Facebook, Google und Twitter vor den Geheimdienstausschuss des US-Kongresses über die russischen Internet-Propaganda rund um die Präsidentschaftswahl 2016 zitiert. In der Süddeutschen Zeitung fasste Johannes Kuhn die Ereignisse zusammen. Er zitiert die kalifornische Senatorin Dianne Feinstein, wie sie die Vertreter des Silicon Valley angeht: „Ich vertrete die Tech-Community mit Stolz. Aber ihr kapiert es nicht. Das ist der Beginn der Cyber-Kriegsführung. […] Ihr habt diese Plattformen gebaut. Jetzt werden sie missbraucht. Und ihr müsst etwas dagegen tun, sonst werden wir das erledigen" (Kuhn 2. November 2017).

Offenbar hätten die drei Konzerne schon vor der Wahl gewusst, dass mit Aktivitäten oder sogar Angriffen aus Russland zu rechnen gewesen sei. Wirksame Gegenmaßnahmen hätten sie aber nicht ergriffen. Kurz vor der Wahl habe Mark Zuckerberg, der Facebook-Chef, die Idee einer relevanten Beeinflussung mittels Facebook noch als „ziemlich irre Idee" bezeichnet, heißt es in der Süddeutschen Zeitung (Kuhn 2. November 2017). „Ende September dann hatte Facebook die Zahl 470 veröffentlicht – so viele ‚inauthentische Konten und Seiten' mit russischem Hintergrund habe man rund um die Wahl gefunden. Erst in dieser Woche dann verriet man, dass neben den 3.000 Werbeanzeigen auch 80.000 ‚herkömmliche' Beiträge aus der Troll-Fabrik stammten. Dass diese Propaganda-Beiträge über Anzeigen, Shares und Likes mehr Nutzer in den USA erreichen konnten als letztlich Bürger zur Wahl gingen, zeigt die Macht des Netzwerks" (Kuhn 2. November 2017). Und laut Buzzfeed habe Facebook die Zahl der US-Amerikaner, die in ihrem Newsfeed – inklusive Instagram – von russischem Boden aus gepostete Propaganda gesehen hätten, auf 146 Mio. Nutzer beziffert.

Im Zuge der Anhörung vor dem Geheimdienstausschuss hätten die Abgeordneten und Senatoren auch Beispiele für die Postings und Anzeigen präsentiert, mit denen die Troll-Farm „Internet Research Agency" in Sankt Petersburg versucht haben soll, das politische Klima in den USA zu beeinflussen, schreibt Kuhn (2. November 2017) in der Süddeutschen Zeitung dazu. Bei einigen Beiträgen handele es sich um reine Wahlwerbung und Propaganda. Oft aber sei die Strategie komplexer gewesen: So habe eine Seite mit Bibelzitaten 200.000 Facebook-Anhänger gesammelt, um dann vor der Wahl plötzlich politisch zu werden und Hillary Clinton als Satan darzustellen.

Parallel zu all diesen Bestrebungen nutzten die beiden großen konkurrierenden US-Parteien, wie bereits erwähnt, diese Instrumente: Durch Social Bots bombardierten die Parteien die jeweiligen Sympathisanten oder Gegner, ja nach Art der Nachricht, und verstärkten so Stimmungen im eigenen beziehungsweise gegnerischen Lager.

Und dann mischten dabei noch Leute mit wie Jestin Coler, „Fake-News-Produzent auf dem Wege der Genesung", wie er sich heute selbst beschreibt. Fabian Reinbold hat seine Geschichte in einem Artikel in Spiegel Online nachgezeichnet. „Der Fake-News-König bereut sein Tun" heißt es auf dem Portal (Reinbold 14. März 2017). Coler erstellte eigens Webseiten wie „Denver Guardian", die er komplett mit Fake News bestückte. Und er verdiente über die vielen Klicks und die damit verbundenen platzierten Werbungen Millionen von US-Dollar. Zu seiner besten Zeit hätten 20 Mitarbeiter zehn Seiten mit den erfundenen Geschichten gefüllt. Er habe das Internet mit Falschmeldungen geradezu geflutet, schreibt Reinbold (14. März 2017), und „drei Tage vor der Präsidentenwahl im November 2016 habe er dann eine der folgenreichsten Fake News aller Zeiten in die Welt gesetzt. Es ging, kurz gesagt, um den erfundenen Feuertod eine FBI-Agenten im Zentrum von Hillary Clintons Skandalen." Eine Untersuchung nach dem US-Wahlkampf habe zudem ergeben, „dass in der Endphase die 20 reichweitenstärksten Falschmeldungen mehr Leser auf Facebook fanden als die 20 meistgelesenen Nachrichtenartikeln". Auf Platz fünf habe übrigens Colers Geschichte vom Feuertod des FBI-Agenten gestanden. Warum er diese Fake News kurz vor der Wahl abfeuerte, er, der doch von sich behauptet, selbst Hillary Clinton gewählt zu haben, fragt Reinbold in Spiegel Online. Und Coler dazu: Es habe am 5. November so ausgesehen, als habe Clinton den Wahlsieg sicher in der Tasche. Für Coler sei es in diesem Moment um Geld und ums Ego gegangen. Kurz danach sei seine Identität aufgeflogen. Und heute habe der Geläuterte die Mission, das Vertrauen in die Medien wiederherzustellen. Überzeugend fand der Autor des Artikels diese Aussage allerdings nicht.

## Können Social Bots unser Wahlen beeinflussen?

Zurück nach Deutschland. Auch hierzulande könnten, nicht zuletzt bei Bundestagswahlen, Social Bots, gesteuert aus dem Ausland, zum Einsatz kommen. Experten hielten es vor der Bundestagswahl 2017 für sehr wahrscheinlich, dass zumindest der Versuch unternommen werden könnte, Meinungen zu beeinflussen. Jedenfalls hatten die Parteien – SPD, CDU/CSU, FDP, Die Grünen, Die Linke und nach einigem Hin und Her auch die AfD – vor dem Wahlgang allesamt verkündet, ihrerseits Bots nicht einzusetzen.

Trotzdem: Können Social Bots hierzulande Wahlen vielleicht entscheiden? Wie weit kann deren Wirkung überhaupt reichen? Können sie Schäden anrichten, tatsächlich ganze Gesellschaften destabilisieren und das Vertrauen in die Demokratie unterwandern? Auf die Gefahr der Wahlmanipulation machte selbst Bundeskanzlerin Angela Merkel aufmerksam. Obwohl sich Wissenschaftler und Experten seit einiger Zeit auch diese Fragen stellen, haben sie doch derzeit immer noch recht wenig Daten zur Verfügung, um endgültige Schlüsse ziehen zu können.

Auch der Bundestag ließ sich von Experten angesichts des komplexen Themas informieren (Deutscher Bundestag 2017). Ohne Zweifel gebe es im Internet zahlreiche manipulierte Trends und Infos sowie Likes, auch im völlig unpolitischen Bereich, gab Prof. Dr. Simon Hegelich von der Hochschule für Politik an der TU München im Bundestagsausschuss zu Protokoll (Deutscher Bundestag 2017). Sämtliche Diskurse und alle möglichen Netzwerke seien von algorithmischen Verzerrungen betroffen. Man dürfe sich jedoch von deren massenhaftem Auftreten nicht zu falschen Schlussfolgerungen verleiten lassen. Und Beeinflussung der politischen Willensbildung? Solche Effekte sind nach Meinung Hegelichs kaum nachweisbar, Folgen für die Politik seien schwer einschätzbar. Dennoch müsse man sich mit dem Phänomen auseinandersetzen. Das massenhafte Liken von Star-Wars-Zitaten sei sicherheitspolitisch nicht so aufregend. Vorstellbar sei aber auch, dass sich Falschmeldungen wie „Amoklauf in München" unkontrolliert im Internet verbreiteten ließen.

Die These, dass die Manipulationsmöglichkeiten im Internet zunähmen, vertrat Prof. Dr. Dirk Helbing von der Eidgenössischen Technischen Hochschule Zürich im Bundestag. „Es sei unbestreitbar, dass die sozialen Medien eine verstärkende Wirkung auf Debatten haben könnten. Massenmedien seien schon immer die Basis für Propaganda. Im Internet habe man es seit langem mit personalisierter Werbung zu tun, Unternehmen investieren in solche Technologie, Suchmaschinen wie Google verdienten damit Geld", wird Helbing im Bundestagsarchiv zitiert (Deutscher Bundestag 2017). Warum sollte es nicht auch maßgeschneiderte Nachrichten geben, Artikel, die je nach persönlichem Profil unterschiedlich geschrieben seien, fragte der Wissenschaftler. Die Nutzer hinterließen jedenfalls derart viele Datenspuren im World Wide Web, dass wir User für Algorithmen immer durchschaubar geworden seien. „Wir haben tatsächlich ein Problem: Auf uns zugeschnittene Nachrichten rauben uns die gemeinsame Information", warnte Helbing im Bundestag (Deutscher Bundestag 2017).

Die Bedeutung von Social Bots wird nach Meinung vom Netzexperten Linus Neumann massiv überzogen. Die Politik wolle damit nur von einem allgemeinen Vertrauensverlust der Bürger ablenken, meinte er im Bundestagsausschuss (Deutscher Bundestag 2017). Warum sollten Social Bots Wahlen beeinflussen, wenn das seit Jahrzehnten andere Medien nicht geschafft hätten? Bots könnten vorhandene Tendenzen wie Fremdenfeindlichkeit lediglich verstärken. Der Effekt von Bots auf die politische Meinungsbildung sei zudem nicht nur empirisch schwer nachweisbar, er bewege sich auch auf einem zahlenmäßig zu vernachlässigenden Niveau.

Dies werde bereits deutlich, wenn man sich die relativ geringe Zahl der Twitter-Nutzer in Deutschland vor Augen führe. Neumann verwies außerdem auf den grundlegenden Algorithmus unserer Internetkultur, den die meisten Nutzer unreflektiert hinnähmen, und an den sich die Bots lediglich anlehnten (Deutscher Bundestag 2017).

Tatsächlich begegnen uns Social Bots überall. Bots stecken in Computerspielen, wo sie Gegenspieler simulieren. Sie bilden den Hintergrund für Spracherkennungssoftwares wie „Siri" von Apple. Dietmar Janetzko, Professor für Wirtschaftsinformatik an der Cologne Business School, glaubt zudem, dass der Missbrauch von Social Bots sich kaum verhindern lässt, technisch und rechtlich gebe es kaum Möglichkeiten (Krause 28. Januar 2017). Der Wissenschaftler geht davon aus, dass „Polizei und Nachrichtendienste in Zukunft Social Bots einsetzen werden, die ‚Patrouille gehen'". Die Beamten könnten beispielsweise einen Twitter-Account erstellen, der islamistische Nachrichten sendet, um Sympathisanten zu identifizieren.

Was Staatsorgane möglicherweise gegen den Willen der Bevölkerung an digitalen Überwachungsmitteln einsetzen, holt sich so mancher freiwillig ins Haus: Jedem seinen eigenen Spion! So sind die Smart-Home-Geräte mit Bot-Hintergrund und zum Teil gepaart mit künstlicher Intelligenz, wie beispielsweise die Angebote von Amazon (Alexa) oder Google (Home), verführerische Alleskönner: Sie bestellen auf Wunsch eine Pizza, durchfluten die Räume mit der Lieblingsmusik – und lernen vor allem ständig dazu. Sie belauschen ihre Umgebung rund um die Uhr, egal ob in der Küche oder im Schlafzimmer. Und ziehen daraus Schlüsse: „Was soll ich morgen anziehen?", eine Frage, die viele Frauen bald schon nicht mehr ihrem Partner stellen müssen. Die Smart-Home-Gesellschaft hat über die Verbindung zum Smartphone längst schon Vorlieben der Frauen gespeichert, weiß über die Einkäufe, was im Kleiderschrank alles so hängt, und kombiniert mit dem Terminkalender den optimalen Dress für den nächsten Tag. Herrlich praktisch, die Hilfe der kleinen Spione, aber nichts ist im Leben umsonst: Auch hier wird – wie so gut wie überall im Internet – mit dem Verlust der Privatsphäre bezahlt.

Insgesamt werden so viele Daten gesammelt und gespeichert, dass die Vision von Eric Schmidt, Google-Verwaltungsratschef (2011 bis 2015), bald zur Realität wird: „Ich glaube, dass die meisten Menschen eigentlich nicht wollen, dass Google ihnen die Fragen beantwortet. Sie wollen, dass Google ihnen sagt, was sie als nächstes tun sollen." (Jenkins Jr. 2010).

Zurück zur Demonstration vor dem Kanzleramt und einer Stimmungsmache, die möglicherweise von ganz anderen Problemen oder Tatschen ablenken sollte. „Wag the dog – Wenn der Schwanz mit dem Hund wackelt" ist eine schwarze Satire. Im dem Spielfilm wird von

Vorwürfen, der US-Präsident habe eine Minderjährige belästigt, mit einem erfundenen Krieg gegen Albanien abgelenkt. Mit immer neuen Volten reagieren die Berater des Präsidenten in dem amüsanten Film auf die sich ständig ändernden Situationen. Hätten die Leute des Präsidenten schon damals – der Film stammt aus den 1990ern – Social Bots zur Verfügung gehabt, ihr Leben wäre um einiges leichter gewesen.

> **Wussten Sie schon?**
> - Trollarmeen versuchen, mit ihren Waffen – Social Bot und Fake News – aus dem Hintergrund eine Art Cyber-Krieg zu führen, um auf anstehende Entscheidungen Einfluss zu nehmen oder sogar Gesellschaften zu destabilisieren.
> - Mit den Produkten für das Smart Home kaufen sich Konsumenten reizvolle Annehmlichkeiten, die sie mit weiteren Verlusten an Privatsphäre bezahlen.

> **Take-aways**
> - Wie so häufig bei den vielen Facetten des Internets gilt auch hier: Glauben Sie nicht alles, was Ihnen an Informationen angeboten wird. Nur, weil eine News zigtausendfach oder gar millionenfach geteilt oder gelikt wurde, muss sie nicht richtig sein. Versuchen Sie stets, auch wenn es oft schwerfällt, die Quelle herauszufinden. Suchen sie in anderen Medien nach den Sachverhalten, um die Informationen abzugleichen.
> - Manchmal reicht es schon, nicht gleich zu reagieren und eine kurze Zeit abzuwarten, um den Wahrheitsgehalt von Nachrichten einschätzen zu können. Denn in der Zwischenzeit haben oft Betroffene zu korrigieren oder dementieren beziehungsweise renommierte Medien die Möglichkeit, Sachverhalte zu überprüfen und anschließend klarzustellen oder zu dementieren.

# Literatur

Bundesregierung. (2013). Pressekonferenz von Bundeskanzlerin Merkel und US-Präsident Obama. Die Bundesregierung, Presse- und Informationsamt der Bundesregierung. Mitschrift Pressekonferenz vom Mittwoch, 19. Juni 2013. https://www.bundesregierung.de/ContentArchiv/DE/Archiv17/Mitschrift/Pressekonferenzen/2013/06/2013-06-19-pk-merkel-obama.html. Zugegriffen: 30. Dez. 2016.

Deutscher Bundestag. (2017). Wirkung von „Social Bots" ist unter Sachverständigen strittig. Deutscher Bundestag, Textarchiv. bundestag.de. Aufzeichnung eines öffentlichen Fachgespräches des Ausschusses für Bildung, Forschung und Technikfolgenabschätzung 26. Januar 2017 unter Leitung von Patricia Lips (CDU/CSU). https://www.bundestag.de/dokumente/textarchiv/2017/kw04-pa-bildung-forschung-social-bots/488818. Zugegriffen: 30. Dez. 2017.

Jenkins, H., Jr. (2010). The Weekend Interview – Google and the Search for the Future. The Wall Street Journal updated Aug. 14, 2010 12:01 a.m. ET. https://www.wsj.com/articles/SB10001424052748704901104575423294099527212. Zugegriffen: 26. Febr. 2018.

Kagermeier, E. (24. Januar 2016). Unheimliche Versammlung: Die wahre Identität der 700 Menschen vor dem Kanzleramt. *The Huffington Post.* http://www.huffingtonpost.de/2016/01/24/demonstration-kanzleramt-russlanddeutsch-bargida_n_9063436.html. Zugegriffen: 30. Dez. 2017.

Kovalenko, I. (2017). The robot. Adobe. https://stock.adobe.com/de/search?load_type=search&k=computer+roboter&native_visual_search=&similar_content_id. Zugegriffen: 30. Dez. 2017.

Krause, S. (28. Januar 2017). Pro und Contra Meinungsroboter – Gute Bots, schlechte Bots. *Der Tagesspiegel, Medien.* http://www.tagesspiegel.de/medien/pro-und-contra-meinungsroboter-gute-bots-schlechte-bots/19314790.html. Zugegriffen: 30. Dez. 2017.

Kuhn, J. (2. November 2017). Propaganda im US-Wahlkampf – Manipuliert, mit Grüßen aus Sankt Petersburg. *Süddeutsche Zeitung.* http://www.sueddeutsche.de/digital/propaganda-im-us-wahlkampf-manipuliert-mit-gruessen-aus-st-petersburg-1.3732249. Zugegriffen: 13. Dez. 2017.

Reinbold, F. (2017). Großspurige Behauptung – Der Fake-News-König bereut sein Tun. Spiegel Online 14.03.2017.http://www.spiegel.de/netzwelt/netzpolitik/jestin-coler-auf-der-sxsw-der-fake-news-koenig-will-jetzt-der-wahrheit-helfen-a-1138632.html. Zugegriffen: 30. Dez. 2017.

Spiegel Online. (2016). Angebliche Vergewaltigung einer 13jährigen – Phantom vor dem Kanzleramt. spiegel.de 23.01.2016. http://www.spiegel.de/politik/deutschland/angebliche-vergewaltigung-in-berlin-demo-vor-dem-kanzleramt-a-1073550.html. Zugegriffen: 30. Dez. 2017.

Wikipedia. (2017). Troll-Armee. de.m.wikipedia.org. https://de.m.wikipedia.org/wiki/Troll-Armee. Zugegriffen: 26. Nov. 2017.

# Überforderung durch Datenflut

Laura H. erinnert sich gerne an einen Abend in ihrer Kindheit: Übers Wochenende war sie mit ihrer Familie auf einen Bauernhof aufs Land gefahren. Es zog ein heftiger Sturm auf. Als alle gemütlich beim Abendessen zusammensaßen, fiel plötzlich der Strom aus. Nach einigen Minuten der Ungewissheit entschieden die Erwachsenen, Kerzen anzuzünden und ein offenes Feuer im Kamin zu entfachen. Laura setzte sich zwischen ihren Bruder und ihrer Mutter auf die Holzbank nahe dem warmen Feuer. Schon nach kurzer Zeit begannen die Erwachsenen, vergangene Erlebnisse zum Besten gegeben. Die einen diskutierten über die neusten Geschehnisse in der Politik, andere lasen ein Buch, tranken eine Tasse Tee und betrachteten gemeinsam das knisternde Feuer (siehe Abb. 1). Zu dieser Zeit waren Smartphones und Laptops noch kein Thema. Die Atmosphäre war so entspannt, wie Laura und sicher auch viele andere Menschen es sich heute oftmals herbeiwünschen.

## Die gute alte Zeit?

Unterhaltungen mit Vertretern der Generation, die nicht mit Handy & Co. aufgewachsen sind, führen nicht selten zum Thema „Die gute alte Zeit". Eine Zeit mit weniger Technik, die die Generation Z, also die ungefähr zwischen 2000 und 2015 Geborenen, nicht mehr miterlebt haben, da sie ihr Leben lang von digitalen Geräten umgeben sind, die für sie einerseits zur Gewohnheit gehören, andererseits essenziell für die Bewältigung

**Abb. 1** Gemeinsame Gespräche am Feuer waren über Jahrhunderte hinweg wichtiger Bestandteil des Alltags in vielen Kulturen. (Trikutam 2014)

ihres Alltags geworden sind. In der Lebenswelt dieser Generation trifft man häufig auf Anspannung und Angst, etwas zu verpassen und Zeit zu vergeuden, sowie die Sehnsucht, einfach einmal zwischendurch auszusteigen. So erzählte eine Studentin:

> Ich bin im zweiten Semester, arbeite halbtags, um mir das Studium zu finanzieren. Tagsüber bekomme ich massenhaft E-Mails, Nachrichten, SMS, Facebook-Texte und Instagram-Bilder. Meine Freunde schreiben ständig. Dann haben wir noch die WhatsApp-Gruppen. Ich habe das Gefühl, ich verpasse etwas, wenn ich nicht ständig meine Accounts checke. Und dann noch der Job, sobald ich aus der Uni raus bin. Für die Uni zählen ohnehin nur Anwesenheit und gute Noten. Immer nur Druck. Manchmal habe ich das Gefühl, mein Kopf platzt, alles rauscht einfach an mir vorbei.

In der Generation Z und der Generation Y (grob die zwischen 1980 und 2000 Geborenen), tauchen die Themen Überforderung, Angst und Unsicherheit nicht selten auf. Manchmal bleibt es bei diffusen Gefühlen. Oftmals allerdings entwickelt sich daraus mehr – latente Prüfungsängste, introvertiertes Verhalten, Aggressionsanfälle bis hin zu Somatisierungen, wie Rückenschmerzen, Kopfschmerzen und Bauchschmerzen (siehe Abb. 2).

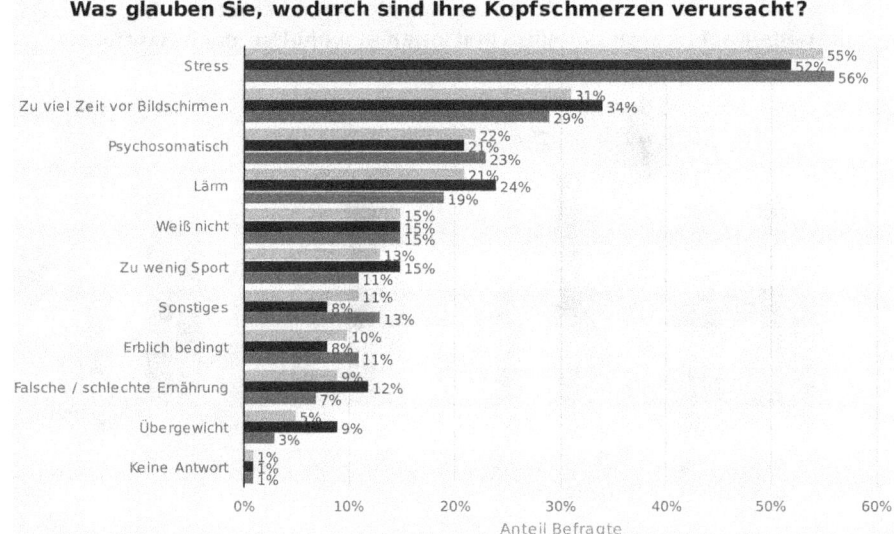

**Abb. 2** Umfrage zur Ursache von Kopfschmerzen in Deutschland nach Geschlecht. (Statista 2017a)

Und es trifft auch immer jüngere Menschen: Diese Symptome werden zum Teil schon bei Schulkindern festgestellt.

Der Hintergrund ist vielschichtig. Nichtsdestotrotz gibt es Komponenten, die häufig zu den Ursachen zählen. Die Überforderung etwa entsteht häufig durch Informationsflut (siehe Abb. 3) und das gleichzeitige Bedürfnis, nichts zu verpassen, sowie die Angst, zu wenig informiert zu sein.

## Die kurze Halbwertszeit von Nachrichten

Dies ist jedoch der Kern des Problems, welches der junge Mensch, der Homo digitalis, meist nicht in den Griff bekommt: das Unterscheiden von Wichtigem und Unwichtigem. Will er sich darüber informieren, was gerade in der Welt passiert, geht er auf die Online-Webseiten eines Nachrichtenmediums. Dann sieht er ganz oben, also dort, wo stets die wichtigste Meldung steht, dass in Kolumbien gerade ein Flugzeug mit 50 Menschen an Bord abgestürzt ist. Macht er die Seite zwei Stunden später auf, ist von dem Absturz nicht mehr viel zu sehen. Die Verschärfung des deutschen Asylrechts ist nun das Top-Thema. Sollte er dann am Abend noch einmal auf die Seite schauen, ist es das Unwetter, welches gerade über die

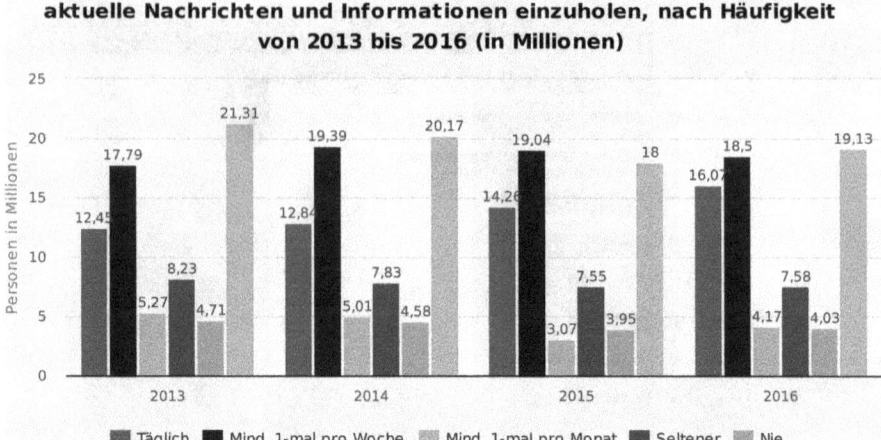

**Abb. 3** Umfrage zur Nutzung des Internets für aktuelle Nachrichten und Informationen bis 2016. (VuMA 2016)

britischen Inseln hinweggefegt und schon acht Menschen das Leben gekostet hat. Statt dass er die Artikel komplett liest, nimmt er sich nur Zeit für den Titel oder noch den ersten Absatz. Damit erfährt er die Katastrophe quasi als Instantnachricht. Das Warum und Wieso, von der Ursache und den Hintergründen, die die Bedeutung der Nachricht sogar relativieren können, erfährt er nichts. Eher wird das Online-Nachrichtenmedium noch häufiger angeklickt, um keine Top-Nachricht zu verpassen. – Oder man verwendet einfach die Google-Suche – Keyword eintippen und die ersten zwei Texte überfliegen (siehe Abb. 4). So eignet man sich eher zufälliges Halbwissen an, auf dessen Grundlage Zusammenhänge unter Umständen komplett falsch interpretiert werden können.

## Zwischen Informations-Gap und Informationsüberflutung

Aber welche ist nun die relevanteste Meldung für unseren jungen Menschen? Gelesen hat er mehrere Top-Nachrichten des Tages. Er hat Energie und Zeit verbraucht, die Nachrichten abzuspeichern. Ist er informiert? Auf den ersten Blick vielleicht. Wird er die für ihn relevanteste

**Abb. 4** Umfrage zu den wichtigsten Newskanälen, durch die User auf Nachrichteninhalte stoßen. (Gude 2016)

Meldung behalten? Wahrscheinlich nicht. Denn er kann sie vermutlich nicht mit seinem Leben und seinen Erfahrungen verknüpfen. Wenn der Zusammenhang aber fehlt, kann sich der Mensch nach kurzer Zeit nicht mehr an die wenigen Sätze erinnern. Aber woran kann sich der Leser orientieren? Er muss darüber nachdenken, was für ihn wichtig und was überflüssig ist. Das ist unter Umständen mühsam. Die Position auf der Online-Seite ist jedenfalls kein alleiniger Gradmesser. Der Leser muss entscheiden, was für ihn selbst wichtig ist. Welche Nachricht tangiert seine Lebenswirklichkeit, welche ist für ihn unwichtig.

In einem Umfeld, in dem wir ständig mit neuen Informationen versorgt werden, ist es schwierig, mit dem eigenen Energievorrat hauszuhalten. Viele haben gar kein Gefühl mehr dafür, wie viel Energie sie haben und wann es Zeit ist, „runterzufahren". Oft merken wir erst zu spät, dass wir uns kraftlos fühlen – wenn wir abends erschöpft feststellen, dass wir wieder einmal den ganzen Tag mit E-Mails und Social-Media-Nachrichten verbracht haben (siehe Abb. 5).

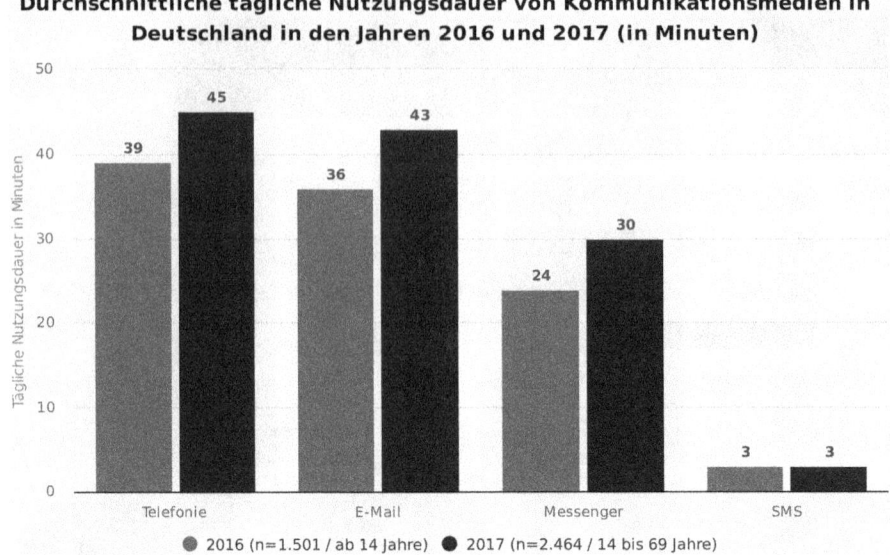

**Abb. 5** Tägliche Nutzungsdauer von Kommunikationsmedien in Deutschland. (SevenOne Media 2017)

Bleiben wir bei den E-Mails: Wir erhalten viele Nachrichten, bei denen wir erst einmal einschätzen müssen, ob diese für uns einen relevanten Inhalt haben können oder nicht. Beispielsweise finden viele Newsletter ihren Weg in unser elektronisches Postfach. Wir wollten sie eigentlich schon seit Längerem abbestellen, haben aber gezögert, weil wir meinen, dass sie vielleicht doch einmal etwas für uns Wichtiges enthalten könnten. Schon allein die Zeit, die wir verbrauchen, um über Löschen oder nicht zu entscheiden, könnten wir um viele Stunden reduzieren, würden alle Absender sinnvolle, klare und aussagekräftige Betreffzeilen verwenden.

## E-Mail-Verbot statt Lernen, mit der E-Mail-Flut umzugehen

Es gibt Unternehmenschefs, die begriffen haben, wie sehr das Bombardement mit E-Mails Mitarbeiter stressen und deren Leistung drastisch verringern kann (siehe Abb. 6, vgl. auch Abschn. „Smartphones rauben der jugend den Schlaf"). Aus diesem Grund versuchte die Volkswagen AG, eine Regelung durchzusetzen, die Mitarbeitern untersagt, am Wochenende E-Mails zu versenden. Leider bekämpft diese Regelung das Problem nicht

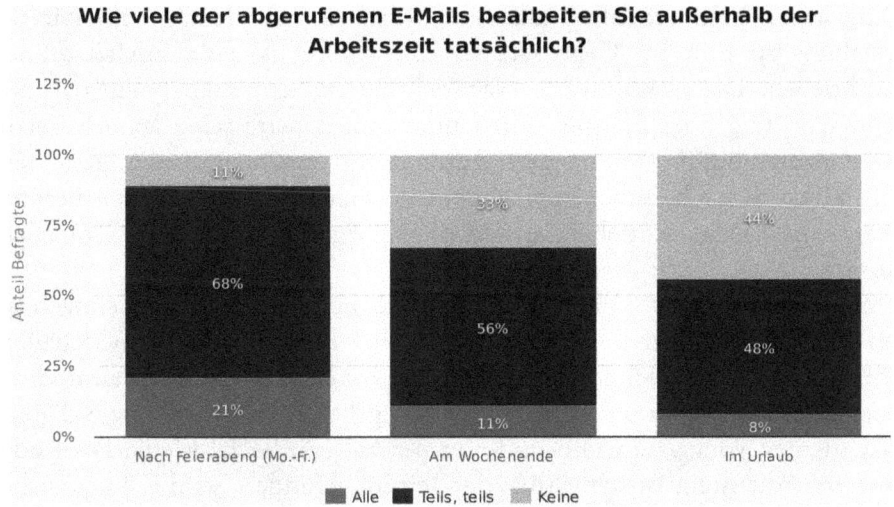

**Abb. 6** Umfrage zur Bearbeitung von E-Mails außerhalb der regulären Arbeitszeit in Deutschland. (Initiative Gesundheit und Arbeit 2016)

in seinem Ursprung. Seminare, in denen Mitarbeitern beigebracht wird, wie man sinnvoll mit E-Mails, mit Internet und mit Social Media umgeht, erscheinen effektiver und nachhaltiger.

Viele Kommunikationsexperten, darunter die US-amerikanische Soziologin Sherry Turkle, haben weitere Vorschläge unterbreitet, wie man mit technischer Kommunikation effektiver umgeht. Netiquette gehört z. B. dazu. Anfangs wurde der Begriff synonym für gutes Benehmen im Internet verwendet. Mit der Zeit wandelte sich der Begriff und steht heutzutage für einen nachhaltigen Umgang mit dem Internet.

Mittlerweile hat sich das Thema verselbstständigt: Es gibt unzählige Ratgeber, darunter Listen mit über 40 Regeln, die erklären, wie man die digitale Kommunikation vereinfachen kann. Der Nachteil ist, dass diese teilweise so umfangreich sind, dass man sich kaum alle merken kann.

Eine strukturierte Liste wäre in diesem Zusammenhang effizienter. Am besten mit drei Punkten – denn eine so überschaubare Menge gilt als diejenige, die der Mensch am besten behalten kann:

1. Angemessene eindeutige Sprache und korrekte, kurze Sätze
2. Lesbarkeit durch übersichtliches Layout und einen kurzen Gesamttext
3. Klarheit durch eine aussagekräftige Betreffzeile und richtige Adressierung (cc, bcc, an und Anrede)

Das viele E-Mail-Schreiben hat aber nicht nur mit der Attraktivität des Mediums zu tun. Im Gegensatz zu einem Brief ist eine E-Mail schnell geschrieben. Die elektronische Nachricht ist schlicht auch bequem – wie sehr, zeigt folgendes Beispiel: Ein Unternehmen hatte seine Mitarbeiter in ein Großraumbüro umquartiert. Daraufhin versuchten die Angestellten, ihre Privatsphäre beizubehalten, indem sie sich vom Nachbartisch herüber lieber eine E-Mail schrieben, anstatt die Kollegen persönlich anzusprechen. Absurd.

Mittlerweile ist es sogar kaum noch möglich, bei Freunden einfach an der Wohnungs- oder Haustür zu klingeln. Einmal kurz vorbeischauen, ohne sich vorher digital angemeldet zu haben, ist offenbar altmodisch und nicht mehr gern gesehen. Stattdessen gehen dem Besuch viele digitale Nachrichten voraus, ein Hin-und-Her per E-Mail, Social-Media-Posts oder Messengerdiensten. Ist schließlich der Termin gefunden, wird er kurz vorher noch einmal bestätigt und seine Bedeutung durch mindestens einen weiteren Post oder eine E-Mail im Anschluss bestärkt. Es ist ein unnötiges Aufblähen der Informations-Flut, das hauptsächlich Stress bei den Beteiligten auslöst. Ähnlich verhält es sich mit den ungewollten Informationen, wie etwa nervige Banner, Pop-ups und ähnliche Formen der Werbung. Sie legen sich plötzlich über das, was wir eigentlich lesen wollen, flimmern und wackeln darüber oder darunter, bis wir es endlich geschafft haben, dieses aufdringliche und lästige Angebot von der Leseoberfläche zu vertreiben. Millenials, die zwischen 1980 und 2000 Geborenen, erklären, wie sie Energie einsparen: Laut Elke Löw, Chefredakteurin von Jugendvonheute.de, haben 51 % bereits „werbefeindliche" Software auf ihrem Smartphone installiert oder planen, dies demnächst zu tun (siehe Abb. 7).

Die Werbeindustrie ist nicht begeistert (siehe Abb. 8), versucht jedoch, sich mit ihrer Zielgruppe zu verständigen. Die ehemalige W&V-Mitarbeiterin Löw nennt diese schwierige und für viele Unternehmen wie Agenturen hochattraktive Generation „smarte Adblocker", welche „einen guten Bullshitradar haben" (W&V Redaktion 2016).

Für Unternehmen, die ihre Mitarbeiter vor Informationsflut und Informationsdefizit schützen wollen, gibt es Firmensoftware, die bei allen Clients das Arbeiten am Bildschirm plötzlich einschränkt. Es schiebt sich ein Fenster über den Bildschirm, das beispielsweise wichtige Unternehmensinformationen enthält. Erst nach Durchlesen und Anklicken eines Kästchens darf der Mitarbeiter seiner bisherigen Arbeit weiter nachgehen. Was von Unternehmen als Hilfe gedacht ist, kann leicht kontraproduktiv wirken und für den Mitarbeiter zu Ärgernis und Mehraufwand führen, wenn sie denn aus konzentrierter Arbeit herausgerissen werden.

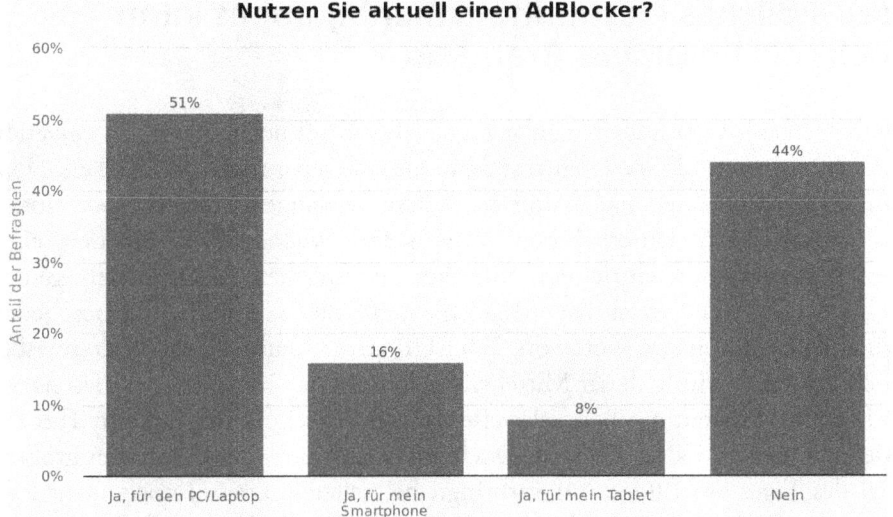

**Abb. 7** Umfrage zur Nutzung von Adblockern nach Endgeräten in Deutschland. (Statista 2017b)

**Abb. 8** Zahlreiche Agenturen und Verlage wie Axel Springer wehren sich gegen Adblocker und sperren Nutzer entsprechender Programme aus ihren Websites aus. (Hein 2016)

# Betriebliches Gesundheitsmanagement kann mehr als Employer Branding

Betriebliches Gesundheitsmanagement heißt, Energie wie Motivation der Mitarbeiter sinnvoll einzusetzen und Eigenantrieb zu stärken. Um Mitarbeitergesundheit nachhaltig zu sichern, verlangt es oft weniger Einsatz als gedacht. Ein Unternehmen muss keine Wellness-Oase in den eigenen Firmenräumen einrichten, um dies zu erreichen. Zwar bieten gesetzliche Regelungen attraktive Möglichkeiten, die Gesundheit eines jeden Mitarbeiters in einem Wert von 500 EUR pro Mitarbeiter zu fördern. Aber auch die Verwendung dieser Mittel will gelernt sein. Viele Unternehmen haben E-Learning-Programme beispielsweise für Rückenschule und andere Themen wie Suchtprävention eingekauft. Doch ein Mitarbeiter, der schon den größten Teil des Tages am Bildschirm verbringt, hat selten Interesse, noch mehr Zeit vor dem Computer zu verbringen, um einen Onlinekurs zu belegen. Eine Einzelstunde mit einer realen Trainerin, einem realen Trainer, bei der weder ein weiterer Kollege mitschwitzt noch ein Chef kontrolliert, ist hier meist effektiver.

Der Mensch kann nur begrenzt viele Entscheidungen pro Tag treffen. Und das umfasst auch minimale Entscheidungen vor dem Bildschirm, z. B.: Soll dies sofort im Papierkorb landen oder nicht. Übersteigt die Anzahl der notwendigen Entscheidungen seine Kapazität, kann es zu psychosomatischen Ausfällen kommen: Burnout, Ängste, letztendlich auch chronische psychosomatische Erkrankungen und Depressionen können damit zusammenhängen (siehe Abb. 9). Die Rate der psychosomatischen Erkrankungen ist in den letzten Jahren dramatisch gestiegen. Und das nicht nur bei der Generation der Nicht-digital-Natives. Angesichts des allgegenwärtigen und umfassenden digitalen Belagerungszustandes eines jeden Einzelnen bestätigt sich vor allem Folgendes: Die Aufnahmekapazität des Menschen für Informationen ist limitiert.

Die Frage, warum sich Unternehmen plötzlich für Betriebliches Gesundheitsmanagement interessieren, lässt sich leicht beantworten. Der Druck durch stärkere Konkurrenz, Einsparungen vorzunehmen, überträgt sich meist auch auf die Mitarbeiter. Die Forderung nach Flexibilität in Hinblick auf neue Aufgabenbereiche und Life Long Learning bedeutet für viele Mitarbeiter einen Abschied aus der Komfortzone, großes Risiko und das Betreten ungewohnten Terrains – man dachte doch, mit der Position sei alles klar bis zur Pensionierung und man müsse nicht noch einmal etwas Neues lernen. Angst vor Entlassungen führt zu Anspannung. Erhöhte Erkrankungsraten sind nicht selten die Folge – und die bringen erhöhte Kosten für das Unternehmen mit sich.

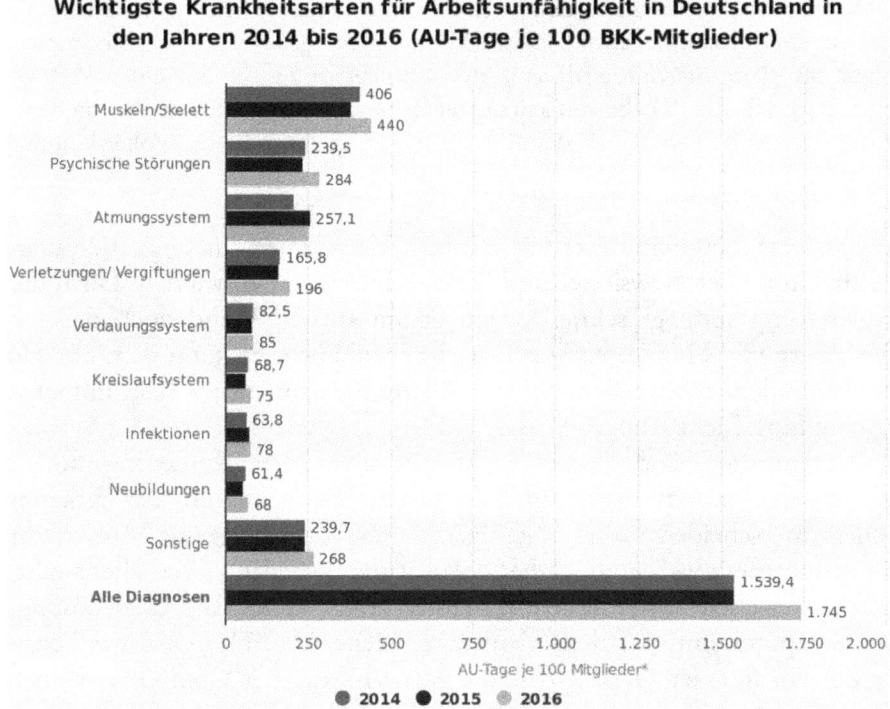

**Abb. 9** Hauptkrankheitsarten für Arbeitsunfähigkeit in Deutschland bis 2016. (BKK Dachverband 2017)

## Digital Natives – überlastet durch Datenflut?

Ein Wesensmerkmal der Generationen Y und Z, welches in den letzten Jahren als Unzuverlässigkeit und Nicht-festlegen-Wollen betitelt wurde, könnte auch Ausdruck von Überlastung durch Datenflut sein. Erst einmal motiviert bis euphorisch, neuen Aufgaben zustimmen, dann jedoch nicht mehr melden, wenn es um die konkrete Erledigung der Aufgaben geht.

So erzählte die Vermieterin einer Wohnung:

> Von über 40 ernsthaften Interessenten, die sich meine Wohnung angesehen hatten und versprachen, sich umgehend wieder zu melden, ja viele davon, gleich, um einen Termin für die Vertragsunterzeichnung abzumachen, rief mich nach der Besichtigung nur eine Frau an, das fand ich toll. Alle anderen schienen unglaublich begeistert zu sein, ernsthaft an einer Anmietung interessiert. Ich hatte schon ein schlechtes Gewissen, die Wohnung so schnell an jemanden versprochen zu haben – einem jungen Mann, der sich die Wohnung

als Erster angesehen hatte und noch während der Besichtigung ganz euphorisch zwei Bekannte anrief, diese Wohnung sei genau das, was er immer gesucht hätte, ein Glücksfall, er würde am liebsten auf der Stelle den Vertrag unterschreiben. Ich habe von keinem wieder etwas gehört, auch nicht von dem begeisterten jungen Mann, dem ich die Zusage gegeben hatte. Woher kommt das?

Ein anderes Beispiel: Begeistert hat der User „Hier!" in alle Richtungen gerufen, um über Newsletter und E-Mails informiert zu werden. Doch diese Begeisterung verfliegt schnell, wenn er am späten Abend noch dabei ist, einen Berg von Hunderten von E-Mails abzubauen. Er kann dem nur Herr werden, indem er schnell aussortiert. Allerdings schützt dies nicht immer vor Erschöpfung (siehe Abb. 10).

Datenmengen sind aktuell nicht nur eine Herausforderung für den Menschen, sondern auch für Maschinen. Es geht um das Erkennen und Unterscheiden von Wichtigem und Unwichtigem, Auswertung, Neustrukturierung und die Ableitung neuer Verhaltensweisen, Vorgehensweisen sowie Ideen (Klaaßen 2017, S. 8). Big-Data-Lösungen für Computer sind auf dem Vormarsch (siehe Abb. 11). Und wir können sie nutzen; mit der Gefahr, dass die Auswahl, die der Computer dann für uns trifft, unsere Meinung beeinflusst, unser Weltbild verändert und unser Denken bestimmt.

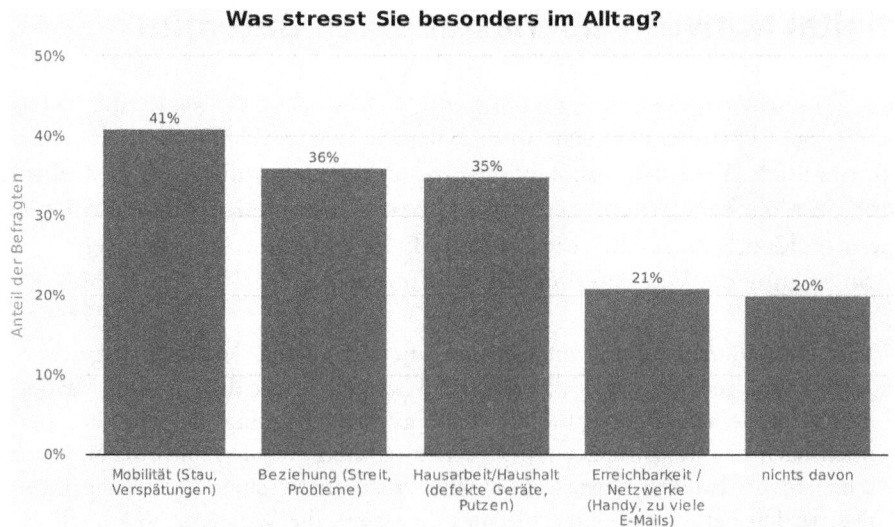

**Abb. 10** Umfrage zu Stressoren im Alltag. (Statista 2017c)

# Überforderung durch Datenflut

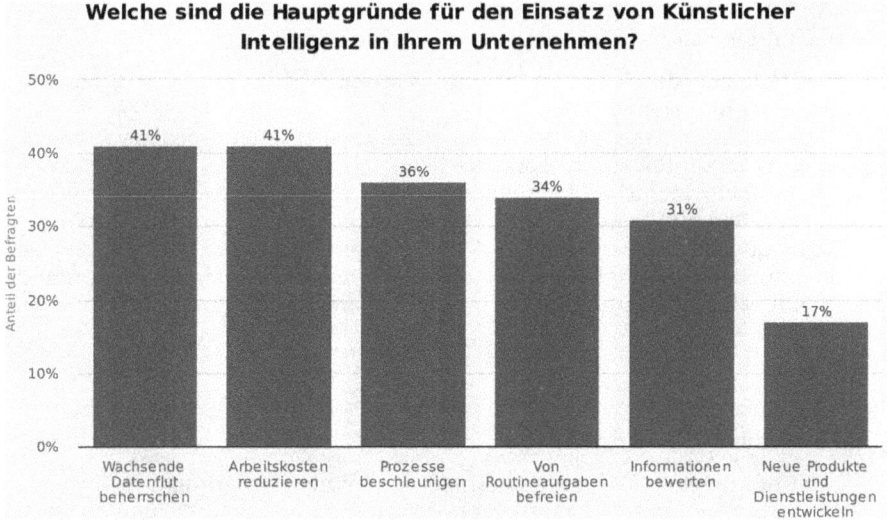

Abb. 11 Gründe für den Einsatz von KI in Unternehmen in Deutschland. (Horizont 2017)

## Der beste Go-Spieler weltweit – ein Computer

Während unsere natürliche Kapazität limitiert ist und wir bei Überforderung abschalten, gilt das nicht für den Computer. Nicht nur, dass ein Computer mittlerweile im asiatischen Brettspiel „Go" die Großmeister schlägt, nachdem ihm Informationen über Millionen von Spielen, die schon gespielt wurden, eingespeist wurden. Seit Kurzem kann sogar ein Computer von Deep Mind in diesem Spiel die Besten schlagen, ohne dass er zuvor mit Spieldaten gefüttert worden ist: Die Maschine hatte sich schlicht auf der Basis eines einprogrammierten Gewinnanreizes und der Spielregeln sozusagen selbst trainiert (Gillmann 2017, S. 12).

Um erst gar nicht in die Gefahr der Überforderung zu kommen, ist es von außerordentlicher Bedeutung, sich aktiv und kritisch mit dem Daten- und Informationsüberfluss auseinanderzusetzen. Unternehmen müssen sich über die dadurch zunehmende Belastung ihrer Mitarbeiter im Klaren sein und zusätzliche effektive Trainingseinheiten sowie Weiterbildungen anbieten. Des Weiteren sollten aktive Ruhezonen und Entlastungsphasen geschaffen werden, in denen das menschliche Gehirn lernt, abzuschalten und sich zu erholen. Nur so kann zukünftig ein effektiver und nachhaltiger Umgang mit dem Internet und seinen zugehörigen Kommunikationsmedien im privaten sowie im beruflichen geschaffen werden. Nur so können sich aber auch Kreativität und Intuition entwickeln.

**Wussten Sie schon?**

- Das Volumen der Daten im Internet verdoppelt sich etwa alle 18 Monate (Memory of mankind 2016).
- Die Geschwindigkeit, mit der Daten erzeugt, verarbeitet und analysiert werden, steigt kontinuierlich (Dataport 2013).
- Immer mehr Menschen konsumieren immer datenintensivere Inhalte – von Text zu Bild zu Video zu HD zu 3D und 4K. Zugleich nimmt die Anzahl der Datenquellen und Sensoren zu, in Smartphones, Autos und Häusern.
- In aktuellen Wirtschaftsstudien gilt die Informationsflut als die mit Abstand größte Herausforderung für die interne Kommunikationsarbeit (Dörfel et al. 2016).

**Take-aways**

- Als Unternehmen für eine strukturierte Kommunikation sorgen:
  - Bestimmte Kommunikationskanäle und -prozesse für relevante Kommunikationsthemen und -hierarchien festlegen, z. B. bei Krisen
  - Kommunikatoren definieren mit Kommunikationsplattformen, z. B. Betriebsrat
  - Kommunikationsregeln für offizielle und interne Kommunikation festlegen: klar, konkret, einfach, Gaps und Overloads vermeiden
  - Weiterbildung in emotionaler, beziehungsorientierter und integrierter Kommunikation mit innovativen Instrumenten (Müller 2013)
- Klare Regeln für das Schreiben und Verschicken von E-Mails privat und beruflich
  - Sinnvolle und kurze Betreffzeilen – eine Betreffzeile wie einen Titel bzw. wie Suchbegriffe behandeln
  - Passende Anrede, Schreibstil, Begrüßungs- und Abschiedsformeln wählen oder weglassen
  - Emojis in formellen Nachrichten vermeiden, in informellen Nachrichten nur so verwenden, wie das Gegenüber damit eindeutig vertraut ist
  - Nachrichten kurz, klar, eindeutig halten
  - Optische Sinnabschnitte und Schwerpunkte setzen durch Absätze, Hervorhebungen, Nummerierungen, ...
  - Mit @Name bei Ansprache an mehrere Adressaten festlegen, für wen genau welche Inhalte gedacht sind
  - Große Datenmengen als Anhang vermeiden
  - Mehrfache Weiterleitungen mit allen „alten" Korrespondenzen vermeiden
  - Vorab gut überlegen, welche Namen in CC und welche in BCC gesetzt werden
  - Konkret schreiben: Zahlen, Daten, Fakten, Handlungsanweisungen ...
  - Signaturen sachlich und kurzhalten
  - Für formelle Nachrichten formelle E-Mail-Adressen verwenden

- Zur Durchsicht und Bearbeitung von E-Mails wenige und feste Tageszeiten festlegen
  - Möglichst maximal dreimal am Tag E-Mails checken
  - E-Mails regelmäßig löschen
  - E-Mails konzentriert abarbeiten
- Möglichst viel Kommunikation ausschließlich persönlich oder telefonisch erledigen
  - Unnötige E-Mails vermeiden
  - Persönliche Kommunikation stärkt die Beziehung und das Vertrauen, ist direkter – so, wie es per E-Mail nicht möglich ist
  - Umständliche und lange Wege vermeiden und sich selbst aus der Komfortzone bewegen
- Multitasking vermeiden – Konzentration auf eine Sache zur gleichen Zeit
  - Multitasking funktioniert nur bei einfachen Arbeiten
  - Das Gesamtvolumen an Energie und Aufmerksamkeit kann nicht erweitert werden, sondern ist limitiert
  - Das gleichzeitige Arbeiten an mehreren Bereichen verringert die Aufmerksamkeit für jede einzelne
- In einen guten Spamfilter investieren
  - Gratis-Accounts lassen deutlich mehr Spams ungefiltert zu als kostenpflichtige Accounts
  - Spam-Nachrichten sind vermehrt erst auf den zweiten Blick als Spam erkennbar
  - Premium-Accounts sind zunehmend sinnvoll, um weiteren Schaden wie einen Virus zu vermeiden
- Newsletter kündigen oder limitieren
  - Unnötige Newsletter abbestellen
  - Newsletterfrequenz eingrenzen, z. B. nur die monatliche Newslettervariante bestellen statt die tägliche, oder nur den 8:00-Newsletter bestellen statt den, der dreimal am Tag versandt wird

# Literatur

BKK Dachverband. (2017). Wichtigste Krankheitsarten für Arbeitsunfähigkeit in Deutschland in den Jahren 2014 bis 2016 (AU-Tage je 100 BKK-Mitglieder). Statista. https://de.statista.com/statistik/daten/studie/250820/umfrage/hauptkrankheitsarten-fuer-arbeitsunfaehigkeit-in-deutschland/. Zugegriffen: 22. Dez. 2017.

Dataport. (2013). Datareport: Datenflut steigt. https://www.dataport.de/ueber-uns/publikationen/Seiten/Datareport%202013-1/2013-1-Datenflut-steigt.aspx. Zugegriffen: 30. Okt. 2017.

Dörfel, D., Mann, P., Boesler, B., Rosenzweig, U., & Herbst, D. G. (2016). Trendmonitor. Interne Kommunikation 2016. Studienauswertung. Entwicklung und Potenziale des Berufsstandes. School for Communication and Management (SCM) und MPM Corporate Communication Solutions (Hrsg.). http://content-marketing-forum.com/wp-content/uploads/2017/01/MPM_Trendmonitor_A5_Langfassung_Ansicht.pdf. Zugegriffen: 6. Dez. 2017.

Gillmann, B. (23. Oktober 2017). Cyber Valley gewinnt Amazon als Partner. Das schwäbische Zentrum für Künstliche Intelligenz wächst. *Handelsblatt, 204,* S. 12.

Gude, T. (2016). Facebook statt SPON – Geht das Zeitalter der Nachrichtenportale zu Ende? Entwickler. https://entwickler.de/online/netzkultur/ende-zeitalter-nachrichtenportale-242652.html. Zugegriffen: 21. Dez. 2017.

Hein, D. (27. April 2016). Anti-Adblocker verstoßen womöglich gegen EU-Datenschutz. *Horizont.* http://www.horizont.net/medien/nachrichten/Werbeblocker-Anti-Adblocker-verstossen-womoeglich-gegen-EU-Datenschutz-140017. Zugegriffen: 21. Dez. 2017.

Horizont. (2017). Welche sind die Hauptgründe für den Einsatz von Künstlicher Intelligenz in Ihrem Unternehmen? Statista. https://de.statista.com/statistik/daten/studie/717566/umfrage/gruende-fuer-den-einsatz-von-ki-in-unternehmen-in-deutschland/. Zugegriffen: 30. Nov. 2017.

Initiative Gesundheit und Arbeit. (2016). Wie viele der abgerufenen E-Mails bearbeiten Sie außerhalb der Arbeitszeit tatsächlich? Statista. https://de.statista.com/statistik/daten/studie/582990/umfrage/umfrage-zur-bearbeitung-von-e-mails-ausserhalb-der-reglulaeren-arbeitszei-in-deutschland/. Zugegriffen: 30. Nov. 2017.

Klaaßen, L. (2017). Sammeln, lernen, erkennen. Zukunft Deutschland. Innovationen, Technologien, Chancen. Oktober 2017. Inpact, S. 8.

Memory of mankind. (2016). Fakten zu Datenverkehr und CO2 Emission. Memory of mankind, Fakten und Hintergründe. https://www.memory-of-mankind.com/deutsch/fakten-und-hintergr%C3%BCnde/datenverkehr-und-co2-emission/. Zugegriffen: 6. Dez. 2017.

Müller, W. (April 2013). Mit der Informationsflut richtig umgehen. KMU-Magazin, 4. https://saywhen.squarespace.com/s/Artikel-KMU-Magazin.pdf. Zugegriffen: 30. Okt. 2017.

SevenOne Media. (2017). Durchschnittliche tägliche Nutzungsdauer von Kommunikationsmedien in Deutschland in den Jahren 2016 und 2017 (in Minuten). Statista. https://de.statista.com/statistik/daten/studie/616143/umfrage/taegliche-nutzungsdauer-von-kommunikationsmedien-in-deutschland/. Zugegriffen: 30. Nov. 2017.

Statista (2017a). Was glauben Sie, wodurch sind Ihre Kopfschmerzen verursacht? Statista. https://de.statista.com/statistik/daten/studie/668262/umfrage/umfrage-zu-ursachen-von-kopfschmerzen-in-deutschland-nach-geschlecht/. Zugegriffen: 30. Nov. 2017.

Statista. (2017b). Nutzen Sie aktuell einen AdBlocker? Statista. https://de.statista.com/statistik/daten/studie/710968/umfrage/umfrage-zur-nutzung-von-adblockern-nach-endgeraeten-in-deutschland/. Zugegriffen: 30. Nov. 2017.

Statista. (2017c): Was stresst Sie besonders im Alltag? Statista.https://de.statista.com/statistik/daten/studie/259917/umfrage/stressoren-im-alltag/. Zugegriffen: 30. Nov. 2017.

Trikutam, P. (2014). Fireplace. Unsplash. https://unsplash.com/photos/avJ9uz-9Qhcw. Zugegriffen: 21. Dez. 2017.

VuMA (Arbeitsgemeinschaft Verbrauchs- und Medienanalyse) (2016). Anzahl der Personen in Deutschland, die das Internet nutzen, um aktuelle Nachrichten und Informationen einzuholen, nach Häufigkeit von 2013 bis 2016 (in Millionen). Statista. https://de.statista.com/statistik/daten/studie/183128/umfrage/nachrichten-und-informationen---internetnutzung/. Zugegriffen: 22. Dez. 2017.

W&V Redaktion. (27. Oktober 2016). Trends und Thesen. Was sie von den Medientagen München mitnehmen sollten. W&V. www.wuv.de/medien/was_sie_von_den_medientagen_muenchen_mitnehmen_sollten. Zugegriffen: 29. Okt. 2017.

## Weiterführende Literatur

Arbeitsschutz Portal. (2017). Digitale Überforderung verhindern. Tipps für den digitalen Arbeitsschutz. Arbeitsschutz Portal 16, Februar 2017. https://www.arbeitsschutz-portal.de/beitrag/asp_news/5638/digitale-ueberforderung-verhindern.html. Zugegriffen: 30. Okt. 2017.

Bandebuche, V. (2017). 8 Netiquette rules to ensure security on the internet. Tweakyourbiz 26. April 2017. http://tweakyourbiz.com/technology/2017/04/26/8-netiquette-rules-to-ensure-security-on-the-internet/. Zugegriffen: 30. Okt. 2017.

Computerwoche. (o. J.). Die Top 10 Tipps gegen die E-Mail-Flut – So gewährleisten Sie die Work-Life-Balance in Ihrem Unternehmen. Whitepaper Computerwoche. https://whitepaper.computerwoche.de/uploads/files/40185857f96f02b6ae67d-97c2a5f308c94d8d979.pdf. Zugegriffen: 30. Okt. 2017.

Datareport. (2015). "Grenzen für die Datenauswertung ziehen". Interview mit Dr. Moritz Karg. Datareport 2, S. 26-27. https://www.dataport.de/Download/Datareport-15-02.pdf. Zugegriffen: 6. Dez. 2017.

Dobe, B. (2014). Strategien gegen die E-Mail-Flut. In CIO 09. Mai 2014. https://www.cio.de/a/strategien-gegen-die-e-mail-flut,2953519. Zugegriffen: 30. Okt. 2017.

Jurisch, B. (o. J.). Wie Datenmengen kontrollierbar gemacht werden können. In: Allianz Industrie 4.0 Baden-Württemberg, Experten-Blog, Die Vermessung der Informationsflut. http://www.i40-bw.de/de/die-vermessung-der-informationsflut-2/. Zugegriffen: 6. Dez. 2017.

Konzelmann. (2016). Corporate Health Management (CHM). Konzelmann 1. Mai 2016. https://www.konzelmann.com/en/news/apprentice-blog/article/corporate-health-management-chm Zugegriffen: 21. Dez. 2017.

Leach, N. (2017). Ten Basic rules of netiquette or internet etiquette. In: Alliance work Partners, 14. Juni 2017. https://www.awpnow.com/main/2017/06/14/netiquette-know-your-manners-when-using-technology/. Zugegriffen: 30. Okt. 2017.

Sopra Steria Consulting (2016). Digitale Überforderung im Arbeitsalltag. Sopra Steria. https://www.soprasteria.com/docs/librariesprovider33/infografiken/infografik_digitale_ueberforderung.pdf?sfvrsn=2. Zugegriffen: 30. Okt. 2017.

Tempel, J., & Ilmarinen, J. (2013). *Arbeitsleben 2025*. Hamburg: VSA.

Turkle, S. (1997). *Life on the Screen: Identity in the Age of the Internet*. NY: Touchstone.

Turkle, S. (2017). *Alone together: Why we expect more from technology and less from each other*. UK: Hachette.

Turkle, S., et al. (2009). *Simulation and its Discontents*. Cambridge: MIT Press.

Wellnissimo. (o. J.). Digital Detox: Einfach mal offline sein. Wellnissimo Magazin. http://www.wellnissimo.de/magazin/d-digital-detox-einfach-mal-offline-sein-904489312. Zugegriffen: 30. Okt. 2017.

# Das ist meins – Datenverkauf

Big Data ist allgegenwärtig, in aller Munde – Teufelswerk oder El Dorado? Die einen verstehen darunter eine weltumspannende Datenkrake, die alle Informationen in sich hineinsaugt, um sie dann fein portioniert gegen großes Geld zu verkaufen. Vor allem die Wirtschaft ist gierig nach den Daten, denn sie verspricht sich davon bessere Geschäfte: Durch mehr Wissen über das Kaufverhalten der Kunden kann sie individuellere Angebote machen, die Produkte kundengerechter weiterentwickeln oder Trends schnell entdecken. Die anderen sehen in Big Data nur eine gigantische Menge von Binärcodes, praktisch ein unendliches Meer von Nullen und Einsen. Schließlich sehen wiederum andere in Big Data das Ende der individuellen Freiheit, die Beschneidung des Persönlichkeitsrechtes, sehen Big Brother, der die Menschheit manipuliert. Big Data, eine vielschichtige Macht.

Aber der Reihe nach: Als Big Data werden zunächst einmal große Mengen an Daten bezeichnet. Diese stammen aus „Bereichen wie Internet und Mobilfunk, Finanzindustrie, Energiewirtschaft, Gesundheitswesen und Verkehr und aus Quellen wie intelligenten Agenten, sozialen Medien, Kredit- und Kundenkarten, Smart-Metering-Systemen, Assistenzgeräten, Überwachungskameras sowie Flug- und Fahrzeugen", so die Definition im Gabler Wirtschaftslexikon (Springer Gabler 2017). Mit speziellen Lösungen werden sie gespeichert, verarbeitet und ausgewertet. Und im Wirtschaftslexikon wird ausgeführt, worum es dabei alles gehen kann: „Es geht u. a. um Rasterfahndung, (Inter-)Dependenzanalyse, Umfeld- und Trendforschung sowie System- und Produktionssteuerung. [...] Das weltweite Datenvolumen ist derart angeschwollen, dass bis dato nicht gekannte

Möglichkeiten eröffnet werden. Auch die Vernetzung von Datenquellen führt zu neuartigen Nutzungen, zudem zu Risiken für Benutzer und Organisationen."

Die heute ohnehin schon riesige Datenmenge wächst unaufhörlich und exponentiell: Derzeit geht die Wissenschaft von einer im Internet existierenden Datenmenge von 16,1 Zettabyte aus. Im Jahr 2025 sollen es geschätzte 163 Zettabyte sein, soll sich die Menge also verzehnfacht haben (Abb. 1). Zur Verdeutlichung: Ein Zettabyte besteht aus $10^{21}$ Bytes, also einer Trilliarde Byte oder einer Milliarde Terrabyte. Ausgeschrieben sieht ein Zettabyte also so aus:

1.000.000.000.000.000.000.000 Bytes.

Derjenige, der sich noch an den alten Commodore 64 aus den 80er Jahren erinnert, der wohl bisher meistverkaufte Spielcomputer der Welt, weiß, dass der Kasten ein 8 Bit Heimcomputer mit 64 KB Arbeitsspeicher war. 8 Bit sind übrigens ein Byte.

Kaum vorstellbar sind die Massen an Informationen, die schon heute als Binärcode (1/0) in Heimcomputern oder Clouds schlummern. Im Kroker-Blog des Wirtschaftsmagazins WirtschaftsWoche (Kroker 2017) wird dazu eine gemeinsame Studie des US-amerikanischen Festplattenherstellers

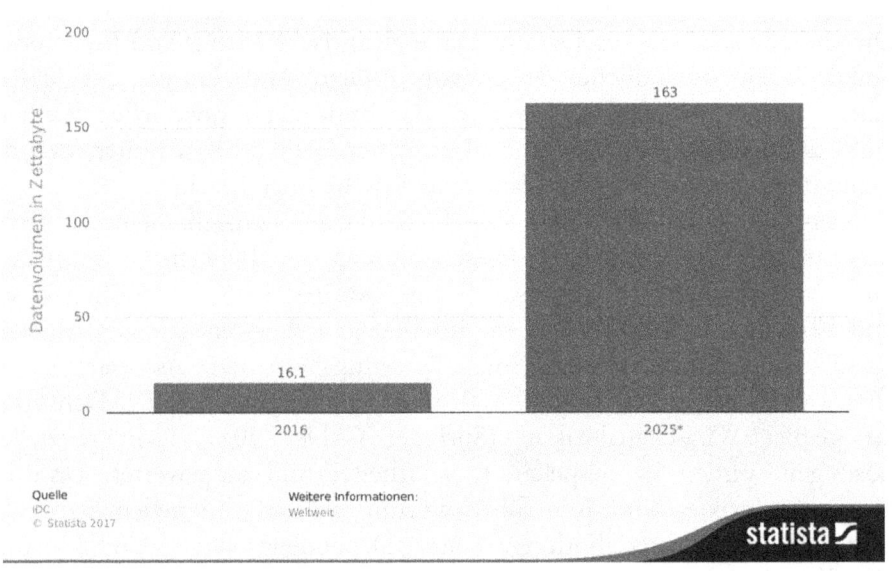

**Abb. 1** Prognose zum Volumen der jährlich generierten digitalen Datenmenge weltweit in den Jahren 2016 und 2025 in Zettabyte. (Statista 2017)

Seagate und des IT-Marktbeobachters IDC zitiert. 163 Zettabyte entsprächen demnach rund 500 Mio. Mal der Datenmenge aller von Netflix derzeit gespeicherten Filme und Serien. Im Jahr 2025, so prophezeit die Studie, werde die Welt tatsächlich in ein regelrechtes Datenzeitalter eingetreten sein: Bis dahin sollen drei Viertel der Weltbevölkerung vernetzt sein. Zudem werde der durchschnittlich vernetzte Mensch dann pro Tag stolze 4800 Mal in irgendeiner Form mit vernetzten Geräten interagieren, heißt es im Blog. Der Schluss, der dort gezogen wird: „Die weltweite Vernetzung von mobilen, in Echtzeit von Maschinen und Häusern, Autos und sonstwie vernetzten Geräten im Internet of Things (IoT) treibt die Erzeugung von Daten massiv in die Höhe – mit entsprechenden Herausforderungen für die Mobilfunknetze wie auch Datenspeicherung und -sicherung in den Unternehmen" (Kroker 2017).

Wer hätte sich vor rund einem Jahrzehnt vorstellen können, dass sich außer ein paar Geheimdiensten überhaupt irgendjemand die Mühe macht, all die Daten zu sammeln. Ein paar Telefonanrufe, ein paar Suchen nach Straßen im noch sehr holprigen Navigationssystem, ein bisschen Surfen im PC – was sollte das schon hergeben. „Ist doch egal, daraus kann man doch nicht viel machen. Und ich habe ohnehin nichts zu verbergen", war damals von Internetnutzern häufig zu hören. Doch die Zeiten haben sich vehement geändert. Durch den Siegeszug der Digitalisierung hat sich unser Leben radikal verändert – ein Prozess, der längst noch nicht abgeschlossen ist und der die industrielle Revolution im 19. Jahrhundert, gemessen an ihren Auswirkungen, in den Schatten stellen wird (Abb. 2).

**Abb. 2** Big Data. (The Mission 2017)

Unser neues Leben produziert unendlich viele Daten, Daten, die immer persönlicher werden, deren Summe immer schneller zu einem ganz bestimmten Menschen führen kann. Das gesamte Sein im Netz wird registriert – jeder Meter, den wir uns mit dem Mobile in der Tasche bewegen, addiert sich zu unserem Bewegungsprofil, jede Kreditkartenzahlung wird hinterlegt, jeder geschaute Film nach Vorlieben ausgewertet, jedes Gespräch mit dem Smartphone oder jede Mitteilung im Messengerservice registriert und bewertet, und jeder Satz, der im Smart Home gesprochen wird, nach Schlüsselwörtern durchsucht, jede Meinung, die wir im Netz äußern, registriert – ob wir wollen oder nicht. Insofern ist Big Brother längst der kleine Bruder von Big Data geworden.

## Daten sind Waren – Daten sind Macht

Daten sind Waren, interessante Ware für die Wirtschaft, für Geheimdienste, für Kriminelle, für dienstbare Geister der Politik. Daten sind Macht. Und damit sind wir einmal mehr in den USA. Nicht bei den großen Vier, nämlich Google, Apple, Amazon und Facebook, nein, diesmal bei der Nummer eins, dem US-Präsidenten. Es geht um den Wahlkampf zwischen Hillary Clinton und Donald Trump um das Amt des US-Präsidenten. In der blauen Ecke: die Gattin eines Ex-Präsidenten, die Frau, die nicht nur bereits First Lady war, sondern auch als Außenministerin bereits ihrem Land gedient hatte und im fortgeschrittenen Alter glaubte, sich die Krone ihres Lebens greifen und aufsetzen zu können. In der roten Ecke: der Milliardär, der im Immobiliengeschäft zu enormem Reichtum gekommen war, mit der Casting-Show „The Apprentice" die Massen erreichte und sich mehr als reif hielt für die Krönung zum US-Präsidenten. Es entwickelte sich ein harter Wahlkampf mit Auswüchsen, wie sie die USA bis dato noch nicht gesehen hatte. Und im Hintergrund war es ein in diesem Umfang noch nicht gekannter Einsatz von Daten, der über Sieg oder Niederlage mitentscheiden sollte. Neben russischen Trollen und angeblichen oder tatsächlichen Kreml-Verbindungen war das die Neuigkeit im US-Wahlkampf 2016. Die Manager der mit Abermillionen US-Dollar geschmierten Wahlkampfmaschinen brachten erstmals in großem Stil ein Marketing zum Einsatz, das auf Analysen von Big Data basierte.

Alexander Nix ist der Mann, über den einige sagen, er habe Donald Trump zum Präsidenten gemacht. „Seine Methode, mithilfe ausgefeilter Datenanalysen die Persönlichkeit von Menschen zu entschlüsseln, um sie anschließend passgenau mit individuellen Botschaften zu versorgen, soll im Präsidentschaftswahlkampf Donald Trump, dem 45. Präsidenten der Vereinigten Staaten, zu dem Erfolg verholfen haben," so Czycholl (2017) im Zukunftsmagazin der Frankfurter Allgemeinen Zeitung. Und diese Methode lasse sich im Prinzip auf sämtliche Bereiche des Marketing übertragen.

Nix ist CEO von Cambridge Analytica (CA) und 42 Jahre alt. Sein Unternehmen ist spezialisiert auf individualisierte Werbung und das Erstellen von Persönlichkeitsprofilen. Mit diesen Fähigkeiten ausgestattet, machte er an der Seite Donald Trumps zielgenaue politische Meinungsbildung.

Im FAZ-Zukunfts-Magazin wird weiter dazu ausgeführt:

> Die Idee, alle Menschen mit der gleichen Botschaft anzusprechen, hält Nix für veraltet. ‚Unsere Kinder werden nur noch Werbung kennen, die auf jeden Einzelnen zugeschnitten ist,' lautet sein Leitsatz. Datengrundlage für die individualisierte Wähleransprache im Wahlkampf bildeten für Cambridge Analytics Facebook-Umfragen, die Millionen Nutzer freiwillig beantworteten. Dazu wurden Daten in großem Stil von Behörden, Verlagen, Banken und Social-Media-Plattformen gekauft, was in Amerika aufgrund des kaum vorhandenen Datenschutzes einfacher ist als hierzulande. Am Ende standen Millionen Wählerprofile, auf deren Grundlage eine individuelle Ansprache möglich wurde: Sowohl die Inhalte der Werbebotschaften wurden angepasst, als auch die Art und Weise, wie Wähler angesprochen wurden. Weltoffene Städter bekamen andere Spots zu sehen als konservative Landbewohner (Czycholl 2017). „Voter Targeting" heißt das in der Fachsprache, also eine zielgenaue Werbung, die effektiver ist als ein und dieselbe, die über das ganze Land gestreut wird.

Die individuelle Ansprache kam an: Der Konsument – oder in diesem Falle der Wähler – war selten von dieser Art der Werbebotschaften negativ berührt, im Gegenteil, meistens positiv gestimmt und im Idealfall bereit, das Produkt zu wählen. Allerdings, wahre Wunder kann dieses von Algorithmen getriebene Marketing auch noch nicht vollbringen, aber für Trumps Wahlsieg war's offensichtlich hilfreich.

Doch im März 2018 ist der Zauber vorbei: Whistleblower Christopher Wylie bringt einen Skandal um **Cambridge Analytica** in Rollen, der weltweit Schlagzeilen macht. Wie er beschreibt, soll **Cambridge Analytica** 50 Mio. Facebook-Profile illegal ausgewertet haben – ohne Wissen und Zustimmung der Nutzer (Gruber 2018). Ziel sei gewesen, psychologische Profile von Millionen Menschen zu erstellen und diese dann zu Geld zu machen. Einer der Kunden für diese Daten soll eben die Wahlkampfmannschaft vom jetzigen US-Präsidenten Donald Trump gewesen sein.

Aber der Skandal produzierte nicht nur Schlagzeilen, sondern er zog auch erhebliche Konsequenzen nach sich: Die US-Verbraucherschutzbehörde FTC leitete eine Untersuchungen gegen Facebook ein, und Parlamente, wie etwa das in den USA und das in Deutschland, verlangten von den beteiligten Unternehmen, allen voran von Facebook, Aufklärung und Konsequenzen, vor allem im Datenschutz. Der Skandal rüttelte Politik und User auf: die Politik, die genauer auf Datenhandel und -sicherheit achten wollte, und zahlreiche User, die sorgsamer mit ihren persönlichen Daten umgehen wollten – doch für wie lange?

Es ist also dieser neue Rohstoff, der die Fantasien von Geschäftemachern beflügelt und Verbraucherschützer besorgt: die persönlichen Daten des Users im Netz. Aber was sind persönliche Daten? Im Bundesdatenschutzgesetz heißt es dazu: „Personenbezogene Daten sind Einzelangaben über persönliche oder sachliche Verhältnisse einer bestimmten oder bestimmbaren natürlichen Person (Betroffener)" (Bundesministerium der Justiz und für Verbraucherschutz 2017). Und wir produzieren sie ständig, sobald wir uns im Internet bewegen. Wir hinterlassen elektronische Fußspuren, geschaffen aus einem Sammelsurium von Cookies, die über bestimmte Programme (Tracker) ausgewertet werden. Wir entblößen unsere Interessen durch den Webbrowser-Verlauf, der von der Suche nach einer Wohnung über den Urlaubswunsch bis hin zu intimsten Details wie beispielsweise die Bestellung von Sextoys auflistet. Unsere Aufenthaltsorte sind über GPS-Daten Position um Position nachzuzeichnen. Und unseren Gesundheitszustand liefert die digitale Armbanduhr, der Sporttracker, wenn es sein muss, rund um die Uhr. Zudem geben wir unbedacht die Namen unserer Freunde in den sozialen Medien preis, ebenso unsere Positionen zu politischen oder moralischen Fragen. Wir posten unsere Lieblingsfotos von Familie, Urlaubsbekanntschaften, Haustieren oder Idolen. Bei Anmeldungen für Internet-Services geben wir freiwillig unsere Adressen und Telefonnummern an. Wir hinterlassen Daten, wenn wir Online-Banking nutzen, mit Siri oder Alexa reden oder einfach nur mit dem Smart-TV oder der Spielekonsole Entspannung suchen.

„Die großen Technologiekonzerne aus dem Silikon Valley waren einst die Stars der amerikanischen Wirtschaft und wollten uns mit ihren Innovationen die Zukunft weisen. Doch die vermeintlichen Freunde sind mit ihrer Art des Datenhandels zu einer Bedrohung geworden für die Demokratie, für die freie Meinungsäußerung und für unsere Privatsphäre", heißt es im Handelsblatt (Bialek et al. 2017). Wer die Daten hat, hat die Macht, laute das Mantra im Silicon Valley. Es sei unheimlich, was die Konzerne alles über uns wüssten und wie freizügig sie unsere intimsten Informationen verwenden dürften.

Ein Zauberwort dieser Szene lautet „Targeted Advertising". Sheryl Sandberg hatte es schon vor wenigen Jahren bei einem Besuch in München veranschaulicht. Die Geschäftsführerin von Facebook (COO) beschrieb die individualisierte Werbung so: Geht ein User mit seinem Smartphone an einem Trachten- und Modegeschäft vorbei, leuchtet in diesem Augenblick das Angebot des Geschäfts mit dem Janker auf, nach dem er sich schon zuvor im Netz einmal informiert hatte (Abb. 3).

Und die Informationen über den User werden mit sogenannten Cookies beziehungsweise Trackingprogrammen aufgezeichnet. Diese Methoden nutzt jedoch nicht nur der eine oder andere Betreiber einer Webseite, sondern so gut wie alle gehen so vor. Zudem: Hinterlässt der User seine E-Mail-Adresse auf vielen Seiten, so tauschen in der Regel die Trackingprogramme der unterschiedlichsten Seiten ihre Informationen untereinander aus. Es entsteht also aufgrund des Zusammenführens der Daten ein komplexes User-Profil, das von modischen Vorlieben über Schuhgröße bis hin zu politischen Vorlieben reichen kann.

Surfen im Internet ist also keine Privatangelegenheit mehr, meint Sarah Spiekermann-Hoff (Bialek und Kerkmann 2017): „Die Bannerwerbung

Abb. 3 Targeted Advertising. (© VERSUSstudio 2018 – stock.adobe.com)

schneidet permanent das gesamte Such- und Surfverhalten mit. Auf vielen Webseiten sind 50, 60 Tracker dabei und registrieren jeden Schritt in Echtzeit. Was man gelesen hat, wie lange und worauf man geklickt hat," sagt die BWL-Professorin der Wirtschaftsuniversität Wien in einem Handelsblatt-Interview. Dass das Datensammeln nur im Auftrag einer immer besseren digitalen Werbung geschehe, wie es die Unternehmen versicherten, bezweifelt die Marketingexpertin.

> Das wäre schön. Aber ich habe Bauchschmerzen, weil die Daten nicht nur für gezielte Werbung genutzt werden, sondern für sämtliche andere Zwecke. Zum Beispiel könnten Personalabteilungen von Firmen mit den Data-Brokern zusammenarbeiten und gezielt nach den Profilen von Bewerbern fragen. Wie ist der Arbeitnehmer? Hat er vielleicht psychische Störungen? Ich vermute, dass dieses Modell bereits gelebt wird, denn Datenfirmen wie Oracle und Acxiom machen dieses Geschäft nicht aus philanthropischen Gründen, sie denken sich handfeste Geschäftsmodelle aus (Bialek und Kerkmann 2017).

## Sensibilität für Datenschutz

Das alles nehmen viele Internet-User einfach hin. Es ist ihnen zwar nicht ganz geheuer, und eigentlich möchten sie es auch nicht, aber groß Gedanken machen sich viele nicht darüber, wer Daten sammelt und was mit ihnen gemacht werden kann. Das Wissen über Möglichkeiten der Datenverwendung ist meist genau so gering wie über den Datenschutz. Die Beschäftigung mit diesen Themen ist mühsam. Wer hat nicht schon des Öfteren die Nutzungsbedingungen für eine App oder einen Internet-Service akzeptiert, ohne die ellenlangen Bedingungen wirklich gelesen zu haben. Verständlich, weil menschlich, aber falsch.

Die Forschung zeigt nach den Worten von Spiekermann-Hoff, dass 20 bis 30 % der Menschen sehr sensibel für den Datenschutz seien – das seien auch diejenigen, die an Kundenkartenprogrammen nicht teilnähmen. Dann gebe es Leute, denen alles total egal sei – das sei auch ein wachsendes Segment und stelle derzeit das 30 bis 40 %. Dazwischen seien zwei weitere Segmente mit unterschiedlichen Präferenzen. „Die einen sagen: Die können ein Profil haben, sollen aber nicht meine Identität kennen. Die anderen sagen: Die Identität ist kein Problem, das steht ja auch im Telefonbuch oder Internet, aber die sollen kein Profil von mir haben," so Spiekermann-Hoff (Bialek und Kerkmann 2017).

Edward Snowden, der ehemalige Mitarbeiter des US-Geheimdienstes CIA und weltbekannte Whistleblower, dürfte wohl vielen die Augen geöffnet haben. Die Sammelpraxis der Geheimdienste in westlichen Demokratien sowie die Zusammenarbeit mit den mächtigen Internetkonzernen machte er öffentlich. Er gab damit einen Überblick über die Spionage- und Überwachungspraktiken der Dienste sowie deren internationale Zusammenarbeit. Doch Snowden musste dafür einen hohen Preis bezahlen: Gejagt von den Geheimdiensten seiner Heimat, lebt er inkognito an einem unbekannten Ort in Russland. Kleiner Trost für den Whistleblower: Viele Nichtregierungsorganisationen haben ihn für seine, die Menschen aufklärende Tat ausgezeichnet, auch wurde er für den Friedensnobelpreis nominiert.

Wer sich auch nur ein wenig mit dem Datenschutz beschäftigt, stößt schnell an seine Grenzen: Die großen Internetkonzerne können bisher offenbar schalten und walten, wie sie wollen. Anscheinend ist keiner in der Lage, deren Macht auch nur teilweise zu brechen. Weder kann es Deutschland allein, noch die Europäische Union, die sich zwar müht und einige Male auch schon Teilerfolge im Sinne des Verbrauchers erzielen konnte, aber noch zu häufig die international agierenden Konzerne nicht zu fassen bekommt.

Überhaupt: Wie soll Datenschutz funktionieren in einem weltweit gespannten Netz, in dem Daten barrierefrei fließen, nationale oder auch multinationale Regelungen leicht durch die Verlegung von Teilen der Datenverarbeitung in den ungeregelten Teil der Welt umgangen werden können? Wobei die Industrie ohnehin den Datenschützern stets mindestens einen Schritt voraus ist. – Mittlerweile ist es ja schon so, dass nicht nur Daten in den Netzen als Binärcodes fließen, sondern virtuelle Produkte über Grenzen hinweg unsichtbar „transportiert" werden: Erst an ihrem Bestimmungsort verschafft der 3-D-Drucker ihnen dann die Körperlichkeit.

Ein weiteres Problem: In der Regel gibt der User dem jeweiligen Unternehmen, dessen Dienste er in Anspruch nimmt, mit den Allgemeinen Geschäftsbedingungen sein Einverständnis bezüglich der Konditionen der Informationsverarbeitung. Die Wirtschaftswissenschaftlerin und Autorin des Buchs „Network of Control" Spiekermann-Hoff: „Und in dem Moment, in dem ich zustimme, hat zum Beispiel Facebook das Recht, alle Informationen zu nutzen. Das Prinzip ist: Take it, or leave it. Nicht zustimmen ist oft unmöglich, für viele junge Menschen ist Facebook eine kritische Infrastruktur. Da organisiert sich alles" (Bialek und Kerkmann 2017).

Um eine Sensibilität für seine Daten zu entwickeln, ist es für den User hilfreich zu wissen, welchen Wert seine Daten überhaupt haben. In dem viele Milliarden großen Geschäft geht es häufig zunächst um sehr kleine Summen.

Die Wirtschaftszeitung „Financial Times" (FT) (Steel et al. 2013) hatte vor wenigen Jahren ihren Lesern sogar einen Kalkulator angeboten, der errechnet, wie viel Datenhändler für die persönlichen Daten zahlen. Die Zeitung schreibt in ihrer Online-Ausgabe, dass die einzelnen Daten einer Person meist im Durchschnitt weit weniger als einen US-Dollar wert seien. Generelle Informationen über eine Person, wie z. B. ihr Alter, ihr Geschlecht oder ihren Wohnort, würden mit gerade einmal 0,0005 US$ oder für 1000 Personen mit 0,50 US$ berechnet. Informationen über bestimmte Wendepunkte im Leben eines Menschen seien der Branche bedeutend mehr wert, beispielsweise ob diese Person Nachwuchs bekommt, ein neues Zuhause sucht, einen Autokauf plant, sich verheiraten oder scheiden möchte. Sehr persönliche Daten erzielten die höchsten Preise. So schreiben Steel et al. (2013), dass für 0,26 US$ pro Person Listen von Menschen gekauft würden, die ganz spezielle Gesundheitsprobleme hätten oder bestimmte Verschreibungen erhielten. In der Summe nennen verschiedene Publikationen Werte um 100 US$, je nach Herkunftsland. Übrigens: Die Financial Times machte darauf aufmerksam, dass die eingegebenen Daten derjenigen, die den Kalkulator benutzen, in keiner Weise gesammelt, aufbewahrt oder geteilt würden.

Wer weiß, was seine persönlichen Daten wert sind, wird unter Umständen auf die Idee kommen, selbst aktiv ins Geschehen einzugreifen und nicht nur passiv zu sehen, wie über seinen Kopf hinweg oder gar gegen seinen Willen mit seinen Daten gehandelt wird. Allerdings ist bei solch kleinen Beträgen die Frage, ob der Einzelne überhaupt auf dem Markt mit Bits und Bytes Fuß fassen kann. Doch Anfänge sind gemacht. So können Dateneigentümer bei Plattformen wie datafairplay.com oder datacoup.com ihr Glück versuchen.

Und: Wer weiß, was seine Daten wert sind, vor allem aber, was mit ihnen gemacht werden kann, der will sie womöglich auch schützen. Denn Datenschutz ist letzten Endes Persönlichkeitsschutz. Sicher, die meisten von uns haben ohnehin schon unzählige Daten im Netz hinterlassen, ohne zu wissen, wer sie wie nutzt. Schließlich begann alles ganz harmlos, und die paar Daten fielen damals zunächst nicht ins Gewicht. Doch die Verführungen in der digitalen Welt forderten als Gegenleistung immer mehr Informationen über uns selbst und damit einhergehend Stück für Stück die Preisgabe der Privatsphäre. Es entwickelte sich ein unstillbarer Datenhunger. So ist es auch verständlich, dass die meisten User ein schwieriges Verhältnis zum Datenschutz haben.

Dabei hat Deutschland eine Art Vorreiterrolle inne und die europäische Gesetzgebung damit vorangetrieben. Nach jahrelangem Hickhack unter den Mitgliedsstaaten der Europäischen Union wird die EU-Datenschutz-Grundverordnung am 25. **Mai** 2018 eine gemeinsame Basis für die Gemeinschaft schaffen. Sie lässt jedoch noch viel Raum für nationale Ergänzungen, die in Deutschland in dem neuen Bundesdatenschutzgesetz zusammengefasst sind. Grundlage all dessen ist das informationelle Selbstbestimmungsrecht des Einzelnen. Unter anderem sollen die Prinzipien der Datensparsamkeit, der Angemessenheit und der Erforderlichkeit, der Transparenz und der Zweckbindung sowie der unabhängigen Aufsicht, wie es in verschiedenen Publikationen der Bundesregierung heißt, gestärkt werden. So ist bei den Ansprüchen von Betroffenen auch das „Recht auf Vergessenwerden" ausgeführt, welches das Löschen von Daten erzwingen kann. Es sind in den Datenschutzgesetzen und -Regelungen eine Menge von Rechtsansprüchen festgeschrieben worden, die Betroffene durchsetzen können. Alles in allem aber sind es ziemlich komplizierte Rechtstexte. Kein Wunder, dass sich bereits eine Menge von Anwälten dieser Thematik angenommen hat und den Usern spezialisierte Dienste anbietet.

Für Spiekermann-Hoff sind die Datenschutzbehörden mittlerweile ordentlich aufgestellt. „Die vorgesehenen Sanktionen sind hoch, sie betragen bis zu vier Prozent des Weltumsatzes – der Datenschutz wird mit dem Wettbewerbsrecht gleichgestellt. Damit ist die Hoffnung verbunden, dass der Datenschutz endlich Zähne bekommt. Das lässt die Industrie aufwachen" (Bialek und Kerkmann Bialek 2017).

Um dem Kontrollverlust zu begegnen, schlägt Spiekermann-Hoff Folgendes vor:

> Der erste Punkt: Wir müssen eine echte Wahl haben. Große Dienste wie Facebook müssen eine Bezahloption anbieten, die datenschutzfreundlich ist. Ich möchte mir Privatsphäre erkaufen, diese Option habe ich derzeit nicht. Der zweite Punkt: Wir müssen deutlich machen, dass es einen Deal gibt und wir einen Service mit unseren Daten bezahlen. Wir müssen aber auch – als dritten Punkt – technische Tools bekommen, die dem Nutzer zeigen, was mit seinen Daten passiert (Bialek und Kerkmann 2017).

Wobei wirtschaftliche Interessen von Unternehmen sich durchaus auch mit den Datenschutzbestimmungen treffen können. Schließlich kann ein gut funktionierendes Datenschutzrecht zum Standortvorteil für Unternehmen werden. Denn auch sie haben Daten, die es zu schützen gilt, sensible Daten über Betriebsabläufe, Patente oder den Kundenstamm. Industriekonzerne, aber auch die Bundesregierung, die Bundeswehr und der Bundestag müssen täglich zahlreiche Hacker-Angriffe abwehren; einige Unternehmen, so heißt es in Expertenkreisen, müssen sich sogar mehrerer Tausend Angriffe Tag für Tag erwehren. Der Schaden, der dabei verursacht wird, ist schwer zu benennen, aber es wird mit vielen Milliarden Euro gerechnet.

Dabei versuchen viele Unternehmen, erfolgreiche Angriffe auf ihre Daten zu verschweigen. Ein prominentes Beispiel dafür ist der Fahrdienstvermittler Uber: Ihm sind nach eigenen Angaben 57 Mio. Datensätze entwendet worden. Allerdings hatte das Unternehmen zuvor über ein Jahr den Angriff vertuscht; erst eine neue Unternehmensleitung machte den Vorfall im November 2017 publik. Zuvor hatte das Management an die Diebe offensichtlich Geld gezahlt, damit der Vorfall nicht bekannt wird. Redakteur Markus Fasse listete im Handelsblatt daraufhin die betroffenen Datensätze der zehn größten und bekannten Hacker-Angriffe auf: Kriminelle hätten bei Yahoo 2016 drei Milliarden Datensätze erbeutet, bei MySpace seien es ebenfalls 2016 rund 427 Mio. gewesen und bei eBay 2014 rund 145 Mio. (Fasse et al. 2017).

„Bei kleinen Unternehmen fehlt oft die Expertise über Sicherheitslösungen, bei den großen herrscht schlicht Überforderung", wird der Cybercrime-Experte Sandro Gaycken von der European School of Management and Technology (ESMT) Berlin im Handelsblatt zitiert (Fasse et al. 2017). Wie wichtig der Schutz der Daten nicht nur für das Unternehmen selbst und nicht nur für den Wirtschaftsstandort Deutschland ist, sondern auch für jeden Verbraucher, zeigt die Zeitung an folgendem Beispiel auf: Die Automobilhersteller hätten in den vergangenen Jahren vor allem die sicherheitskritischen Systeme wie Motorsteuerung, Bremskreisläufe oder elektronische Fahrassistenzsysteme gesondert gesichert. „Wem es gelingt, in diese Systeme einzudringen, der kann z. B. auch ein ungewolltes Bremsmanöver auslösen", habe Allianz-Vorstand Joachim Müller kürzlich gewarnt (Fasse et al. 2017).

Ohne einen aufwendigen Datenschutz kommt heute kein Unternehmen mehr aus, sonst wird es erpressbar. Und wie so oft heißt es auch hier: wie im Großen, so im Kleinen. Neben den Wirtschaftsunternehmen und den Datenschutzvorkehrungen des Staates gibt es auch für den einzelnen User ganz individuelle Möglichkeiten, selbst dem Cybercrime entgegenzuwirken. Nicht, dass der durchschnittliche User in der Lage wäre, einen groß angelegten und professionellen Hacker-Angriff abzuwehren, doch er kann es den Kriminellen schwerer machen und seinen eigenen Schaden minimieren. An oberster Stelle nennen die Verbraucherschützer stets den Virenschutz. Bevor sich der User ins Netz begibt, sollte er sich vergewissern, dass er den aktuellsten Virenschutz beziehungsweise alle Updates seiner Programme installiert hat.

Zudem sollte, wenn möglich, grundsätzlich auf die Angabe von persönlichen Daten verzichtet beziehungsweise diese auf ein Minimum beschränkt werden. So nützt es häufig schon, vor dem Klick zu überlegen, ob eine entsprechende Angabe nützlich oder überhaupt für den gewünschten Service notwendig ist. Bei wichtigen Transaktionen im Netz, wie beispielsweise dem Online-Banking, sollten User darauf achten, dass die Daten verschlüsselt werden. Die meisten Banken bieten dies zwar ohnehin an, aber sich nochmals zu vergewissern, ist ratsam.

Dann das Passwort. Sicher ist es lästig, sich verschiedene Passwörter und Pins zu merken – aber: je unterschiedlicher und unvorhersehbarer, umso wirksamer ist der Schutz. Kriminelle bedienen sich oft alter Passwortlisten, die sie sich organisiert haben. Sie erkennen darin häufig Gesetzmäßigkeiten der User und versuchen aufgrund dieser Erfahrungen, andere Passwörter zu knacken. Faustregeln gibt es einige, aber ein Passwort sollte zumindest zwölf Zeichen – Buchstaben, Zahlen, Sonderzeichen – umfassen. Andere Verbraucherberater empfehlen, Lied- oder Gedichtzeilen einzusetzen. Mittlerweile gibt es sogar Programme und vor allem Apps (Android und iOS), um sich Passwörter zu merken. mSecure, eWallet, Mobilesitter, iPin oder 1Password sind nur einige Beispiel aus dem großen App-Angebot. Übrigens lauten die schlechtesten Passwörter: 123456, password, 11111 oder iloveyou (Abb. 4).

Cookies stets zu löschen, ist ein weiteres Gebot. Häufig fordern Internetanbieter auf, die Programme für die Cookies zu akzeptieren. Doch das regelmäßige Löschen ist angebracht, damit das Surfverhalten nicht dauerhaft getrackt wird. Computerprogramme bieten übrigens auch das automatische Löschen von Cookies an.

Suchmaschinen zu wechseln, ist ebenfalls ein probates Mittel, seine Spuren zu verwischen. Die großen Suchmaschinen wie beispielsweise Google fischen Daten ab; je öfter also eine Suchmaschine genutzt wird, umso mehr Daten sammeln sich in einer Hand.

Abb. 4   Ein sicheres Passwort ist 1234 sicher nicht

Zudem ist es ratsam, mehrere E-Mail-Adressen zu verwenden, um die Identität zu verbergen. Es ist angeraten, für unterschiedliche Aktionen unterschiedliche E-Mail-Adressen zu verwenden. So kann beispielsweise für alle Internet-Einkäufe eine eigene Adresse verwandt werden, die keine Rückschlüsse auf den Namen zulässt.

Wovor Datenschützer und Verbraucherberatungen immer wieder warnen: keine E-Mails von unbekannten Absendern öffnen. Ist eine solche Mail jedoch schon einmal geöffnet, was häufig sehr schnell beim Durchklicken der Post geschehen kann, sollten keinesfalls Links oder Anhänge der Mail geöffnet werden. Und: So schnell wie möglich dauerhaft löschen, sodass sie gar nicht erst im Papierkorb landet. In Outlook gibt es dafür die Tastenkombination [Umschalt] + [Entf].

Daten sind das Erdöl des digitalen Zeitalters, der Schmierstoff der Epoche namens Globalisierung, der begehrteste Rohstoff – und das meinen nicht nur die Händler, die mit diesen Daten Geschäfte machen. Deswegen tritt für viele der Datenschutz in den Hintergrund, mit der Wirkung, dass der Persönlichkeitsschutz des Einzelnen nicht mehr gewährleistet und unsere Gesellschaft auf dem Weg ist, sich gläserne Bürger nach Wunsch zu formen. Auch in der Philosophie ist das Thema angekommen. So diskutieren die Philosophen derzeit die nachdenkenswerte These: Anonymität in der Netzgesellschaft, das ist die neue Freiheit!

**Wussten Sie schon?**
- Die derzeitige Datenmenge im Internet beträgt 16,1 Zettabyte.
- US-Wahlkampfmanager habe im vergangenen Wahlkampf zum ersten Mal im großen Stil mit Analysen von Big Data die Wähler ganz individuell angesprochen.
- Datenschutz ist Persönlichkeitsschutz des Einzelnen.
- Der Wert persönlicher Daten wird derzeit auf maximal rund 100 US$ pro Person geschätzt.

**Take-aways**
- Stets den aktuellsten Virenschutz beziehungsweise alle Updates der Programme installieren.
- Grundsätzlich auf die Angabe von persönlichen Daten verzichten beziehungsweise diese auf ein Minimum beschränken.
- Bei wichtigen Transaktionen (Online-Banking) auf Verschlüsselung achten (z. B. https statt http).
- Passwörter mit mindestens zwölf Zeichen – Buchstaben, Zahlen, Sonderzeichen – verwenden; unterschiedliche Passwörter einsetzen und regelmäßig ändern.

- Cookies regelmäßig löschen. Computerprogramme können auch so eingestellt werden, dass dies automatisch geschieht.
- Suchmaschinen wechseln und mehrere E-Mail-Adressen benutzen.
- E-Mails von unbekannten Absendern nicht öffnen und sofort dauerhaft löschen.

# Literatur

Bialek, C., Kerkmann, C. (27./28./29. Oktober 2017). Ich möchte mir Privatsphäre erkaufen. Interview mit Sarah Spiekermann-Hoff. *Handelsblatt, 208*, 56 f.

Bialek, C., Dörner, A., Kerkmann, C., Weddeling, B. (27./28./29. Oktober 2017). Das Geschäft mit den Daten – Die unheimliche Macht. *Handelsblatt, 208*, 52 ff.

Bundesministerium der Justiz und für Verbraucherschutz. (2017). Bundesdatenschutzgesetz (BDSG). https://www.gesetze-im-internet.de/bdsg_1990/__3.html. Zugegriffen: 21. Febr. 2018.

Czycholl, H. (2017). Die Macht der Daten. *Verlagsmagazin Auf in die Zukunft – Magazin zum Innovationstag 2017, Frankfurter Allgemeine Zeitung*, S. 8 ff.

Fasse, M. et al. (23. November 2017). Der große Datenklau – Gefährlich gut vernetzt. *Handelsblatt, 226*, 4 f.

Gruber, A. (2018). Facebook-Daten im US-Wahlkampf – Unbemerkt ausgespäht. In Spiegel online. http://www.spiegel.de/netzwelt/web/facebook-und-cambridge-analytica-leak-whistleblower-christopher-wylie-gesperrt-a-1198763.html. Zugegriffen: 22. März 2018.

Kroker, M. (2017). Weltweite Datenmengen verzehnfachen sich bis zum Jahr 2025 gegenüber heute. In Blog WirtschaftsWoche KROKER'S LOOK @ IT 04.04.2017. http://blog.wiwo.de/look-at-it/2017/04/04/weltweite-datenmengen-verzehnfachen-sich-bis-zum-jahr-2025-gegenueber-heute/. Zugegriffen: 26. Dez. 2017.

Springer Gabler Verlag (Hrsg.). (2017). Stichwort Big Data. In: Gabler Wirtschaftslexikon. http://wirtschaftslexikon.gabler.de/Archiv/-2046774198/big-data-v4.html. Zugegriffen: 26. Dez. 2017.

Statista. (2017). Prognose zum Volumen der jährlich generierten digitalen Datenmenge weltweit in den Jahren 2016 und 2025 (in Zettabyte). In Statista. https://de.statista.com/statistik/daten/studie/267974/umfrage/prognose-zum-weltweit-generierten-datenvolumen/. Zugegriffen: 26. Dez. 2017.

Steel, E., Locke, C., Cadman, E., & Freese, B. (2013). How much is your personal data worth? In The Financial Times Limited, Media, 12.06.2013. https://ig.ft.com/how-much-is-your-personal-data-worth/. Zugegriffen: 26. Dez. 2017.

The Mission. (2017). AI and analytics 2. In: The Mission. https://medium.com/the-mission/ai-and-analytics-2-38b19cfade7a. Zugegriffen: 26. Dez. 2017.

# Eine Frage der Sicherheit – wie viel Überwachung brauche ich?

Diese Frage scheint die Gemüter schon seit Jahrhunderten zu bewegen, wird doch ein gängiges Zitat dem berühmten antiken Philosophen und Naturforscher Aristoteles (384 v. Chr. bis 322 v. Chr.) zugeschrieben: „Wer die Sicherheit der Freiheit vorzieht, ist zu Recht ein Sklave." Oder mit den Worten von Dr. Urs Hölzle, Senior Vice President bei Google: „Wir in Kalifornien haben bisweilen das Gefühl, in Europa gebe es eine innovation per permission. Zuerst stellt man Regeln auf, dann dürfen Sie etwas erfinden. Doch so geht es nicht. Leben Sie im Zeitalter der Kutschen, können Sie keine Regeln für Autos formulieren" (Brunner und Krobath 2017, S. 49).

Schaffen wir Menschen es also nicht, mit dem gegebenen Maß an Sicherheit zurechtzukommen, müssen wir uns zwangsläufig einem Dritten, der uns den gewünschten Schutz bieten kann, zumindest ein wenig ausliefern. Daraus folgt nun wiederum, dass wir uns den Regeln dieses Dritten unterzuordnen haben, der dann auch die Entscheidungen für uns trifft. Sicherheit hat nun einmal ihren Preis – und das ist die Freiheit. Wir bezahlen entweder mit Ausgrenzung aus der digitalen Welt oder mit Privatsphäre (siehe Abb. 1).

Nun lässt sich trefflich über den Kontext streiten, der deutlich von dem der aktuellen Diskussion abweichen dürfte. Aristoteles hatte beim Thema Sicherheit garantiert nicht das enorme Potenzial der digitalen Technologien im Sinn, die uns einerseits die Echtzeitübertragung von Informationen rund um den Globus erlauben, andererseits aber eben auch die Einsicht in unsere ganz privaten Gewohnheiten und, gepaart mit krimineller Energie, sogar den unberechtigten Zugriff auf unsere Privatsphäre und Vermögenswerte

Abb. 1  Der transparente digitale Mensch. (Altmann 2016)

ermöglichen. Wir sehen uns im Internetzeitalter konfrontiert mit Viren, Malware und Erpressungen, die auf ausgespähten sensiblen Daten beruhen. Diese neue Dimension der Kriminalität kann uns schon manchmal in Panik versetzen, die maßgeblichen Behörden und Unternehmen initiierten immer neue Studien zu den wahrscheinlichen Trends, um auf dieser Grundlage geeignete Instrumente der Abwehr entwickeln zu können: Schlupflöcher in den Betriebssystemen werden von Hackern identifiziert und erst danach kostenintensiv gestopft – oder doch nicht? Das Beratungsunternehmen EY ermittelte, dass 2017 noch 48 % aller befragten deutschen Unternehmen keine Versicherung gegen digitale Risiken abgeschlossen hatten (siehe Abb. 2).

## Regeln für das Neuland Internet

Wie war das gleich mit der NSA? Die haben doch ganz bewusst die (bekannten) Sicherheitslücken in den Systemen der gängigen Handy-Modelle ausgenutzt, um die interessanten Informationen direkt von der Quelle, nämlich den relevanten Regierungen weltweit, abzugreifen.

### Eine Frage der Sicherheit – wie viel Überwachung brauche ich?

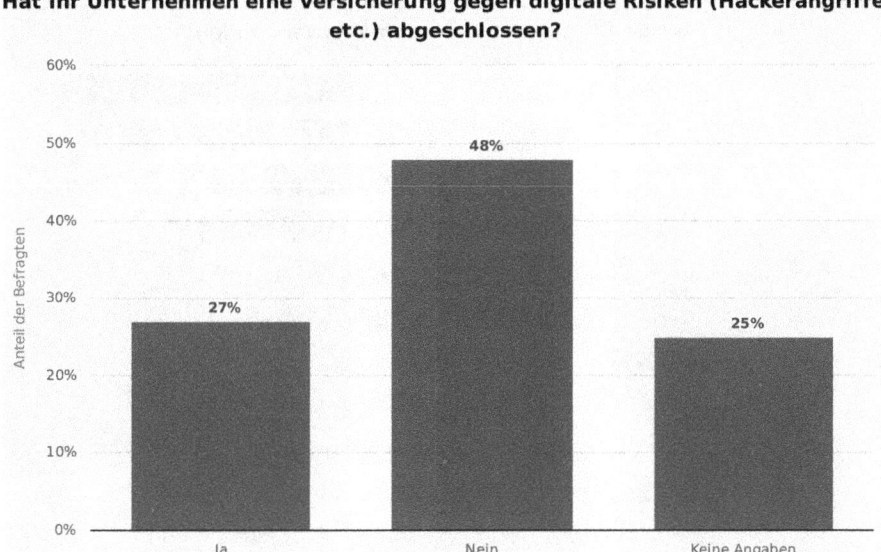

**Abb. 2** Umfrage zur Versicherung gegen digitale Risiken in deutschen Unternehmen. (EY 2017)

Von der Zusammenarbeit mit Microsoft, Google & Co. war die Rede, soziale Netzwerke sind ohnehin als Datensammler begehrte Ansprechpartner, um die Datenströme von Terroristen und anderen kriminellen Elementen nachverfolgen zu können – so zumindest die offizielle Erklärung, die im Zusammenhang mit dem Abhören der Regierungshandys schon wieder einen gewissen Charme birgt. In einer Erklärung sprach die Bundeskanzlerin vom „Neuland", welches das Internet nun einmal darstelle – und genau das ist das Problem: Wir bewegen uns in einem Raum, den wir weder überblicken noch beherrschen können, in dem (noch) keine klaren Regeln gelten und den unterschiedliche Kräfte für ihre eigenen Interessen ausnutzen.

Hier laufen die Entwicklungen derzeit in ganz verschiedene Richtungen: Das Internet der Dinge wird Realität, schon heute steuern wir die Haustechnik ganzer Gebäudekomplexe per Online-Zugriff (siehe Abb. 3). Alle Komponenten sind vernetzt, wir lassen von der Ferne die Heizung arbeiten oder schalten sie aus, die Jalousien fahren nach Belieben nach oben oder unten und wir erkennen, wer sich unberechtigterweise Zutritt zum Haus verschaffen will. Mit dieser Vernetzung, die wir ganz smart über unser Handy steuern, erlangen wir eine enorme Freiheit – eröffnen dabei aber auch die Möglichkeit der Manipulation von außen: Dann übernimmt ein Krimineller die Regie, lässt die Heizung auf Hochtouren laufen

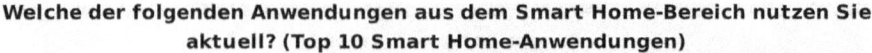

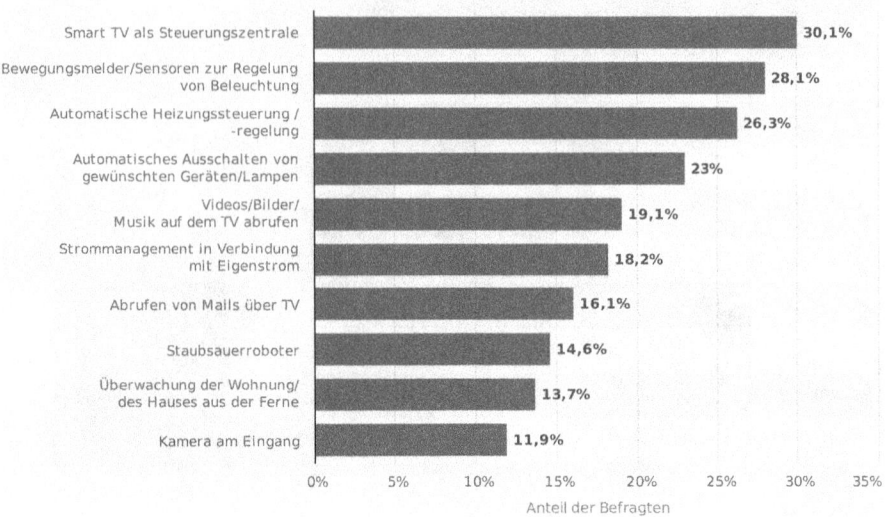

**Abb. 3** Smart Home: Aktuelle Nutzung von Anwendungen in Deutschland. (Splendid Research 2017)

und schneidet die Bewohner von der Luft-, Wasser- und Stromversorgung ab – Utopie? Mitnichten (siehe Abb. 4). Spinnen wir den Gedanken weiter: Die neuen Technologien würden eine vollkommen neue Versorgung mit Medikamenten erlauben. Per Sensoren könnten die Werte eines Diabetes-Patienten an eine zentrale Datenbank geschickt werden, in der die Daten einer großen Menge von Patienten gesammelt und ausgewertet werden. Schon wegen der zahlreichen Varianten dieser Krankheit könnte die medikamentöse Einstellung deutlich effizienter und damit verträglicher gestaltet werden. Während ein Hausarzt vielleicht zwei der Diabetes-Varianten kennt, verfügt eine solche Datenbank über millionenfache Erfahrungswerte, die eine präzisere Diagnose und Therapie ermöglichen. Die Berechnung der notwendigen Menge Insulin erfolgt also auf einer belastbaren Datenbasis, das entsprechende Signal wird an das am Arm des Patienten befindliche Device gesendet und die optimale Dosis gespritzt, wenn das Internet erstens stabil überall verfügbar, zweitens die Datenübertragung sicher und drittens die Abrechnungsmodalitäten mit der Krankenkasse geklärt sind.

**Abb. 4** Die Apple Watch zum Rundum-Tracking. (Crew 2015)

## Neue Technologien brauchen neue Regeln

Wir stehen also vor disruptiven Technologien, wie beispielsweise dem selbstfahrenden Auto, die völlig neue Überlegungen erfordern, haben aber noch gar nicht das Bewusstsein, geschweige denn die Infrastruktur dafür. Diese hängen jedoch essenziell mit dem Thema Sicherheit zusammen. Bleiben wir zur Verdeutlichung beim Straßenverkehr: Als die ersten Pferdegespanne aufkamen, stieg naturgemäß die Unfallgefahr. Es musste also ein neues Ordnungssystem entwickelt werden, demgemäß die Gespanne entweder alle rechts oder eben links fahren und in dem geregelt ist, welche zuerst abbiegen dürfen und wer Vorfahrt hat. Mit der Entwicklung der motorgetriebenen Fahrzeuge verschärfte sich diese Notwendigkeit noch, um vor allem die Fußgänger in einem bestimmten Maße schützen zu können. Heute kennen wir klare Regeln, die in den meisten Ländern auch eingehalten werden. Nur so kann das enorme Verkehrsaufkommen auf den vielspurigen Autobahnen und Straßen überhaupt bewältigt werden. Hier wird auch kontrolliert und Verstöße werden geahndet. Grundlage ist jedoch eine Infrastruktur, also ein Verkehrsnetz aus Straßen, Schienen- und Wasserwegen, das (bislang) ausschließlich vom Staat organisiert und bereitgestellt wurde. Ebenso kümmert sich der Staat um die Überwachung der Einhaltung der zur Sicherheit aller Verkehrsteilnehmer festgelegten

Regeln: Nur wer diese beherrscht, erhält überhaupt die Fahrerlaubnis. Mit der Straßenverkehrsordnung sind wir ebenso einverstanden wie mit der Ahndung der Verstöße, jedenfalls der meisten, die die Verkehrssicherheit gefährden.

Nun bewegen wir uns mit dem Internet in einer neuen Dimension: Im Prinzip handelt es sich um Daten-Autobahnen, die den Globus umspannen. Sie bringen viele Vorteile, aber auch Risiken – genauso wie der Straßenverkehr. Bislang gehen wir jedoch damit um, als würde jedes Bundesland oder jede größere Stadt eigene Verkehrsregeln aufstellen: Wir überlassen den Protagonisten das Feld und warten ab, welche Entwicklungen sich durchsetzen werden. So entstehen wahre Daten-Silos, beispielsweise bei Google, die ihren eigenen Gesetzen folgen. Diese Daten-Kraken wieder in den Griff zu bekommen, dürfte ein schwieriges Unterfangen werden. Wer weiß aber, was diese Unternehmen mit den gesammelten Informationen anstellen? Schon heute werden Userdaten dafür verwendet, um personifizierte Werbung zu schalten – natürlich gegen ein entsprechendes Entgelt der Werbenden. Ganze Geschäftszweige basieren darauf, die in den sozialen Netzwerken hinterlassenen Datenspuren auszuwerten und für Marketingstrategien nutzbar zu machen (siehe Abb. 5). Regierungen sehen sich genötigt, mit Facebook über die Regeln, die im Netzwerk einzuhalten sind, zu verhandeln – die Macht dieser Unternehmen ist enorm gewachsen, weil sie auf den begehrten Daten von inzwischen zwei Milliarden Menschen sitzen.

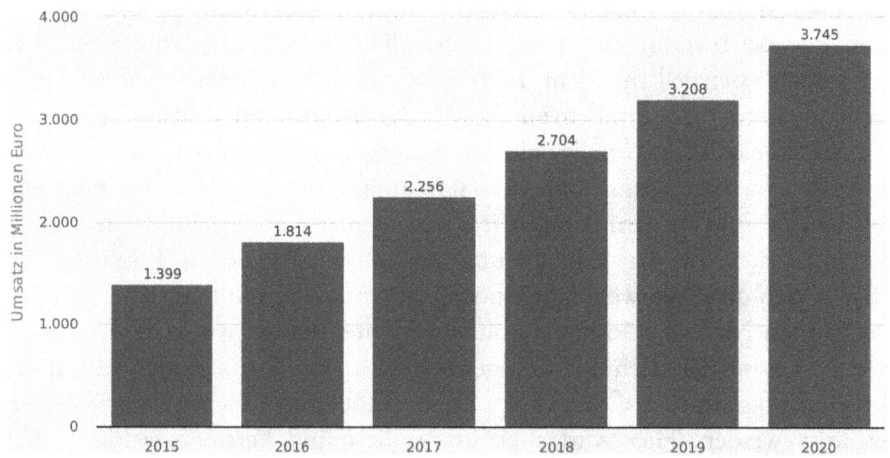

**Abb. 5** Prognose zum Umsatz mit Big Data in Deutschland von 2015 bis 2020 in Millionen Euro. (Experton 2015)

## Mobilität der Zukunft und Daten-Autobahnen

Dabei ließ sich schon vor mehr als zehn Jahren absehen, dass Daten und Wissen die wertvollsten Güter der Zukunft sein werden. Es wurde allerdings nichts unternommen, im Gegenteil, die Vorausschauenden wurden verlacht – hier sei nur an Prof. Dr. Gunter Dueck erinnert, der in seiner Zeit bei IBM bereits entsprechende Vorstöße unternommen hatte. Google & Co. haben den Trend erkannt, an ihnen geht heutzutage nichts vorbei. Sie bleiben aber auch nicht stehen, lässt sich doch bereits jetzt prognostizieren, dass die selbstfahrenden Autos in absehbarer Zeit unser Straßenbild prägen werden: Die vielen Privatfahrzeuge werden dann ebenso überflüssig wie die Verkehrspolizei, Taxifahrer oder die Rechtsanwälte, die die hohen Schadenersatzsummen nach einem Unfall erstreiten. Das Städtebild und unser Verständnis von Mobilität werden sich komplett verändern: Der Weg zur Arbeit ist dann nicht mehr stressig, sondern wir haben Zeit, um die E-Mails zu checken, zu lesen oder zu entspannen. Kinder können ganz sicher die Wege zur Schule oder zum Sport zurücklegen, ohne dass sich die Eltern zeitaufwendig darum kümmern müssen. Immobilien im ländlichen Umfeld von Großstädten werden wieder attraktiver. Allerdings: Wir haben noch immer darum zu kämpfen, dass es flächendeckend ein Internetangebot geben wird, also auch im ländlichen Raum.

Folgen wir dem Gedanken, dann ist es nur logisch, dass die Internet-Infrastruktur ebenfalls Angelegenheit des Staates sein muss: Der stabile Anschluss an die Daten-Autobahnen ist nicht nur eine Frage des individuellen Komforts, sondern sowohl für Privatpersonen als auch für die Wirtschaft eine existenziell wichtige Voraussetzung. Die Produktionsprozesse werden künftig so automatisiert sein, dass die einzelnen Arbeitsbereiche vernetzt miteinander kommunizieren, fehlende Waren oder Rohstoffe ebenso automatisch geordert wie die Produkte auf den Weg zum Kunden gebracht oder die Rechnungen verschickt werden. In großen Konzernen ist das heute bereits gängige Praxis, anders ließen sich die komplizierten und global verteilten Unternehmensstrukturen, Warenströme und Produktionsprozesse gar nicht mehr organisieren. Ist nun aber ein mittelständisches Unternehmen, das vielleicht als Zulieferer infrage käme, irgendwo im Hinterland angesiedelt, hat es gar keine Chance: Es fehlt ihm ganz einfach die grundlegende stabile Internetverbindung. Oftmals kann es nicht einmal Cloud Computing in Anspruch nehmen, was wiederum zum Einsparen von Hard- und Software-Investitionen führen könnte. Das Internet entwickelt sich zum Grundbedürfnis. Immer mehr Arbeitsmodelle basieren darauf.

## Infrastruktur und die Rolle des Staates dabei

Würde der Staat die Verantwortung für diese Infrastruktur übernehmen, könnte er auch die dort geltenden Regeln festlegen und der Wirtschaft vorschreiben. Dann müssten Bosch, Siemens & Co. nicht jeweils eigene Studien zu möglichen Sicherheitslücken erheben und entsprechende Werkzeuge für deren Behebung entwickeln, dann wäre die Frage der Sicherheit ebenfalls in den Händen einer übergeordneten Stelle. So existieren die unterschiedlichsten Systeme parallel, sodass bei Bedarf zunächst um eine Synchronisation der Daten gekämpft werden muss, um überhaupt eine Kommunikation der Systeme zu ermöglichen. In jedem Bundesland wird also nach anderen Regeln gefahren. Dass dies nicht zum reibungslosen Verkehr beiträgt, lässt sich leicht nachvollziehen. Gleichzeitig müssen die Ressourcen, die zur Wartung, Reparatur und Weiterentwicklung notwendig sind, mehrfach vorgehalten werden. Die Konkurrenz schläft schließlich nicht und könnte sich mit einer Neuerung Wettbewerbsvorteile verschaffen. So entwickeln etwa Banken nun auch digitale Zahlungssysteme, nachdem einige FinTechs diesen enormen Markt für sich entdeckt haben (Frühauf 2017, S. 49), nachdem Apple und der chinesische Internethändler Alibaba es allen vorgemacht haben. Eine einheitliche Vorgabe wäre sinnvoll, um nicht nur Effizienz, sondern vor allem auch Sicherheit zu gewährleisten. Die unterschiedlichen Anbieter könnten sich bei den Details ihrer Angebote voneinander abheben, um ihren Kunden Vorteile zu eröffnen und im Wettbewerb attraktiv zu sein. Die enormen Entwicklungs-, Wartungs- und Unterhaltungskosten eigener Payment-Systeme ließen sich somit ganz einfach einsparen. Unter dem Strich könnten vielfältige positive Effekte erzielt werden, und wir könnten auf eine staatlich organisierte, reglementierte und überwachte Internet-Infrastruktur zurückgreifen – so wie beispielsweise im heutigen Straßenverkehr.

Anhand der staatlichen Regeln, die selbstverständlich permanent einem gesellschaftlichen Diskurs unterliegen müssten, sollte auch das optimale Maß der Überwachung demokratisch festgelegt werden (siehe Abb. 6). Wir verändern ja auch die Normen für den im Straßenverkehr zulässigen Alkoholkonsum oder das Mindestalter für den Erwerb eines Pkw-Führerscheins auf der Grundlage belastbarer Unfallstatistiken, wenn entsprechende Anfragen aus der Bevölkerung gestellt werden. So könnten die Internet-Regeln ebenso zur Schuldbildung gehören, wie das für die Verkehrsregeln zutrifft. Diese allgemeinen Regeln würden zudem Kompetenzen im Umgang mit den digitalen Medien ver-

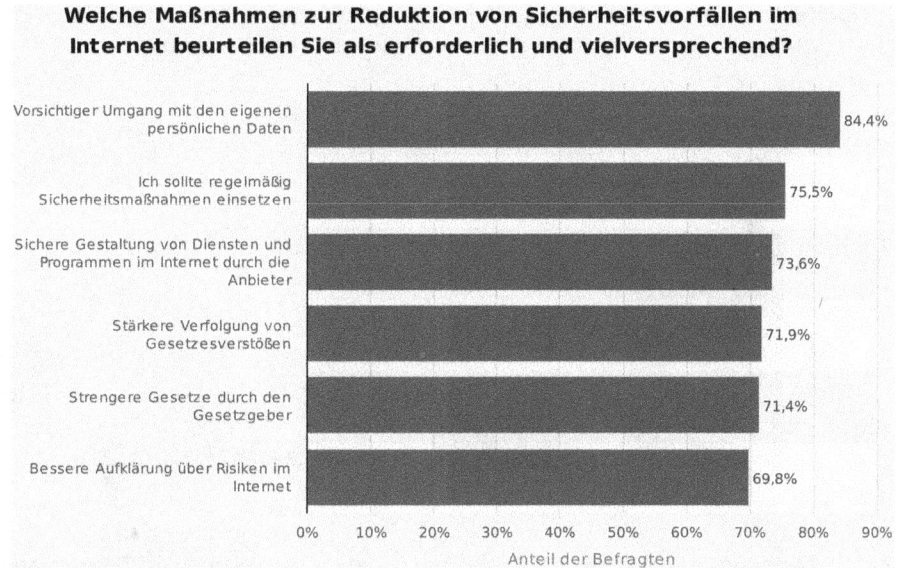

Abb. 6 Umfrage zu Maßnahmen zur Reduktion von Sicherheitsvorfällen im Internet. (Deutschland sicher im Netz 2017)

mitteln, z. B. warum man sich an bestimmte Vorschriften halten muss, welche Konsequenzen Verstöße haben oder welche Risiken man im digitalen Datenverkehr eingeht. Schon mit der Entwicklung eines solchen Bewusstseins ließen sich viele kriminelle Aktivitäten reduzieren. Natürlich gibt es keine absolute Sicherheit. Damit leben wir auch heute im Straßenverkehr. Trotzdem setzen wir uns in die Autos, die Züge oder die Flugzeuge und genießen die Mobilität. Es geht also um ein Abwägen von Sicherheit und Freiheit (siehe Abb. 7), was uns in vielen anderen Bereichen deutlich leichter fällt. Und das aus einem guten Grund: Wir können diese Bereiche mit ihren Chancen und Risiken besser überblicken.

## Umgang mit Digitalem erlernen oder besser nach dem Staat rufen?

Dass dies beim Internet fehlt, zeigt schon unser Umgang mit den neuen Technologien: Statt uns mit sicheren Passwörtern zu schützen, nutzen wir unsere Geburtsdaten oder die unserer Angehörigen. Statt die Inhalte, die wir in den sozialen Medien posten, zu überdenken, hinterlassen wir einen breiten Datenstrom, aus dem sich die unterschiedlichsten Schlüsse ziehen las-

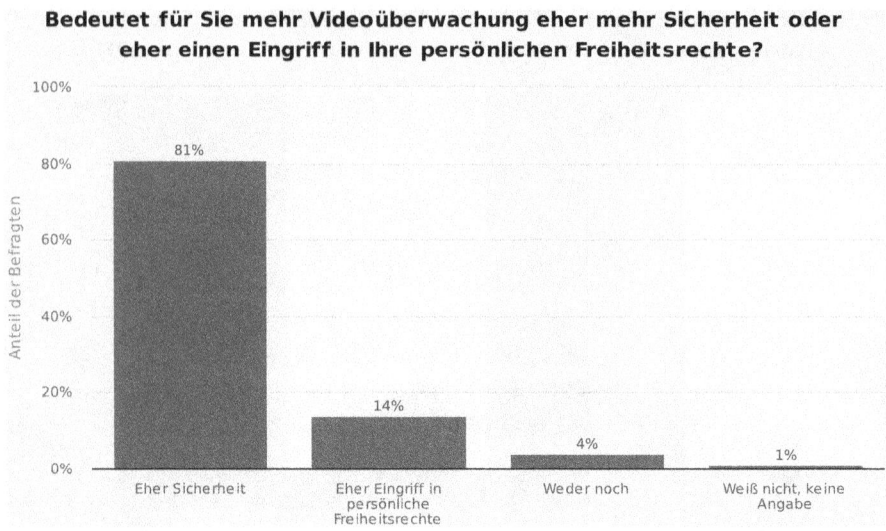

**Abb. 7** Meinung zum Sicherheitsgefühl durch Videoüberwachung in Deutschland. (Focus 2017)

sen. Statt zu überlegen, was Sprachassistenz-Geräte wie beispielsweise Alexa alles speichert über das hinaus, was wir gerade von ihr wollen, stellen wir sie sogar in unsere Schlafzimmer. Echo Spot geht noch weiter und baut eine kleine Kamera ein. Das Gerät ist in den USA seit 2017 im Handel, seit 2018 in Deutschland (Heuzeroth 2017, S. 26).

Eine Umfrage von Bitkom aus dem Jahr 2017 zeigt: Während aus Sicherheitsgründen auf Online-Shopping, -Buchung und -Banking wenig verzichtet wird, empfindet ein hoher Prozentsatz Sicherheitslücken beim E-Mail-Versand und vermeidet so diesen Weg beim Versand wichtiger Dokumente (Abb. 8).

Statt die Konsequenzen unseres Handelns zu beachten, bewegen wir uns im Internet wie in einem rechtsfreien Raum. Im Gegenzug regen wir uns auf, wenn unsere Daten von Dritten abgefischt werden, und rufen nach dem Staat. Greift dieser aber noch tiefer in die Regelkiste, wie in den letzten Monaten mehrmals per offizieller Verordnung oder gar Gesetzesänderung geschehen, wie der E-Privacy-Richtlinie mit Regelungen für die Zustimmung und Verwendung bei Tracking und Analysetools auf Webseiten (Meister 2017) oder dem Gesetz gegen Hass im Internet (Spiegel Online 2018), fühlen wir uns wie in einem Überwachungsstaat in unserer Privatsphäre verletzt. Zugegeben, die Verschärfung der Gesetze ist ausgesprochen umstritten und sollte einem wirklich demokratischen Verfahren

**Auf welche Online-Aktivitäten verzichten Sie aus Sicherheitsgründen genau?**

| Aktivität | Anteil |
|---|---|
| Versand vertraulicher Informationen und wichtiger Dokumente per E-Mail | 56% |
| Mitgliedschaft in sozialen Netzwerken | 29% |
| Nutzung von Cloud-Diensten | 26% |
| Online-Banking | 25% |
| Online-Buchungen von Reisen, Mietautos oder Eintrittskarten | 15% |
| Online-Shopping bei Online-Händlern oder Auktionsplattformen | 14% |

Anteil der Befragten

**Abb. 8** Umfrage zum Verzicht auf Aktivitäten im Internet in Deutschland. (Bitkom 2017)

unterworfen werden. Hier ist ein ausgiebiger Diskurs notwendig, wo die Privatsphäre aufhört und das allgemeine Sicherheitsinteresse beginnt. Nicht zuletzt der Deutsche Anwaltsverein (DAV) kritisiert das Vorgehen, da das Gesetz nicht auf regulärem Wege in den Bundestag eingebracht worden sei, sondern als Änderungsantrag (und das im Zusammenhang mit einem Gesetz, das einen vollkommen anderen Inhalt hatte).

Nichtsdestotrotz wohnt allen neuen technischen Spielereien ein Zauber inne. Vor allem, wenn man Science Fiction mag. Seit dem Aufkommen von Sci-Fi-Filmen zeigten uns diese, was in den nächsten Jahren im technischen Bereich kommen könnte – von Robotern, die unsere Hunde ausführen, bis hin zu fliegenden Taxis, die uns in Sekundenschnelle zum nächsten Ziel bringen. Auch Apple verstand es schon früh, den Reiz von Technik herauszustellen. Während Mitbewerber Technik noch als trocken, komplex und sehr sachlich darstellten, gelang es Apple, mit Technik emotional zu begeistern. Das begann schon damit, dass die Suchfunktion Sherlock hieß und auf dem Desktop durch eine Sherlock-Holmes-Figur visualisiert wurde oder dass man Computer mit einem leicht transparenten Gehäuse in verschiedenen Farben wie Lila, Türkis erwerben konnte.

# Mit Chip in der Hand zum Cyborg

Jens-Peter Labus, 56, war mal IT-Verantwortlicher bei Media Markt Saturn. Seit er sich öffentlichkeitswirksam auf der Bühne bei einem Firmenevent einen Chip zwischen Daumen und Zeigefinger hat implantieren lassen, nennt er sich Chief Cyborg Officer. Mit diesem Chip, mit dem er nun ohne Schlüssel sein Garagentor öffnen kann oder keine Visitenkarten mehr braucht, denn alle Infos kann er per Chip überspielen, möchte er seinen Mitarbeitern Mut machen. Ebenso wie bei Bezahlkarten und Ausweisdokumenten, die es schon mit Chip gibt, lassen sich auch bei Labus' Hand die Informationen mit jedem Lesegerät ab zehn Zentimeter Entfernung auslesen. Kramer, Gründer des Webshops Digiwell, das „Upgrades" für den Körper anbietet, findet das ganz normal, relativiert aber Menschen wie Labus als Cyborgs, denn: „die wahren Cyborgs aber, das sind Menschen mit Herzschrittmachern und Hörgeräten und Frauen mit der Spirale zur Empfängnisverhütung" (Bernau 2017, S. 59).

Es lässt sich ohnehin immer wieder feststellen, dass es in puncto Überwachung nicht an Informationen mangelt, sondern an deren Verarbeitung. Wie ließe sich sonst erklären, dass die Täter der furchtbaren Terrorattentate in jüngster Zeit den Behörden hinreichend bekannt waren. Auch hier fehlte die Kommunikation zwischen verschiedenen Systemen, nämlich denen der relevanten Behörden. Schon vor diesem Hintergrund wird der enorme und vor allem dringende Handlungsbedarf deutlich: Daten und Wissen sowie die damit verbundenen Technologien müssen Chefsache sein – und das sowohl im Staat als auch in Unternehmen. Hier sind nicht nur einheitliche Regeln, sondern auch und vor allem Visionen dafür gefragt, wie wir unsere Gesellschaft in Zukunft gestalten wollen, welche Rollen wir als Menschen darin spielen werden, wie künftig unsere Arbeitswelt aussehen wird und wie viel Überwachung wir für unsere Sicherheit brauchen.

> **Wussten Sie schon?**
> - 47 % der internationalen Systemeinbrüche werden intern erkannt, und die durchschnittliche Erkennungszeit beträgt dabei 146 Tage. Bei externen Benachrichtigungen ist diese Zeitspanne allerdings erheblich höher, und zwar 320 Tage (M-Trends 2017).
> - 78 % der Phishing-E-Mails werden an Wochentagen versandt, an Sonn- und Montagen sind dagegen kaum Aktivitäten zu verzeichnen (M-Trends 2017).
> - Angreifer deutscher IT-Systeme suchen vornehmlich nach Kundendaten, Bank-/Finanzdaten des Unternehmens-, Patent- und Produktinformationen/Konstruktionszeichnungen und Preis-/Konditionsinformationen (Sauermann 2017).

- Die Betrugsmasche in Form des sogenannten Fake-President ist eine weit verbreitete Angriffsart. Dabei veranlasst der Betrüger im Gewand eines mutmaßlich ranghohen Vorgesetzten Mitarbeiter mit Budgetzugriff zu Überweisungen auf fremde Konten. Trotz der erhöhten Berichterstattung über diese Deliktart sind 60 % der befragten Unternehmen noch nicht mit dem Phänomen „Fake-President" vertraut. Ein Viertel der mit dem Thema vertrauten Unternehmen ist bereits Opfer dieser Betrugsmasche geworden, ein weiteres Viertel berichtet über erfolglose Angriffsversuche (Sauermann 2017).
- Der Umsatz privater Sicherheitsdienste in Deutschland ist im ersten Quartalsvergleich 2016 um 39,5 % gestiegen. Ein stärkeres Wachstum hat es seit Einführung der Konjunkturstatistik für den Dienstleistungssektor im Jahre 2003 nicht gegeben (BDSW 2016).
- Eine effektive Hacker-Methode, um die eigene Meinungsäußerung zu stören und wichtige Online-Informationen zu blockieren, sind sogenannte DDoS-Attacken (Distributed Denial of Service). Ein DDoS-Angriff ist der Versuch, einen Online-Service auszuschalten, indem er mit unglaublichen Datenmengen aus mehreren Quellen überschüttet wird. Ziel sind u. a. Banken, News-Websites oder auch Regierungen und NGOs. Google Ideas, The Big Picture Group und Arbor Networks haben nun eine Digital Attack Map geschaffen, die erstmals eine Live-Datenvisualisierung von DDoS-Attacken rund um den Globus ermöglicht (Think Tank Report 2017a, S. 6).
- Mit der Gesichtserkennung des chinesischen Start-ups Face++ wird mit Hilfe von 83 verschiedenen Punkten in kürzester Zeit eine persönliche Matrix zu jedem Gesicht erstellt – hoch individuell und schwer zu kopieren. Die Gesichtserkennung wird in den kommenden Jahren in verschiedensten Geschäfts- und Sicherheitsbereichen Einzug halten. In China kann an den ersten Orten bereits per Gesichtserkennung bezahlt werden (Think Tank Report 2017b, S. 7).
- Die Software „Pre Crime Observation System", kurz „Precobs" basiert auf einer Annahme über das Verhalten von professionellen Einbrechern. Es ist wissenschaftlich erwiesen, dass Einbrecher oft Wiederholungstäter sind. Die Mitarbeiter der Polizei füttern die Software so mit anonymen Daten von vergangenen Einbrüchen wie z. B. der Tatzeit, dem Tatort und der Beute sowie der Lage von Häusern. Anhand dieser und weiterer Daten erstellt Precobs eine Karte. Sie unterteilt die Stadt in rote, grüne, blaue und gelbe Kacheln. In den roten Bereichen liegt die Wahrscheinlichkeit eines Einbruchs über 70 %. In diesen Bereichen fährt die Polizei verstärkt Streife und klärt die Anwohner über eine mögliche Einbruchsgefahr auf. Das Polizeipräsidium Mittelfranken verwendet das Programm seit 2015 (MDR 2017).
- Aktuelle politische Themen über Terroranschläge, gewaltbereite Extremisten, Auseinandersetzungen über die Flüchtlingskrise und die Einwanderungspolitik treiben die Sorgen der Deutschen auf Spitzenwerte. Zu dem Ergebnis kommt die R+V-Studie „Die Ängste der Deutschen 2016". Die angegebenen Ängste seien innerhalb eines Jahres so drastisch in die Höhe gegangen wie nie zuvor. Darunter fallen vor allem Ängste vor terroristischen Anschlägen, politischem Extremismus und vor Spannungen durch weiteren Zuzug von Ausländern. Vor letzteren beiden haben mehr als zwei Drittel aller Bundesbürger Angst. Die überwiegende Mehrheit der

Deutschen befürchte dabei, dass Politiker von ihren Aufgaben überfordert und Behörden bei der Bewältigung der Flüchtlingskrise überlastet seien (DStGB 2016).
- 2016 ist die Rangfolge der sieben größten Ängste in West- und Ostdeutschland nahezu identisch, ebenso wie die Intensität der einzelnen Sorgen. Einziger Unterschied im Ranking: Die Angst, im Alter auf Pflege angewiesen zu sein, gehört im Westen mit 58 % noch zu den Top-Sorgen. Im Osten liegt diese Angst mit 57 % auf Platz 8 und wird übertroffen von der Sorge, dass die Lebenshaltungskosten steigen (West: 53 %, Platz 11) (RUV 2016).
- Die zunehmende Nutzung von Cloud-Diensten lässt die Zahl der Spam-E-Mails mit Schadsoftware rapide ansteigen (Albert 2017).

**Take-aways**
- Will man seinen Pfad im Netz nicht oder nur teilweise offenlegen, gibt es dazu verschiedene Möglichkeiten: Man kann z. B. auf „nicht akzeptieren" klicken, wenn man keine Cookies möchte. Auch kann man verschiedene E-Mail-Adressen verwenden; dabei am besten auch solche, die keinen Hinweis auf die Person dahinter erlauben. Oder man surft verdeckt durch das World Wide Web, wie z. B. mit Anbietern wie dem Proxy-Dienst Hidemyass oder Alternativen wie vtunnel, die sich den Service mittlerweile gut bezahlen lassen (Peters 2015).
- Immer mehr Erwachsene in den USA nutzen Wearables wie beispielsweise Fitnessarmbänder. Inzwischen sind es etwa 25 %, zwölf Prozent mehr als 2016. 60 % der Konsumenten sind bereit, ihre Gesundheitsdaten mit einem Konzern wie Google zu teilen. Die möglichen Konsequenzen sollte sich jeder gut überlegen, nämlich, wie weit man transparent werden möchte, vor allem für ein paar große Internetunternehmen (Albert 2017).
- Sollten Sie sich nicht sicher fühlen und sich Unterstützung per Smartphone wünschen, dann ist vielleicht eine der vielen Apps, wie bSafe, GetHomeSafe oder MeinNotruf eine Lösung, mit der Sie Freunde wissen lassen, wo Sie sich gerade aufhalten und im Notfall nur einen SOS-Button drücken müssen, damit Hilfe kommt (Focus Online 2013).
- Nutzen Sie Ihr Smartphone sicherer, indem sie eine Bildschirmsperre einrichten, Nachrichten auf dem Sperrbildschirm deaktivieren, ungenutzte Netzwerkschnittstellen deaktivieren, automatische Verbindungen deaktivieren und Apps vor der Installation recherchieren (Cumplido 2016).
- Fallen Sie nicht auf sogenannte Phishing-Mails herein. Diese E-Mails ähneln grafisch stark denen Ihrer Bank, doch sie stammen von Betrügern. Meistens werden Sie in diesen E-Mails aufgefordert, Ihre Daten einzugeben. Der mitgelieferte Link führt jedoch auf eine gefälschte Homepage, sodass die Daten abgegriffen werden können. Entsprechend sollte man nie auf den Link in einer solchen E-Mail klicken (Schömann-Finck 2017).

# Literatur

Albert, A. (2017). Internet Trends. Das bewegt das Netz 2017. In Manager Magazin. http://www.manager-magazin.de/unternehmen/it/mary-meeker-internet-trends-2017-a-1150275.html. Zugegriffen: 30. Nov. 2017.

Altmann, G. (2016). Binärcode Mann Schaufensterpuppe. In Pixabay. https://pixabay.com/de/bin%C3%A4r-code-mann-schaufensterpuppe-1327512/. Zugegriffen: 14. Dez. 2017.

BDSW. (2016). Private Sicherheitsdienste: Auftragsboom hält an – Fast 40% Umsatzwachstum. In Bundesverband der Sicherheitswirtschaft. https://www.bdsw.de/presse/bdsw-pressemitteilungen/private-sicherheitsdienste-auftragsboom-haelt-an-fast-40-umsatzwachstum. Zugegriffen: 30. Nov. 2017.

Bernau, V. (2017). Das geht unter die Haut: Chipimplantate. *Wirtschaftswoche, 40,* 59–60.

Bitkom. (2017). Auf welche Online-Aktivitäten verzichten Sie aus Sicherheitsgründen genau? In Statista. https://de.statista.com/statistik/daten/studie/166490/umfrage/verzicht-auf-aktivitaeten-im-internet-aus-sicherheitsgruenden/. Zugegriffen: 30. Nov. 2017.

Brunner, S., & Krobath, M. (2017). Urs Hölzle. Urs Hölzle Cloud. Urs Hölzle Google. Urs Hölzle Schweiz. Ein Interview mit Urs Hölzle, Schweizer im Silicon Valley und Mitarbeiter Nummer 8 von Google. *Bulletin, 3,* S. 44–50.

Crew. (2015). Tech-Savvy Apple Watch. In Unsplash. https://unsplash.com/photos/-wS-9Zf-NBk. Zugegriffen: 14. Dez. 2017.

Cumplido, T. (2016). Smartphones sicherer nutzen. In heise Download. https://www.heise.de/download/specials/Smartphones-sicherer-nutzen-3148936. Zugegriffen: 30. Nov. 2017.

Deutschland sicher im Netz. (2017). Welche Maßnahmen zur Reduktion von Sicherheitsvorfällen im Internet beurteilen Sie als erforderlich und vielversprechend? In Statista. https://de.statista.com/statistik/daten/studie/560611/umfrage/massnahmen-zur-reduktion-von-sicherheitsvorfaellen-im-internet/. Zugegriffen: 30. Nov. 2017.

DStGB. (2016). Umfrage: Gefährdung des Sicherheitsgefühls der Deutschen. In Deutscher Städte- und Gemeindebund DStGB. https://www.dstgb.de/dstgb/Homepage/Schwerpunkte/Sicherheit%20und%20Kommunen/Kriminal-%20und%20Alkoholpr%C3%A4vention/Umfrage%3A%20Gef%C3%A4hrdung%20des%20Sicherheitsgef%C3%BChls%20der%20Deutschen/. Zugegriffen: 30. Nov. 2017.

Experton. (2015). Prognose zum Umsatz von Big-Data-Lösungen in Deutschland von 2015 bis 2020 (in Millionen Euro). In Statista. https://de.statista.com/statistik/daten/studie/257976/umfrage/umsatz-mit-big-data-loesungen-in-deutschland/. Zugegriffen: 30. Nov. 2017.

EY. (2017). Hat Ihr Unternehmen eine Versicherung gegen digitale Risiken (Hackerangriffe etc.) abgeschlossen? In Statista. https://de.statista.com/statistik/daten/studie/760310/umfrage/versicherungen-gegen-digitale-risiken-in-deutschen-unternehmen/. Zugegriffen: 30. Nov. 2017.

Focus. (2017). Bedeutet für Sie mehr Videoüberwachung eher mehr Sicherheit oder eher einen Eingriff in Ihre persönlichen Freiheitsrechte? In Statista. https://de.statista.com/statistik/daten/studie/655303/umfrage/sicherheitsgefuehl-durch-videoueberwachung-in-deutschland/. Zugegriffen: 30. Nov. 2017.

Focus Online. (2013). Notruf-Apps und Ortung. So wird ihr Smartphone zum Lebensretter. In Focus Online 15. September 2013. http://www.focus.de/digital/handy/notruf-apps-und-ortung-so-wird-ihr-smartphone-zum-lebensretter_aid_1075588.html. Zugegriffen: 29. Okt. 2017.

Frühauf, M. (2017). Der Griff nach den Kontodaten. *Frankfurter Allgemeine Woche, 40*, 48–49.

Heuzeroth, T. (29. September 2017). Alexa ist jetzt immer und überall. Amazon holt zum großen Schlag aus. *Die Welt kompakt*, S. 26–27.

MDR. (2017). Software sagt Einbruchszentren hervor. In MDR. Einfach genial. http://www.mdr.de/einfach-genial/eg-precobs-100.html. Zugegriffen: 30. Nov. 2017.

Meister, L. (2017). Neue Vorschriften zum besseren Schutz der Privatsphäre in der elektronischen Kommunikation. In Onlinehändler News.de. https://www.onlinehaendler-news.de/recht/gesetze/28204-schutz-privatsphaere-elektronischen-kommunikation.html. Zugegriffen: 19. Jan. 2018.

M-Trends. (2017). 2017 Cyber Security Trends. In FireEye. https://www.fireeye.de/current-threats/annual-threat-report/mtrends.html. Zugegriffen: 30. Nov. 2017.

Peters, M. (2015). Top-Alternativen zu hidemyass. In CHIP. http://praxistipps.chip.de/top-alternativen-zu-hidemyass_27684. Zugegriffen: 30. Nov. 2017.

RUV. (2016). Die Ängste der Deutschen. Presseinfo: Ergebnisse der Ängste-Studie 2016. In R+V. Die Versicherung mit dem Plus. https://www.ruv.de/presse/aengste-der-deutschen/presseinformation-aengste-der-deutschen-2016. Zugegriffen: 30. Nov. 2017.

Sauermann, M. (2017). e-Crime in der deutschen Wirtschaft 2017. In KPMG Themen. https://home.kpmg.com/de/de/home/themen/2017/04/ecrime-studie.html. Zugegriffen: 30. Nov. 2017.

Schömann-Finck. (2017). Sicherheit von Kreditkarten. Sicheres Bezahlen – So ist Ihre Kreditkarte vor Missbrauch geschützt. In Focus Online. http://www.focus.de/finanzen/banken/kreditkarten/sicherheit-von-kreditkarten-sicheres-bezahlen-so-ist-ihre-kreditkarte-vor-missbrauch-geschuetzt_id_4646638.html. Zugegriffen: 30. Nov. 2017.

Spiegel Online. (2018). Justizminister zum NetzDG. Maas verteidigt Gesetz gegen Hass im Internet. In Spiegel Online. http://www.spiegel.de/netzwelt/netzpolitik/netzdg-heiko-maas-verteidigt-netzwerkdurchsetzungsgesetz-gegen-kritik-a-1186118.html. Zugegriffen: 19. Jan. 2018.

Splendid Research. (2017). Welche der folgenden Anwendungen aus dem Smart Home-Bereich nutzen Sie aktuell? (Top 10 Smart Home-Anwendungen). In Statista. https://de.statista.com/statistik/daten/studie/756931/umfrage/aktuelle-nutzung-von-smart-home-anwendungen-in-deutschland/. Zugegriffen: 30. Nov. 2017.

Think Tank Report. (2017a). Gesichtet. In Think Tank Report 4, S. 6. http://www.kas.de/wf/doc/kas_49734-544-1-30.pdf?170801140130. Zugegriffen: 30. Nov. 2017.

Think Tank Report. (2017b). Gesichter. In Think Tank Report 4, S. 70. http://www.kas.de/wf/doc/kas_49734-544-1-30.pdf?170801140130. Zugegriffen: 30. Nov. 2017.

## Weiterführende Literatur

Biederbeck, M. (2017). Wir leben bald in einer Welt der Autokraten. In Wired 30. März 2017. https://www.wired.de/collection/tech/citizen-lab-ron-deibert-interview-ueberwachung-hacker-russland-china. Zugegriffen: 29. Okt. 2017.

Bosch Sicherheitssysteme. (o. J.). Vernetzung als Trend unserer Zeit. In Bosch Sicherheitssysteme GmbH, Gebäudesicherheit. http://de.boschbuildingsecurity.com/de/02_sicherheitsloesungen_1/vernetzung-als-trend-unserer-zeit. Zugegriffen: 29. Okt. 2017.

Die Welt. (o. J.). Rundumüberwachung liegt im Trend. In Die Welt. https://www.welt.de/motor/gallery6897498/Rundumueberwachung-liegt-im-Trend.html. Zugegriffen: 29. Okt. 2017.

Frickel, C. (2016). IT-Sicherheit Trends 2016: Neue Gefahren und wie Sie sich schützen. In PC Magazin 08. Januar 2016. http://www.pc-magazin.de/ratgeber/it-sicherheit-trends-2016-neue-gefahren-und-wie-sie-sich-schuetzen-3195499.html. Zugegriffen: 29. Okt. 2017.

Gerny, D. (27. Mai 2016). Trend zu mehr Sicherheit. In *Neue Zürcher Zeitung* 2016. https://www.nzz.ch/meinung/kommentare/staatliche-ueberwachung-trend-zu-mehr-sicherheit-ld.85221. Zugegriffen: 29. Okt. 2017.

Hirschmann, N. (2015). *Sicherheit als professionelle Dienstleistung und Mythos: Eine soziologische Analyse der gewerblichen Sicherheit*. Potsdam: Springer.

Lobo, S. (2015). Geheimdienste lesen nicht mal Zeitung. In Spiegel Online 25. November 2015. http://www.spiegel.de/netzwelt/web/sascha-lobo-ueber-die-irrationale-ausweitung-der-ueberwachung-a-1064508.html. Zugegriffen: 29. Okt. 2017.

Maier, F. (2016). Prognosen für 2017. In Computerwoche 21. Dezember 2016. s https://www.computerwoche.de/a/prognosen-fuer-2017,3329201. Zugegriffen: 29. Okt. 2017.

Seitz, J. (2015). Sicherheit – Ein Megatrend. In Zukunftsinstitut November 2015. https://www.zukunftsinstitut.de/artikel/sicherheit-ein-megatrend/. Zugegriffen: 29. Okt. 2017.

Tresch, T. S. et al. (26. 05 2017). Sicherheit 2017. In CSS ETHZ 26. Mai 2017. http://www.css.ethz.ch/ueber-uns/css-news/2017/05/studie-sicherheit-2017.html. Zugegriffen: 29. Okt. 2017.

Wissen. (2016). Sicherheit im Internet der Dinge – Trends für 2016. In Wissen.de. http://www.wissen.de/sicherheit-im-internet-der-dinge-trends-fuer-2016. Zugegriffen: 29. Okt. 2017.

# Der Sack Reis in China – der Mythos von Nähe und Ferne

Fährunglück in Bangladesch: Mindestens 65 Menschen verlieren bei einem schweren Fährunglück auf dem Padma-Fluss nahe der Hauptstadt Dhaka ihr Leben. – Das ist den Tageszeitungen hierzulande eine kleine Randnotiz auf der Seite „Vermischtes" oder „Panorama" wert. Die Notiz springt nicht ins Auge, wird häufig überlesen. Die Journalisten haben abgewogen, die Relevanz des Unglücks für ihre Leser bewertet. Eine Tragödie, sicherlich, aber für die Leser in unseren Breitengraden weckt sie allenfalls ein wenig Empathie unter jenen, die die Region kennen, vielleicht schon einmal Bangladesch bereist haben.

Anders in der digitalen Welt: An einem ansonsten an großen Themen nachrichtenarmen Tag springt das Fährunglück womöglich auf die Eins, das heißt, es steht ganz oben, ist vielleicht für eine halbe Stunde wegen Ermangelung anderer Ereignisse der Aufmacher. Der User, der in diesen Minuten mit dem Artikel konfrontiert wird, muss den Eindruck erhalten, dass die Tragödie ihn etwas angeht, wichtig ist für ihn, schließlich ist sie ja ein Topthema. Dass das Unglück bald wieder auf der Online-Seite nach unten rutscht, nach ein paar Stunden vielleicht kaum noch auf der Seite zu finden ist, bekommt er möglicherweise gar nicht mit.

Es ist eine Frage, ob diese Information nun ganz oben an der Eins stand, um die Leser durch ständigen Themenwechsel „bei Laune zu halten", sie zu unterhalten, sie an die Seite und den Nachrichtenfluss zu binden, sie womöglich zu einer Art „Newssucht" zu verführen und folglich die Klickzahlen weiter zu erhöhen. Doch abgesehen von dieser Frage hat das Geschehen auch noch einen ganz anderen Effekt: Was sich weit weg, irgendwo in der Welt abspielt, ist plötzlich ganz nah. Doch was bringt dem Rezipienten diese Nähe? Zunächst offensichtlich recht wenig.

Ein anderes Beispiel: Ein deutscher Textildiscounter lässt in Pakistan Jeans herstellen. In der Fabrik bricht Feuer aus, 260 Menschen sterben in den Flammen. Viele können dem Feuer nicht entkommen, weil die Fenster vergittert sind. Notausgänge sind blockiert oder fehlen ganz. Die Nachricht der Katastrophe ist schnell in Deutschland, die Online-Medien bringen alles direkt in die vier Wände der Verbraucher. Die klassischen Medien ziehen in diesem Fall rasch nach, in der gedruckten Welt wird diese Nachricht am folgenden Tag ebenfalls groß.

Der Tragödie folgen juristische Auseinandersetzungen, Gerichte werden in Pakistan und Deutschland angerufen. Pakistanische Ermittler lassen Gutachten anfertigen, die sich teilweise widersprechen oder sogar nahelegen, das Feuer sei absichtlich von Schutzgelderpressern gelegt worden. In der Folge entbrennt eine Diskussion über die Verantwortung von Auftraggebern in Fällen wie diesem. Der Textildiscounter entschädigt Opfer und Hinterbliebene.

An diesem Beispiel wird die Globalisierung mit ihren Vor- und Nachteilen durch die sie begleitende Digitalisierung auf einmal für jeden deutlich sichtbar, den Menschen ganz nah. Denn durch die Digitalisierung konnten nicht nur die Fakten über das Unglück in Sekundenschnelle und über Kontinente hinweg zum Textilkunden in Deutschland transportiert werden, sondern mit der Nachricht gelangten auch ethische, moralische Fragen nach Deutschland: Trägt ein Unternehmen, das in der Ferne von einem anderen Unternehmen Textilien schneidern lässt, Verantwortung für die Umstände in der tausende Kilometer entfernten Produktionsstätte? Ist es moralisch vertretbar, mit umgerechnet ein paar Cent Arbeiter für einen Knochenjob zu entlohnen? Und ist es zu verantworten, angesichts dieser Umstände die Kleidung hierzulande zum Schnäppchenpreis zu kaufen? Oder ist das einfach nur der Gang der Dinge, an dem keine Regierung, erst recht kein einzelner Konsument etwas ändern kann?

Diese neue Nähe kann also nicht nur verklären, Relevanz vortäuschen, sondern auch aufklären, bewusst machen. Sie kann provozieren, dass User, in dem genannten Fall Kunden, möglicherweise ihr Kaufverhalten hinterfragen, Regierungen sich gegebenenfalls veranlasst sehen, Gesetze zu ändern, oder Interessenvertretungen wie z. B. internationale Gewerkschaftsorganisationen nationale Vereinbarungen für einen besseren Schutz von Arbeitnehmern voranbringen können.

Wir reden zunächst nicht über die großen Katastrophen dieser Welt, die berechtigterweise in Windeseile auf jeden PC oder jedes Mobile geliefert werden: Terroranschläge, Kriege, Naturkatastrophen, Hungernöte und Flüchtlingselend. Es ist der berühmte Sack Reis, der sprichwörtlich in China umfällt und als Nachricht in hiesigen Breitengraden wirklich keinen interessieren müsste. Doch bekommt ein solcher Sack so manches Mal ein ganz anderes Gewicht: Zunächst kaum relevante Nachrichten aus der Ferne können in der Nähe an Relevanz gewinnen, ja Vorurteile wecken oder verstärken. Beispiel gefällig? Seit einigen Jahren lassen in Russland viele Autofahrer beim Fahren kleine Kameras mitlaufen; die Bilder dienen im Schadensfall vor Gericht als Beweismittel. Im Netz sind so Tausende und Abertausende Videos von zum Teil spektakulären Unfällen zu sehen, insbesondere aus den kalten russischen Wintern bei Eis und Schnee – zur großen Schadenfreude der Zuschauer. Da die Kameras aber wegen der Beweismöglichkeit vor allem in Russland eingesetzt werden, verstärkt sich hierzulande der Eindruck: Auf Russlands Straßen geht's zu wie im Wilden Westen. Oder: Die Russen können nicht Auto fahren.

## Das Netz verändert den Sozialraum

Keine Zweifel: Durch die Digitalisierung dreht sich Informationswelt schneller. Die Ferne wird zur Nähe. Zeit und Raum werden durch das Internet überbrückt. Alles ereignet sich im Hier und Jetzt. Vieles ist plötzlich in unsere Sichtweite gerückt, was wir ohne Digitalisierung niemals gesehen hätten und uns auch in keiner Weise beunruhigt oder belastet hätte.

Dass das alles Auswirkungen auf den Menschen und sein soziales Verhalten sowie sein soziales Umfeld hat, ist zwangsläufig. „Statt des persönlichen Gesprächs wird oft nur noch gemailt oder sich per Messenger-Diensten ausgetauscht" – so lauten häufig die Vorhaltungen vieler, meist älterer Menschen Jüngeren gegenüber. Ist das tatsächlich so? Verlieren wir durch das Internet soziale Kompetenzen? Befördert das World Wide Web eine weitere Individualisierung? Engt das Netz die Entwicklung der Menschen ein? Macht das Netz einsam?

Wissenschaftler sprechen von der Veränderung des Sozialraums durch das Internet. Die Soziologin Jennifer Kreß (2010) schreibt in ihrem Aufsatz „Zum Funktionswandel des Sozialraums durch das Internet": „Nicht zuletzt lässt sich der soziale Wandel an den Fortschritten und der weiten Verbreitung der Informationstechnologien erkennen. Computer und Internet sind aus unserem Leben nicht mehr wegzudenken und genießen eine entsprechend hohe Nutzungsfrequenz, wie unterschiedliche Studien zeigen."

Kreß (2010) stellt zunächst fest, wie sich der Sozialraum heutzutage verändert.

Der Sozialraum ist Schauplatz von Begegnungen, von Bildung und Identitätsprozessen. Diese Bereiche bleiben jedoch nicht unbeeinflusst von den gesellschaftlichen Entwicklungen. Zweifellos finden im Sozialraum auch weiterhin Begegnungen statt; er ist sicherlich nach wie vor maßgebend für Lernprozesse und die Ausbildung von Identität. Allerdings gibt es hierbei keine festen Orientierungsrahmen und vorgegebenen Strukturen mehr. Streng genommen ist alles möglich oder auch nichts. Denn, so dürfte erkennbar geworden sein, diese Entwicklungen fordern von den Einzelnen aktives und selbstbestimmtes Handeln. Es gilt die Vielfältigkeit an Möglichkeiten auszuloten und eigene, erfolgsversprechende Wege herauszuarbeiten. Ein Unterfangen, das zweifelsohne einen Zugewinn an Freiheit und Offenheit impliziert, gleichzeitig aber auch verunsichern und überfordern kann.

Und Soziologin Kreß gewinnt dem Internet in diesem Zusammenspiel Positives ab:

Es ist nicht nur Indikator des beschriebenen Wandlungsprozesses, sondern es bietet in vielerlei Hinsicht Funktionen, die im ‚realen' Sozialraum Auflösungstendenzen erfahren, wodurch neue Handlungspotentiale erschlossen werden können und der Einzelne im Hinblick auf die an ihn gestellte Forderung nach aktiver Ausgestaltung seiner Lebensentwürfe Unterstützung findet. Das Internet stellt die Grundlage verschiedenartiger und mannigfaltiger Kommunikation und Interaktion dar und fördert darüber hinaus die Ausbildung von Netzwerken und Communities. Es entstehen in diesem Zusammenhang neue Beziehungsformen, die losgelöst von der eigenen sozialräumlichen Verortung bestehen (können). Daneben nimmt das World Wide Web einen entscheidenden Einfluss auf die Identitätsausbildung der Nutzer. Unabhängig davon, ob bestehende (Teil-)Identitäten durch den Onlineauftritt gefestigt, neue (Teil-)Identitäten ausgebildet oder aber solche ausgelebt werden, welche ‚offline' nicht gezeigt bzw. nicht gezeigt werden dürfen: Jeweils dient das Internet der Erprobung unterschiedlicher Identitätsentwürfe.

Zwischen den Online- und Offline-Identitäten entstünden nach den Ausführungen der Soziologin Kreß häufig Synergieeffekte. Sie führt in ihre Überlegungen weiterhin aus: „Insofern ist das Internet mit seinen vielfältigen Optionen nicht als Ersatz sozialräumlicher Funktionen anzusehen, der diese überlagert, vielmehr wirkt dieses ergänzend und verändernd. Dadurch entstehen Wechselwirkungen zwischen dem realen und dem virtuellen Sozialraum, welche in vielerlei Hinsicht neue Handlungsmöglichkeiten implizieren und einen Zugewinn an Gestaltungsfreiheit bedeuten." Eine strikte Trennung zwischen dem realen und dem virtuellen Raum könne nicht mehr vorgenommen werden, da die Grenzen fließend seien. Virtuelle Welten dürften nicht länger als Spiel- oder Freizeitwelten abgetan werden, welchen nur eine zweitrangige Bedeutung zuerkannt werde. „Vielmehr ist deutlich geworden, dass das Internet entscheidenden Einfluss auf gesellschaftliche Bezüge nimmt und virtuelle Räume vor diesem Hintergrund als eine Ausweitung des gesellschaftlichen Sozialraums anzusehen sind, da hier in gleicher oder ähnlicher Weise Funktionen bedient werden, die dem (realen) Sozialraum zuzuordnen sind."

## Neue Nähe schafft Zerrbilder unserer Umwelt

Also müssen wir davon ausgehen, dass auf diese Weise das Ferne, das uns durch die Digitalisierung so schnell zu etwas ganz Nahem geworden ist, nicht nur unseren Sozialraum, sondern auch unser Bild von unserer nächsten Umgebung verändert. Die Kommunikationswissenschaft spricht von der „Kultivierungshypothese" (siehe auch Kapitel „Bad News"). Die Darstellung in den Medien prägt demnach die öffentliche Wahrnehmung. Einst waren kriegerische Auseinandersetzungen weit weg: Während in Europa über die letzten Jahrzehnte hinweg Frieden herrschte, gab es zig Kriege, Bürgerkriege und militärische Konflikte in der Ferne. Und dieses Blutvergießen kam nicht nah an den Leser der Zeitung heran. Auch die Berichterstattung in den Nachrichtensendungen des Fernsehens machte letztlich deutlich, dass dieses Leid weit weg ist. Und überhaupt: Häufig waren die Kriege in Afrika, im Nahen Osten oder sonst wo auf der Welt eher Themen der TV-Auslandsmagazine als der tagesaktuellen Berichterstattung. Doch auch hier mischt das Netz die Welt neu auf. Das World Wide Web bringt jedes Ereignis aus dem letzten Winkel der Welt direkt und häufig ungefiltert ins digitale Hier – und nicht nur den besagten Sack Reis.

Bleiben wir kurz bei den Kriegen: Auch wenn die Zahl der Kriege nach Angaben des „Konfliktbarometers" beispielsweise von 2015 auf 2016 von 19 auf 18 sank, so kann doch der Online-News-Konsument den Eindruck gewinnen, dass die Zahl der Kriege zugenommen hat (HIIK 2017). Die vielen zusätzlichen, zum Teil gewaltsam geführten Auseinandersetzungen, die von den am Konfliktbarometer beteiligten Wissenschaftlern auf rund 400 beziffert werden, tragen selbstverständlich noch ihren Teil dazu bei, dass der intensive News-User meint, irgendwie werde überall geschossen. Sein Bild von der Welt wird also erheblich von der Ferne, die zur bedrückenden Nähe geworden ist, beeinflusst. Es ist alles in seine Sichtnähe geraten (Abb. 1).

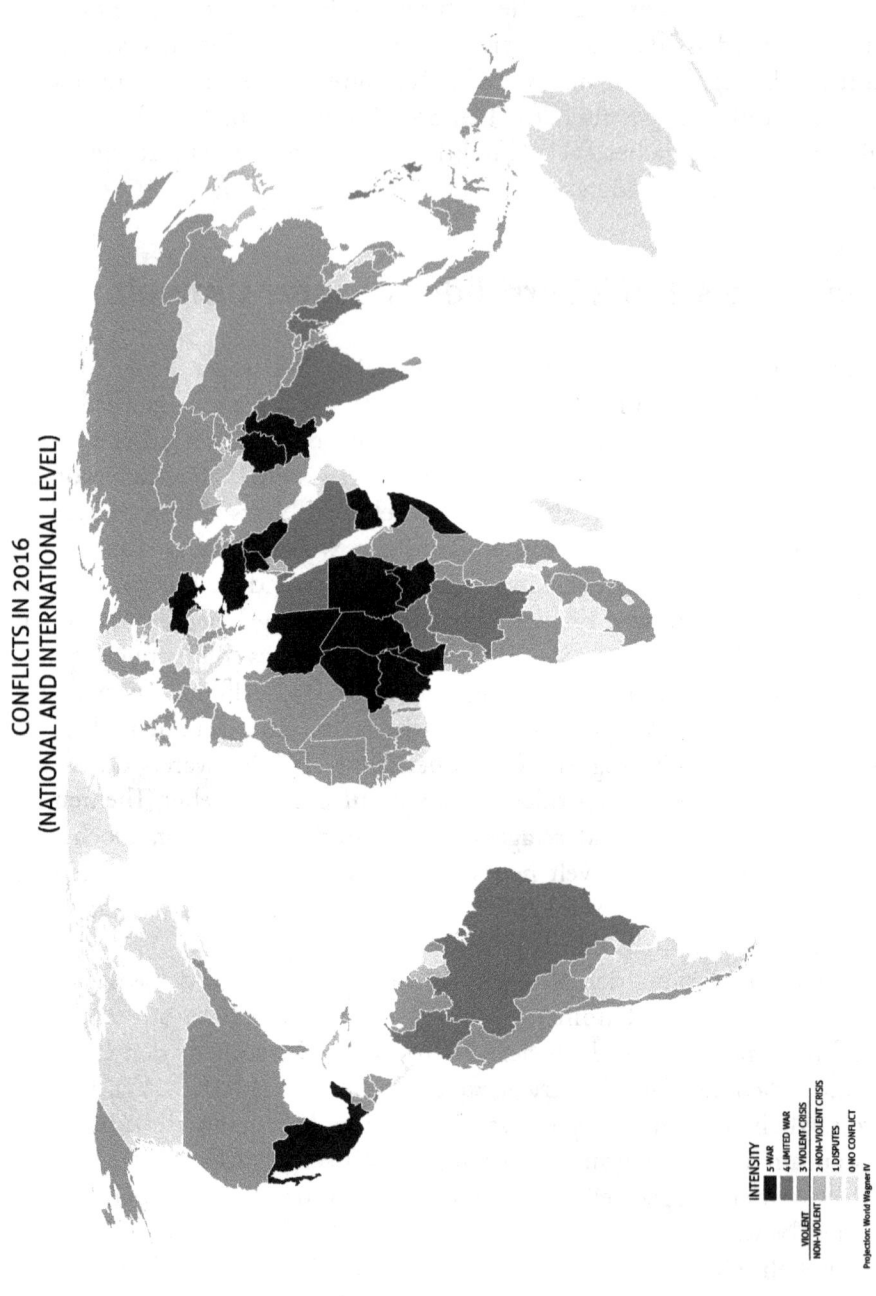

**Abb. 1** Konflikte im Jahr 2016 (national und international). (HIIK 2016)

Dabei ist die Häufigkeit von Meldungen über beispielsweise bestimmte Verbrechen noch längst nicht der Beweis dafür, dass tatsächlich mehr Straftaten verübt worden sind. So wurde im Netz Ende 2016, Anfang 2017 ständig von Vergewaltigungen berichtet; die Quellen waren sehr häufig fremdenfeindliche Personen oder Gruppen, die stets ohne irgendeinen Beweis über die angebliche Tat durch die Verbreitung nur Fremdenhass schüren wollten.

Und wenn dann auch noch in der Bilanz des Münchner Oktoberfestes in seriösen Medien von einer steigenden Zahl von sexuellen Übergriffen berichtet wird, verfestigt sich bei vielen das falsche Bild: In Deutschland kann eine Frau nicht mehr alleine ausgehen.

Verantwortungsvoller Journalismus kann hier Licht ins Dunkel bringen. So ist auch auf der Online-Seite von Welt und N24 die Bilanz des Oktoberfestes 2017 gezogen worden. Zwar heißt es in der Überschrift des Artikels „Doppelt so viele Sexualdelikte wie 2016", aber im Text wird dann erläutert:

> Die Beamten der Wiesnwache registrierten auch eine Zunahme bei Drogendelikten sowie bei den Sexualdelikten. Hier verdoppelte sich die Zahl fast auf 67 (Vorjahr: 34). Der Grund sei aber vor allem die Ausweitung von Kontrollen und Videoüberwachung, sagte da Gloria Martins. Die Beamten konnten oft einschreiten, bevor Schlimmeres geschah – etwa, wenn sich Männer an betrunkene Frauen heranmachten, die auf dem Hügel hinter den Zelten schliefen. Zudem gebe es bei Sexualdelikten eine höhere Sensibilität – und mit der Änderung des Strafrechts fallen inzwischen etwa Taten wie sexuelle Beleidigung unter Sexualdelikte, die vor einem Jahr als Beleidigung zählten. (Dobel 2017).

Sicher, es wurde schon immer versucht, die Öffentlichkeit über Manipulation der Medien zu beeinflussen, aber auch hier ist es erneut wichtig, darauf zu verweisen: Es ist das Netz, das diese Versuche heutzutage viel einfacher macht als noch vor Jahren. Und damit der User nicht zum nichts ahnenden Opfer wird, gilt wie stets: Quellen prüfen, nach anderen Berichten in anderen Medien suchen, um sich ein Bild machen zu können.

Dabei provoziert das aus der Ferne in die Welt des Einzelnen Hereinbrechende auch Angst und Beklemmung: Für ihn lauern dann die Gefahren, die einst so fern waren, ebenfalls in den heimischen Gefilden hinter jeder Ecke. Konsequenz, die viele daraus ziehen: Rückzug ins Sichere, Geborgene. Rückzug in die schöne kleine Parallelwelt, in der es sich so gemütlich einrichten lässt. Das heißt: Rückzug in den Echoraum, in dem die Welt auch von anderen so gesehen wird, wie es dem Einzelnen passt. Hier werden seine Vorurteile bestätigt, hier kommt nicht die Gefahr des Zweifels auf. So fördert der gepriesene Segen des World Wide Webs, Raum und Zeit zu überbrücken und damit offen in die Welt zu schauen, ironischerweise zeitgleich auch Intoleranz. Ein Rückzug in eine piefige Kleinbürgerlichkeit, in eine übersichtliche Dorfgemeinschaft. Die Auswirkung für die Weltgemeinschaft: Nationale Bestrebungen werden gestärkt. Das, was bei vielen die Reaktionen auf die Globalisierung ist, zieht offenbar auch das Internet, der Schmierstoff für die Globalisierung, nach sich: My Home is my Castle, hier weiß ich, was ich habe.

**Wussten Sie schon?**
- Das Internet verändert den Sozialraum, erweitert und ergänzt ihn. Es stellt die Grundlage verschiedenartiger und mannigfaltiger Kommunikation und Interaktion dar und fördert darüber hinaus die Ausbildung von Netzwerken und Communities. Es entstehen in diesem Zusammenhang neue Beziehungsformen. Daneben übt das World Wide Web einen entscheidenden Einfluss auf die Identitätsausbildung der Nutzer aus.
- Was als offenes Instrument für die Kommunikation mit der ganzen Welt gedacht war und jedem ein weltweites Informationsangebot gemacht hat, das Internet, führt ironischerweise einige User genau ins Gegenteil: Aus Furcht oder Unsicherheit flüchten sie in eine geschlossene kleine Parallelwelt, eine Art Dorfgemeinschaft – den Echoraum.

**Take-aways**
- Das World Wide Web macht es heute einfacher denn je, die Öffentlichkeit über die Manipulation der Medien zu beeinflussen. Damit der User nicht zum nichts ahnenden Opfer wird, gilt stets: Quellen der Meldungen prüfen und nach anderen Berichten gleichen Themas in weiteren Medien suchen, um sich ein besseres Bild machen zu können.
- Das Internet überbrückt Raum und Zeit. Ereignisse aus der Ferne rücken näher und können uns zu einem Zerrbild unserer Umwelt verleiten: Wer ständig mit Meldungen über Verbrechen und Gewalt aus aller Welt konfrontiert wird, sieht schließlich in seinem Umfeld auch nur noch potenzielle Verbrecher. Die Wissenschaft spricht von der Kultivierungshypothese. Deswegen: Einhalten, im Geiste zurücktreten, sich die Relation für sich und seinen Lebensraum klar machen.

# Literatur

HIIK. (2016). Conflicts in 2016 (National and International). In HIIK. https://www.hiik.de/daten-karten/statische-karten/. Zugegriffen: 23. Febr. 2018.

HIIK. (2017). Conflict Barometer 2016. In HIIK Heidelberger Institute for International Conflict Research. https://hiik.de/konfliktbarometer/aktuelle-ausgabe/. Zugegriffen: 26. Febr. 2018.

Dobel, S. (2017). Doppelt so viele Sexualdelikte wie 2016. In welt.de. Regionalnachrichten BAYERN, Oktoberfest-Bilanz, 4.10.2017. https://www.welt.de/regionales/bayern/article169299608/Doppelt-so-viele-Sexualdelikte-wie-2016.html. Zugegriffen: 21. Dez. 2017.

Kreß, J. (2010). Zum Funktionswandel des Sozialraums durch das Internet. In sozialraum.de 2/2010. http://www.sozialraum.de/zum-funktionswandel-des-sozialraums-durch-das-internet.php. Zugegriffen: 9. Okt. 2017.

# Programmierer statt EDV-Mitarbeiter – von neuen Berufen und Berufungen

Experten sind sich einig, dass die Digitalisierung die Arbeitswelt verändern wird. Aber damit hört die Einigkeit auch schon auf. Wie, wann und in welchem Umfang – dazu gehen die Meinungen weit auseinander. Als Vertreter des einen Extrems im Meinungsspektrum formuliert Dr. Oliver Stettes vom Institut der deutschen Wirtschaft Köln e. V. 2016 im Rahmen der Initiative für neue soziale Marktwirtschaft: „Die Digitalisierung ist eine Chance, und für politischen Aktionismus ist es derzeit verfrüht, und wir sollten erstmal abwarten, wie sich die Digitalisierung in der Arbeitswelt Platz greift." (Stettes 2016). Kein Wunder, ist er doch der Meinung, dass die Empirie keine Anhaltspunkte für einen Arbeitsplatzabbau im Zuge der Digitalisierung gebe. Weder seien weniger Jobs zu erwarten, noch werde die Beschäftigungsunsicherheit steigen, auch für einen Bedeutungsverlust sozialversicherungspflichtiger Beschäftigungsverhältnisse sei keine empirische Evidenz gegeben, so Dr. Stettes. Clickworker, also Internetnutzer, die nach dem Crowdsourcing-Prinzip Aufgaben und Projekte für Unternehmen bearbeiten, ohne von diesen fest angestellt zu sein, seien empirisch eigentlich gar nicht vorhanden, für eine künftige Verbreitung spreche derzeit wenig. Die Digitalisierung werde die Qualität der Arbeit wohl nicht bedrohen, auch wenn die künftige Lohnentwicklung nicht abzusehen sei.

Auch Bührig und Weber aus der Sektor- und Regionenanalyse bei der Credit Suisse gehen davon aus, dass die Arbeitsplätze in andere Wirtschaftssektoren wandern, nicht aber reduziert werden. Sie berufen sich dabei auf die Auswertungen der bisherigen Innovationen, die das 20. Jahrhundert gebracht hat und glauben: „Wo Ressourcen zur Verfügung stehen, werden sie in neue Projekte investiert und ziehen sie Schaffenskraft an, um das Morgen noch ein wenig komfortabler zu gestalten als das Heute." (Bührig und Carnazzi Weber 2017, S. 42). Eine ähnliche Tendenz ist einer Grafik von „Die Welt" zu entnehmen (siehe Abb. 1).

Die komplett gegensätzliche Position vertritt mit Prof. Dr. Gunter Dueck, Mathematiker, langjähriger IBM-Manager und Buchautor, mit seinem Statement: „Die Hälfte aller Berufe verschwindet." (Dueck 2017). Diese steile These vertritt er bereits seit einigen Jahren, seine Publikationen dazu wurden Bestseller, zu denen es naturgemäß auch kritische Stimmen gibt. Er konstatiert: „Bis jetzt hat man nichts gemacht. Man braucht einfach zehn Jahre, bevor sie das Problem erkennen." (Dueck 2017).

Klar ist: Zunehmend werden einfache Arbeiten von Maschinen übernommen. Dagegen wird der Bedarf an hochspezialisierten Experten, vor allem im IT-Bereich, deutlich zunehmen (siehe Abb. 2). Entspricht das dem Markt an potenziellen Arbeitskräften? In Deutschland sicher nicht. Ein Großteil der Flüchtlinge, die von der Politik oftmals als qualifizierte Arbeitnehmer angepriesen wurden, wird es in Zukunft noch schwerer haben, Anschluss an den deutschen Arbeitsmarkt zu finden. Schon jetzt beträgt die Quote der Vermittlung in den Arbeitsmarkt kaum mehr als zehn Prozent – und das liegt weniger an Sprachbarrieren oder rechtlichen Regelungen: Für wenig Qualifizierte sieht die berufliche Zukunft einfach düster aus. Das gilt für alle weitentwickelten Industrienationen.

| Basisszenario | Veränderung in Tausend | |
|---|---|---|
| Öffentliche Verwaltung -372 | +425 | Unternehmensdienste |
| Maschinenbau -285 | +335 | Sozialwesen, Heime |
| Gastgeberbe, Hotelerie -244 | +260 | Leiharbeiter u.ä. |
| Metallerzeugung -169 | +218 | Gesundheitswesen |
| Land- und Fortwirtschaft -168 | +168 | Steuer-, Unternehmensberater |
| Interessenvertretungen -160 | +125 | Erziehung und Unterricht |
| Möbel, Reparatur von Maschinen -115 | +106 | Kunst und Kultur, Glücksspiel |
| Nahrungsmittel, Getränke -88 | +75 | Elektronik, Eletktrotechnik |

**Abb. 1** Hier kommen bis 2030 Jobs dazu oder gehen verloren. (Die Welt 2016a)

Basisszenario

| Qualifikation | Beschreibung | Erwerbspersonen, Veränderung in % |
|---|---|---|
| Experten | Hochschulstudium mind. 4 Jahre | +12,5 |
| Spezialisten | Bachelor-, Meister-, Technikerabschluss | -0,6 |
| Fachkräfte | Kaufmännische oder sonst. Ausbildung | -4,5 |
| Helfer | Max. einjährige Ausbildung | -9,7 |

**Abb. 2** So verändert sich die Berufslandschaft. (Die Welt 2016b)

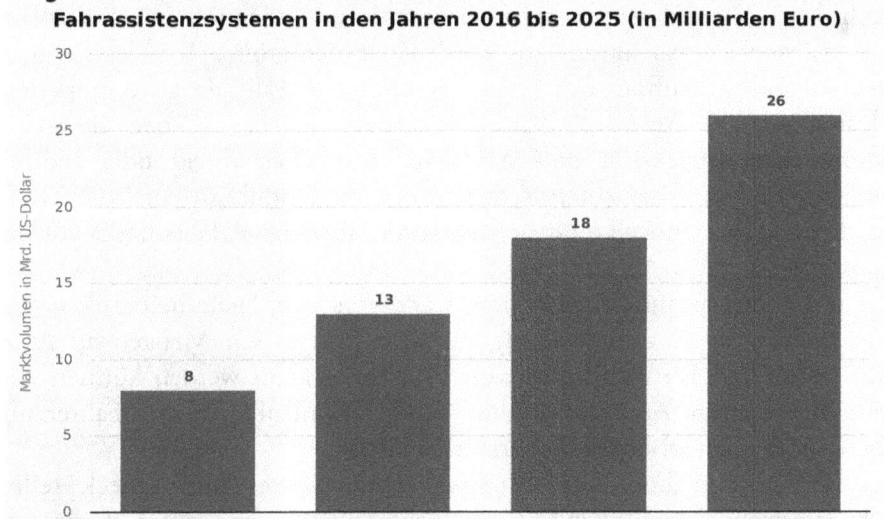

**Abb. 3** Prognose des weltweiten Marktvolumens von autonomen Fahrfunktionen bis 2025. (Bain and Company 2017)

Vor allem Duecks verbaler Angriff auf die deutsche Automobilindustrie, die er angesichts selbstfahrender Fahrzeuge auf wackeligen Füßen stehen sieht, wird in seiner Konsequenz von den Entscheidungsträgern bisher nicht wahrgenommen (siehe Abb. 3). Der Mathematiker steht jedoch nicht alleine da, wenn er davon ausgeht, dass private Personenkraftwagen in absehbarer

Zeit weder notwendig noch erlaubt sein werden. Stellen wir uns einfach vor: Eine Flotte selbstfahrender Fahrzeuge befördert auf Abruf und würde somit deutlich intensiver genutzt, als dies bei unseren Privatfahrzeugen derzeit in der Regel der Fall ist. Sind wir ehrlich, müssen wir bestätigen, dass das eigene Fahrzeug zu vorsichtig geschätzten 70 % der Zeit irgendwo geparkt ist – welch eine Verschwendung. Spinnen wir den Gedanken noch etwas weiter und beziehen die Möglichkeiten der 3D-Drucker ein, dann erhalten wir unter Umständen einen Pkw als Selbstbausatz mit 50 Teilen und Elektromotor, durchaus zur Eigenmontage geeignet, zu einem Spottpreis. Und BMW, Mercedes & Co.? Keine Chance! Dueck (2016) kommentiert das ironisch: „Daimler baut immer noch welche mit einem Steuerrad drin, das finde ich witzig!"

Das ist aber noch nicht alles, denn selbst fahrende Fahrzeuge kommunizieren direkt miteinander, dadurch sinkt das Unfallrisiko auf ein absolutes Minimum. Lassen wir einmal mögliche Hackerangriffe außer Acht. Wir müssten uns also nicht mehr mit Versicherungen, Reparaturwerkstätten, Rechtsberatung und vielem mehr herumschlagen – die meisten Arbeitsplätze dort würden ebenso überflüssig werden wie der größte Teil der heute in Deutschland gekauften Fahrzeuge; gesetzt den Fall, es gäbe nur noch selbstfahrende Fahrzeuge. Zur Erinnerung: Allein in der deutschen Automobilindustrie sind zwei Millionen Menschen direkt oder indirekt beschäftigt. Selbst bei einer Reduzierung der Produktion um die Hälfte würde zwar die Umwelt drastisch entlastet, aber der Arbeitsmarkt auf den Kopf gestellt.

Ein Bereich profitiert allerdings stark von den Sicherheitsrisiken und -lücken, die die Automatisierung mit sich bringt: Wo Mengen an Autos mittlerweile per Fernbedienung von Hackern geklaut werden können, bietet eine verstärkte Automatisierung weniger Kontrolle für den Fahrer und Halter und einen erhöhten Sicherheitsbedarf.

Zwischen den konträren Positionen von Stettes und Dueck reihen sich zahlreiche Meinungen ein. Es geht dabei nicht immer darum, ob ein Job weiterhin bleibt, sondern auch darum, welche Personengruppen von schwindenden Jobs vorzugsweise betroffen sind. So glaubt die Arbeitsmarktforscherin Christine Schildmann (2017), dass Frauen in den von der Digitalisierung mehr gefährdeten Berufen tätig sind. Das seien weniger die technischen Berufe, die noch fest in Männerhand sind, sondern vielmehr Berufe wie Zuarbeiten im Büro, Tätigkeiten in der Gastronomie oder im Handel. Gerade hier dünnt die Digitalisierung den Personalbedarf künftig drastisch aus. Zahlen gibt sie nicht an, aber dass diese Bereiche zunehmend digitalisiert werden, zeichnet sich seit vielen Jahren ab.

Die Meinungen der relevanten Experten gehen also weit auseinander, wenn es um die Veränderungen der Arbeitswelt durch die digitale Transformation geht. Fakt ist jedoch, dass wir schon heute über Technologien verfügen, die uns einen Großteil des repetitiven Arbeitsaufkommens abnehmen können. In einigen Wirtschaftsbereichen wirkt sich diese Entwicklung bereits auf die Berufsbilder und damit auch auf die Ausbildungsgänge aus, andere werden über kurz oder lang nachziehen (müssen).

## Veränderte Ansprüche – EDV-Mitarbeiter out, IT-Manager in

Der EDV-Mitarbeiter galt beispielsweise einst als ausgesprochener Spezialist. Er war der Herrscher über die überschaubaren Funktionen der ersten, noch monumental anmutenden Computer und die aus heutiger Sicht rudimentär erscheinenden Programme. Im Zuge der rasend schnellen technologischen Entwicklungen war eine Spezialisierung unvermeidlich: So gibt es heute Spezialisten für die Business-, Industrie-, Kommunikations- und Unterhaltungs-IT – und natürlich für eine permanente Weiterentwicklung der Hardware. Die Software-Angebote werden immer komplexer. Gearbeitet und gespeichert wird in der Cloud. Sogenannte Applikationen ermöglichen uns die Handhabung komplizierter Anwendungen – und das als Laien: Wir laden uns die App einfach auf das Smartphone, buchen die gewünschten Tickets und erledigen Überweisungen oder andere Transaktionen jederzeit mobil.

Unternehmen bilden mit Hilfe der Informationstechnologie nicht nur die eigenen Prozesse und Lieferketten ab, um sie zu automatisieren und damit effizienter zu gestalten, sie kreieren vollkommen neue Produkte, Dienstleistungen und Geschäftsmodelle. Der EDV-Mitarbeiter von einst würde diesem Potenzial vollkommen hilflos gegenüberstehen. Nicht umsonst werden externe IT-Dienstleister eingebunden. Nur so können Unternehmen der schnellen Entwicklung in diesem Bereich überhaupt gewachsen sein. Gefragt sind heute IT-Manager, die nicht nur das Potenzial für ihr Unternehmen umreißen, sondern eine zukunftsfähige IT-Strategie entwickeln und deren Umsetzung überwachen können. Entsprechend wird prognostiziert, dass die Zahl der Erwerbstätigen in der IT-Branche weiter steigt (siehe Abb. 4).

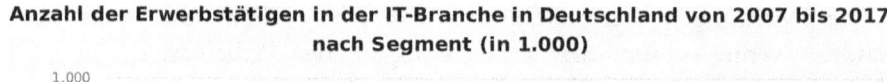

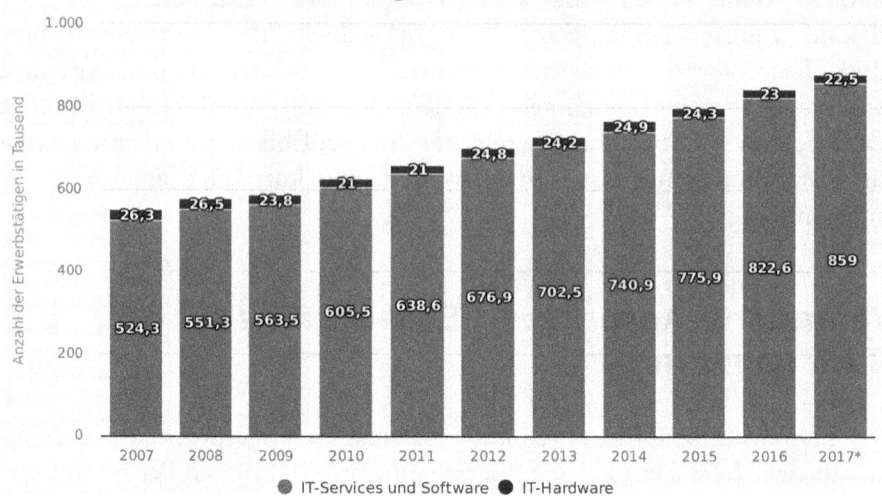

Abb. 4 Erwerbstätige in der IT-Branche in Deutschland bis 2017. (Bitkom 2017)

## Berufsbild im Wandel – vom Setzer zum digitalen Mediengestalter

Ein gutes Beispiel für die Veränderungen, die wir bereits hinter uns haben, ist der Beruf des Druckers: Musste er die Lettern einst mühsam von Hand setzen, um die Druckvorlage zu erstellen, die zunächst zum manuellen, später dann zum maschinellen Druck benötigt wurde, hat ein Drucker heute je nachdem ein deutlich größeres Tätigkeitsfeld oder gar keines mehr, wenn digital gedruckt und vom Mediendesigner gesetzt wird.

E-Books konnten sich in Deutschland zwar noch nicht so recht durchsetzen, bedürfen aber trotzdem einer fachmännischen Aufbereitung. Auf der anderen Seite ermöglichen digitale Technologien den Buchdruck on demand, also auf Abruf: Die gedruckte Stückzahl richtet sich nach der Nachfrage. Es muss also nicht mehr eine fixe und kostenintensive Auflage gedruckt werden, die dann eventuell im Lager endet und dort Lagerkosten verursacht. Erst, wenn Bestellungen eingehen, werden die Bücher gedruckt – im Idealfall in einer Druckerei, die sich in der Nähe des Kunden befindet. Das spart unter dem Strich nicht nur Geld, sondern auch wertvolle Ressourcen und Transportwege.

## Verdrängung im „Kleinen" – Alexa als digitale Alternative für Assistenz

Die Digitalisierung stellt jedoch nicht nur die Spezialisten vor neue Herausforderungen. Vor allem die Büro-, Verwaltungs- und Assistenz-Jobs erhalten künftig Konkurrenz. War einst die Chefsekretärin die heimliche Chefin in der Vorstandsetage und organisierte den Arbeitstag ihres Chefs, sehen sich die rund 2,7 Mio. in diesem Bereich Beschäftigten in einer besonderen Weise mit digitalen Alternativen konfrontiert: Wenn Siri, Alexa & Co. auf Zuruf organisatorische, kommunikative und andere Tätigkeiten erledigen können (siehe Abb. 5) – wer benötigt dann noch eine Bürokraft, die krank werden oder urlaubsbedingt ausfallen kann?

Eine qualifizierte Assistenz der Geschäftsführung, wie die Berufsbezeichnung heute gerne lautet, muss längst mit einer Vielfalt von Programmen umgehen können, um beispielsweise die unterschiedlichsten Auswertungen der betriebswirtschaftlichen Kennzahlen und deren prägnante Präsentation zu erstellen, ein professionelles Kundenmanagement oder automatisierte Marketingprozesse zu beherrschen. Da reicht es nicht mehr aus, die für Geschäftsreisen benötigten Hotels und Flüge zu buchen, Kaffee zu kochen, Einladungen zu Meetings oder Veranstaltungen zu versenden oder Schreiben zu verfassen und auf den Weg zu bringen – die Ansprüche

**Abb. 5** Alexa verfügt über mehr als 500 deutschsprachige Sprachbefehle (Skills) in 20 unterschiedlichen Kategorien. (Heise Online 2017)

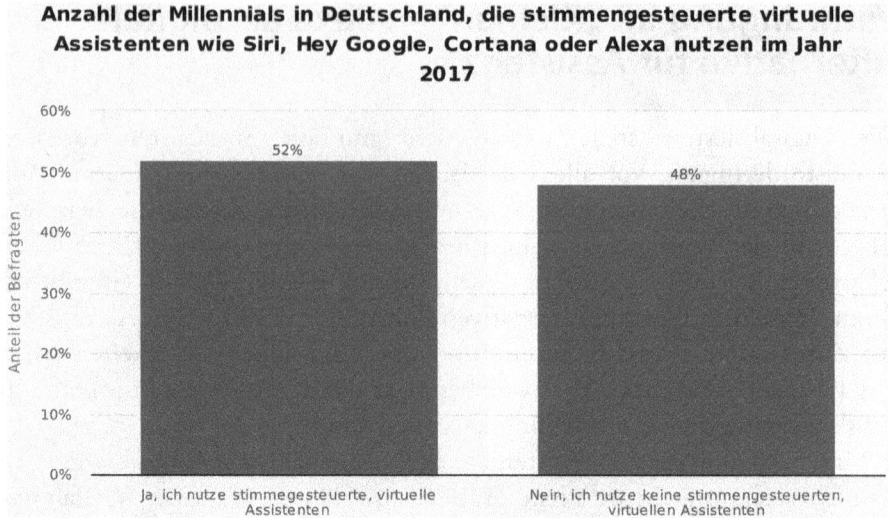

**Abb. 6** Umfrage zur Nutzung von stimmgesteuerten virtuellen Assistenten von Millenials. (Syzygy 2017)

an Büro- und Verwaltungsberufe verändern sich so schnell wie relevante Technologien und digitale Werkzeuge. Über kurz oder lang werden diese Tätigkeiten von digitalen Assistenten erledigt, die über künstliche Intelligenz verfügen, anhand der selbsttätig erkannten Muster mitdenken und eigenverantwortlich agieren (siehe Abb. 6).

## Verdrängung im „Großen" – FlixBus als flexible Alternative zur Deutschen Bahn

Wie erfolgreich die erst im Zuge der Digitalisierung möglichen Geschäftskonzepte in die Welt der etablierten Unternehmen einbrechen, zeigt das Beispiel FlixBus. Die Deutsche Bahn präsentiert sich mit einem modernen Online-Buchungs- und Ticketing-System durchaus fortschrittlich, allerdings bleibt dieser Riesenkonzern unflexibel und im Vergleich ganz einfach zu teuer. Zu konkurrenzlosen Preisen auf bestimmten Strecken durch die ganze Republik und weit darüber hinaus mit dem Bus zu reisen, wird angesichts der hohen technologischen Standards zu einem besonderen Erlebnis: Kostenloses WiFi gehört neben der strikten Online-Buchung zu den Selbstverständlichkeiten, Live-Tracking per GPS ebenfalls. Aber auch den Zugverkehr hat Flixbus schon im Blick, mit eigenen Zügen auf vorerst ausgewählten Strecken (t3n 2018).

Unter dem Schlagwort Grüne Mobilität betreibt die Flotte von FlixBus inzwischen das größte Fernbusangebot in Europa. Das von drei Gründern initiierte Start-up beschäftigt mittlerweile rund 1000 Mitarbeiter in den Niederlassungen und mehrere Tausend Fahrer. Die ausschlaggebende Rolle spielt natürlich der Preis, der dynamisch gemanagt wird – immer in Abhängigkeit von der Nachfrage, der Verfügbarkeit und der Vorlaufzeit. Mit einem ansprechenden Komfort und hoher Zuverlässigkeit wächst hier eine echte Alternative zum Schienenverkehr heran, der oft genug mit technischen Problemen, Verspätungen und Ausfällen zu kämpfen hat. Das ist durchaus erklärbar, steht aber für den Reisenden offenbar in keinem Verhältnis zu den hohen Preisen, die die Bahn dafür berechnet. Die hohe Akzeptanz der Bus-Alternative liefert den eindeutigen Beleg dafür.

## Verdrängung der Experten – IBM Watson als digitale Rechtsberatung

Noch ist die Software nicht ganz ausgereift, erste Projekte laufen aber bereits erfolgreich: Unter dem Schlagwort Legal Tech formieren sich sogenannte Robo-Anwälte, also Anwendungen im Bereich KI (künstliche Intelligenz). Diese können juristische Texte lesen, die Rechtsgrundlage entschlüsseln und in ihre Bestandteile zerlegen. Warum plagen sich Juristen durch ein Studium, das im Grunde auf Auswendiglernen von Gesetzen und Rechtsprechung beruht? Im Zusammenspiel mit Big Data wird die Rechtsberatung revolutioniert. Bereits 2015 präsentierte IBM die Software ROSS, die auf der künstlichen Intelligenz „Watson" aufbaut. Der Anwalt kann direkt per Sprache mit ROSS kommunizieren, denn Watson verfügt über kognitive Sprachverarbeitungs- und Computerfunktionen. Der Weg zur Rechtsberatungs-App ist dann nicht mehr weit. Das Start-up NextLaw hat eine diesbezügliche Zusammenarbeit mit IBM Watson und ROSS Intelligence Inc. bereits bekannt gegeben.

Auf der anderen Seite des Globus, in Liverpool, erleichtert KIM als virtueller Assistent den Rechtsanwälten längst die Arbeit, ermittelt rechtliche Risiken in Verträgen und weist auf deren Kündigungsfrist hin. Wie lange wird es noch dauern, bis Chatbots wie Siri die Rechtsfragen von Mandanten beantworten? Wahrscheinlich befinden sich derartige Anwendungen bereits in Entwicklung oder in der Testphase. Für alle Rechtsanwälte, die ein jahrelanges Studium absolviert haben, ist diese Aussicht nicht unbedingt verlockend.

Diese Entwicklungen sind auch in anderen beratungsintensiven Bereichen zu verzeichnen: Ob Versicherungen oder Bankprodukte: Algorithmen beantworten uns schon heute die Frage nach den geeigneten Finanzprodukten (siehe Abb. 7). Dass diese dann auch noch online abgeschlossen und somit auch eigenständig verwaltet werden können, dürfte im Zusammenspiel mit dem schlechten Image der Branche einen weiteren kräftigen Impuls zur weiteren Digitalisierung auslösen. Wer hat nicht schon schlechte Erfahrungen mit den sogenannten seriösen Beratern dieser Zunft gemacht? Von der Intransparenz bei den Produkten und Produktgebern ganz abgesehen.

Um sich hier gegen die geballten und jederzeit verfügbaren Informationen einerseits und die immer feiner abgestimmten Algorithmen andererseits durchzusetzen, ist schon eine außerordentliche Expertise notwendig – die ohnehin das einzige Rezept für einen nachhaltigen Erfolg in einer digitalisierten Welt sein dürfte. Bei aller Automatisierung muss uns klar sein: Maschinen denken in Formeln, können aber anhand der ungeheuren Datenmenge durchaus lernen. Menschen treffen Entscheidungen vor dem Hintergrund von Erfahrungen, Gefühlen, aus Anlass starker Stimmungen etc. und vor allem mithilfe emotionaler Intelligenz (Leonhard 2016).

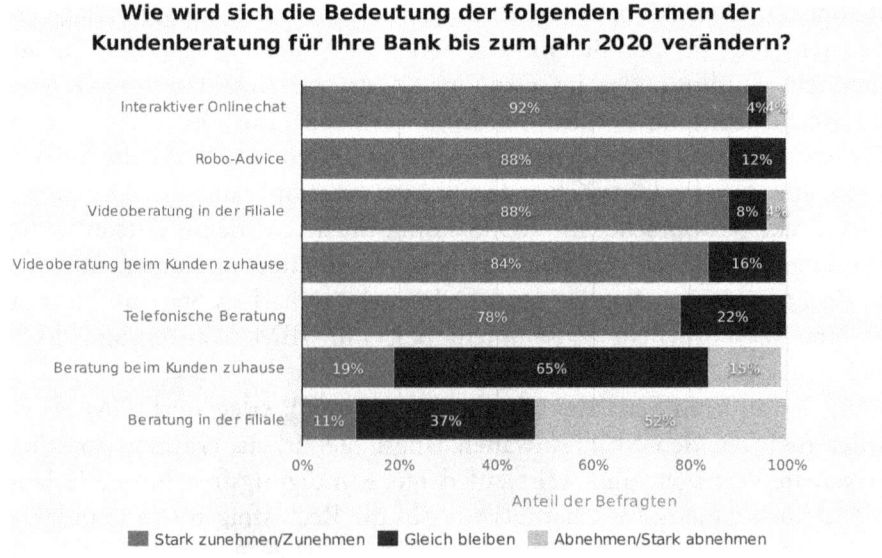

**Abb. 7** Umfrage zu Formen der Kundenberatung im Privatkundengeschäft von Banken bis 2020. (Horváth and Partners 2016)

# Influencer, Blogger und Vlogger – willkommen in der Berufswelt 4.0!

Täglich können wir in den Medien verfolgen, wie die sozialen Netzwerke scheinbar mühelos Gewinner hervorbringen, die mit Werbegeldern aufsteigen: Im Vergleich zur kostenintensiven TV-, Radio- und auch Print-Werbung lässt sich Online Werbung nicht nur kostengünstiger, sondern vor allem genauer platzieren. Und hier wird richtig Geld verdient: Sogenannte Influencer werden gut dafür bezahlt, dass Marken und Produkte von ihrem Renommee profitieren (siehe Abb. 8; vgl. Kap. „Wem kann man noch vertrauen?"). Das hat einen guten Grund, denn wie einschlägige Studien belegen, erreichen gut vernetzte und damit einflussreiche Personen ein deutlich breiteres Publikum, als dies herkömmliche Werbung jemals könnte (Matten 2015).

Demzufolge sollen rund 4,6 Mio. deutsche Konsumenten als Influencer aktiv sein, indem sie einigen Marken in den Social Media folgen, sich mit ihnen identifizieren und die entsprechenden Informationen bei ihren

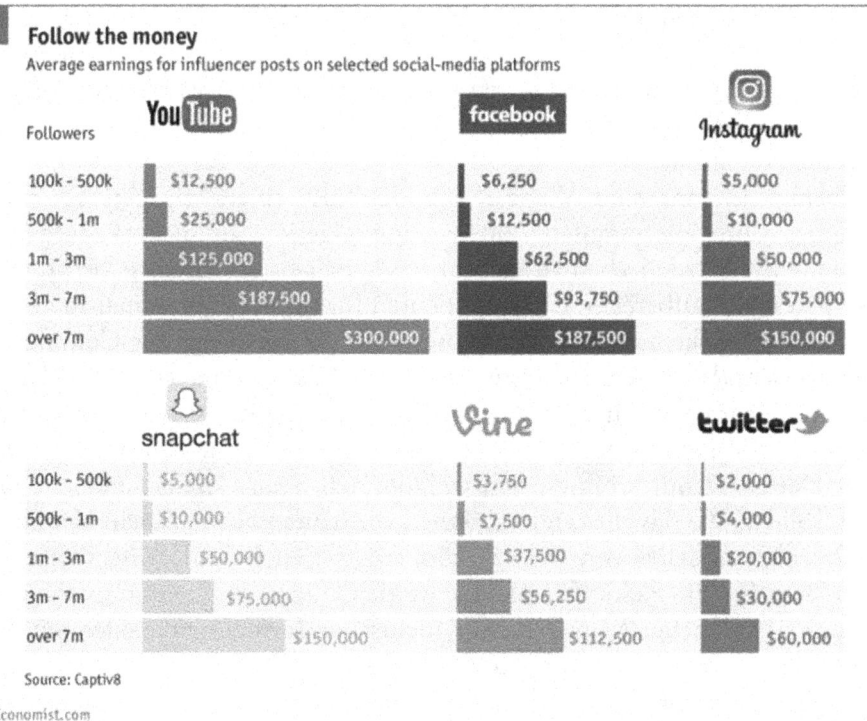

**Abb. 8** Durchschnittsverdienst pro Post nach Social-Media-Kanälen. (Troll 2017)

Followers und Fans platzieren. Innovative Marketingstrategen suchen also gut in den Social Media vernetzte Personen für die eigene Marke oder die Produkte, um so effektiv eine möglichst große Gruppe potenzieller Kunden zu erreichen. Das zugrunde liegende Prinzip ist einfach: Mundpropaganda hat immer funktioniert und wird auf diese Weise zum Empfehlungsmarketing mit enormer Reichweite weiterentwickelt. Und vor allem die Glaubwürdigkeit der meist jungen Influencer, „Jugendlichen wie du und ich", ist groß: Statt irgendeinem „Werbeonkel" vertraut die Internetgemeinde lieber den jungen Menschen mit der Street Credibility.

Als Influencer kommen natürlich auch bekannte Politiker, Musiker und Sportler in Frage. Aber Blogger oder Vlogger, also Video-Blogger, sind häufig die neuen Helden. Sind Blogger und Vlogger in den Netzwerken aktiv und stark frequentiert, empfehlen sie sich geradezu als Meinungsbildner und Multiplikator. Einen Blog im Internet zu betreiben, bedarf keiner großartigen technischen Kenntnisse, sondern in erster Linie des Gespürs für die Themen, die möglichst viele Menschen interessieren. Mit den geeigneten Marketingmaßnahmen können diese Blogs gezielt eine große Besucheranzahl generieren: Werden Beiträge aktiv moderiert, Diskussionsrunden initiiert und dabei die Interessen der Besucher angesprochen, steigt die Anzahl der Fans und Followers. Die Einnahmen für auf dieser Seite platzierte Anzeigen oder spezielle Beiträge erreichen bei den Spitzen-Bloggern eine Größenordnung, die diese mit herkömmlichen Jobs nie erreicht hätten.

Ebenso relevant sind Vlogger, die sich mit einem eigenen YouTube-Channel und interessanten Videos eine eigene Community aufgebaut haben. Hier werden ebenfalls die unterschiedlichsten Themen besprochen und in Videos aufbereitet, um Abonnenten für den eigenen Kanal zu gewinnen. Sie entwickeln sich zu Leitfiguren, die die Meinung der Community beeinflussen, deren Vertrauen gewinnen – und damit interessant für Marken werden. Informationen sind das Öl der Zukunft, die sozialen Netzwerke eigenen sich hervorragend zur Verbreitung, aber auch zur Gewinnung wichtiger Daten. Damit eröffnen sich vollkommen neue Geschäftsmodelle und Berufsbilder. Wo das alles endet, können wir heute noch gar nicht absehen.

Geschäftsmodelle von heute können so auch mit einem zweiten Standbein für die Zukunft gesichert werden. Ein gutes Beispiel ist hier die Immobilienbranche: Marcel Remus, deutscher Immobilienmakler mit Sitz auf Mallorca, setzt auf Sichtbarkeit in Fernsehsendungen, Print-Medien und ein hohes Google-Ranking – bei „Luxus Immobilien Mallorca" z. B. rangiert er ganz oben. Andere wie Florian Wellmann bevorzugen die Vermarktung per Social Media, und wieder andere nutzen gerade bei Luxus-Immobilien

Virtual Reality, um mit ihren Kunden per 3D-Brille das neue Zuhause zu erkunden (Weiss 2017, S. 20 f.).

## Welche Berufe sind durch die Digitalisierung gefährdet, welche sind sicher?

Die Skeptiker werden durch eine Studie zur Arbeitswelt im Jahr 2064 bestätigt, die das Beratungsunternehmen A.T. Kearney erstellt hat: Auch diese Experten gehen davon aus, dass ein Großteil der heutigen Arbeitsplätze im Zuge der digitalen Transformation verlorengeht – nämlich 45 %. Die detaillierte Betrachtung ergibt ein Ranking unter den Berufsbildern, die am stärksten gefährdet sind: Versicherungsvertreter zu 99 %, Kreditanalysten zu 98 % und Kassierer zu 97 % (siehe Abb. 9). Der Onlinehandelsriese Amazon macht schon heute erste Erfahrungen mit Supermärkten ohne Kassen.

| Top-10 der gefährdeten Berufe[1] (in den nächsten zwei Dekaden/nach potentiellem Einfluss auf den Arbeitsmarkt) | | Top-10 der ungefährdeten Berufe[2] (in den nächsten zwei Dekaden/nach potentiellem Einfluss auf den Arbeitsmarkt) | |
|---|---|---|---|
| **Beruf** | **Beschäftigte** | **Beruf** | **Beschäftigte** |
| Büro- und Sekretariatskräfte | 2,7 Mio. | Berufe in der Kinderbetreuung und -erziehung | 0,8 Mio. |
| Berufe im Verkauf | 1,1 Mio. | Berufe in der Gesundheits- und Krankenpflege | 0,7 Mio. |
| Berufe im Gastronomieservice | 1,0 Mio. | Aufsichts- und Führungskräfte – Unternehmensorganisation und -strategie | 0,5 Mio. |
| Berufe in der kaufmännischen und technischen Betriebswirtschaft | 0,9 Mio. | Berufe in der Maschinenbau- und Betriebstechnik | 0,4 Mio. |
| Berufe für Post- und Zustelldienste | 0,7 Mio. | Berufe in der Kraftfahrzeugtechnik | 0,4 Mio. |
| Köche/Köchinnen | 0,7 Mio. | Berufe im Vertrieb (Einkaufs-, Vertriebs- und Handelsberufe) | 0,3 Mio. |
| Bankkaufleute | 0,5 Mio. | Berufe in der Sozialarbeit und Sozialpädagogik | 0,3 Mio. |
| Berufe in der Lagerwirtschaft | 0,4 Mio. | Berufe in der Altenpflege | 0,3 Mio. |
| Berufe in der Metallbearbeitung | 0,4 Mio. | Berufe in der Hochschullehre und -forschung | 0,2 Mio. |
| Berufe in der Buchhaltung | 0,3 Mio. | Berufe in der Bauelektrik | 0,2 Mio. |

Eine hohe Automatisierungswahrscheinlichkeit haben den Forschern zufolge Berufe wie Versicherungsvertreter (99 %), Kreditanalysten (98 %), Kassierer (97 %) oder auch Köche (96 %).

Kaum von Automatisierung gefährdet sind Berufe wie Erzieher, Anthropologen und Archäologen, HR-Manager sowie Ärzte und Chirurgen – sie alle haben eine Wahrscheinlichkeit von unter ein Prozent.

[1] Mit Automatisierungswahrscheinlichkeiten von mindestens 70 %.
[2] Mit Automatisierungswahrscheinlichkeiten von unter 30 %.

**Abb. 9** Top 10 der gefährdeten und ungefährdeten Berufe in den nächsten zwei Dekaden. (A. T. Kearney 2015)

Wird die Größe der Beschäftigtengruppen in Deutschland mit einbezogen, zeichnet sich folgendes Bild ab:

Sollte die Prognose auch nur zur Hälfte zutreffen, würden die Folgen für den deutschen Arbeitsmarkt schnelles und nachhaltiges Handeln erfordern (Herzog 2016).

Auf der anderen Seite sind die sichersten Berufe, die also mit einer Wahrscheinlichkeit von unter einem Prozent von der Digitalisierung betroffen sind, folgende: Erzieher, Archäologen und Anthropologen, HR-Manager, Ärzte und Chirurgen. Die Grenze zwischen Mensch und Maschine liegt demnach bei Empathie, emotionaler Intelligenz und Kreativität. Diese lassen sich nun einmal (noch) nicht automatisieren, sodass vor allem einige Berufe im sozialen Bereich wie auch Bestandteile der Kranken- und Altenpflege und Kindererziehung sowie die verschiedenen Bereiche in der Sozialarbeit wohl auch in 50 Jahren noch von Menschen erledigt werden. Gleiches gilt für die Unternehmensleitung, für Vertrieb und Forschung – und selbstverständlich für die IT. Wobei bei Deep Knowledge Ventures in Hongkong schon seit 2014 ein Computer-Algorithmus Vorstandsmitglied ist (Clauß 2014).

## Wie geht es nun weiter mit unseren Berufen?

Unter dem Strich können wir davon ausgehen, dass repetitive Tätigkeiten sukzessive automatisiert werden – schon aus Kostengründen. Dieser Trend umfasst alle Branchen und Berufe, soweit diese nicht auf ausgesprochen menschlichen Fähigkeiten, wie eben Empathie, emotionaler Intelligenz und Kreativität, fußen. Ein großer Teil der heutigen Berufsbilder wird komplett verschwinden. Andere werden neu entstehen. Darauf zu hoffen, dass die neuen Berufe die aufreißenden Lücken im Arbeitsmarkt schließen könnten, dürfte jedoch deutlich zu kurz gegriffen sein. Es werden nämlich von den einfachen Berufen jene übrig bleiben, die sehr schlecht bezahlt sind bzw. für die der Aufwand der Automation zu hoch ist. Andererseits werden hoch qualifizierte Fachkräfte mit besonderen Qualitäten, wie beispielsweise Kreativität, gefragt sein – das bestätigt auch z. B. Prof. Dr. Sascha Friesike (2016).

Angesichts dieser Entwicklungen wäre es wichtig, nicht der technischen Entwicklung nachzulaufen, sondern sie zu kennen und Visionen und Ziele zur Gesellschaft 4.0 zu erarbeiten, die den Menschen wieder in den Mittelpunkt rücken. Dem vorausgehen müsste ein systematisches Wissensmanagement, eine konstruktive Auseinandersetzung mit den kontroversen Meinungen, aber auch die Entwicklung klarer Regeln, an die sich eine digitalisierte Welt halten müsste. Konzepte für die Zukunft sind notwendig, um die Arbeitswelt 4.0 aktiv zu gestalten und damit der Digitalisierung nicht hilflos ausgeliefert zu sein, sondern ihr den größtmöglichen Nutzen für die Bevölkerung abzuringen.

Disruption, das Aus-den-Angeln-Heben bewährter Geschäftsmodelle, beschleunigt, bringt durcheinander, stellt viele Unternehmen und Mitarbeiter vor große Herausforderungen und geht nicht selten mit Stress und Angst einher. Sie bringt aber auch Chancen mit sich. In einer Welt, in der sich so vieles wandelt, ist auch Platz für kreative alternative Ansätze, wie z. B. die Bewegung „Schule im Aufbruch" von Margret Rasfeld, in deren Schulen Fächer wie Herausforderung und Verantwortung unterrichtet werden, oder die Regionalwert AG, mit der Christian Hiß seit 2005 daran arbeitet, die Wirtschaft auf dem Land nachhaltig zu stärken (Etzold et al. 2017, S. 34–37).

**Wussten Sie schon?**
- In Deutschland wird es einer BCG-Studie von 2015 entsprechend bis 2025 ca. 350.000 neue Jobs geben, vor allem IT-Experten, Programmierer, Entwickler, Daten-Fachleute oder Robotor-Koordinatoren (Bauernhansl 2016, S. 22).
- Eine Studie des Instituts für Demoskopie Allensbach (IfD) von 2016 besagt: 43 % aller Beschäftigten in Deutschland haben den Eindruck, dass sich ihr Job durch die Digitalisierung stark verändert hat (INSM Redaktion 2016).
- Fast ein Fünftel aller deutschen Unternehmen hat Schlüsselprozesse der Wertschöpfungskette bereits digitalisiert (PwC Deutschland 2014).
- Eine Studie der Wirtschaftsprüfungs- und Beratungsgesellschaft PwC und des WifOR-Instituts in Darmstadt von 2016 ergibt, dass sich durch Digitalisierung der erwartete Engpass eines Fachkräftemangels von 4,2 Mio. Arbeitskräften in Deutschland bis 2030 um die Hälfte verringern wird (PwC Deutschland 2016).
- 18 Mio. Arbeitsplätze in Deutschland werden durch die fortschreitende Automatisierung gefährdet sein, so eine Studie der ING-DiBa (2015).
- Das Interesse an Home-Office ist rückläufig, so eine Studie des Instituts für Demoskopie Allensbach von 2016: nur noch 21 % der Berufstätigen würden gern von zu Hause arbeiten, 2013 waren es noch 41 % (INSM 2016).
- Den Analysen des Statistischen Bundesamtes entsprechend wird bis zum Jahr 2060 – bei einer kontinuierlichen demografischen Entwicklung und einer langfristigen Nettozuwanderung von 100.000 Personen pro Jahr – der Anteil der unter 20-Jährigen auf 16 % und der Anteil der Menschen im Erwerbsalter auf 51 % sinken. Im Gegenzug werden doppelt so viele 70-Jährige leben, wie Kinder geboren werden (Statistisches Bundesamt 2015, S. 17).

**Take-aways**

- Die Zukunftsfähigkeit von Unternehmen hängt bedeutend von einer vorausschauenden Personalplanung ab, die für eine ausgewogene Altersstruktur und eine sinnvolle Diversity sorgt.
- Eine kontinuierliche Weiterbildung in allen Lebensphasen sollte für jeden eine Selbstverständlichkeit sein, der sich über Arbeitsplatzsicherheit Gedanken macht.
- Betriebliches Gesundheitsmanagement ermöglicht gesunde Arbeitsbedingungen und stärkt die Ressourcen aller Beteiligten. Daneben sollte sich jeder für seine eigene Gesundheit selbst verantwortlich fühlen und dazu sein Leben bewusst gestalten, z. B. hinsichtlich Ernährung oder Pausenplanung.
- Anerkennung und Beachtung motivieren. Jeder leistet bessere Arbeit, wenn er das Gefühl hat, mitbestimmen zu können, einen Unterschied zu machen und für seine Arbeit anerkannt zu werden.
- Technologien sollten weder den privaten noch den beruflichen Alltag von Individuen bestimmen. Diese Verantwortung liegt beim Menschen, wenn er zukunftsfähig bleiben möchte.
- Die Digitalisierung wird weder zurückgehen noch zum Stillstand kommen. Wenn man mitreden und wissen möchte, wie die Zukunft aussehen wird, wenn man den Überblick behalten möchte oder wenn man sich beruflich an zukunftsfähigen Berufsbereichen orientieren möchte, ist es sinnvoll, informiert zu bleiben und sich mit den Entwicklungen auseinanderzusetzen.

# Literatur

A. T. Kearney (Hrsg.). (2015). Top 10 der gefährdeten und ungefährdeten Berufe in den nächsten zwei Dekaden. In Wie werden wir morgen leben? „Deutschland 2064 – Die Welt unserer Kinder". http://www.atkearney.de/web/361-grad/publikation/-/asset_publisher/tZvHZkY0QbTl/content/wie-werden-wir-morgen-leben-. Zugegriffen: 30. Nov. 2017.

Bain and Company (Hrsg.). (2017). Prognostiziertes weltweites Marktvolumen von autonomen Fahrfunktionen und Fahrassistenzsystemen in den Jahren 2016 bis 2025 (in Milliarden Euro). In Statista. https://de.statista.com/statistik/daten/studie/468552/umfrage/marktvolumen-von-autonomen-fahrfunktionen/. Zugegriffen: 30. Nov. 2017.

Bauernhansl, T. (2016). Industrie 4.0 – Chancen für Wertschöpfung und Beschäftigung. Stuttgart: Fraunhofer IPA und IFF Institut der Universität Stuttgart, im Internet. https://bzi40.eu/de/publikationen/tags/fuehrung-management/121-industrie-4-0-chancen-fuer-wertschoepfung-und-beschaeftigung/file. Zugegriffen: 6. Dez. 2017.

Bitkom (Hrsg.). (2017). Anzahl der Erwerbstätigen in der IT-Branche in Deutschland von 2007 bis 2017 nach Segment (in 1.000). In Statista. https://

de.statista.com/statistik/daten/studie/186771/umfrage/erwerbstaetige-in-der-it-branche-in-deutschland/. Zugegriffen: 30. Nov. 2017.

Bührig, P., & Carnazzi Weber, S. (2017). Die professionelle Gelassenheit der Unternehmer. *Bulletin, 3*, 40–42.

Clauß, U. (2014). Investment-Firma wählt Computer in den Vorstand. In Welt 19. Mai 2014. https://www.welt.de/politik/ausland/article128184225/Investment-Firma-waehlt-Computer-in-den-Vorstand.html. Zugegriffen: 23. Okt. 2017.

Die Welt. (2016a). Hier kommen bis 2030 Jobs dazu oder gehen verloren. In D. Eckert: Warum wir schon bald völlig anders arbeiten, 23. Juli 2016. https://www.welt.de/wirtschaft/article157235743/Warum-wir-schon-bald-voellig-anders-arbeiten.html. Zugegriffen: 14. Dez. 2017.

Die Welt. (2016b). So verändert sich die Berufslandschaft. In Eckert, D.: Warum wir schon bald völlig anders arbeiten, 23. Juli 2016. https://www.welt.de/wirtschaft/article157235743/Warum-wir-schon-bald-voellig-anders-arbeiten.html. Zugegriffen: 14. Dez. 2017.

Dueck, G. (2016). Industrie 4.0 digitale Revolution eindrucksvoll erklärt. In YouTube. https://www.youtube.com/watch?v=7Kv45BUNGyg. Zugegriffen: 26. Juni 2017.

Dueck, G. (2017). Persönlichkeit & Bildung. In YouTube. https://www.youtube.com/watch?v=rnWkPhEj76I. Zugegriffen: 24. Juni 2017.

Etzold, M., Haerder, M., Prange, S., & Schmelzer, T. (2017). Die bessere Basis. Reformen. *Wirtschaftswoche, 40*, 34–37.

Friesike, S. (2016). Impulsvortrag über die Folgen der Digitalisierung. In YouTube. https://www.youtube.com/watch?v=KOOCQ9uCetY. Zugegriffen: 24. Juni 2017.

Heise Online. (2017). Skills. In Zota, V.: Amazon Alexa: Über 500 deutschsprachige Skills und ein neues Zuhause, 25. Januar 2017. https://www.heise.de/newsticker/meldung/Amazon-Alexa-Ueber-500-deutschsprachige-Skills-und-ein-neues-Zuhause-3607435.html. Zugegriffen: 14. Dez. 2017.

Herzog, C. (2016). Deutschland 2064 – Thesen zur Zukunft der Arbeitswelt. In Arbeitsplatz 40. http://www.arbeitsplatz40.de/automatisierung-beeinflusst-zukunft-der-arbeitswelt/. Zugegriffen: 26. Okt. 2017.

Horváth and Partners (Hrsg.). (2016). Wie wird sich die Bedeutung der folgenden Formen der Kundenberatung für Ihre Bank bis zum Jahr 2020 verändern? In Statista. https://de.statista.com/statistik/daten/studie/603503/umfrage/umfrage-zur-zukuenftigen-formen-der-kundenberatung-im-privatkundengeschaeft-von-banken/. Zugegriffen: 30. Nov. 2017.

ING-DiBa. (2015). Zunehmende Automatisierung gefährdet mehr als 18 Mio. Arbeitsplätze in Deutschland. In ING-DiBa 5. Mai 2015. https://www.ing-diba.de/ueber-uns/presse/pressemitteilungen/zunehmende-automatisierung-gefaehrdet-mehr-als-18-mio-arbeitsplaetze-in-deutschland/. Zugegriffen: 6. Dez. 2017.

INSM. (2016). Sozialsystem. Studie: Arbeit heute und morgen. In INSM 31. Mai 2016. http://www.insm.de/insm/kampagne/grosse-aufgaben/studie-arbeit-heute-und-morgen-vorstellungen-von-der-zukunft-der-arbeit.html#24. Zugegriffen: 6. Dez. 2017.

INSM Redaktion. (2016). Arbeit heute und morgen: Vorstellungen von der Zukunft der Arbeit. In: INSM Ökonomen Blog 31. Mai 2016. http://www.insm-oekonomenblog.de/14165-arbeit-heute-und-morgen-vorstellungen-von-der-zukunft-der-arbeit/. Zugegriffen: 6. Dez. 2017.

Leonhard, G. (2016). Was bedeutet Digitale Transformation wirklich? Futurist Redner Gerd Leonhard DSAG 2016. In YouTube. https://www.youtube.com/watch?v=L7ESeX9SFnY. Zugegriffen: 26. Juni 2017.

Matten, A. (2015). Der typische Influencer ist jung, männlich, berufstätig. In Lead Digital 19. Mai 2015. www.lead-digital.de. Zugegriffen: 15. Febr. 2017.

PWC Deutschland. (2014). „Industrie 4.0 ist ein CEO Thema". PWC im Gespräch mit Dr. Reinhard Geissbauer, Partne rbei PwC und Volkmar Koch, Partner bei Strategy &. In PWC Deutschland 8. Oktober 2014. https://www.pwc.de/de/digitale-transformation/industrie-4-0-ist-ein-ceo-thema.html. Zugegriffen: 6. Dez. 2017.

PWC Deutschland. (2016). Digitalisierung kann Arbeitskräftemangel im Jahr 2013 spürbar reduzieren. In PWC Deutschland 14. März 2016. https://www.pwc.de/de/digitale-transformation/pwc-studie-digitalisierung-kann-arbeitskraeftemangel-im-jahr-2030-spuerbar-reduzieren.html. Zugegriffen: 6. Dez. 2017.

Schildmann, C. (2017): Jobverlust durch Digitalisierung – Panik oder Chance? In Frau TV, WDR. https://www.youtube.com/watch?v=o-V_fRdZtAI. Zugegriffen: 24. Juni 2017.

Statistisches Bundesamt. (2015). Bevölkerung Deutschlands bis 2060. 13., koordinierte Bevölkerungsvorausberechnung. Wiesbaden: Statistisches Bundesamt. https://www.destatis.de/DE/PresseService/Presse/Pressekonferenzen/2015/bevoelkerung/Pressebroschuere_Bevoelk2060.pdf?__blob=publicationFile. Zugegriffen: 6. Dez. 2017.

Stettes, O. (2016). Wie wirkt sich die Digitalisierung auf die Arbeitswelt aus, Herr Stettes? In YouTube. https://www.youtube.com/watch?v=iXPlvgWHrjQ. Zugegriffen: 24. Juni 2017.

Syzygy (Hrsg.). (2017). Anzahl der Millennials in Deutschland, die stimmengesteuerte virtuelle Assistenten wie Siri, Hey Google, Cortana oder Alexa nutzen im Jahr 2017. In Statista. https://de.statista.com/statistik/daten/studie/712391/umfrage/umfrage-zur-nutzung-von-stimmengesteuerten-virtuellen-assistenten-von-millennials-in-deutschland/. Zugegriffen: 30. Nov. 2017.

t3n. (2018). Der Bus ist nicht genug: Flixbus startet eigene Zuglinie Flixtrain. In t3n 6. März 2018. https://t3n.de/news/flixtrain-flixbus-startet-973631/. Zugegriffen: 11. März 2018.

Troll, S. (2017). Durchschnittsverdienst pro Post nach Social Media Kanälen. In Seokratie: Influencer Marketing Trend 2017: Sind die fetten Jahre vorbei? 28. März 2017. https://www.seokratie.de/influencer-marketing-trends-kosten/. Zugegriffen: 14. Dez. 2017.

Weiss, N. (2017). Immobilien mit Glamourfaktor. *Top. Gipfeltreffen der Weltmarktführer September 2017. Beilage der Wirtschaftswoche, 40,* 20–21.

## Weiterführende Literatur

Balk, S. (2016). Stress im Beruf – Achtung, Achtsamkeit! In Frankfurter Allgemeine 18. März 2016. http://www.faz.net/aktuell/beruf-chance/beruf/stress-im-beruf-achtung-achtsamkeit-14117765.html. Zugegriffen: 29. Okt. 2017.

Bundesministerium für Arbeit und Soziales (Hrsg.). (2017). Weißbuch Arbeiten 4.0. Berlin: Bundesministerium für Arbeit und Soziales.

Die Welt. (2014). BMW Android App. In M. Lewicki: Hacker machen Autos zu ferngesteuerten Geschossen, 14. September 2014. https://www.welt.de/motor/article132197392/Hacker-machen-Autos-zu-ferngesteuerten-Geschossen.html. Zugegriffen: 14. Dez. 2017.

Diez Training. (o. J.). Achtsamkeit im Management. Mindful Leadership. In Diez Training. https://dietztraining.de/trainings/achtsamkeitimmanagement/?gclid=CjwKCAjwtdbLBRALEwAm8pA5UH7oLL2pf4D9Smxpon-J5wtA8Ecqu8qPRvNHmecYBtwcpiitdworExoCkTEQAvD_BwE. Zugegriffen: 29. Okt. 2017.

Hauschild, J. (2013). Übungen gegen Stress – Beobachten, fühlen, entschleunigen. In Spiegel Online 27. März 2013. http://www.spiegel.de/gesundheit/psychologie/achtsamkeit-kleine-schritte-zur-entschleunigung-a-890285.html. Zugegriffen: 29. Okt. 2017.

Hoffmann, R., & Bogedan, C. (Hrsg.). (2015). Arbeit der Zukunft. Möglichkeiten nutzen – Grenzen setzen. Frankfurt: Campus.

Kirch, D. (2012). 8 Tipps für Achtsamkeit im Alltag. In DFME Deutsches Fachzentrum für Stressbewältigung, Achtsamkeit und Persönlichkeitsentwicklung. https://dfme-achtsamkeit.de/8-tipps-achtsamkeit-alltag/. Zugegriffen: 29. Okt. 2017.

LIDL. (2014). Mit Lidl und Flixbus für 9,99 Euro durch Deutschland reisen. In Presseportal, 09. Mai 2014. https://www.presseportal.de/pm/58227/2732512. Zugegriffen: 14. Dez. 2017.

Noé, I. (2016). Mit Achtsamkeit besser arbeiten. In N-TV 11. Dezember 2016. http://www.n-tv.de/wirtschaft/karriere/Mit-Achtsamkeit-besser-arbeiten-article19252811.html. Zugegriffen: 29. Okt. 2017.

Peters, N. (2014). Energie durch Entschleunigung – Achtsamkeit in der Arbeitswelt. In ManagerSeminare 192. https://www.managerseminare.de/ms_Artikel/Achtsamkeit-in-der-Arbeitswelt-Energie-durch-Entschleunigung,232014. Zugegriffen: 29. Okt. 2017.

Röhrborn, S. (2016). Wie die Digitalisierung unseren Arbeitsalltag verändert. In Manager-Magazin 18. März 2016. http://www.managermagazin.de/unternehmen/karriere/digitalisierung-der-arbeitswelt-wie-funktioniert-arbeiten-4-0-a-1082272-3.html. Zugegriffen: 29. Okt. 2017.

Töpfer, S. (2013). Die Entdeckung der Achtsamkeit. In Frankfurter Allgemeine 18. Februar 2013. http://www.faz.net/aktuell/rhein-main/meditation-arbeitswelt-die-entdeckung-der-achtsamkeit-12085634.html. Zugegriffen: 29. Okt. 2017.

Wirtschaftspsychologie. (2013). Mit Achtsamkeit besser arbeiten. In Wirtschaftspsychologie 27. März 2013. http://www.wirtschaftspsychologie-aktuell.de/strategie/strategie-20130327-mit-achtsamkeit-besser-arbeiten.html. Zugegriffen: 29. Okt. 2017.

# Die Vielfalt der Lebensstile – wird das Konsumverhalten unberechenbar?

Wie übersichtlich war doch das Konsumleben in früheren Jahren, in der guten alten Zeit. Der Saisonschlussverkauf war ebenso klar reglementiert wie das Sortiment: Wir suchten die Fachgeschäfte persönlich auf, wussten wir doch genau, in welchem Preis- und Qualitätssegment sich welcher Händler bewegte. Wir kamen gar nicht auf die Idee, die Kompetenz der Inhaber infrage zu stellen. Diese wiederum konnten sich auf ihre Klientel verlassen, die sie sich durch Angebot und Service über Jahre aufgebaut hatten. Wer es sich leisten konnte, ließ auf Maß anfertigen oder kaufte seine Textilien beim Designer. Für die anderen gab es Horten & Co. – schön überschaubar eingerichtet und für den damaligen Anspruch stets das passende Produkt. Mit dem Versandhandel von Neckermann bis Otto konnte sich sukzessive die Alternative, nämlich der anonyme Distanzhandel, etablieren: Die Papierkataloge wurden im Laufe der Zeit immer dicker und gewichtiger, sie erlaubten das ganz bequeme Stöbern in den unterschiedlichen Fachabteilungen auf der heimischen Couch, ohne sich extra auf den Weg machen zu müssen.

Der Distanzhandel bekam wieder ein persönliches Gesicht, als in den 1980ern und 90ern die ersten TV-Shopping-Kanäle ihren Betrieb aufnahmen: In sogenannten Dauerwerbesendungen ließen wir uns die unterschiedlichsten Produkte präsentieren, griffen zum Telefonhörer und bekamen die

Bestellungen komfortabel nach Hause geliefert. Dieses Format war (und ist) insbesondere auf weibliche Kundschaft im Alter ab 50 Jahren ausgerichtet. Es wird gescherzt, ausprobiert und beurteilt, was die Artikel so drauf haben – kleine, augenzwinkernde Tipps für die Insiderinnen inklusive. Der Erfolg dieser Kanäle kommt nicht von ungefähr, lassen sich doch die Kunden(innen)reaktionen exakt messen. Die Kunst des Verkäuferteams besteht also nicht nur darin, die passenden, oftmals teuren Produkte zu vermeintlichen Sonderkonditionen zu präsentieren, sondern vor allem dieses besondere Gefühl einer eingeschworenen Gemeinschaft, die sich gegenseitig gut berät und genau weiß, was die Zuschauer wünschen, herzustellen.

Dass sich auf diese Weise sehr gute Geschäfte machen lassen, zeigen die Zahlen: Im Jahr 2013 waren in Deutschland rund 7000 Personen in dieser Branche beschäftigt. Mit 1,7 Mrd. EUR Umsatz dürfte sich deren Engagement mehr als gerechnet haben (siehe Abb. 1). Ein bekanntes Gesicht steht stellvertretend für diese Entwicklung – Judith Williams. Von der TV-Produkte-Verkäuferin schaffte sie es zur Produzentin eigener Produkte und Investorin auf einem der Sessel der Sendung „Höhle der Löwen". Sie zeigt nicht nur im TV, dass man mit dem Kauf der richtigen Hose das Abnehmen sparen kann. Wenn sie die Produkte anpreist, verkörpert sie für viele den wahr gewordenen Traum, fast der amerikanische Traum: Jede könnte diese Karriere machen.

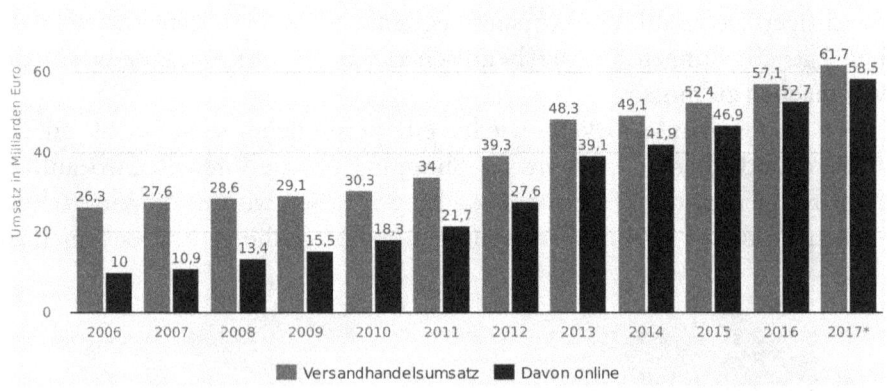

Abb. 1 Prognose zum Gesamtumsatz und Online-Umsatz des Versandhandels in Deutschland. (Behv 2017)

## Digitalisierung und Technisierung – die Geburt der Multioptionskunden

Der Weg war bereitet, denn die meisten Konsumenten hatten sich bereits vom persönlichen Verhältnis im Tante-Emma-Laden um die Ecke zum Discounter ihres Vertrauens verabschiedet, als das Internet eine neue Dimension eröffnete. Die schiere Fülle an Angeboten aus einer globalisierten Welt und damit eine noch nie gekannte Vielfalt an Produkten und Konditionen brachte ganz neue Geschäftsmodelle hervor: Vergleichsportale schossen aus dem digitalen Boden, da die Verbraucher effiziente Lösungen benötigen, um überhaupt noch mit den umfangreichen Informationen zum Produkt selbst, aber vor allem mit den vielen verschiedenen Preisen, Nachlässen und Aktionen umgehen zu können. Da es davon mittlerweile so viele ähnliche gibt, waren sogenannte Metaportale notwendig, die wiederum die Qualität einzelner Portale aufzeigen oder das Beste aus allen anderen Portalen präsentieren. Auch Testplattformen haben an Bedeutung gewonnen. Sie zeigen, wo ein Produkt am billigsten ist und am günstigsten verschickt wird.

Das Erstaunliche dabei ist: Wir springen nicht ausschließlich auf einen Shopping-Zug auf, nein, wir fahren parallel auf mehreren Spuren. Konsumenten von heute nutzen oftmals mehrere Verkaufskanäle. Und, wie Fischer (2017, S. 6) sagt: „Der Weg zum Kauf ist höchst individuell. ‚Customer-Journey' ist derzeit einer der zentralen Begriffe im Marketing. Eng damit zusammen hängen ‚Customer-Centricity' und ‚Customer-Experience'. Sie alle kreisen um das Ziel, den individuellen Weg des Kunden vom ersten Impuls bis zum Kauf möglichst detailliert zu erfassen, um an den entscheidenden Touchpoints – Kontakten – die richtigen Impulse setzen zu können." Die Präferenzen unterscheiden sich je nach Zielgruppe, doch kann sich ein Handelsunternehmen kaum auf nur ein bestimmtes Kaufverhalten konzentrieren. Wir informieren uns einerseits im Internet und eigenen uns so Wissen an, studieren dort Bewertungen und Testergebnisse und vergleichen die Preise, kaufen aber andererseits oftmals weiter analog oder auf einer anderen Plattform, wie z. B. Amazon. Aber nicht nur das:

Die Bewertungen von anderen sind uns wichtiger denn je, vom bekannten Model, das auf seinem Blog ein bestimmtes Beauty-Produkt empfiehlt bis zu Testsiegeln, die uns das Gefühl von Sicherheit, Bestätigung und Qualität geben (Abb. 2).

Viele der Kunden sind also hybrid unterwegs und zudem generationenübergreifend ausgesprochen sprunghaft. Dazu kommt: Die Bewertung

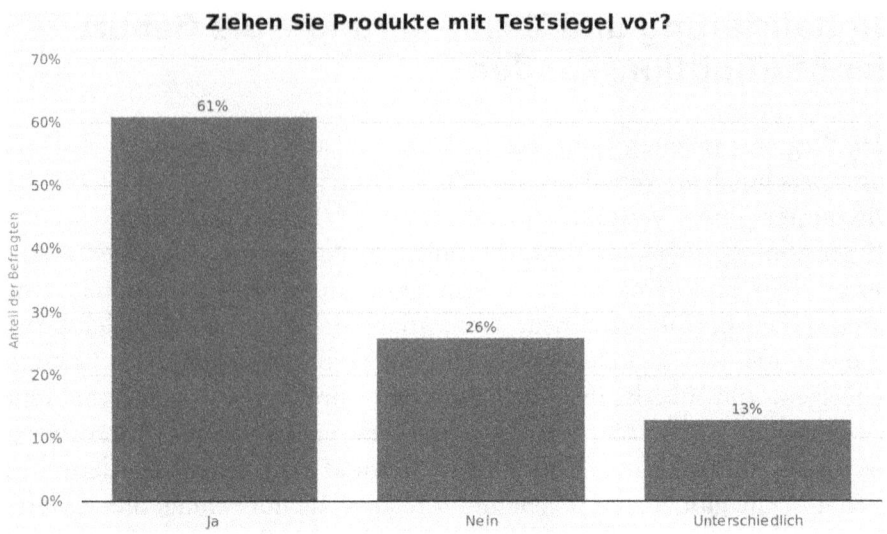

**Abb. 2** Umfrage zu Produkten mit oder ohne Testsiegel. (Stern 2017)

unseres Nachbarn um die Ecke erscheint uns oftmals relevanter und vertrauenswürdiger als die eines vom Unternehmen angeheuerten Experten. Dies gilt auch, wenn Letzterer mit Ausbildung, Titel, Namen, Foto und Unterschrift für die Qualität eines Produktes garantiert, vielleicht sogar umfangreiche Tests und Untersuchungen angestellt hat, die seinem Siegel und der daraus folgenden Empfehlung zugrunde liegen. Selbst wenn der Nachbar ein Unbekannter ist: Sein Wort wiegt trotzdem meist mehr – von Unternehmen professionell genutzt als Word-of-Mouth-Marketing – früher sagte man auch Mund-zu-Mund-Propaganda.

Bekommen wir ein gutes Angebot zu einem Kaufwunsch, zu dem wir bereits recherchiert und bei dem die Marke nicht bedeutend ist, dann ist es zweitrangig, wo wir kaufen. Wichtig ist, dass wir uns gut behandelt fühlen, einen fairen Preis ergattern und der Kauf möglichst bequem ist (siehe Abb. 3). Es sei denn, es handelt sich z. B. um das neueste limitierte Sneaker-Modell, für das sich schon am Abend vor dem Verkaufsstart eine Schlange vor dem Geschäft bildet.

Natürlich muss jedes Produkt unseren Vorstellungen entsprechen, schließlich legen wir immer mehr Wert auf Nachhaltigkeit in der Herstellung und greifen gerne bei Erzeugnissen aus der Region zu – sollten diese unseren Preis- und Qualitätsvorstellungen entsprechen. Da sind wir durchaus kritisch. Der deutsche Käufer ist im europäischen Vergleich sehr preisfixiert, insbesondere bei Lebens- und Genussmitteln. Dass der

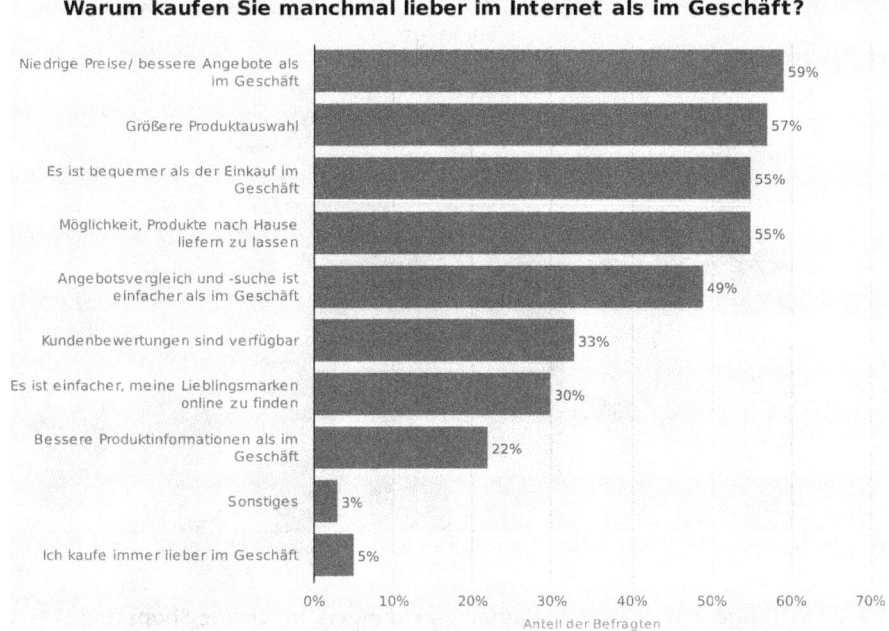

**Abb. 3** Umfrage zu Gründen für das Einkaufen im Internet in Deutschland 2017. (Statista 2017a)

Preis gerade für deutsche Käufer eine hohe Bedeutung für oder gegen eine Kaufentscheidung hat, zeigen auch die Ergebnisse zu den Faktoren, die für eine Kaufentscheidung in einem Online-Shop als relevant gesehen werden: An erster Stelle steht der Preis, gefolgt von Kundenbewertungen, Produktbildern und Produktbeschreibungen (Abb. 4).

Nicht generell bestätigt hat sich die Befürchtung des Einzelhandels, dass sich Kunden in den Geschäften informieren, um im Anschluss online das beste Schnäppchen zu schlagen. Hier dürfte die Bequemlichkeit eine entscheidende Rolle spielen: Sich erst in Geschäften nur zu informieren, ist ganz einfach ineffizient. Wenn Einkaufsbummel, dann bitte mit Erfolg – gibt es noch einen schönen Rabatt, umso besser und wir fühlen uns richtig gut. Die umgekehrte Vorgehensweise, also das digitale Recherchieren und analoge Kaufen, beschleunigt unter dem Strich die Kaufentscheidungen: Informationen sind gut sortiert sofort und überall online verfügbar, wir benötigen nur maximal zwei Tage, um aus einer Idee heraus eine Anschaffung zu tätigen. Der digitale Handel hat gerade bei Kleidung gelernt, dass der lange Atem oftmals getestet wird: Gerade in Deutschland ist die Rücksendequote so hoch, dass darüber schon einige digitale

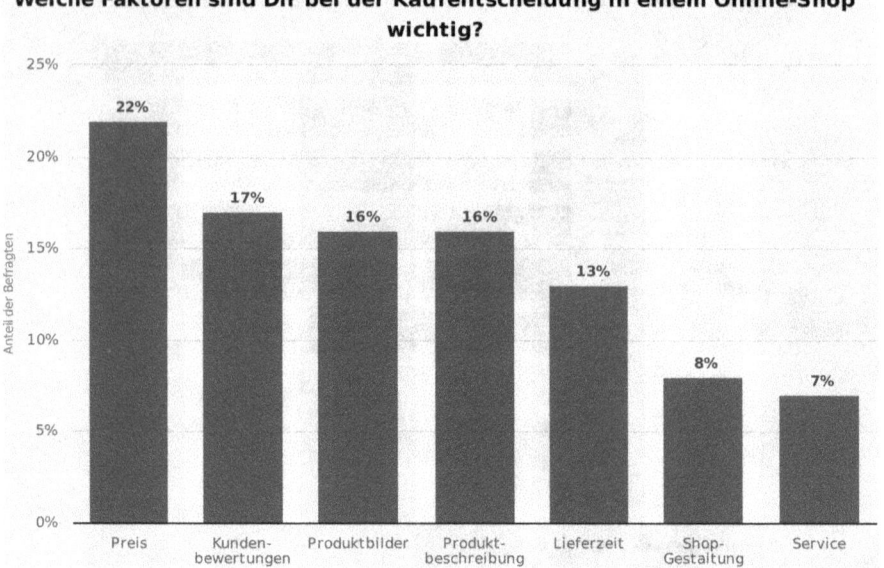

**Abb. 4** Wichtige Faktoren für Kaufentscheidungen in Online-Shops bei 14- bis 30-Jährigen 2017. (Appinio 2017)

Handelsunternehmen ihren Standort hierzulande schließen mussten. Berichtet wurde in dem Zusammenhang z. B. von Frauen-Unterwäsche-Partys, für die sich Frauencliquen Mengen an Unterwäsche bestellten, zusammen in einer Art Happening anprobierten und sie danach wieder zurückschickten. Auch Amazon hat gelernt, dass sich der stationäre Handel lohnen kann, und hat schon mehrere Geschäfte in Innenstadtlagen eröffnet. Eine gute Möglichkeit, den Kunden und seine Vorlieben direkt zu studieren, aus erster Hand.

## Moderne Multioptionskunden

Ja, wir machen es den Marketingexperten nicht leicht, sind wir doch heutzutage schwer auf ein bestimmtes Konsumverhalten festzulegen: Wir sitzen am längeren Hebel – und das kosten wir aus. Unsere Ansprüche sind enorm. Wir wollen alles zu jeder Zeit einkaufen können. Wenn es passt, sollten die Angebote möglichst auch noch individualisiert sein. Und auf ein Einkaufserlebnis wollen wir auch nicht verzichten. Da reicht auch die kostenintensivste TV-Werbung nicht mehr aus, um uns restlos zu überzeugen.

Wie oft erwischen wir uns dabei, wenn wir mit gerunzelter Stirn überlegen, was die Werbeaktionen jetzt wieder gekostet haben. Wir bezahlen schließlich alles mit, das ganze Brimborium inklusive. Da schauen wir uns gerne auch einmal nach Alternativen um. Wer also als Händler heute einen Verkaufskanal vernachlässigt, wird die Quittung ebenso schnell bekommen wie diejenigen, die die Notwendigkeit flexibler Konzepte und eindrücklicher Einkaufserlebnisse verkennen. Das gilt auch für den reinen E-Commerce oder den Distanzhandel: Moderne Konsumenten wollen individuell und authentisch abgeholt und auf ihrer Reise – im Marketing auch Customer Journey genannt – begleitet werden, und zwar analog wie digital.

Das klingt zunächst wie die Quadratur des Kreises, ist doch in Bezug auf die Digitalisierung immer von einer disruptiven Entwicklung die Rede: Der analoge Käufer erlebt eine kleine Renaissance und ist heute insbesondere bei den über 30-Jährigen zu finden. Neben ihm gibt es den begeisterten Internet-Shopper, der auf den stationären Handel weitestgehend verzichtet. Dafür bietet beispielsweise Amazon den Service Prime Now an – mit dem Zusatz Fresh sogar von frischen Lebensmitteln. Um die 85.000 Artikel können bei Bestellungen bis zur Mittagszeit noch am selben Tag bis zum Abendessen ausgeliefert werden. Unter den Produkten sind auch frisches Fleisch und Artikel aus dem Kühlregal zu finden (Wilkens 2017). Während der Markt Berlin/Potsdam von Amazon für den komplett digitalisierten Supermarktkauf als deutscher Testmarkt ausgewählt wurde, zeigen sich in der Hauptstadt ebenfalls gegenläufige Tendenzen wie der Trend, Lebensmittel möglichst direkt vom Erzeuger und aus der Region zu kaufen. In den letzten Jahren sind in Deutschland um die 50 Marken entstanden, die sich der Regionalität und Ursprünglichkeit ihrer Produkte verschrieben haben, darunter das Berliner Start-up „Bei-mir-um-die-Ecke" (Kugoth 2017) oder „Original unverpackt".

So einfach, wie sich die Kunden einmal einteilen ließen, ist die Zielgruppendefinition also längst nicht mehr – ein Alptraum für alle Marketingstrategen. Auf der anderen Seite eröffnet die Digitalisierung Möglichkeiten, potenzielle Kunden automatisiert und digital interaktiv anzusprechen – was eine enorme Vorarbeit, Kosten und stringente Evaluation erfordert, wollen wir doch heute als Buyers Persona ganz individuell angesprochen werden. – Buyers Persona ist eine erfundene Person, die aufgrund von Recherche, Marktforschung und Daten der Kunden gebildet wird. Die Werber sprechen auch von dem Gesicht einer Zielgruppe.

## Neue Klassifizierungsebene – die wichtigsten Lebensstile im Jahr 2020

Alter, Geschlecht, Einkommen und Lebenssituation reichen längst nicht mehr aus, um die vielen Facetten des heutigen und künftigen Konsumverhaltens einschätzen und passgenau bedienen zu können. Es entwickeln sich vollkommen neue Lebensstile, aber auch Milieus und Familienbilder, die wiederum verschiedene Stilformen unter einem Dach vereinen – oder als Single-Haushalt zur Perfektion bringen, bis sich die Einstellungen komplett ändern. Stichwort: biografische Befreiung oder Multigrafie. Den linearen Lebensweg, der einst innerhalb fest markierter Grenzen verlief, haben wir verlassen. Wir nehmen uns das Recht, uns komplett zu verändern und auch mit Lebensentwürfen zu brechen, sollte uns dies eine höhere Lebensqualität versprechen. So ist Marktforschung immer nur eine Betrachtung von Vergangenheit und Gegenwart – für die Zukunft kann es nur Prognosen mit all den implizierten Unsicherheiten geben, die die rasend schnellen Veränderungen in unserer Gesellschaft mit sich bringen.

Das künftige Konsumverhalten in Deutschland wird ebenso vielfältig sein, wie das für die Lebensstile der Fall ist – und da sind die im Folgenden dargestellten Bezeichnungen nur der Versuch einer Annäherung, denn jede Altersgruppe ist so heterogen wie alle andere auch (Fraunberg 2017).

„CommuniTeens" gehören zur Gruppe der Digital Natives. Sie schaffen aber auch den Spagat zwischen Kollektivismus und Individualismus, indem sie ganz gezielt das enorme Potenzial einer digitalisierten und globalisierten Welt auf ihre Interessen zuschneiden. Sie verlieren sich nicht in der Virtualität, sondern nutzen diese, um ihr ganz reales Leben zu organisieren und ihre Kontakte zu pflegen. Damit kompensieren sie, dass sie im Leben in erster Linie auf sich selbst gestellt sind und doch eines gewissen Rückhaltes bedürfen. Bis 2020 wird diese Gruppe rund 3,8 Mio. Menschen umfassen.

Etwas weniger Menschen werden den Lebensstil der „Inbetweens" pflegen, die gerade in den Beruf starten und über kurz oder lang eine Familie gründen wollen. Diese Gruppe hat mit sozialen und ökonomischen Unwägbarkeiten zu kämpfen, sodass sich die Lebenssituationen ebenso schnell ändern können wie die Entwürfe für die eigene Identität. Für diese Generation Praktikum verzögert sich der echte Berufseinstieg, sie muss permanent mobil sein und sich schnell umorientieren – private Verbindlichkeit ist schwierig umzusetzen. Viele neue Jobs stellen hohe Ansprüche an Kreativität und Flexibilität. Dieser neue Arbeitsstil schlägt sich in diesem Lebensstil nieder (siehe Abb. 5).

**Abb. 5** Die Inbetweens leben durch ihren verzögerten Berufseinstieg in einem Zustand permanenter Mobilität und Umorientierung. (Lewis 2014)

Auf der anderen Seite wird es aber auch mit den „Young Globalists" eine Gruppe von mehr als 2,5 Mio. (heute 1,3 Mio.) geben, die es mithilfe eines professionellen Life-Managements bis zur Business-Elite schaffen – allen Unsicherheiten und Unwägbarkeiten zum Trotz. Sie sind transnational unterwegs und entwickeln ihre Identität rund um ihre Karriere herum. Auch wenn sie emotional eher als unterkühlt und auf den monetären Vorteil orientiert gelten, wird dies durch die enormen interkulturellen Kompetenzen aufgewogen.

Die sogenannten „Latte-macchiato-Familien", deren Zahl auf 2,9 Mio. steigen wird, sehen das garantiert ganz anders: Sie bevorzugen das urbane Leben in der Stadt, das sie mit der ganzen Familie zelebrieren. Ein Umzug aufs Land würde sie vom Angebot der Stadt ab- und sie in ihrer Mobilität beschneiden, also suchen sie in den Metropolen das zu ihnen passende Biotop. Sie mögen auf den ersten Blick wie Alternative anmuten, weil sie auf Gesundheit und Nachhaltigkeit großen Wert legen, sind jedoch auch Innovationen, Design und Funktionalität gegenüber aufgeschlossen – und greifen dafür auch tiefer in die Tasche.

Innerhalb der Zielgruppe „Familie" haben sich jedoch weitere Lebensstile entwickelt: Einerseits sind da die „Super-Daddys", die ihre Karriere unterbrechen, um sich der Kindererziehung zu widmen – dafür erwarten sie jedoch auch neben beruflichem Erfolg ein intaktes Familienleben, Selbstvervollkommnung und persönliches Glück. Diese Gruppe soll im Jahr 2020 rund 3,8 Mio. Männer ausmachen, die im Berufsleben bereits angekommen sind und sich ganz bewusst für diesen Spagat entscheiden. Noch etwas älter sind die „VIB- oder Very Important Baby-Familien", die ihren Kinderwunsch ab Ende 30 verwirklichen. Zur Krönung der beruflichen Karriere kommt das späte Kind, das schnell zum Traumprojekt avanciert. Dieser Lebensstil wird meist von Menschen mit hohem Bildungsgrad und von sogenannten sozialen Aufsteigern bevorzugt, die ihre ganze Aufmerksamkeit ihrem Kind, das meist Einzelkind bleibt, widmen. Diese Gruppe wird in den nächsten Jahren von 1,7 Mio. auf 2,4 Mio. wachsen. Am weitesten verbreitet sind jedoch mit 4,2 Mio. Haushalten im Jahr 2020 die „Netzwerk-Familien", die eine neue Form des Zusammenlebens prägen: Trotz aller Lockerheit ist dieses Konstrukt verbindlich und komplex, in der Zusammensetzung jedoch offen und vielgestaltig. Das Zusammenleben in mehreren Generationen und auch mit Ex-Partnern, Freunden oder Nachbarn wird das klassische Familienmodell sukzessive ablösen.

Aber auch jenseits der klassischen Modelle etablieren sich individuelle Lebensstile, die das Konsumverhalten direkt beeinflussen: Da wären einmal die „Tiger-Ladys", die sich nicht nur beruflich in die Reviere vorwagen, die einst nur von Männern dominiert wurden. Sie legen genauso viel Wert auf Familie, Kinder oder Beziehungsglück. Diese Gruppe profitiert von den neuen Arbeitsmodellen und Bildung, sie wird in den nächsten Jahren auf mehr als 4,3 Mio. anwachsen.

Nochmals um zwei Millionen stärker dürfte die Zielgruppe der „Silverpreneure" werden, die gerne über den Renteneintritt hinaus arbeiten, sehr aktiv sind und manch einem Jungen mit ihrer Erfahrung und Gelassenheit den Rang ablaufen (siehe Abb. 6). Ob Senior-Studium oder neue Technologien – Silverpreneure leben ihren Wissensdurst aus und genießen ihren „Un-Ruhestand" bewusst. Flankiert werden sie von „Super-Grannys" in gleicher Anzahl. Es handelt sich um selbstbewusste und erfahrene Frauen, die im dritten Lebensabschnitt auf Selbstverwirklichung setzen. Wie selbstverständlich füllen sie die Rolle innerhalb der Familie aus, distanzieren sich aber bewusst von den Lebensphilosophien ihrer Mütter oder Großmütter: Selbstaufopferung ist out.

Und dann gibt es noch die „Greyhopper", wahrscheinlich mehr als sechs Millionen Menschen im Rentenalter. Sie haben keine Scheu, ihren Lebensstil komplett zu ändern, sich von den einstigen Gewissheiten zu lösen und faktisch ein komplett neues Leben zu starten. Mag das auch an

**Abb. 6** Silverpreneure und Super-Grannys verstehen die „dritte" Lebensphase als eine Zeit voller neuer Chancen. (Ellen26 2016)

eine späte Pubertät erinnern, beeindruckt doch die Spontanität, sich neuen Freizeitaktivitäten zu öffnen und auch das Konsumverhalten und die individuellen Einstellungen umzukrempeln. Geschuldet ist diese Entwicklung der längeren Lebenserwartung bei guter Gesundheit – für Marktforscher dürfte sich hier immer wieder Überraschendes auftun, wenn Senioren Motorräder kaufen, zum Selbstversorger und Aussteiger werden (Verlag für die Deutsche Wirtschaft 2017) oder in großer Anzahl bei Snapchat aktiv werden (Göpfert 2017).

Wie wird sich also das Konsumverhalten entwickeln? Vor dem Hintergrund dieser Cluster wird klar, dass es eindeutige Antworten nicht mehr geben kann. Marketing & Co. sind gefordert, sich auf die unterschiedlichsten Ansprüche einzustellen, wobei sich der Trend zur Nachhaltigkeit durch alle Gruppen zieht: Die eigene Gesundheit rückt ebenso in den Fokus wie der Umgang der Unternehmen mit den wichtigen Themen soziales, gesellschaftliches und ökologisches Engagement. Das spiegelt sich auch am Kaufverhalten wieder: seit 2013 steigt der Anteil an Deutschen über 14 Jahre, die bereit sind. für umweltfreundliche Produkte mehr zu zahlen, kontinuierlich an und liegt 2017 absolut sogar bei mehr als 22 Mio. (Abb. 7). Gleichzeitig erwarten Konsumenten ein Einkaufserlebnis, das sie in ihrer Individualität abholt – und das auf den unterschiedlichsten Kanälen.

**Abb. 7** Umfrage in Deutschland zur Zahlungsbereitschaft für umweltfreundliche Produkte 2017. (IfD Allensbach 2017)

Was den Konsumenten eint: Bequemlichkeit und der Wunsch nach Bedürfnisbefriedigung. Dazu passt ein Amazon Fresh genauso wie der Bodyscan des 3D-Start-ups Body-Lab: ein digitaler 3D-Doppelgänger für jeden, der stellvertretend Kleidungsstücke aus dem Internet anprobiert und sich sogar in ihnen bewegen kann (Gillmann 23. Oktober 2017, S. 12).

> **Wussten Sie schon?**
> - Der Historiker Frank Trentmann stellte fest, dass bereits im Mittelalter und der Frühmoderne ausgiebige Traditionen zur Konsumbeschneidung existierten. Zum Beispiel in Venedig, wo die Gondeln bis heute einheitlich schwarz gestrichen sind, weil dies 1562 vom damaligen Senat angeordnet wurde, um die sich stetig überbietende Prunksucht bei Bootsverzierungen zu unterbinden (Markwardt 2017).
> - Im Zentrum des Massenverbrauchs stehen nicht mehr basale Bedürfnisse, etwa in Gestalt von Grundnahrungsmitteln oder Hygieneartikeln, sondern Begehren, also die ästhetische Ausstattung des Lebens, Mobilität oder die Sehnsucht, gesehen zu werden (Markwardt 2017).
> - Ein Deutscher besitzt heute im Durchschnitt rund 10.000 Dinge (Markwardt 2017).
> - „Im Gleichklang mit einem anhaltend positiven Wirtschaftswachstum und europaweit sinkender Arbeitslosigkeit bleibt der private Konsum auch 2017 eine wichtige Stütze für die Konjunktur in Deutschland und Europa", bestätigte GfK-Konsumexperte Rolf Bürkl. „Für Deutschland rechnen wir damit, dass der private Verbrauch real um 1,5 Prozent steigen wird und damit in etwa so stark zulegt wie das BIP insgesamt" (GfK 2017).

- Ein Überblick über das Konsumverhalten der Deutschen: Ein durchschnittlicher Haushalt verwendet pro Monat 60 EUR für gesunde Nahrungsmittel und 61 EUR für ungesunde Konsumgüter. Er gibt pro Monat 65 EUR für Reisen aus und 17 EUR für Tabak (N-TV 2017).
- Jede erwachsene Person zwischen 18 und 69 Jahren in Deutschland besitzt im Durchschnitt 95 Kleidungsstücke. Unterwäsche und Socken bleiben außen vor. Jedes fünfte Kleidungsstück liegt jedoch so gut wie immer im Schrank, denn 80 % der Zeit tragen Menschen 20 % der Teile (Bach 2017).
- Nicht der Kauf einer Sache erweitert das Selbst, sondern die unbegrenzte Option, überhaupt zu kaufen. Und das wiederum verändert die Weise, wie, warum und wo schließlich eingekauft wird (Graff 2013).
- 2007 zogen die Deutschen ein Kleidungsstück noch drei Jahre lang an, 2017 wird es schon nach einem Jahr ausrangiert, zeigt eine Studie des Fachverbands Textilrecycling (Bach 2017).
- Kaum jemand lässt noch Kleidung ausbessern. Greenpeace zufolge trägt jeder Achte seine Schuhe weniger als ein Jahr lang. Mehr als die Hälfte der 18- bis 29-Jährigen war noch nie beim Schuster (Bach 2017).
- Konsumenten halten verstärkt nach Dienstleistungen und Produkten Ausschau, die ihnen das Leben vereinfachen und Zeit sparen. Und sie sind auch bereit, für diese Annehmlichkeiten zu zahlen (Euromonitor International 2017).
- Virtuelles und reales Einkaufen werden immer stärker integriert (Euromonitor International 2017).
- Zusammenfassung der zehn größten Konsumtrends: Bequemlichkeit statt Auswahl, Konsumieren ist Fortschritt, neue Trendsetter, Teilen und Tauschen, Einkaufscenter und Shopping Mall im Gemeinschaftsmodus, Generation Y, Privatsphäre respektieren und schützen, die ganze Welt nach Haus holen, Online-Shopping und echtes Kauferlebnis zusammenbringen (Albert 2015).
- Der Kunde legt immer mehr Wert auf echte Nachhaltigkeit (Ptock 2016).
- M-Commerce bleibt wichtiger Trend, z. B. erfolgen bei OTTO 50 % und damit die Hälfte aller Besuche über mobile Endgeräte (Gaitzsch 2016).
- Neuen Konzepten stehen Kunden häufig skeptisch gegenüber. Es muss für sie unmittelbar erkennbar sein, dass entsprechende Innovationen den Einkauf einfacher oder schneller machen. So finden z. B. Abholstationen für Lebensmittel großen Anklang, während die Befragten es weniger attraktiv finden, einen Jahresmindestumsatz gegen einen bestimmten Rabatt zu vereinbaren (KPMG 2012).
- Keynotespeaker Björn Tantau: Chatbots haben großes Potenzial für Content-Marketing trotz fehlenden Ersatzes für reale Kommunikation und gerade aufgrund der Schnelligkeit der Antwort (Weck 2017).

**Take-aways**

- Viele Menschen argwöhnen, wo bei der Massentierhaltung und den EU-Subventionen für herkömmlich angebaute Landwirtschaftsprodukte die große Zahl an Bio-Produkten plötzlich herkommt. Natürlich kann es sich hierbei um Einfuhrprodukte handeln. Wer es aber genau wissen will, hat jetzt eine Lösung: Wie die Lieferketten von Produkten aussehen und

- wer sich alles an der Wertschöpfung beteiligt, zeigt das Londoner Start-up Provenance für Kleidung und Food (Think Tank Report 2017a, S. 7).
- Beim Online-Shopping sollten Sie auf Folgendes achten: Lieferoptionen, Bezahlabwicklung und Zertifizierung des Shops (HWZ 2016).
- Konsumenten sollten sich bei Bio-Produkten Folgendes fragen: Was ist „Bio" oder „Öko"? Welche Zertifizierung wurde vergeben und hat welche Relevanz (Stiftung Jugend und Bildung 2013)?
- Wer nicht sicher ist, was ein Label bedeutet, kann mit der App „Label Online" einen schnellen Check im Supermarkt durchführen (Label-online 2017).
- Fragen Sie sich, wo Bequemlichkeit sinnvoll und wo sie unsinnig ist, wo sie der Umwelt schadet und nicht den erwünschten Effekt hat, z. B. wenn Sie Essen bestellen, dass in aufwendiger Plastikverpackung und durch den Transport gematscht und lauwarm bei Ihnen ankommt.
- Machen Sie sich von Zeit zu Zeit bewusst, warum Sie ein bestimmtes Produkt kaufen – ist es die Gewohnheit, die Qualität, die Werbung?
- Wollen Sie beim Einkaufen das Auto und lange Wege vermeiden? Unterstützen Sie dann die Infrastruktur in Ihrer Gegend, indem Sie bewusst lokal von kleinen Anbietern kaufen.
- Achten Sie beim Kauf von Produkten auf Umverpackungen und vermeiden Sie diese sowie unnötige Plastiktüten bzw. verwenden Sie diese mehrfach, um Plastikmüll zu reduzieren. Neben Wochenmärkten und kleineren Läden bieten inzwischen auch verschiedene Supermärkte verpackungsfreies Einkaufen an (Flatley 2017). Einer der bekanntesten ist der Supermarkt „Original Unverpackt" in Berlin.
- Gemüse und Obst ohne Verpackung und dazu noch Bio, frisch vom Erzeuger und selbst geerntet oder gepflanzt – all das macht die Soziale Landwirtschaft möglich. Tritt man einem Projekt bei, trägt man einen Teil der Verantwortung, bekommt dafür aber tiefere Einblicke in die nachhaltige Landwirtschaft und regelmäßig seinen Anteil in die Stadt geliefert. Nach Höfen und Initiativen in der Nähe können Sie hier suchen: Netzwerk Solidarische Landwirtschaft (2017).
- Wer beim konventionellen Einkaufen stärker auf die Nachhaltigkeit und Regionalität von Produkten achten möchte, für den bieten sich verschiedene Apps an, u. a.:
  - Der Nachhaltige Warenkorb (Rat für Nachhaltige Entwicklung 2017)
  - Codecheck: Produkt- Inhaltsstoffe prüfen (Codecheck 2017)
  - Giftfrei einkaufen (Nestbau 2017)
  - Aid Saisonkalender: Obst und Gemüse saisonal kaufen (Bundeszentrum für Ernährung 2017)
  - To Good To Go: Lebensmittelverschwendung bekämpfen (Too Good To Go 2017)
  - Good On You – Ethical Fashion: Mode auf Nachhaltigkeit prüfen (Good On You 2017)
- Für Mode, aber auch für Gebrauchsgegenstände wie Werkzeug, Autos oder Elektrogeräte gilt es, sich zu fragen: Muss ich etwas neu anschaffen, oder kann ich es auch gebraucht kaufen? Muss ich etwas besitzen, oder kann ich es teilen bzw. ausleihen (sharen)? Muss etwas schon auf den Müll, oder kann es jemand anders noch gebrauchen? Verschiedene Apps und Portale sind hierfür nützlich:

- Ebay Kleinanzeigen (Ebay Kleinanzeigen 2017)
- Drive Now Carsharing (Drive Now 2017)
- Jaspr: Dinge und Talente tauschen (Jaspr 2017)
- Kleiderkreisel (Kleiderkreisel 2017)
- Frents: Leihen und Verleihen unter Freunden und Nachbarn (Frents 2017)
- Rebuy: Gebrauchte Elektronik- und Medienartikel (ReBuy 2017)

• **Hintergrundwissen:** Kaffeebecher, Kekspackungen, Schuhe, Smartphones – was machen wir eigentlich mit dem ganzen Zeug? Wie entsteht es, und wo landet es am Ende? Der Kurzfilm „The Story of Stuff" zeigt die schockierenden Folgen unseres Konsums und verdeutlicht, warum wir etwas ändern müssen (Leonard 2017). Die daraus gewachsene Bewegung verbindet nun Menschen aus aller Welt, teilt Wissen und initiiert Projekte (Story of Stuff Project 2017).

# Literatur

Albert, A. (2015). Top 10 globale Konsumententrends 2015. Mila. News, Tipps und Trends rund um Technik 29. Januar 2015. http://blog.mila.com/de/2015/01/29/top-10-globale-konsumententrends-2015/. Zugegriffen: 2. März 2018.

Appinio. (2017). Welche Faktoren sind Dir bei der Kaufentscheidung in einem Online-Shop wichtig? Statista. https://de.statista.com/statistik/daten/studie/722496/umfrage/wichtige-kriterien-fuer-kaufentscheidung-in-online-shops-in-deutschland/. Zugegriffen: 30. Nov. 2017.

Bach, S. (2017). „Das Kleiderschrank-Projekt". Mehr Stil, weniger Konsum. N-TV, 8. Mai 2017. http://www.n-tv.de/panorama/Mehr-Stil-weniger-Konsum-article19824088.html. Zugegriffen: 30. Okt. 2017.

Behv. (2017). Gesamtumsatz und Online-Umsatz des Versandhandels mit Waren in Deutschland in den Jahren 2006 bis 2016 sowie eine Prognose für 2017 (in Milliarden Euro). Statista. https://de.statista.com/statistik/daten/studie/77775/umfrage/umsatz-und-online-umsatz-im-versandhandel-seit-2006/. Zugegriffen: 30. Nov. 2017.

Bundeszentrum für Ernährung. (2017). Der Saisonkalender. Ein mobiler Einkaufshelfer. https://www.bzfe.de/inhalt/app-saisonkalender-3131.html. Zugegriffen: 30. Okt. 2017.

Codecheck. (2017). Codecheck für dein Handy. https://www.codecheck.info/. Zugegriffen: 30. Nov. 2017.

Drive Now. (2017). Drive now carsharing. https://www.drive-now.com/de/. Zugegriffen: 30. Nov. 2017.

Ebay Kleinanzeigen. (2017). Trennen leicht gemacht: Die eBay Kleinanzeigen App fürs Handy. https://themen.ebay-kleinanzeigen.de/mobile-apps/. Zugegriffen: 30. Nov. 2017.

Ellen26. (2016). Love. Pixabay. https://pixabay.com/de/liebe-strand-herzform-das-herz-der-1476863/. Zugegriffen: 14. Dez. 2017.

Euromonitor International. (2017). Home. http://www.euromonitor.com/. Zugegriffen: 30. Okt. 2017.

Fischer, R. (2017). Mitten in Utopia. Holistische Customer-Journey? *W&V, 39*, 4–10.

Flatley, A. (2017). Verpackungsfreier Supermarkt: einkaufen ohne Verpackung. Utopia, 29. Mai 2017. https://utopia.de/ratgeber/verpackungsfreier-supermarkt/. Zugegriffen: 30. Nov. 2017.

Fraunberg, A. von. (2017). Vielschichtiger als gedacht. *W & V, 39*, 30–32.

Frents. (2017). Renting things between friends and neighbours. https://www.frents.com/index.html?cid=2743791. Zugegriffen: 30. Nov. 2017.

Gaitzsch, M. (2016). Otto Group präsentiert E-Commerce-Zuwachs von 10 Prozent in Deutschland. Onlinehändler News.de, 10. Februar 2016. https://www.onlinehaendler-news.de/handel/allgemein/23135-otto-group-e-commerce-zuwachs.html. Zugegriffen: 30. Okt. 2017.

GfK. (Hrsg.). (2017). Konsum 2017: verlässliche Stütze in unsicheren Zeiten? GfK Press release, 9. Februar 2017. http://www.gfk.com/de/insights/press-release/konsum-2017-verlaessliche-stuetze-in-unsicheren-zeiten/. Zugegriffen: 30. Okt. 2017.

Gillmann, B. (23. Oktober. 2017). Cyber Valley gewinnt Amazon als Partner. Das schwäbische Zentrum für Künstliche Intelligenz wächst. *Handelsblatt, 204*, 12.

Good On You. (2017). Good on you app. https://goodonyou.eco/app/. Zugegriffen: 30. Nov. 2017.

Göpfert, Y. (2017). Ich mag Tiere, heiß und fettig. Zielgruppenmodelle sind eine Frage des Zeitgeists. *W & V, 39*, 22–25.

Graff, B. (2013). Das kaufen wir euch nicht ab. Süddeutsche Zeitung, 1. September 2013. http://www.sueddeutsche.de/kultur/digitalisierung-und-konsumverhalten-das-kaufen-wir-euch-nicht-ab-1.1756994-2. Zugegriffen: 30. Okt. 2017.

HWZ. (2016). Online-Shopping: Worauf Konsumenten achten sollten. 20 minuten. http://www.20min.ch/schweiz/zuerich/sponsored/story/15257272. Zugegriffen: 30. Nov. 2017.

IfD Allensbach. (2017). Anzahl der Personen in Deutschland, die bereit sind, für umweltfreundliche Produkte mehr zu zahlen, von 2013 bis 2017 (in Millionen). Statista. https://de.statista.com/statistik/daten/studie/264571/umfrage/kaeufertypen–zahlungsbereitschaft-fuer-umweltfreundliche-produkte/. Zugegriffen: 30. Nov. 2017.

Jaspr. (2017). Jaspr lets people swap their skills and unneeded things. https://jasprtrades.com/. Zugegriffen: 30. Nov. 2017.

Kleiderkreisel. (2017). Bereit dazu deinen Kleiderschrank auszusortieren? https://www.kleiderkreisel.de/. Zugegriffen: 30. Nov. 2017.

KPMG. (Hrsg.). (2012). Trends im Handel 2020. https://www.kpmg.de/docs/20120418-Trends-im-Handel-2020.pdf. Zugegriffen: 30. Okt. 2017.
Kugoth, J. (2017). Foodie-Bibliothek: Dieses Startup listet Manufakturen. NGIN Food 09.05.2017. http://ngin-food.com/artikel/online-bibliothek-fuer-foodies-dieses-startup-listet-deutsche-/manufakturen. Zugegriffen: 15. Okt. 2017.
Label-online. (2017). Label-online. Google playstore. https://play.google.com/store/apps/details?id=org.verbraucher.labelonline. Zugegriffen: 30. Nov. 2017.
Leonard, A. (2017). The Story of Stuff – Doku – Deutsch. YouTube. https://www.youtube.com/watch?v=UCQLgACc6fQ. Zugegriffen: 30. Nov. 2017.
Lewis, S. (2014). Backpacking in a busy city. Unsplash. https://unsplash.com/photos/r4He4Btlsro. Zugegriffen: 14. Dez. 2017.
Markwardt, N. (2017). Wir sind Konsumnation. Zeit Online, 8. Juni 2017. http://www.zeit.de/kultur/2017-06/konsum-verhalten-deutschland-konsumgesellschaft-industrie/seite-2. Zugegriffen: 30. Okt. 2017.
Nestbau. (2017). Nestbau. Kinder schützen, Schadstoffe vermeiden. http://nestbau.info/app-download/. Zugegriffen: 30. Nov. 2017.
Netzwerk Solidarische Landwirtschaft. (2017). Solawis und Initiativen. https://www.solidarische-landwirtschaft.org/solawis-finden/solawi-hoefe-initiativen/. Zugegriffen: 30. Nov. 2017.
N-TV. (Hrsg.). (2017). Dafür geben die Deutschen ihr Geld aus. N-TV, 2. April 2017. http://www.n-tv.de/ratgeber/Dafuer-geben-die-Deutschen-ihr-Geld-aus-article19774522.html. Zugegriffen: 30. Okt. 2017.
Ptock, J. (2016). Wie das Konsumverhalten die Trends im Online-Handel bestimmt. Onlinehändler News.de, 11. Februar 2016. https://www.onlinehaendler-news.de/handel/allgemein/23167-konsumverhalten-trends-online-handel-bestimmt.html. Zugegriffen: 30. Okt. 2017.
Rat für Nachhaltige Entwicklung. (2017). Der nachhaltige Warenkorb. https://nachhaltiger-warenkorb.de/#!/topic/start. Zugegriffen: 30. Nov. 2017.
ReBuy. (2017). Give products a new life. https://www.rebuy.de/. Zugegriffen: 30. Nov. 2017.
Statista. (2017a). Warum kaufen Sie manchmal lieber im Internet als im Geschäft? Statista. https://de.statista.com/statistik/daten/studie/219677/umfrage/gruende-fuer-online-shopping/. Zugegriffen: 30. Nov. 2017.
Stern. (2017). Ziehen Sie Produkte mit Testsiegel vor? Statista. https://de.statista.com/statistik/daten/studie/160666/umfrage/produkte-mit-oder-ohne-testsiegel/. Zugegriffen: 30. Nov. 2017.
Stiftung Jugend und Bildung. (2013). Einkaufstrend Bio-Produkte: Worauf Verbraucher achten sollten. http://csr.jugend-und-bildung.de/files/922/MitVerantwortung_AB_November_2013_final.pdf. Zugegriffen: 30. Nov. 2017.
Story of Stuff Project. (2017). Story of stuff. From a movie to a movement. http://storyofstuff.org/. Zugegriffen: 30. Nov. 2017.

Think Tank Report. (2017a). Gesichtet. Think tank report 4, S. 6. http://www.kas.de/wf/doc/kas_49734-544-1-30.pdf?170801140130. Zugegriffen: 30. Nov. 2017.

Too Good To Go. (2017). Gutes Essen gehört auf den Teller! https://toogoodtogo.de/. Zugegriffen: 30. Nov. 2017.

Verlag für die Deutsche Wirtschaft. (2017). Zukunftsletter Marktforschung: Lebensstile 2020. Eine Lebensstil-Typologie für die Märkte von morgen. Zukunftsletter 2017. http://www.zukunftsletter.de/zukunfts-themen/marktforschung.html. Zugegriffen: 15. Okt. 2017.

Weck, A. (2017). Mega-Trends 2017 – 8 Experten und ihre Prognosen fürs neue Jahr. t3n, 6. Januar 2017. http://t3n.de/news/mega-trends-2017-7-experten-782580/. Zugegriffen: 30. Okt. 2017.

Wilkens, A. (2017). Amazon Fresh: Amazon eröffnet Online-Supermarkt in Berlin und Potsdam. Heise online, 4. Mai 2017. https://www.hise-de/amp/meldung/Amazon-Fresh-Amazon-eroeffnet-online-supermarkt-in-berlin-und-potsdam-3702779.html. Zugegriffen: 15. Okt. 2017.

## Weiterführende Literatur

Knape, A. (2014). Konsumenten-Typ: Die neuen Lebensstile. Manager Magazin. http://www.manager-magazin.de/lifestyle/mode/konsumententyp-die-neuen-lebensstile-a-971774-amp.html. Zugegriffen: 15. Okt. 2017.

Langwieser, C., & Gierig, A. (2010). Der Konsument 2020. Die wichtigsten Konsumtrends im Wandel der Zeit. Kelkheim (Hrsg. Zukunftsinstitut).

Statista. (2017b). Welche Gründe sprechen Ihrer Meinung nach für den Kauf regionaler Lebensmittel? Regionale Lebensmittel… Statista. https://de.statista.com/statistik/daten/studie/291212/umfrage/umfrage-zu-erwartungen-an-produkte-aus-der-region-in-deutschland/. Zugegriffen: 30. Nov. 2017.

Ternès, A., Towers, I., & Jerusel, M. (2015a). *Konsumentenverhalten im Zeitalter der Digitalisierung. Trends: E-Commerce, M-Commerce und Connected Retail*. Wiesbaden.

Ternès, A., Towers, I., & Jerusel, M. (2015b). *Konsumentenverhalten im Zeitalter der Mass Customization. Trends: Individualisierung und Nachhaltigkeit*. Wiesbaden.

Ternès, A., & App, J. (2016). Der Prosumer – wie sich das Kundenverhalten geändert hat. In Wirtschaftskammer Österreich (Hrsg.), Wirtschaftspolitische Blätter 4, 63. Jg., Sparen, Konsum und Wohlstand (S. 751–774). Wien.

# „Was ihr wollt" 4.0 – Studien zu Gen Y und Z

Es ist wohl das ewige Spiel der Generationen, dass die jeweilige Jugend für die älteren Semester unverständliche Vorlieben pflegt und rebelliert. Die unterschiedlichen Anschauungen geraten aneinander – und das weit über die üblichen Diskussionen während der Pubertät hinaus. Da gehen die Meinungen zu Musik und Mode meilenweit auseinander, aber vor allem auch die Ansichten in Bezug auf das Leben schlechthin, auf die Werte und Prioritäten, die den jeweiligen persönlichen Weg bestimmen. Auch in Bezug auf die Generationen Y und Z war dies nicht anders zu erwarten. Und doch verleihen die Megatrends wie Globalisierung und Digitalisierung dem Ganzen noch einmal einen eigenen Drive. Einerseits eröffnen sich der Jugend Potenziale, von denen die Babyboomer einst nicht einmal träumen konnten, weil die relevanten Technologien noch in Entwicklung begriffen oder nicht frei zugänglich waren. Andererseits ist die heutige Jugend deutlich intensiver informiert, vernetzt und digital aktiv (siehe Abb. 1), was sich zwangsläufig auf Interessen, Haltungen und Wertvorstellungen auswirkt (siehe Abb. 2). Und letztendlich stehen uns heute effiziente Instrumente zur Erforschung der Gedankenwelt der relevanten Zielgruppen zur Verfügung – und diese werden intensiv eingesetzt.

# Die Generation Y ist allzeit vernetzt – ob zu Hause oder auf Reisen

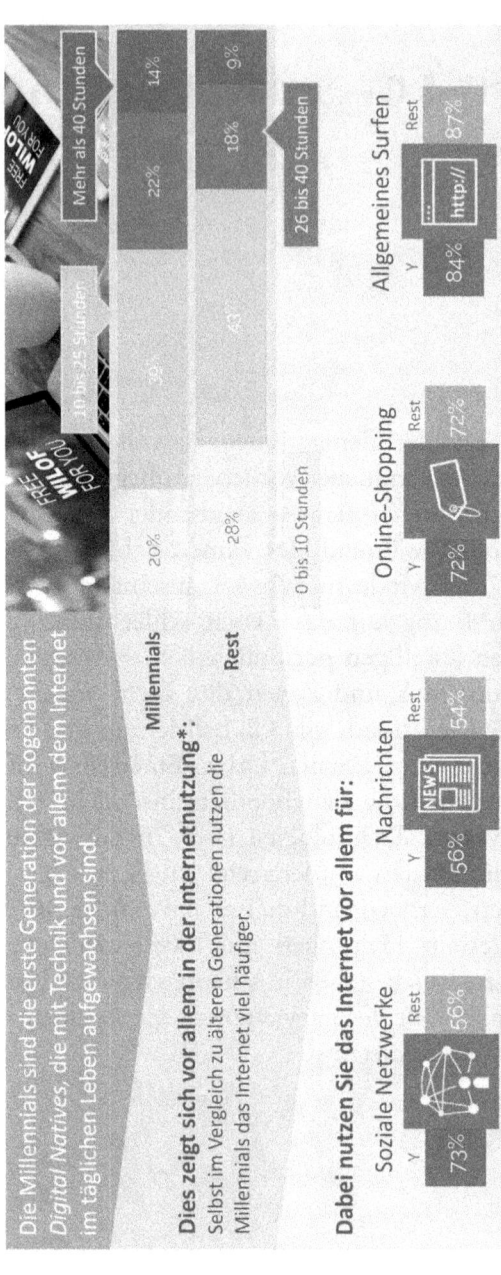

Abb. 1 Die Generation Y ist allzeit vernetzt. (YouGov 2017a)

**Abb. 2** Die Einstellungen der Millennials zeigen den Wertewandel. (YouGov 2017b)

## Die Generationenfrage – eine zeitliche Einordnung

Auch wenn die genauen Jahresangaben variieren, lassen sich die viel zitierten Generationen, die unter dem Strich gar keine sind, grob einteilen:

- Babyboomer – zwischen 1946 und 1956 (bis 1964) Geborene
- Generation X – zwischen 1956 (bis 1965) und 1976 Geborene
- Generation Y – zwischen 1977 und 1998 Geborene
- Generation Z – seit 1999 Geborene

Schon die Abweichungen bei den Zeiträumen, die die Generationen einteilen, machen deutlich: Es gibt Überschneidungen und Unschärfen. Es wäre so schön einfach, könnte beispielsweise ein Arbeitgeber anhand eines Geburtsjahres ablesen, welchen Typ er vor sich hat – aber weit gefehlt. Als Professor für Organisation, Personalmanagement und Informationsmanagement der Universität des Saarlandes hat Christian Scholz in seinem Buch „Generation Z: Wie sie tickt, was sie verändert und warum sie uns alle ansteckt" ausführlich dargestellt, dass die Grenzen zwischen diesen Generationen verwischen: Demnach fühlen sich immer mehr

50-Jährige eher in der Generation Z zu Hause, während sich 20-Jährige aufführen wie Babyboomer – es kann sich bei dieser Einordnung also nur um ein grobes Schema handeln, bei dem die Ausnahmen die berühmte Regel bestätigen (siehe Abb. 3) (Scholz 2015).

Was sich jedoch klar umreißen lässt, das sind die sich im Laufe der Jahrzehnte manifestierenden Veränderungen im Freizeitverhalten, bei den Bildungsinteressen und natürlich dem Musikgeschmack: Trafen sich die Gleichaltrigen in den 1970ern noch im Jugendclub oder an anderen ganz realen Orten, um gemeinsam ihren Vorlieben nachzugehen oder eben abzuhängen, nutzten die Jugendlichen in den 1990ern bereits die aufkommenden Mobiltelefone, um sich zu verabreden. Sie gehören aber immerhin noch zu der Generation, die sich in der analogen Welt bewegte und persönlich traf – die digitale Welt stand ihnen ganz einfach noch nicht zur Verfügung. Diese ist für die Jugendlichen im zweiten Jahrzehnt der 2000er Jahre bereits ganz selbstverständlicher Bestandteil des Alltags, das Smartphone avancierte zum Dreh- und Angelpunkt des sozialen Miteinanders. Auch wenn die Jugend selbst heute die bekannten Phasen inklusive der Konflikte mit den Älteren durchläuft, haben sich somit nicht nur das Equipment und die Plattformen geändert, sondern vor allem die Bedürfnisse und auch Verhaltensweisen. Statt beim Freund um die Ecke an der Haustür zu klingeln, verabredet man sich in mehreren Teilen: per Facebook, WhatsApp, manchmal auch noch SMS oder vereinzelt E-Mail schlägt man vor, fragt an – aber nie kurz vor dem geplanten Besuch, sondern mit Vorlaufzeit (siehe Abb. 4). Kommt dann eine Zustimmung, bestätigt man via digitaler Medien und nochmals dann, wenn man schon auf dem Weg ist. Absicherung und vorsichtige Annäherung statt Spontaneität und einfacher Kommunikation kennzeichnet das direkte Treffen immer mehr – im Gegensatz zur digitalen Kommunikation, die oftmals viel rauer und direkter erfolgt, viel spontaner und nicht selten grenzüberschreitend.

Das mag einerseits an der Erziehung liegen, die die Babyboomer und die Generation X ihren Kindern angedeihen ließen, oder teils an Helikoptereltern, die ihre Kinder in Watte gepackt haben und emotionale Nähe durch teure Technikgeschenke ersetzten. Andererseits leben wir heute in einem ganz anderen Lebensumfeld: Wir verzeichnen viele Umzugsbewegungen von Familien, eine hohe Prozentzahl an Scheidungen und Patchworkfamilien, dazu in vielen Städten bereits einen Migrationsstatus von 40 % bei den Einwohnern unter 40 Jahren. Das städtische Leben ist sehr viel bunter und offener geworden – und das ist nicht nur der Digitalisierung geschuldet, sondern vor allem den vielen Einwanderern und deren Nachkommen, die unserem Umfeld ganz selbstverständlich ihren

"Was ihr wollt" 4.0 – Studien ...    235

| | Maturists (geboren vor 1945) | Baby Boomers (1945–1960) | Generation X (1961–1980) | Generation Y (1981–1995) | Generation Z (nach 1995 geboren) |
|---|---|---|---|---|---|
| Prägende Erfahrungen | Zweiter Weltkrieg<br>Rationierungen<br>Starr definierte Geschlechterrollen<br>Rock 'n Roll<br>Kernfamilie<br>Festgelegtes Frauenbild | Kalter Krieg<br>Wirtschaftswunder<br>Swinging Sixties<br>Mondlandung<br>Jugendkultur<br>Woodstock<br>Familienorientierung<br>Zeitalter der Teenager | Ende des Kalten Kriegs<br>Mauerfall<br>Reagan – Gorbatschow<br>Thatcherismus<br>Live Aid<br>Der erste PC<br>Anfänge mobile Technologie<br>Schlüsselkinder<br>Zunahme von Scheidungen | Terroranschläge 9/11<br>Playstation<br>Social Media<br>Invasion im Irak<br>Reality TV<br>Google Earth | Wirtschaftlicher Abschwung<br>Erderwärmung<br>Globalisierung<br>Mobile Devices<br>Energiekrise<br>Arabischer Frühling<br>Eigene Medienkanäle<br>Cloud Computing<br>Wikileaks |
| Anteil an arbeitender Bevölkerung in % (in UK) | 3 % | 33 % | 35 % | 29 % | Teilweise in befristeten Arbeitsverhältnissen oder in Ausbildung |
| Ziel | Eigenheim | Jobsicherheit | Work-Life-Balance | Freiheit und Flexibilität | Sicherheit und Stabilität |
| Haltung zu Technologie | Weitgehend uninteressiert | Erste IT-Erfahrungen | Digital Immigrants | Digital Natives | 'Technoholics' – abhängig von der IT, nur begrenzte Alternativen |
| Haltung zu Karriere | Lebenslange Jobgarantie | Karriere im Unternehmen, wird von den Angestellten mitgestaltet | Karriere bezieht sich auf den Beruf, nicht mehr auf den Arbeitgeber | Digitale Unternehmer Arbeit „mit" Organisationen, nicht „für" Organisationen | Multitasking-Karriere Übergangsloser Wechsel zwischen Unternehmen und „Pop-up"-Business |
| Typisches Produkt | Auto | Fernseher | PC | Tablet / Smartphone | Google Glass<br>Nanocomputer<br>3-D-Drucker<br>Fahrerlose Autos |
| Medien Kommunikation | Brief | Telefon | E-Mail und SMS | Text oder Social Media | Mobile oder in die Kleidung integrierte Kommunikationsmedien |
| Bevorzugte Kommunikation | Face-to-Face Meetings | Face-to-Face, zudem Telefon und E-Mail | Text Messaging oder E-Mail | Online und Mobile (SMS) | Facetime |

INTERNET WORLD Business 22/14   Quelle: Futurebiz

**Abb. 3** Die Generationen, ihre Attribute und Erwartungen. (Reif 2015)

**Abb. 4** Hinhalten und absagen: Verabredungen zu treffen, ist heutzutage gar nicht mehr so einfach. (Arnold 2015)

Stempel mit aufdrücken. Hermann Wala und Dr. Uwe Lebok machen dies in ihren Arbeiten an einem prägnanten Beispiel fest: Denken wir nur an unsere Fußballnationalmannschaft, die uns im Jahr 2006 mit Spielern wie Khedira oder Boateng ein wahres Sommermärchen bescherte, von der ganzen Nation gefeiert wurde – und die veränderte Kultur der Generationen YZ perfekt widerspiegelte (Wala und Lebok 2017).

## Generation Y wird erwachsen – was sie ausmacht

Ihre Jugend ist vorbei, die Generation Y erobert sich in diesen Jahren ihre beruflichen Betätigungsfelder – und dabei nicht selten die Führungsetagen der Unternehmen. Bemerkenswert ist, dass sie dabei einen ganz neuen Stil an den Tag legt. Sie wurden in einer Phase geboren, als die Geburtenraten generell sanken und sich die Erziehungsansätze grundlegend änderten – Stichwort „Trophy-Kids" für permanente Anerkennung, Mitbestimmung und Förderung durch die Eltern. Einige entwickelten angesichts des Engagements ihrer Eltern ein ausgeprägtes Bewusstsein dafür, dass nur Leistung zu Erfolg führt und es nichts geschenkt gibt, was in ihnen Ehrgeiz und Leistungsstreben weckte. Andere wurden im finanziellen Überfluss geboren. Und den Eltern nachzueifern, war ihnen scheinbar zu anstrengend, so dass sie sich bequem mit dem zufriedengaben, was die Eltern ihrem einzigen Kind von den Augen ablasen. Und das reichte ihnen zusammen mit Engagements in der digitalen Welt bei Games, Chats und dem Konsum von Netflixsendungen und YouTube-Comedy (siehe Abb. 5).

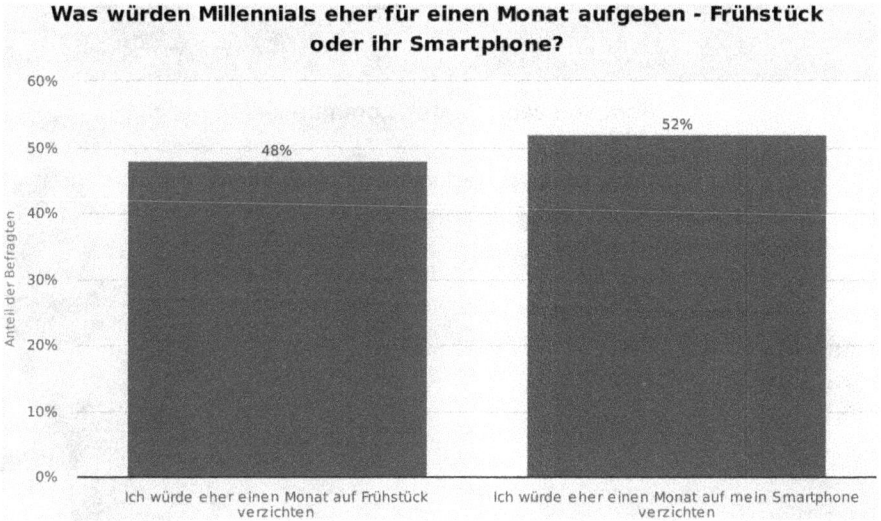

**Abb. 5** Umfrage, auf was Millennials in Deutschland eher verzichten können. (Syzygy 2017)

In dieser Generation gilt allgemein: Spaß muss auch sein, und der wird gelebt. Was sie jedoch deutlich von ihren Eltern unterscheidet, ist nicht nur die Empfindung einer immer schneller laufenden Zeit, sondern vor allem die Frage danach, was nützlich für sie ist und was nicht. Sie fühlen sich längst nicht mehr dazu genötigt, alles hinzunehmen oder mitzumachen. Bringt es ihnen persönlich nichts oder trägt etwas nicht zur Verwirklichung der eigenen Lebenspläne bei, wägen sie genau ab. Die größere Vielfalt der Möglichkeiten erfordert aber auch Entscheidungen – und damit tut sich die Generation Y nicht immer leicht. Da steht auf der einen Seite der Wunsch, auch im Erwachsenenalter Lob, Anerkennung und Wertschätzung zu erfahren, wie sie es aus ihrer Kindheit her kennen. Niemand will schließlich zu den Verlierern gehören – der Antrieb, sich positiv vom Durchschnitt abzuheben, ist groß. Auf der anderen Seite sind sie nicht bereit, jeden Preis dafür zu bezahlen. Die Digitalisierung ist zumeist auch ein Teil von Beziehungen: Gerade Kurznachrichten sind bei vielen der Paare ein fester Bestandteil ihrer Kommunikation (Abb. 6).

Die vom Grundsatz her positive Einstellung dieser Generation in puncto Offenheit, Flexibilität und Dynamik in den verschiedenen Lebensabschnitten fußt letztendlich auf dem erlebten beruflichen Engagement der Eltern, ist aber auch schon der Digitalisierung, der Globalisierung und damit der steigenden Mobilität geschuldet. Sie haben bereits im familiären Miteinander die Entscheidungen auf Augenhöhe, die Gemeinschaft und die Vorteile von Transparenz kennen- und schätzen

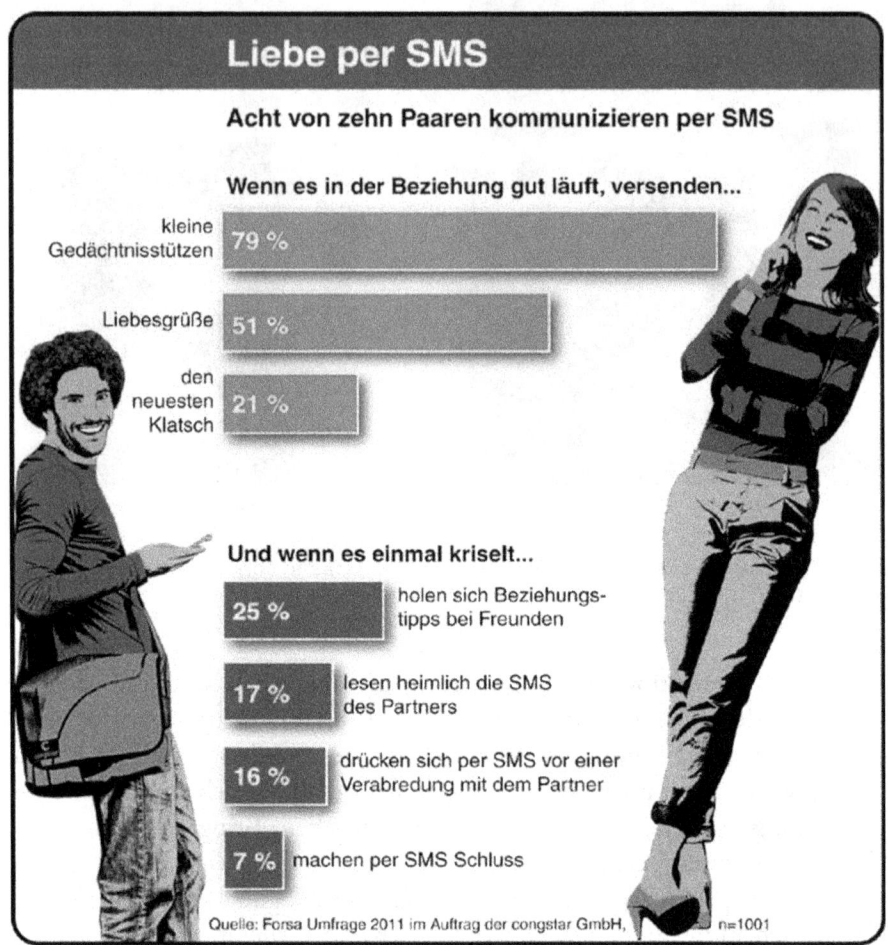

**Abb. 6** Liebe per SMS. (Congstar 2011)

gelernt. Damit stehen sie einem sich schnell verändernden Umfeld offen gegenüber, legen aber großes Augenmerk auf die klar vorgegebenen Wege: Schule, Ausbildung und Karriere. Um sich zu orientieren, fragen sie verstärkt nach – nicht umsonst entstand der Begriff „Generation Why". Ob es sich um Feedbacks handelt, die die wichtige Bestätigung liefern sollen, oder die Suche nach attraktiveren Möglichkeiten, das Hinterfragen gehört zu den bestimmenden Eigenschaften der jungen Menschen. Erfüllt der Beruf nicht die Erwartungen, werden ebenso Alternativen in Angriff genommen wie bei der Nichtvereinbarkeit der persönlichen Ziele mit dem Beruf (siehe Abb. 7). Sie ermitteln die sich darstellenden Optionen und prüfen diese vor allem in

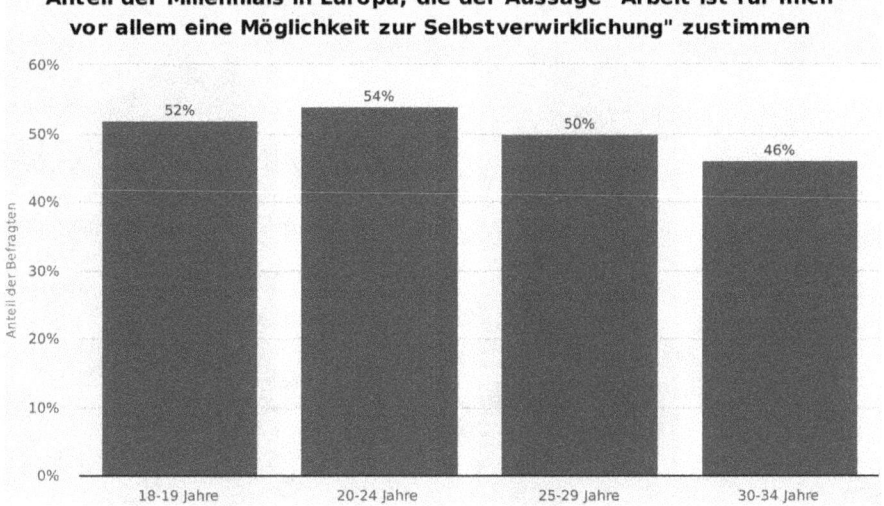

**Abb. 7** Umfrage zur Bedeutung von Arbeit für die Selbstverwirklichung nach Alter bei Millennials. (Bayerischer Rundfunk, Südwestrundfunk und ZDF 2017)

Hinblick auf deren Beitrag zum persönlichen Glück. Das Schlagwort Work-Life-Balance zog in Unternehmen ein, die generell umdenken müssen, um die Ansprüche der Generation Y erfüllen zu können. Bei den Digital Natives dagegen entspricht ein Engagement über Plattformen wie openPetition ihrem digitalen Nutzerverhalten (siehe Abb. 8).

Das Internet und die enormen Möglichkeiten, die sich in rasender Geschwindigkeit eröffnen, beflügeln die Generation Y, aber bereits für die Vertreter der Generation Z stellen sie einen ganz natürlichen und selbstverständlichen Lebensraum dar: Von der Tagesplanung, dem digitalen Lexikon oder dem Kochbuch bis hin zur Einkaufshilfe, vom Online-Shoppen der unterschiedlichsten Dinge einschließlich der Lebensmittel oder fertigen Mahlzeiten bis hin zur permanenten Vernetzung in den Social Media – nicht nur das Einkaufsverhalten der Generation Y weicht gravierend von dem der Älteren ab, sondern auch und vor allem die Kommunikation. Es ist doch ein Leichtes, sich in der digitalen Welt widerspruchsfrei darzustellen, gut über sich selbst zu reden und damit andere zu veranlassen, ihrerseits Gutes über einen selbst mitzuteilen. Auch hier kommt wieder dieses große Bedürfnis nach Lob und Anerkennung zum Tragen, dieses Hinterfragen und Einholen von Feedback, das Sinnhaftigkeit und Wertschätzung vermitteln soll. Eine wahre Kultur des Teilens und Mitteilens hat sich entwickelt, aber auch der Individualisierung und des Positivismus. Hierarchien

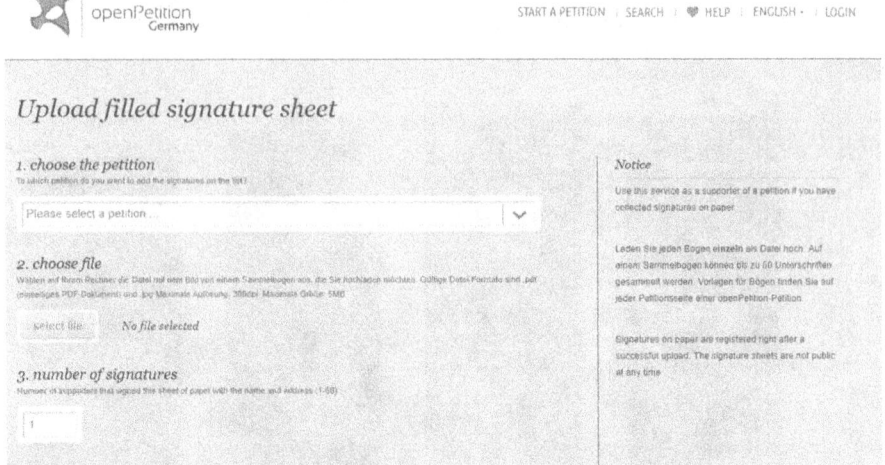

**Abb. 8** Engagement online: Gesammelte Unterschriften ganz einfach auf openPetition hochladen. (OpenPetition Deutschland 2017)

hingegen sind out, hat die Generation Y doch in ihrer Kindheit vor allem Demokratisierung kennengelernt und durfte mitbestimmen.

Und das wollen sie auch in der Gesellschaft, sie wollen mitgestalten und ihren Beitrag leisten. Erlebnisse mit Sinn und gemeinsames Engagement sind wichtig, ein Miteinander, und zwar ohne lautes Auftreten in der realen Öffentlichkeit. Das geschieht jedoch zumeist im Internet, und da wird es von vielen der älteren Generationen oftmals unbewusst oder bewusst nicht wahrgenommen.

Public Viewing beim Sommermärchen 2006 mag als Synonym dafür gelten, dass die Deutschen erstmals als weltoffen und locker erlebt wurden – und das weit über die Landesgrenzen hinaus. Gründer allerdings wirken ebenfalls stark nach außen und international – die Idee vom eigenen Start-up ist attraktiv. Während der Unternehmer vor allem in TV-Filmen häufig mit einem schlechten Image behaftet ist, gilt der Start-up-Gründer als erstrebenswert und hip. Der Traum vom schnellen Geld, vom Reich-und-berühmt-Sein oder vom So-cool-Sein wie die vom Silicon Valley weht dabei mit. Manchmal ist da mehr Schein als Sein, einige Start-up-Partys jedenfalls sind legendär und gelten als Must-Bes. Dem Traum steht allerdings das Risiko gegenüber. Nicht wenige scheuen eine eigene Gründung – und Arbeit gibt es genug. Unternehmen, vor allem Mittelständler in weniger attraktiven Lagen, stehen oftmals ein Fachkräfteproblem (Heidtmann 2017, S. 18). Und das liegt nicht an fehlender Zahlungsbereitschaft. Immer noch zieht es den, der auswählen kann, mehr in Metropolen und zu bekannten Markenherstellern (siehe Abb. 9).

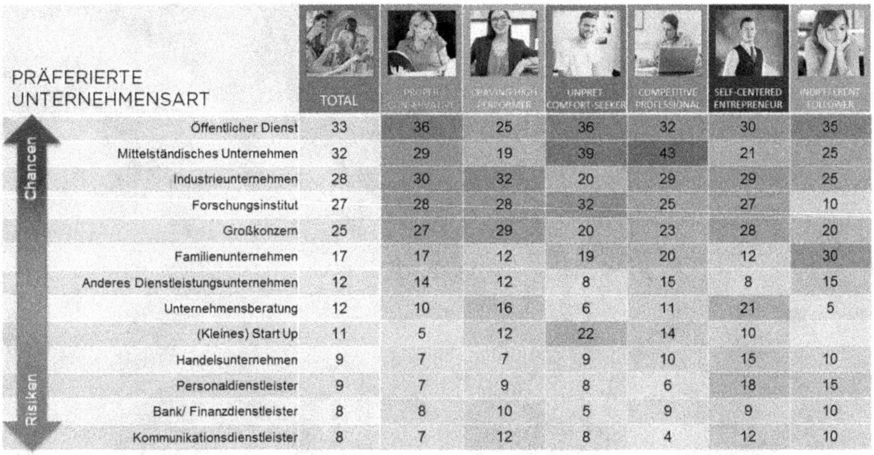

| PRÄFERIERTE UNTERNEHMENSART | TOTAL | PROFILE CONSERVATIVE | CRAVING HIGH PERFORMER | UNPRET COMFORT-SEEKER | COMPETITIVE PROFESSIONAL | SELF-CENTERED ENTREPRENEUR | INDIFFERENT FOLLOWER |
|---|---|---|---|---|---|---|---|
| Öffentlicher Dienst | 33 | 36 | 25 | 36 | 32 | 30 | 35 |
| Mittelständisches Unternehmen | 32 | 29 | 19 | 39 | 43 | 21 | 25 |
| Industrieunternehmen | 28 | 30 | 32 | 20 | 29 | 29 | 25 |
| Forschungsinstitut | 27 | 28 | 28 | 32 | 25 | 27 | 10 |
| Großkonzern | 25 | 27 | 29 | 20 | 23 | 28 | 20 |
| Familienunternehmen | 17 | 17 | 12 | 19 | 20 | 12 | 30 |
| Anderes Dienstleistungsunternehmen | 12 | 14 | 12 | 8 | 15 | 8 | 15 |
| Unternehmensberatung | 12 | 10 | 16 | 6 | 11 | 21 | 5 |
| (Kleines) Start Up | 11 | 5 | 12 | 22 | 14 | 10 | |
| Handelsunternehmen | 9 | 7 | 7 | 9 | 10 | 15 | 10 |
| Personaldienstleister | 9 | 7 | 9 | 8 | 6 | 18 | 15 |
| Bank/ Finanzdienstleister | 8 | 8 | 10 | 5 | 9 | 9 | 10 |
| Kommunikationsdienstleister | 8 | 7 | 12 | 8 | 4 | 12 | 10 |

**Abb. 9** Präferierte Unternehmensart der Generation Y. (CCL 2014)

Die wesentlichen Merkmale der Ypsiloner: Die Generation Y steht für Selbstverwirklichung, aber auch das Teilen. Berufliche und private Projekte werden nach deren Sinnhaftigkeit bewertet. Hierarchien, Vorgaben und Belehrungen stoßen eher auf taube Ohren, eine Erlebnis- und Sharing-Kultur bricht sich Bahn. Entscheidungen werden ebenso bevorzugt im Team getroffen, wie Spaß in der Gemeinschaft bevorzugt wird. Dabei bleiben die jungen Generationen, also Y und Z, doch Ich-fokussiert: Das „Why?" gehört zu den typischen Merkmalen, aber eben auch die Frage nach dem Nutzen für sich selbst (Wala und Lebok 2017). Die vermeintliche Selbstbezogenheit hat neben einem egoistischen Zug auch etwas allgemein Positives: Deutlich mehr Prozent dieser Altersgruppen trauen sich zu, etwas Eigenes auf die Beine zu stellen (Hechler-Fayd'herbe 2017, S. 17). German Angst und Angst vor Scheitern treten da in den Hintergrund. Das zeigen nicht nur die sogenannten Fuck-up-Events, bei denen Gründer gescheiterte Projekte präsentieren und Ratschläge zum Bessermachen geben. Der Bezug auf sich selbst zeigt sich auch in der Neigung zur eigenen Wohnung: Alleine zu wohnen ist oftmals keine kurze Phase, bis man zusammenzieht. Vielmehr ist es Ausdruck eines Lebensgefühls, bei dem die bewusste Entscheidung im Mittelpunkt steht, die eigenen Bedürfnisse und Wertvorstellungen ganz individuell ausleben zu können (Hechler-Fayd'herbe 2017, S. 17). Dazu gehört auch eine besondere Lebensweise. Der Hype zum veganen Leben ist in diesen Generationen aktueller als je zuvor. Dazu gehören auch Mediation, die Beschäftigung mit sich und mit dem zeitweisen bewussten Abschalten und Rausnehmen aus dem digitalen Alltag (siehe Abb. 10).

**Abb. 10** Achtsamkeit kann schon beim Frühstück beginnen. (Zsemlye 2017)

## Generation Z drängt nach vorn – die heutigen „Digital Natives"

Gängig ist für die Generation Z die Definition als die zwischen 1995 und 2010 Geborenen (z. B. Scholz 2012; Schawbel 2014). Damit überschneidet sich diese Generationsbeschreibung mit der für die Generation Y, die zumeist als die zwischen 1980 und 2000 Geborenen eingegrenzt werden (z. B. Absolventa 2017). Die Angehörigen der Generation Y, auch Millenials genannt (z. B. Osman 2017), gelten als die ersten Digital Natives. Die nachfolgende Generation Z gilt als zweite Digital Natives-Generation (z. B. Stratmann 2017).

Hierbei ist auch zu berücksichtigen, dass bei der Beschreibung der Generationen viele in dem Zeitraum Geborene ausgeklammert werden. Die zitierte Generation Z setzt sich zum großen Teil aus jungen, gebildeten und finanziell gut ausgestatteten Menschen zusammen. Und die konnten im Schatten ihrer Vorgänger ganz selbstverständlich in die digitalisierte Welt hineinwachsen, was ihnen z. B. die Differenzierung zwischen den neuen und den klassischen Medien ausgesprochen schwer macht. Und auch da – DIE Generation Z gibt es nicht.

Gleichzeitig empfindet es die zweite Generation der „Digital Natives" als nicht problematisch, wenn sie mit mehreren Menschen online Informationen austauschen, deren Beiträge teilen oder liken, ohne sich jemals persönlich gegenübergestanden zu haben. Die virtuelle gehört zur realen Lebenswelt und wird sogar zum ganz normalen Arbeitsraum. Das Lernen verändert sich, für die Vertreter der Generation Y wie die der Generation Z, ist doch Wissen jederzeit online verfügbar, sodass das Managen von Informationen deutlich wichtiger wird – sehr zum Leidwesen der Lehrer der alten Schule, die sich mit vielen ihrer Vorstellungen nicht mehr durchsetzen können.

In puncto Politik entwickelt die Generation Y eine eigene Herangehensweise: Sie kennt die großen Krisen, Krieg und Terror aus dem Internet und kann sich dort zu den Hintergründen bei alternativen Quellen informieren (siehe Abb. 11). Das heißt jedoch nicht, dass sie politisch im klassischen Sinne wäre, vor allem mit Berufspolitikern kann diese Altersgruppe wenig anfangen: Sie erwarten schlichtweg und ergreifend nichts von den aus ihrer Sicht abgehobenen Politikern. Ihr persönliches Glück spielt hingegen die Hauptrolle –noch stärker ausgeprägt findet man das bei Vertretern der Generation Z.

Wer von der Generation Z als Autorität anerkannt werden will, muss sich dies erkämpfen. Hierarchien, Bevormundung oder Einschränkungen nehmen sie noch weniger hin als ihre Vorgänger. Wird ihnen aber der Raum zur eigenständigen Umsetzung und Entfaltung gelassen, gehen sie ausgesprochen interessiert und engagiert an Projekte heran und stehen selbstbewusst für das Resultat gerade. Ausschlaggebend ist jedoch, dass ein Projekt

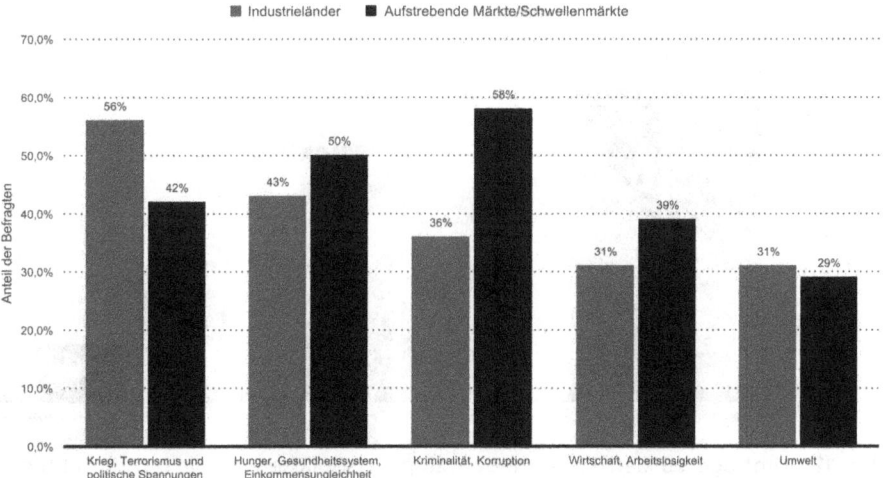

Abb. 11 Umfrage zum Empfinden der größten weltweiten Herausforderungen von Millennials 2017. (Deloitte 2017a)

spannend ist. Unternehmen oder Personen werden jedoch nicht per se so eingeschätzt. Diese Generation schaut genau hin und zieht bei Bedarf ihre Konsequenzen. Und das wirkt sich auch im privaten Bereich aus, der eher von kurzlebigen Beziehungen, außer beim engsten Familien- und Freundeskreis, geprägt ist. Ungebundenheit, Beweglichkeit und die Suche nach einem stimulierenden Anreiz mögen flatterhaft wirken, passen jedoch in die sich verändernde Welt. Vor allem Unternehmen stehen hier vor der Herausforderung, sich nicht nur attraktiv, kooperativ und gut vernetzt zu präsentieren, sondern auch auf das eigene Image zu achten.

Es lebe das Projekt: Die Generation Y ist für mehr nicht zu haben. Es sollte spannend sein sowie ein klar formuliertes Ziel aufweisen. Langfristige Mitarbeiterentwicklung? Wer weiß denn schon, welche Möglichkeiten sich in ein paar Jahren eröffnen (siehe Abb. 12)? Es ist gerade dieses aktuelle Überangebot an Informationen, das diese Generation dazu qualifiziert hat, Interessantes konsequent herauszufiltern – nun geht sie auch bei der Wahl des Arbeitgebers so vor (siehe Abb. 13).

Dabei hinterlässt die Generation Y gern den Eindruck, sie wäre nicht an Führungsverantwortung interessiert. Diese Annahme fußt nicht zuletzt darauf, dass in der Zeitspanne dieser Generation kein unmittelbar spürbarer

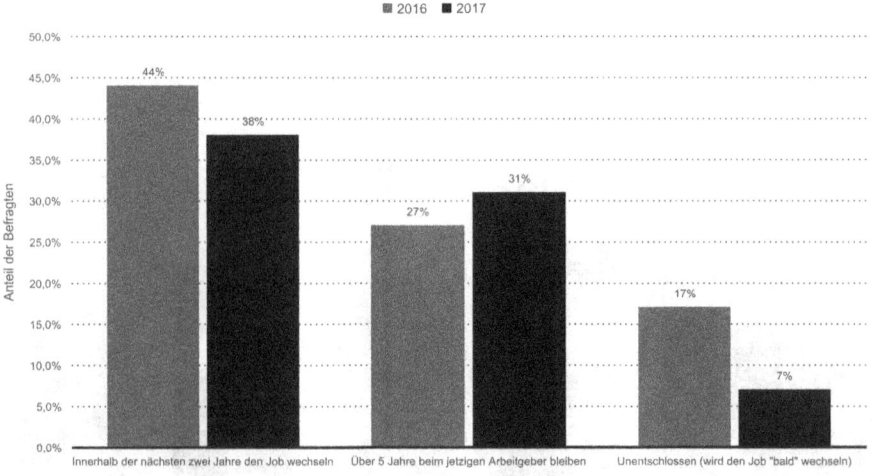

**Abb. 12** Umfrage zu den Erwartungen zum persönlichen Verbleib beim aktuellen Arbeitgeber 2017. (Deloitte 2017b)

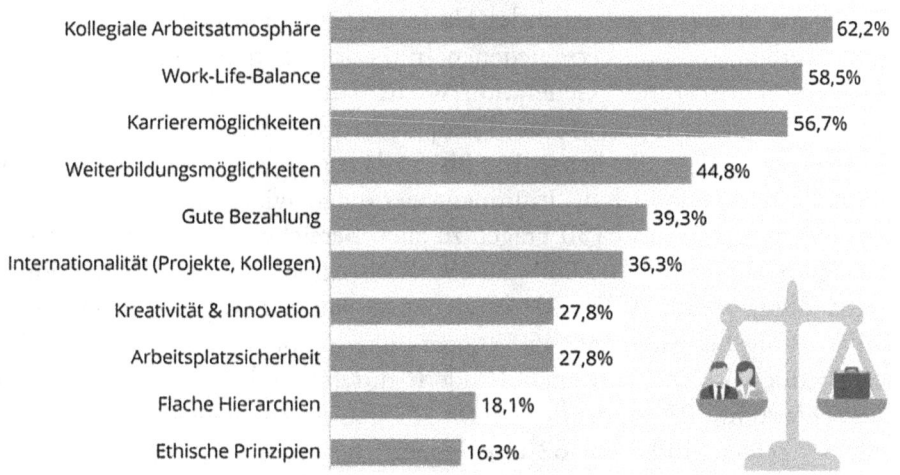

Abb. 13 Kriterien, die Millennials beim Arbeitgeber wichtig sind. (Nier 2016)

Krieg stattfand, keine Krise direkt spürbar wurde, viele Wege schon geebnet waren, wie z. B. eine Währungsunion in Europa mit fast durchgehend nur einer Währung und beim Reisen kaum spürbaren Grenzen.

Andererseits sehen sich die Jüngeren, die Vertreter der Generation Z, mit den unterschiedlichsten Ereignissen konfrontiert, die von den Protagonisten in den sozialen Netzwerken beschrieben und kommentiert werden – die öffentlich-rechtliche Berichterstattung findet in dieser Generation eher nicht statt. So versteht sich die Generation Z verstärkt als Bestandteil eines Netzwerkes, in dem jeder Beteiligte für den eigenen Beitrag Verantwortung trägt. Führungsverantwortung wird verstärkt als Teamverantwortung verstanden und wahrgenommen, ausgeprägte Hierarchien können hier nicht verfangen – zumal ein Vorgesetzter nicht automatisch Autorität genießt, er muss sich zunächst beweisen. Für Arbeitgeber wird es vor diesem Hintergrund schwieriger, in der Generation Z Arbeitskräfte für sichere, aber eher eintönige Jobs zu finden; abwechslungsreiche, aber zeitlich begrenzte Projekte hingegen sind gefragt (Lecturio 2016).

Einerseits hat die Generation Z keine eigene politische Vertretung, andererseits fehlen ihr bislang Ereignisse, die ihre Werte und Grundhaltung beeinflussen könnten. Sie sind demnach sowohl offen als auch unentschlossen und unsicher. Das erklärt die Neigung zum Hinterfragen und vermehrtem Recherchieren, muss die Generation Z doch den Eindruck gewinnen, dass die aus Erzählungen Älterer bekannten stabilen Systeme zunehmend bröckeln.

## Junge Erwachsene suchen nach ihrem Weg

Dieses intensive infrage stellendes Umfeldes zieht sich durch die einschlägigen Studien, die von verschiedenen Initiatoren durchgeführt wurden. So belegt die Jugendstudie „Generation What?", die bis Ende November 2016 europaweit erhoben und von der Europäischen Rundfunkunion EBU koordiniert wurde, dass die heute 16- bis 34-Jährigen wenig Vertrauen in die politische Elite, religiöse Institutionen oder die gängigen Medien haben. An der Befragung, die rund 150 Fragen zu allen Bereichen des Lebens umfasste, beteiligten sich rund 200.000 dieser Altersspanne, also der Generation Y und Z Zugehörende (ORF 2016). Ganze 82 % der Befragten vertrauen der Politik wenig bis gar nicht, 45 % sogar „überhaupt nicht". Die Ergebnisse fielen jedoch in den einzelnen Ländern unterschiedlich aus: Waren es in Deutschland nur 23 %, die der Politik völlig misstrauen, kamen französische Teilnehmer der Studie auf 62 und italienische auf 60 %. Getoppt wurden die Ergebnisse jedoch von den griechischen Teilnehmern mit 67 %.

Beim Thema soziale Gerechtigkeit beklagten 87 % der Befragten, dass die soziale Schere immer weiter auseinanderklaffe. Lediglich 20 % waren der Meinung, dass sie für die eigene Arbeitsleistung eine faire Bezahlung erhalten. Trotz der Tatsache, dass rund 40 % mit einer Verschlechterung der eigenen Situation im Vergleich zu den Eltern rechnen, schaut doch über die Hälfte der europäischen 16- bis 34-Jährigen optimistisch in die Zukunft – mit allen Unterschieden in Bezug auf das jeweilige Heimatland. Der Europäischen Union wird von 59 % kein oder nur geringes Vertrauen entgegengebracht, aber 71 % sprechen sich für eine Mitgliedschaft des Heimatlandes in der EU aus. Die Konstruktionsfehler werden also durchaus wahrgenommen, aber ebenso die enormen Vorteile, die die Europäische Union bisher gebracht hat.

Die Kirchen schneiden bei der Umfrage nicht sonderlich gut ab: Mit 58 % ist der Anteil derer, die den unterschiedlichen religiösen Institutionen nicht vertrauen, deutlich größer als die 23 %, die zumindest skeptisch sind. Lediglich drei Prozent stehen hinter den Kirchen und Religionsgemeinschaften.

Noch weniger Vertrauen genießen die Medien, denen lediglich durchschnittlich zwei Prozent der Teilnehmer ihr Vertrauen ausgesprochen haben. Im Gegensatz dazu betonten 39 %, überhaupt kein Vertrauen in die Medienlandschaft zu haben, 41 % waren skeptisch – entsprechend alarmiert waren die auswertenden Sozialforscher. Die Ergebnisse müssen zwar weiter differenziert werden, da nur nach Oberbegriffen gefragt wurde. Und doch zeigen die Ergebnisse laut den Sozialforschern auch, dass das geäußerte

Misstrauen nicht als Gleichgültigkeit zu werten sei. Insbesondere die deutschen Teilnehmer würden sich zu 44 % in einer politischen Organisation engagieren – damit nahmen sie mit Abstand den Spitzenplatz ein. Auch NGOs sind gefragt, im europäischen Durchschnitt könnten sich sogar 61 % der 18- und 19-Jährigen ein aktives Mitwirken vorstellen (ZEIT 2017).

Auch die 17. Auflage der Jugendstudie von Shell (2015) gibt ein umfassendes differenziertes Bild zu den Digital Natives. Sie fußt auf einer von Infratest durchgeführten Befragung mit 2558 Personen zwischen 12 und 25 Jahren (Shell 2015, S. 32). Dabei ging es um persönliche Einstellungen, die insbesondere in vertiefenden Interviews ausgeführt werden konnten. Die Auswertung ergab eine pragmatische Haltung, die die Jugendlichen und jungen Erwachsenen gegenüber den alltäglichen Herausforderungen, im Beruf, aber auch in der Gesellschaft an den Tag legen. Leistungsnormen gehören dabei ebenso zu den Selbstverständlichkeiten wie der Wunsch nach einem stabilen sozialen Umfeld im persönlichen Nahbereich. Die individuelle Suche nach der eigenen Rolle und einem Platz in der Gesellschaft setzen die Befragten mit Anpassungsfähigkeit um, aber auch mit dem Willen, aufkommende Chancen aktiv zu ergreifen. Angesichts der zunehmenden Unsicherheiten erstaunt auch hier der Optimismus, den die Teilnehmer in Form einer positiven Grundhaltung an den Tag legten, und den die Auswertenden auf die generell stabile Lage Deutschlands zurückführen.

Gleichzeitig wird ein gestiegenes politisches Interesse konstatiert: Die Geschehnisse in der Welt werden verstärkt verfolgt, was im Gegensatz zu den 1970ern und 80ern nicht zu einer negativen Grundstimmung führt. Die Einschätzung der eigenen Perspektive und der Zukunft der Gesellschaft stellt sich deutlich positiver dar, aber eben auch der Wille, sich selbst in die Gestaltung einzubringen. Einen hohen Stellenwert genießt die Vereinbarkeit von Arbeit und Privatem und dabei insbesondere die Gestaltungsmöglichkeiten, die planbar und verlässlich sein sollten. Selbstbestimmung, Sinnhaftigkeit und gesellschaftliche Nützlichkeit einer Tätigkeit haben demnach eine ebenso große Bedeutung wie die Höhe des Einkommens, das ein sicheres Auskommen gewährleisten sollte (Shell 2015, S. 13).

Für viele Vertreter der Generation Y ist es heute unvorstellbar geworden, bei einem Unternehmen die ersten Schritte zu machen und dort ununterbrochen bis zur Rente zu arbeiten. Hierarchien sind nicht bevorzugt, gemeinsames Mitgestalten gehört zu Forderungen, die die Generation Y an die Arbeitswelt, Gesellschaft und Politik stellt. Flexibilität und Schnelligkeit zählen die Generationen Y wie Z zu ihren Stärken, einige bemerken dabei, dass die nicht zuletzt der immer weniger planbaren Welt geschuldet ist (Shell 2015, S. 13).

Die Generationen Y und Z wurden durch Digitalisierung geprägt. Schließlich sind sie ganz selbstverständlich mit Handy, Computer und Internet aufgewachsen. Dementsprechend ist auch der Vernetzungsgedanke stark entwickelt: Sich über Facebook auszutauschen, gehört ebenso zu den Selbstverständlichkeiten wie die überwiegende Akzeptanz von Online-Unternehmen wie Amazon und Google als Anbieter, aber auch als Arbeitgeber. Eine kritische Hinterfragung von Online-Geschäftsmodellen wird bei der Generation Z nur wenig thematisiert.

Die enorme Flut an Wissen und Information, die jederzeit und überall aus dem Internet bezogen werden kann, wird bewusst wahrgenommen, führt aber auch zu einer relativ schwach ausgebildeten Entscheidungsfähigkeit. Oftmals werden Bewertungsportale bemüht, anstelle sich ein eigenes Bild mit tiefergehender Recherche zu machen. Vor allem die Generation Y setzt sich allerdings mit den Themen Fake News und Bots auseinander – dies allerdings eher feststellend, weniger als Grund, um das eigene Surf- oder Rechercheverhalten daraufhin abzuändern. Gleichzeitig wurde bei vielen Teilnehmern der Generation Z eine große Offenheit für andere Kulturen registriert, die Kontaktfreude wird nicht zuletzt durch die im Vergleich zu anderen Generationen vielfältigeren Möglichkeiten des günstigen Reisens durch Billigflüge, günstige Fernbusreisen, von Airbnb oder Couchsurfing verstärkt: Sich einfach auf den Weg zu machen und in andere Kulturen einzutauchen, ist heute sehr viel einfacher geworden, das wird vor allem von der Generation Z betont (siehe Abb. 14). Während die Generation Y vor allem das Treffen von Menschen anderer Kulturen mit Reisen verbindet, betont die Generation Z den Studienergebnissen nach mehr das Reisen selbst (Shell 2015).

Das Team- und Gemeinschaftsdenken ist vor allem bei der Generation Y stark ausgeprägt, trifft aber auch auf den Wunsch, sich selbst zu finden und zu verwirklichen – auch in der Freizeit. Eine ausgeglichene Work-Life-Balance hat hier einen hohen Stellenwert. Dabei ist durchaus ein politisches Interesse festzustellen, das im Gegensatz zu den 1968ern, die ihre Unzufriedenheit auf der Straße zum Ausdruck brachten, auf einer anderen Ebene, beispielsweise in Form von Online-Petitionen oder Flashmobs, umgesetzt wird. Auch die erstarkende Occupy-Bewegung kann als Beleg gelten. Die Generation Y drängt jedoch nicht in die erste Reihe, eine Position wie die der Bundeskanzlerin erscheint nicht verlockend, aber der Wille zum Mitgestalten und Verändern ist laut einer Studie von Deloitte aus 2017 bei vielen vorhanden (siehe Abb. 15). Führungsaufgaben sind entsprechend vorliegenden Studien-Ergebnissen bei der Generation Y und Generation Z

**Abb. 14** Sich auf Reisen selbst finden, vernetzen, weiterbilden und neue Kulturen kennenlernen. (Ivanova 2014)

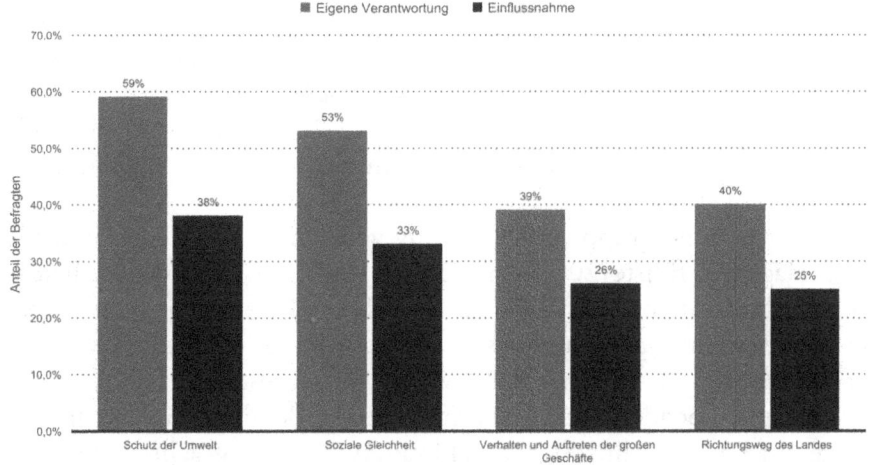

**Abb. 15** Umfrage zu den größten Problemen nach Verantwortung und tatsächlichem Einfluss von Millennials. (Deloitte 2017c)

ebenso wenig gefragt wie Hierarchien selbst. Dem Willen zum Mitmachen tut das jedoch keinen Abbruch.

Das Gewaltpotenzial ist ausgesprochen niedrig, Diplomatie wird deutlich bevorzugt, und zwar bei beiden Generationen, verstärkt bei der Generation Y. Auf der anderen Seite wird Eigentum immer weniger wichtig – und in vielen Fragen auch das Markenbewusstsein. Das gilt wieder für beide Generationen. Carsharing und selbstfahrende Fahrzeuge treten in den Vordergrund, auch aus Nachhaltigkeitsgründen. Die Generation Y ist bereits im Beruf angekommen und hat Compliance verinnerlicht. Das gilt bei ihnen auch für die Nutzung von Handys, Tablets und Computern: Bekannt gewordene Verstöße, wie beispielsweise die Diskussionen um die Abhöraktionen der NSA, werden von den Studienteilnehmern der Generation Y durchgehend kritisiert. Der Schutz der Privatsphäre und der persönlichen Daten wird als wichtig erachtet. Das gilt für die Generation Y mehr als für die Generation Z. Etwa die Hälfte der Studienteilnehmer der Generation Z meinen, dass Privatsphäre noch viel stärker geschützt werden muss, während die andere Hälfte dieses Thema entspannt sieht und Bestrebungen zum besseren Schutz eher mit Unverständnis kommentiert.

## Digitalisierung verändert alles

Der Anspruch auf Selbstverwirklichung sowie Vereinbarkeit von Beruf, Familie und Freizeit bezieht die neuen Technologien natürlicherweise mit ein. Das Internet mit seinem enormen Potenzial ist für die Generationen Y und Z entsprechend den Ergebnissen der Studie von Ternès und Hagemes (2017) längst ein ganz selbstverständliches Instrument zur Beschaffung von Informationen und Wissen sowie in der Folge für Aufklärung und Transparenz geworden.

Eine Forschungsgruppe unter Leitung von Dr. Anabel Ternès und Hans-Peter Hagemes führte 2017 eine Online Umfrage mit 500 Studierenden im Alter von 18 bis 28 Jahren durch, also bei den Digital Natives, die der Beschreibung nach teilweise zur Generation Y und teilweise auch zur Generation Z passen. 50 % waren deutsche Studierende, 50 % in Deutschland lebende ausländische Studierende. Bei den Studienteilnehmern wurde auf eine gleichmäßige Geschlechterverteilung geachtet (Ternès und Hagemes 2017).

Viele Teilnehmer betonen zu dem Thema, „Wie Digitalisierung die Wirtschaft verändert", dass dadurch auch die Gesellschaft verändert werde.

Die Erwartungen an die weitere Digitalisierung der Wirtschaft und Gesellschaft sind vor allem bei den jüngeren Digital Natives der Umfrage groß. Das geben Sätze wieder, wie: „Mit der Digitalisierung boomt die Wirtschaft. Das bietet viele Möglichkeiten." Vor allem die Teilnehmer zwischen 18 und 21 Jahren betonen die weitreichenden Möglichkeiten von Internet of Things im Alltag und im Umgang miteinander ebenso wie in der Berufswelt, hier vor allem die automatisierte Produktion. Es fehlen zwar weitgehend konkrete Vorstellungen darüber, wie die Arbeitswelt von morgen aussehen wird, aber die jüngeren Studienteilnehmer zwischen 18 und 21 Jahren gehen mehrheitlich davon aus, dass die Digitalisierung das Leben im Alltag noch bequemer machen wird. Aussagen wie: „Es wird noch mehr Bequemlichkeit geben.", und: „Es werden sich immer mehr Dinge des privaten und beruflichen Lebens von der Couch aus erledigen lassen", wurden mehrfach geäußert.

Dies wird allerdings ebenso negativ wie positiv gewertet – negativ mit einem Hinweis auf den Rückgang von Sozialkontakten, Gewichtszunahme durch Essensbestellung statt selbst einzukaufen ebenso wie die komplette Transparenz des Einzelnen und den Verlust der Privatsphäre. Auch wurden von der Generation Y Befürchtungen geäußert, dass Digitalisierung mit der Robotisierung und generellen Automatisierung ebenso wie durch verstärkte Mensch-Maschine-Kommunikation, Egoismus und Einsamkeit verstärkt und Beziehungen überflüssig werden könnten: „Robotisierung und Egoismus wird noch mehr werden. Jeder könnte allein sein, man braucht keine Freunde mehr, auch keine Beziehungen, da man es durch Social Media alles ersetzen kann." Ob Digitalisierung menschliche Arbeit ersetzen wird oder nicht – darüber sind sich die Studienteilnehmer in allen Alterseinteilungen durchgehend nicht einig. Die Aussagen reichen von: „Es wird neue Arbeit und viele neue Berufe geben.", und: „Der Mensch als solcher wird wichtiger werden, da er nur noch Dienstleistungen anbieten kann, die maschinell nicht möglich sind.", bis zu: „Die Technik wird menschliche Arbeit komplett ersetzen." Aus vielen Antworten geht Unsicherheit, teilweise gepaart mit Angst hervor, wie sich unsere private und Arbeitswelt entwickeln wird. Das zeigen Aussagen wie: „Es wird alles noch digitaler werden, so, wie wir es uns nicht vorstellen können."

Gefragt nach ihren Ansichten zu den Veränderungen im Umgang miteinander, vor allem in der Kommunikation miteinander, die mit der Digitalisierung einhergehen, erwartet ein Großteil der Studien-Teilnehmer altersübergreifend, dass immer weniger Menschen in der direkten digitalen Kommunikation miteinander persönlich oder emotional werden und der Umgang miteinander oberflächlich wird, da sich jeder im Internet schützen wolle und man verlernt, bzw. auch keine Zeit mehr hat, sich miteinander intensiv auseinanderzusetzen. Aussagen wie: „Es wird eine Lonely World sein, alle werden online sein, niemand wird mehr persönlich emotional werden, alle werden sich schützen", oder auch: „Alle werden immer kürzer und schneller miteinander sprechen. Halten sich knapp, verkürzen Texte. Keiner hat mehr Zeit.", geben das wieder. Die Kommunikation würde immer schneller werden, vor allem die schriftliche, damit aber häufig auch missverständlich und inhaltslos oder auch: „Es ändert sich stark, wir verkürzen Texte, keiner kann mehr richtig schreiben".

Die Studienteilnehmer erklären altersübergreifend, dass ihr Smartphone einen immer höheren Stellenwert einnimmt. Genutzt wird es den Angaben nach als Kalender, zur Vernetzung mit anderen Freunden oder Studierenden bzw. Arbeitskollegen, zum Geschäftemachen, bzw. An- und Verkäufen, vor allem über eBay und zur Informationsbeschaffung, hier vor allem über Google. Folgende Antworten illustrieren gut die Bedeutung des Smartphones für den Einzelnen: „Mein Smartphone bedeutet alles für mich, ohne Smartphone können wir kein Geschäft machen, anrufen, surfen, mailen, alles geht über Smartphone", und: „Viel, alles ist da drauf, Kontakte, Mails, Termine, Fotos, alles, was mir wichtig ist. Mein Leben.", oder auch: „Kalender und Vernetzung mit allen. Bedeutet mir sehr viel, gehe damit schlafen." Häufig fällt das Wort „alles" oder die Aussage: „Das Smartphone ist mir das Wichtigste." Dabei wird der intensive Einsatz auch kritisch gesehen. Das zeigen Antworten wie „Mehr als es haben sollte …" oder „Es ist totale Ablenkung für mich, kann mich gar nicht mehr konzentrieren. Totale Manipulation, Auslieferung.", auf die Frage nach der Bedeutung für die eigene Person.

Auf eine Frage nach den Möglichkeiten und Gefahren durch künstliche Intelligenz antworteten die Teilnehmer der Studie von Ternès und Hagemes (2017) durchgehend differenziert: Einerseits erwarten die Teilnehmer altersübergreifend, dass eine Kombination aus Automatisierung und künstlicher Intelligenz, z. B. bei Autos, aber auch bei der Robotisierung in Produktionsstätten zu weniger Unfällen und damit größerer Sicherheit führen kann. Das zeigen Antworten wie: „Selfdriving Cars ist eine gute Idee, es wird weniger Unfälle geben." Aber auch hier mischen sich besorgte Töne unter die positiv erwartungsvollen. Aussagen wie: „Für die Automobilbranche sehe ich hier mehr Sicherheit durch autonomes Fahren, das spart auch Zeit! Menschen werden leider immer mehr durch Roboter ersetzt. Das ist eine erschreckende Entwicklung, die mir Angst macht.", und: „Gibt Vorteile und Nachteile. Dass man alles aufnimmt und hört, was wir machen, finde ich nicht gut, Siri aber ist eine gute Erfindung", illustrieren das. Andererseits sehen die Teilnehmer durchgehend auch Nachteile in der Verbindung aus Big Data, Sicherheit und Künstlicher Intelligenz, z. B. wenn sie permanent überwacht werden – Fortschritt und Abhängigkeit werden hier als schwierige Verbindung gesehen, Digitalisierung verbunden mit der Sorge, dass die dadurch entstandene Freiheit und Transparenz auch Manipulation und Kontrolle nach sich ziehen kann: „Die Möglichkeit, weniger Aufwand für einen selbst zu haben, ist bequem und eine schöne Idee, aber die Gefahr ist größer – die Kontrolle von Maschinen über uns finde ich erschreckend, es gestaltet sich immer schwieriger, aus diesem Teufelskreis auszubrechen." Viele Teilnehmer der Generationen Y und Z, vermehrt allerdings der jüngeren Generation, äußerten die Angst, dass Maschinen intelligenter werden als Menschen und damit eine fatale Abhängigkeit entstehen könnte. Aussagen wie: „Für mich liegt darin eine große Gefahr, die Maschinen könnten schlauer als die Menschen selbst werden, aber es ist darin auch eine Möglichkeit, denn damit lässt sich Zusammenleben harmonischer gestalten.", bestätigen das.

Verbreitet sind differenzierte Antworten, die zeigen, dass die Teilnehmer sowohl eine positive wie auch eine negative Seite der künstlichen Intelligenz sehen: „Menschliche Emotionen werden fehlen, das ist eine große Gefahr, auch werden wir damit nicht lösen können, mehr Sicherheit zu haben. Prozessabläufe könnten optimiert werden durch Entwicklungen in dem Bereich und das Internet of Things bietet natürlich große Möglichkeiten". Auch gibt es nicht wenige Studienteilnehmer, die Digitalisierung im Ganzen, speziell der künstlichen Intelligenz, sehr kritisch gegenüberstehen, das zeigen Antworten wie: „Digitalisierung gefällt mir nicht. Künstliche Intelligenz finde ich gefährlich. Aber ich lebe leider in dieser Zeit und muss das akzeptieren."

Die Studien zu den Digital Natives zeigen insgesamt: Die Generation Y will leben – und das Erstaunliche ist, dass sie gegen das empfundene Fehlen von Werten in der Gesellschaft oftmals auf ein von früheren Generationen als spießig betrachtetes Leben setzt: Dass die Frau ein Leben als Hausfrau mit Kindern führt und keinem Beruf nachgeht, wird von den Studienteilnehmern eher mit Sicherheit und Zuhause als mit fehlender Emanzipation gleichgesetzt. Es fehlt bei den Aussagen der meisten Teilnehmer der Studien der Wille zur großen Karriere und zum absoluten Erfolg ohne Kompromisse. Vor allem bei den Ergebnissen der Studienteilnehmer zur Generation Z, aber auch vielen der Generation Y lässt sich eine Entwicklung

- weg von Kompetenzen, die man sich erarbeitet, hin zu Forderungen feststellen,
- weg von Leistung, die man erbringt, zu Erwartungen gegenüber anderen zur Leistung für die eigene Person,
- weg vom Besitzen eines Statussymbols zum Sharing,
- weg von Konzentration auf und Vertiefung in eine Sache zum eher oberflächlichen Multitasking festellen.

Gerade die Generation Y wird gerne mit einer neuen Form des Egoismus in Zusammenhang gebracht, ausgedrückt durch einen starken Drang zur Selbstverwirklichung. Der Trend zum langen Studium und zum Single-Leben kann als Beleg gelten, steht im zwischenmenschlichen Bereich jedoch einem starken Gemeinschaftsgefühl gegenüber. Dies wurde auch in der Studie zur Generation Y belegt. Die Generation Y befindet sich im Aufbruch – und auf der Suche nach ihrem Platz und ihrer Rolle in der sich schnell verändernden Gesellschaft (Ternès und Hagemes 2017). Übergreifend entsprechend von Ergebnissen vieler Studien wollen sie nicht Erfolg um jeden Preis, setzen sich aber ein und definieren Arbeit neu. Entsprechend titelt die W&V auch über Jessica Claar, Vice President Marketing bei Mastercard, als Beispiel für die „andere" junge Führungsgeneration und als Beispiel für Generation Y: „Entspannte Perfektionistin. Sie sind jung, definieren Arbeit neu und glauben an disruptive Ideen." (Strasser 2017, S. 19).

> **Wussten Sie schon?**
> - „Die digitalen Medien sind für die Generation Z nicht nur ein Arbeitsraum, sondern zugleich Lebenswelt, in der sie lernen, spielen, lachen und sich ein Netzwerk an Freunden aufbauen" (Lecturio 2016).
> - „1975 trafen sich die Gleichaltrigen noch an ‚sozialen Orten' zu bestimmten Zeiten, 1995 – zu Beginn der Mobiltelefon-Expansion – telefonierten sich die Jugendlichen der Generation Y zumindest noch zusammen, 2015 heißt es für Generation Z ‚Smartphone über alles'" (Wala und Lebok 2017).
> - „Die Mitglieder der Generation Z sind gute Informationsmanager geworden, die aus den unzähligen Daten diejenigen herausfiltern, die für sie in der jeweiligen Situation relevant sind" (Lecturio 2016).
> - Mythos 1: „Alle in der Generation Y wollen Unternehmer sein." Die Statistiken verdeutlichen, dass die Selbstständigenquote unter Millennials besonders gering und seit Jahren ein Abwärtstrend zu verzeichnen ist. Der Grund dafür ist laut Boston Globe Magazine (2017) Geld, denn die meisten Mitglieder dieser Generation seien erst damit beschäftigt, ihren Studienkredit zurück zu zahlen.
> - Mythos 2: „Millennials wollen nicht heiraten und keine Kinder bekommen." Statistiken zeigen, dass sich zwar das Durchschnittsalter des

Kinderbekommens und des Heiratens nach hinten verschiebt, von früher 22 auf heute ca. 28 Jahre, aber der Wunsch, zu heiraten und Kinder zu bekommen, durchaus bei der Generation Y vorhanden ist. Laut dem Pew Research Center möchten 70 % der nicht verheirateten Millenials gern eines Tages heiraten und 74 % Nachwuchs haben (Boston Globe Magazine 2017).
- „Ein Mitglied der Generation Y konsumiert ca. 2,7 Stunden pro Tag an Serien, Filmen, Dokumentationen etc" (Neon 2017).
- Drei von vier Millenials geben lieber Geld für Erfahrungen und Events aus, anstatt sich etwas Materielles zu kaufen. Die Generation möchte Erinnerungen kreieren und tut dies in Form von Reisen und Konzerten, welche dann wiederum in den sozialen Medien geteilt werden (Boston Globe Magazine 2017).
- „Studien belegten, dass viele bereits in jungen Jahren Rücklagen für Notfälle, Reisen und das Eigenheim bilden. Zudem würde die Generation Y sehr früh (72 % der Millenials mit durchschnittlich 22 Jahren) mit der Altersvorsorge beginnen" (Neon 2017).

**Take-aways**
- Die Generationen X und Y legen großen Wert auf die Kultur, die in einem Unternehmen vorherrscht, und empfinden es als besonders wichtig, sich mit der Arbeit identifizieren zu können. Es führt zur Freude an der Arbeit, wenn man einen Sinn, in dem was man tut, findet. Deshalb ist es wichtig, Hintergründe, Prozesse und Ziele transparent zu kommunizieren. Die Vermittlung sollte nicht nur in Text-, sondern auch in Bild- und Video-Form geschehen (grow.up. 2017).
- Die jüngeren Generationen sind mit einer Vielzahl an Entscheidungsmöglichkeiten aufgewachsen. Die Verbindung von Freizeit und Arbeit und die Flexibilität beider nimmt eine entscheidende Rolle in dem Leben der Generationen X and Y ein. Aus diesem Grund wird vom Arbeitgeber erwartet, dass er eine gewisse Flexibilität anbietet, sodass die Arbeit in das Leben der Arbeitnehmer integriert werden kann (grow.up. 2017).
- Freundschaft und Beziehungen nehmen einen extrem wichtigen Stellenwert für die beiden Generationen ein. Arbeitszeit wird als Lebenszeit angesehen, welche nicht vergeudet, sondern positiv erlebt werden möchte. Demzufolge sind die Förderung und der Aufbau von Beziehungen zugunsten der Zufriedenheit der Mitarbeiter und die Kommunikation dieser durch die Unternehmenskultur von entscheidender Bedeutung (grow.up. 2017).
- Lebenslanges Lernen steht im Mittelpunkt der jungen Erwachsenen. Das Anbieten von Entwicklungs- und Aufstiegsmöglichkeiten für die Erweiterung der eigenen Fähigkeiten spielt eine wichtige Rolle bei der Unternehmenswahl (grow.up. 2017).
- Social Media ist das zweite Zuhause der Generationen X und Y. Aus diesem Grund werden unter anderem diese Kanäle genutzt, um Informationen über das Unternehmen zu suchen, bei denen sich die jungen Erwachsenen bewerben wollen. Es ist wichtig, sein Socia-Media-Profil immer auf dem neusten Stand zu halten und sich authentisch und arbeitnehmernah zu präsentieren (grow.up. 2017).

- Die Generationen X und Y haben viele Erwartungen, hier ein kurzer Überblick, was von einer guten Führungskraft verlangt wird: regelmäßige Feedbackgespräche, das Aussprechen von Erwartungen, das Angebot eines individuellen Coachings, die Förderung der Mitbestimmung im Team, eine transparente Kommunikation und die Definition von klaren Zielen (Bleumortier 2014).
- In der Kommunikation mit den Generationen X und Y ist es wichtig, den richtigen Umgangston zu treffen. Mit trockenen Fakten kommt man nicht weit, da die Aufmerksamkeitsspanne von Generation zu Generation gesunken ist. Dies bedeutet, dass alle wichtigen Fakten in einem lockeren und freundlichen Umgangston gleich zu Beginn kommuniziert werden und keine Zeit mit einleitenden Worten vergeudet wird. Eine aufmerksamkeitsstarke Ansprache erfolgt über das Auslösen von Emotionen (Neuhold und Faschinka 2017).

## Literatur

Absolventa (Hrsg.). (2017). XYZ – Generationen auf dem Arbeitsmarkt. Absolventa 22. November 2017. https://www.absolventa.de/karriereguide/berufseinsteiger-wissen/xyz-generationen-arbeitsmarkt-ueberblick. Zugegriffen: 25. Jan. 2018.

Arnold, V. (2015). Hinhalten und absagen: Verabredungen zu treffen ist heutzutage gar nicht mehr so einfach. Merkur.de: Warum WhatsApp Verabredungen so nervig macht, 5. November 2015. https://www.merkur.de/multimedia/verabredungen-immer-komplizierter-seit-whatsapp-facebook-5764130.html. Zugegriffen: 14. Dez. 2017.

Bayerischer Rundfunk, Südwestrundfunk und ZDF. (2017). Anteil der Millennials in Europa, die der Aussage „Arbeit ist für mich vor allem eine Möglichkeit zur Selbstverwirklichung" zustimmen. Statista. https://de.statista.com/statistik/daten/studie/725504/umfrage/umfrage-zur-bedeutung-von-arbeit-fuer-die-selbsverwirklichung-nach-alter-bei-millennials/. Zugegriffen: 21. Nov. 2017.

Bleumortier, S. (2014). Do's and Don'ts im Umgang mit der Generation Y. Haufe Akademie Blog, 18. August 2014. https://www.haufe-akademie.de/blog/themen/personalmanagement/dos-donts-im-umgang-mit-der-generation-y/. Zugegriffen: 9. Okt. 2017.

Boston Globe Magazine. (2017). 8 myths and 5 truths about millennials. Boston Globe Magazine, 24. Mai 2017. https://www.bostonglobe.com/magazine/2017/05/24/myths-and-truths-about-millennials/lfGryVDq7Vpu1OfFGf77jL/story.html. Zugegriffen: 9. Okt. 2017.

CCL. (2014). Präferierte Unternehmensart. Ira Wülfing Kommunikation: Consulting Cum Laude: Studie – Klischees über Generation Y gehen an der Realität vorbei, 23. Oktober 2014. http://wuelfing-kommunikation.de/

wp-content/uploads/2014/10/CCL_Grafik_Praeferierte-Unternehmensart.jpg. Zugegriffen: 14. Dez. 2017.

congstar. (2011). Liebe per SMS. Presseportal: Neue congstar Studie: Die Wahrheit über Liebe per SMS. Wie 160 Zeichen heute Beziehungen prägen, 15. Juni 2011. https://www.presseportal.de/pm/67391/2062776. Zugegriffen: 14. Dez. 2017.

Deloitte. (2017a). Anteil der Millennials, die persönlich besorgt über die folgenden Probleme und Herausforderungen auf der Welt sind. Statista-Dossier zu Millennials in Deutschland. https://de.statista.com/statistik/studie/id/45289/dokument/millennials-in-deutschland/. Zugegriffen: 21. Nov. 2017.

Deloitte. (2017b). Anteil der Millennials, die den persönlichen Verbleib bei Ihrem jetzigen Arbeitgeber einschätzen. Statista-Dossier zu Millennials in Deutschland. https://de.statista.com/statistik/studie/id/45289/dokument/millennials-in-deutschland/. Zugegriffen: 21. Nov. 2017.

Deloitte. (2017c). Anteil der Millennials, die persönlich eine große Verantwortung und einen tatsächlichen Einfluss auf die folgenden Problemfelder sehen. Statista-Dossier zu Millennials in Deutschland. https://de.statista.com/statistik/studie/id/45289/dokument/millennials-in-deutschland/. Zugegriffen: 21. Nov. 2017.

grow.up. (2017). 8 Tipps zum Recruiting der Generation Y. grow.up. Managementberatung, 10. Januar 2017. http://blog.grow-up.de/8-tipps-zum-recruiting-der-generation-y/. Zugegriffen: 9. Okt. 2017.

Hechler-Fayd'herbe, N. (2017). Besser als ihr Ruf. *Bulletin, 3,* 16–17.

Heidtmann, J. W. (2017). Nicht zurücklehnen! Der deutsche Mittelstand ist nach wie vor innovativ. In: Zukunft in Deutschland. Innovationen, Technologien, Chancen. Oktober 2017. Inpact, S. 18.

Ivanova, A. (2014). Sunrise hiking views. Unsplash. https://unsplash.com/photos/tPKQwYHy8q4. Zugegriffen: 14. Dez. 2017.

Lecturio. (2016). Digital Natives: Die 4 Herausforderungen der Generation Z für Arbeitgeber. Lecturio HR Magazin 14. Januar 2016. https://www.lecturio.de/magazin/generation-z/. Zugegriffen: 9. Okt. 2017.

Neon. (2017). 8 Mythen über Millennials – und wie sie wirklich sind. Neon, 5. Juni 2017. http://www.stern.de/neon/magazin/freizeit/millennials–acht-mythen-und-fuenf-fakten-ueber-generation-y-7481784.html. Zugegriffen: 9. Okt. 2017.

Neuhold, C., & Faschinka, M. (2017). Wie man auf Augenhöhe mit der Generation Y kommuniziert. ecommerce Magazin, 29. März 2017. https://www.e-commerce-magazin.de/wie-man-auf-augenhoehe-mit-der-generation-y-kommuniziert. Zugegriffen: 9. Okt. 2017.

Nier, H. (2016). Was ist Millennials beim Arbeitgeber wichtig? Statista https://de.statista.com/infografik/9231/was-millennials-beim-arbeitgeber-wichtig-ist/. Zugegriffen: 21. Nov. 2017.

openPetition Deutschland. (2017). Eingang. https://www.openpetition.de/eingang. Zugegriffen: 14. Dez. 2017.

ORF. (2016). Generation What? Häufige Fragen. Hitradio Ö3. http://www.generation-what.at/page/haeufige-fragen#. Zugegriffen: 29. Jan. 2018.

Osman, J. (2017). Gute Nacht, Millenials! Die überforderte und überschätzte Generation Y. Manager Magazin 7. September 2017. http://www.manager-magazin.de/unternehmen/karriere/generation-y-millennials-sind-ueberfordert-und-ueberschaetzt-a-1166054.html. Zugegriffen: 25. Jan. 2018.

Reif, M. (2015). Die Generationen, ihre Attribute und Erwartungen. Personalblogger: Alles ändert sich: die Generationen X, Y und Z, 5. Juni 2015. http://www.personalblogger.net/2015/06/05/alles-aendert-sich-die-generationen-x-y-und-z/. Zugegriffen: 14. Dez. 2017.

Schawbel, D. (2014). What generation Z entrepreneurs are like. Forbes 2. September 2014. https://www.forbes.com/sites/danschawbel/2014/09/02/what-generation-z-entrepreneurs-are-like/#7af6f78c4f1e. Zugegriffen: 25. Jan. 2018.

Scholz, Chr. (2012). Generation Z: Willkommen in der Arbeitswelt. Der Standard 6. Januar 2012. https://derstandard.at/1325485714613/Future-Work-Generation-Z-Willkommen-in-der-Arbeitswelt. Zugegriffen: 25. Jan. 2018.

Scholz, Chr. (2015). Vortrag: „Generation Z: Wie sie tickt, was sie verändert und wie sie uns alle ansteckt." http://die-generation-z.de/wp-content/uploads/2015/02/Aprentas_nur-cs.pdf. Zugegriffen: 9. Okt. 2017.

Shell. (2015). Shell Jugendstudie, S. 7. http://www.shell.de/ueber-uns/die-shell-jugendstudie/multimediale-inhalte/_jcr_content/par/expandablelist_643445253/expandablesection_1535413918.stream/1456210063290/ace911f9c64611b-0778463195dcc5daaa039202e320fae9cea34279238333aa4/shell-jugendstudie-2015-zusammenfassung-de.pdf. Zugegriffen: 9. Okt. 2017.

Strasser, D. (2017). Entspannte Perfektionistin. *W&V, 29,* 18–23.

Stratmann, D. (2017). Zielgruppe „Millenials" – die digitale Zielgruppe und ihre Bedürfnisse. Marketing im Pott. https://www.marketingimpott.de/blog/zielgruppe-millennials-die-digitale-generation-und-ihre-beduerfnisse/. Zugegriffen: 25. Jan. 2018.

Syzygy. (2017). Was würden Millennials eher für einen Monat aufgeben – Frühstück oder ihr Smartphone? Statista. https://de.statista.com/statistik/daten/studie/712383/umfrage/umfrage-zur-einstellung-auf-was-millennials-in-deutschland-eher-verzichten-koennen/. Zugegriffen: 2. März 2018.

Ternès, A., & Hagemes, H.-P. (2017). Über die Digital Natives der 1. und 2. Generation. Studie zur Generation Y und Z unter 500 in Deutschland lebenden Studierenden. Berlin.

Wala, H., & Lebok, U. (2017). Andere Zeiten, andere Generationen: Was Gen YZ von ihren Eltern unterscheidet. Focus Money Online, 17. Juni 2017. http://www.focus.de/finanzen/experten/wala/jugendkultur-andere-zeiten-andere-generationen-was-gen-yz-von-babyboomern-unterscheidet_id_7225432.html. Zugegriffen: 9. Okt. 2017.

YouGov. (2017a). Die Generation Y ist allzeit vernetzt – ob zu Hause oder auf Reisen. YouGov Report: Generation Y auf Reisen. Digitale Kommunikation auf Reisen nutzen um die Zielgruppe anzusprechen. http://cdn.statcdn.com/download/pdf/Tourism_Millennials.pdf. Zugegriffen: 21. Nov. 2017.

YouGov. (2017b). Die Einstellungen der Millennials zeigen den Wertewandel. YouGov Report: Generation Y auf Reisen. Digitale Kommunikation auf Reisen nutzen um die Zielgruppe anzusprechen. http://cdn.statcdn.com/download/pdf/Tourism_Millennials.pdf. Zugegriffen: 21. Nov. 2017.

ZEIT. (2017). Die Jugend ist misstrauisch. http://www.zeit.de/amp/politik/ausland/2017-04/jugendstudie-generation-what-jugendliche-politik-vertrauen. Zugegriffen: 9. Okt. 2017.

Zsemlye, F. (2017). Smooth up – red. Unsplash. https://unsplash.com/photos/atiq2H0rteU. Zugegriffen: 14. Dez. 2017.

## Weiterführende Literatur

Die Welt. (2014). GYPSYs wollen ihren eigenen, großartigen, ganz persönlichen Traum leben. Urban, T.: Warum die Generation Y so unglücklich ist, 31. Oktober 2014. https://www.welt.de/icon/article133276638/Warum-die-Generation-Y-so-ungluecklich-ist.html. Zugegriffen: 14. Dez. 2017.

Scholz, Chr. (2014). „Generation Z. Wie sie tickt, was sie verändert und wie sie uns alle ansteckt." https://www.amazon.de/Generation-tickt-ver%C3%A4ndert-warum-ansteckt/dp/3527508074. Zugegriffen: 9. Okt. 2017.

# Das Gedächtnis des Netzes – Flüchtigkeit geteilter Augenblicke und das Recht auf Vergessen

Die Warnung vor dem langen Gedächtnis des Internets und Beispiele dramatischer Folgen haben es bislang nicht vermocht, viele der inzwischen Milliarden Menschen zählenden User vom Teilen der unsinnigsten Schnappschüsse in den sozialen Medien abzuhalten. Durch Snapchat könnte das Ganze noch auf die Spitze getrieben werden: Erleben wir dadurch eine neue Hemmungslosigkeit? Snaps, also die Schnappschüsse, haben hier eine ausgesprochen kurze Halbwertszeit, schließlich sind sie spätestens nach 24 h im digitalen Nirwana verschwunden. Selbst wenn uns nun eine Bilderschwemme von mehr oder weniger gut oder stilvoll gefüllten Tellern, grinsenden Gesichtern und unnatürlich arrangierten Menschengruppen im Netz überrollt – sie wird uns immer nur kurz überschwemmen. Die Frage ist demnach, wie nachhaltig die User dieses Netzwerk für sich vereinnahmen und die Flüchtigkeit der geteilten Snaps schätzen.

## Vergänglichkeit als Alleinstellungsmerkmal – Snapchat

Es braucht gerade einmal wenige Sekunden, bis ein geteilter Schnappschuss wieder vom Bildschirm eines Handys verschwindet und diesen komplett schwarz zurücklässt – gerade in dieser Kurzlebigkeit von Nachrichten sieht Snapchat seinen entscheidenden Vorteil (Digitalguide 2017). Tolles Foto oder Video gemacht, geteilt oder angeschaut und weg. Es ist eben diese Flüchtigkeit, die auf die Nutzer dieses Netzwerks eine besondere Faszination ausübt. Vielleicht auch, weil sie komplett im Widerspruch zu den mit erhobenem Zeigefinger ausgeteilten Ratschlägen zum verantwortungsvollen Umgang mit den digitalen Medien steht: Überlege dir genau, was du postest, das Internet vergisst nie! Und nun? Macht doch nichts, wenn auch einmal ein Snap danebengeht oder vielleicht mehr vermittelt, als eigentlich geplant war. Er ist doch sowieso gleich wieder verschwunden. Was soll also passieren? Wir können die Momente teilen, die uns wichtig oder eben auch banal genug dafür erscheinen.

Das Geschäftskonzept ließ sich einmal so erklären: Nutzer lassen Freunde an authentischen Impressionen im Sekundentakt oder in Form von kleinen Videos teilhaben – schnell und ohne die lästige Konsequenz, sich auch Jahre später noch damit konfrontiert zu sehen. Das setzt jedoch voraus, dass Snaps überlegt geschossen und mit erklärenden Kommentaren versehen werden – wer sollte sonst die Gedanken hinter dem Schnappschuss nachvollziehen können? Angesichts eines speziellen Angebots, das den Usern die nachträgliche Bearbeitung der Fotos und Videos ermöglicht und sich ausgesprochen großer Beliebtheit erfreut, tauchen jedoch erste Fragezeichen auf: Die Zahl der mit Hasenzähnen und -ohren verzierten Snaps erweckt doch den Anschein von Trivialität, was eben durch die Unverbindlichkeit dieser Veröffentlichungen befeuert wird. Snapchat schien anfangs wie eine digitale Spielwiese für jeden, der sich nicht mehr die Partyfotos auf Facebook zu posten traute – in Sorge um Reputationsverlust und den eigenen Arbeitsplatz (Moßburger 2016).

## Vom Reiz des Trivialen – Snaps als Nachrichten ohne Worte

Zurück zu Snapchat: Wie relevant sind denn die zahlreichen Snaps genervter Gesichter, wenn gerade Prüfungen an den Gymnasien anstehen? Werden wir interessanter, wenn wir geleerte Schnapsgläser in Serie posten? Was können unsere Freunde auf Landschaftsfotos erkennen, wenn deren Auflösung ganz bewusst von Snapchat heruntergerechnet wird? Es geht also in erster Linie um Selbstdarstellung: Das perfekte Selfie auf dem Alpengipfel, am besten mit einem Hinweisschild zur Höhe über dem Meeresspiegel und ergänzt mit einem passenden Emoji, vermittelt den Eindruck einer großen Leistung, nämlich des Aufstiegs zu Fuß – ganz unabhängig davon, ob der Protagonist nicht vielleicht doch die Seilbahn benutzt hat. Wer braucht schon noch die 2200 Zeichen, die Instagram zur Kommunikation einräumt (Wadhawan 2016). Bilder sagen doch mehr als tausend Worte. Hauptsache, es muss weder geschrieben noch gelesen werden, um im Internet Aufmerksamkeit zu erregen.

„Dabei ist alles" – dieser, die deutsche Sprache verstümmelnde Kultspruch, der vor Jahren von einer Teilnehmerin der Casting-Show „Deutschland sucht den Superstar" geprägt wurde, drängt sich geradezu als Slogan für Snapchat auf: Ausführliche Inhalte spielen hier keine große Rolle. Da haben die besten Absichten, nämlich mit gekonnten Snaps im eigenen Freundeskreis das Gefühl des Dabeiseins zu erzeugen, Seltenheitswert. Wie soll das auch funktionieren, wenn die Lebensdauer der Schnappschüsse eine Spanne von einer bis zehn Sekunden umfassen kann? Eine weitere Empfehlung bezieht sich aufs Texten: Snapchat ist dafür erwiesenermaßen nicht das geeignetste Medium, die Nachrichten verschwinden ganz einfach zu schnell.

## Snapchat-Marketing: Einer großen Zielgruppe auf der Spur

Und doch erweist sich Snapchat längst als ernst zu nehmendes Netzwerk für Marketing-Strategien relevanter Unternehmen: Die Zielgruppe ist zu potent, um sie einfach zu ignorieren. Allein in Europa nutzten im ersten Quartal 2017 täglich rund 55 Mio. Menschen dieses Netzwerk – Tendenz steigend (Digitalguide 2017; siehe Abb. 1). Dieser Zahl steht die in Deutschland starke Snapchat-Fokussierung auf die Zielgruppe der 14- bis 29-Jährigen gegenüber. Während 28 % dieser Zielgruppe Snapchat wöchentlich benutzt, sind es weniger als fünf Prozent bei den über 30-Jährigen. Das sieht bei WhatsApp und Facebook anders aus, wo der Anteil der über 30-Jährigen absolut deutlich höher liegt und auch weitaus näher an der Prozentzahl der 14- bis 29-Jährigen (siehe Abb. 2). Es bedarf allerdings eines zweiten Blicks, um die Vorteile des Instant-Messagings, also der flüchtigen Postings, zu erkennen: Werbung wird damit nämlich konkurrenzlos – so schnell kann kaum kein Mitbewerber reagieren. Da die Snaps einzeln konsumiert werden müssen, werden die User nicht abgelenkt, im Gegenteil, sie konzentrieren sich schon wegen der limitierten Verfügbarkeit ganz auf das jeweilige Bild. Gleichzeitig vermitteln die im besten Fall als Snapchat-Story kreierten Beiträge einen Hauch von Live-Charakter, was deren Glaubwürdigkeit unterstreicht – für Marketing-Spezialisten eröffnet sich hier ein neuer Spielraum, der sich kreativ und innovativ nutzen lässt (Wergen 2017).

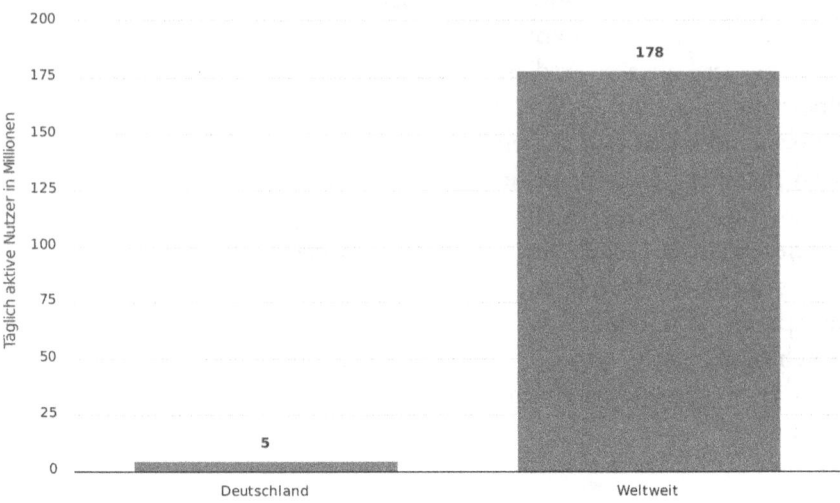

**Abb. 1** Täglich aktive Nutzer von Snapchat in Deutschland und weltweit. (Snap Inc. 2017a)

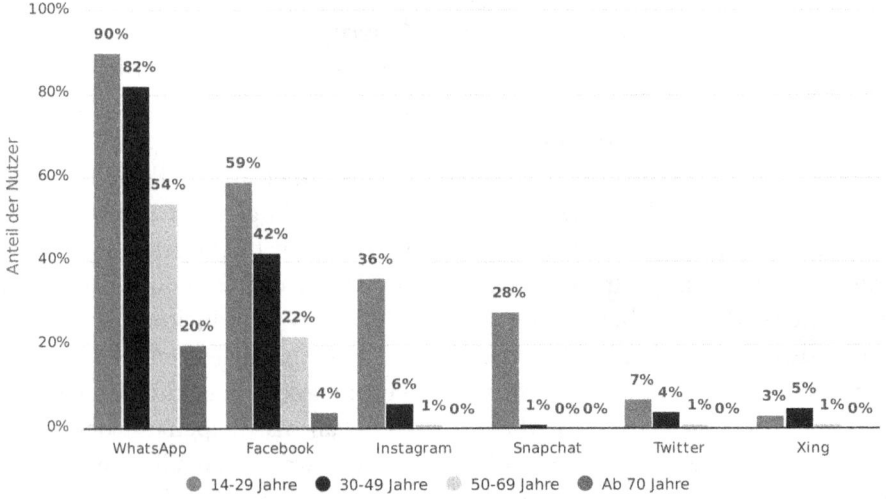

**Abb. 2** Verteilung der Nutzer von Social-Media-Plattformen nach Altersgruppen in Deutschland. (ARD & ZDF 2017)

Der Markt der sozialen Netzwerke ist also kräftig durchgeschüttelt worden, seit mit Hingabe von einer immer größer werdenden Nutzergruppe gesnapt wird. Auch wenn es für Unternehmen zunächst ungewöhnlich sein mag, Werbung für den Augenblick zu entwickeln, liegt genau in Möglichkeiten von Snapchat ein ganz besonderer Reiz: Die Grenzen des Üblichen werden überschritten, und dadurch erlebt Storytelling eine ganz neue Dimension. Konnte sich die Kunst des Geschichtenerzählens ohnehin schon einen festen Platz im modernen Marketing erobern, schafft Snapchat dafür eine digitale Plattform. Hier dürften sich insbesondere Online-Unternehmen etwas leichter tun, denn um das Potenzial effektiv auszuschöpfen, müssen sich die Protagonisten zunächst Kompetenzen aneignen (siehe Abb. 3; Schade 2017).

## Authentizität – Beliebigkeit inklusive

Das ist einer der immer wieder zitierten Vorteile: Nur die Vergänglichkeit der Posts macht es für viele leichter, authentische Posts im Freundeskreis oder in der Zielgruppe zu veröffentlichen. Dabei braucht er nicht alles auf eine Szene zu setzen, über die Wirkung nachzudenken oder Konsequenzen

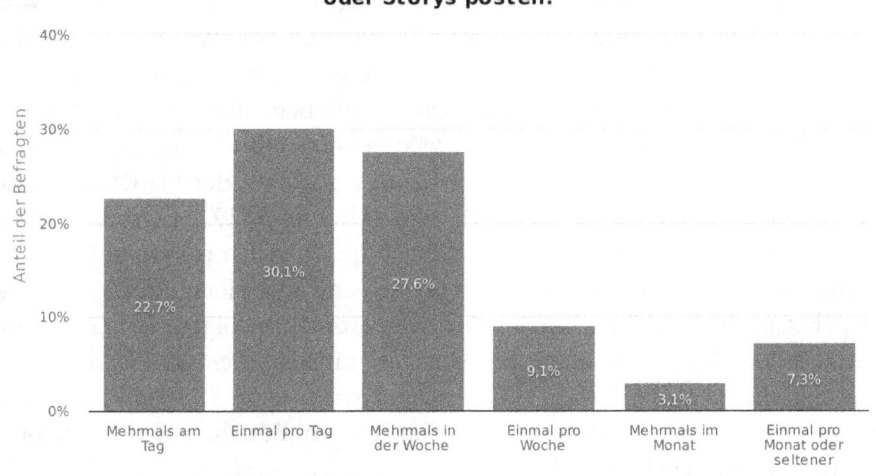

**Abb. 3** Umfrage zur bevorzugten Häufigkeit der Snapchat-Nutzung durch Unternehmen. (Futurebiz 2016)

zu befürchten, auch wenn es natürlich möglich ist, Screenshots von Snaps zu machen, diese weiterzugeben und damit doch noch unvergänglich zu machen (Götz 2016).

Aus einer Aneinanderreihung von Snaps können sich Geschichten entwickeln: Wir präsentieren den mit uns Vernetzten unsere Erlebnisse – vom Besuch im Museum über das morgendliche Frühstück bis hin zum Konzertbesuch. Dabei soll es vor allem um die unmittelbare Veröffentlichung gehen, die eben jene besondere Authentizität vermittelt und andere direkt und möglichst unverfälscht an unseren Erfahrungen teilhaben lässt. Die Kehrseite der Medaille: Wir werden mit einer Fülle unterschiedlichster Momentaufnahmen bombardiert, welche die mit uns vernetzten Personen in die digitale Welt verteilen. Ob sie nun gerade im Restaurant, daheim im Bett oder irgendwo auf dieser Welt unterwegs sind: Hauptsache, sie verpassen nichts oder geraten nicht durch Abwesenheit in Vergessenheit.

## Kurze Haltbarkeit – hohe Besucherzahlen

Es liegt geradezu auf der Hand, dass die Anzahl der Besuche bei Snapchat in dem Maße steigt, wie die Lebensdauer der Posts sinkt – die Neugier siegt immer! Wollen wir up to date sein, müssen wir uns im Netzwerk tummeln: Je mehr Freunde wir unser eigen nennen, desto intensiver. Was so unverfänglich daher kommt, entwickelt also schnell eine starke Sogwirkung, denn ruckzuck ist eine Nachricht wieder weg. Der Druck steigt und wird von den regelmäßig wechselnden Features noch erhöht: Wer will schon den neuesten Hype verpassen und in der Clique der Loser sein. Als „The Next Hot Shit" wird dieses Netzwerk ironisch beschrieben, aber auch als „Mobiler Kaffeeklatsch" (Keup 2016). Laut aktueller Konzernmitteilung tummeln sich derzeit rund fünf Millionen in Deutschland täglich auf der Plattform. Rund 40 % davon sollen über 25 Jahre alt sein (Holmes 2017). Es sind also bei Weitem nicht nur die Allerjüngsten, die sich bei Snapchat tummeln (Abb. 4).

Die Werbeindustrie begleitet diese Trends, und so bleiben Plattformen wie Snapchat auch Geschäftsmodelle. Die Werbestrategen folgen der Zielgruppe – und wenn diese heutzutage lieber snapt, müssen eben die Werber auch Schnappschüsse präsentieren. Die milliardenschweren Werbebudgets wollen gekonnt verteilt werden, um die eingängigen Botschaften dort zu platzieren, wo sie auch zur Kenntnis genommen werden. Der übergroße Anteil junger Nutzer – YouGov beziffert den Anteil an Snapchat-Usern unter 35 Jahren in Deutschland auf 81 % (Inhoffen 2017) – verlangt

**Abb. 4** Snapchat ist selbst bei Treffen mit Freunden dabei. (Nensuria 2017)

geradezu nach etwas Dynamischem. Die Deutsche Bahn und die Drogeriekette dm beispielsweise haben das erkannt, sie werben schon mit Snaps. Auch das Magazin Spiegel und die Tageszeitung Bild sind aktiv, zumindest über die Plattform Discovery (Snap Inc. 2017a). Und Snapchat reagiert, muss nachlegen, denn die Werbeeinnahmen pro Kunde waren kürzlich schon wieder gesunken. Auch die Erwartungen der Investoren, dass vor 2020 Snapchat überhaupt Gewinn schreiben könnte, nehmen ab. Die jüngsten Verluste von 2,2 Mrd. US$ dürften schwer im Magen liegen. Rund zwei Milliarden sind jedoch den Aktienoptionen der beim Börsengang involvierten Manger und Mitarbeiter geschuldet. Was es auch nicht besser macht: Der Umsatz betrug im zweiten Quartal gerade einmal 180 Mio. US$ (siehe Abb. 5; Snap Inc. 2017b).

## F-Commerce reloaded – Snapchat im Visier der Marketer

Der F-Commerce ist tot, es lebe der S-Commerce! Marketingspezialisten folgen der Community, heute von Facebook zu Snapchat, morgen von Snapchat zum Next big Thing. Erweist sich eine neue Plattform als Heimat einer sehr aktiven Community, die zudem zwar jung, aber eben zu einem großen Teil schon im Berufsleben angekommen ist, sind auch die Marketingspezialisten nicht weit. E-Commerce hat eine enorme Weiterentwicklung erfahren: Heute ist einerseits der User Journey deutlich einfacher, andererseits ist es kein Problem mehr, jederzeit online aktiv zu sein (Schwab 2016). Damit gerät Snapchat eindeutig in das Visier der Marketer, die hier ihre attraktivste Zielgruppe verorten: Die vor allem jungen User sind mit den sozialen Netzwerken aufgewachsen, entwickelten

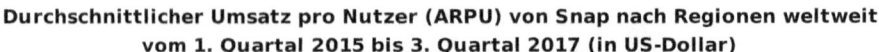

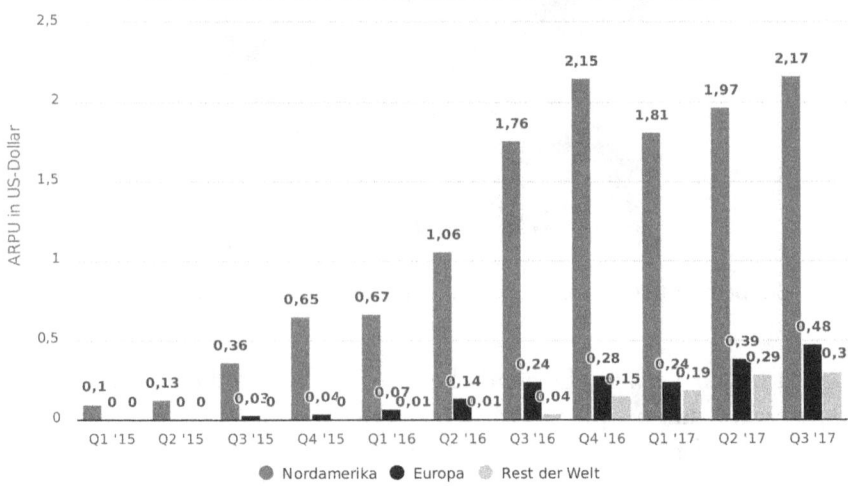

**Abb. 5** ARPU von Snapchat nach Regionen von 2015 bis 2017. (Snap Inc. 2017b)

bereits ein gewisses digitales Grundvertrauen und sehen es als selbstverständlich an, ihre Online-Einkäufe über PayPal zu bezahlen – perfekte Voraussetzungen für eine gesnapte Werbe-Attacke (Schwab 2016).

Hatten sich die Facebook-Nutzer noch geweigert, sich in ihren privaten Chats von irgendwelchen Marken stören zu lassen, eröffnen die modernen Formen des Targetings, also der zielgenauen Werbung, ganz neue Dimensionen: Wir werden an jedem Ort, auf den Google Zugriff hat, mit Empfehlungen bombardiert, die nicht nur zu unseren Präferenzen passen, sondern auch zur analogen Umgebung, in der wir gerade unterwegs sind – am sogenannten Point of Sales eben. Angesichts der Philosophie von Snapchat sind die Aufgaben für Marketer herausfordernd, eben relevante Informationen mittels Snaps zu transportieren (siehe Abb. 6; Schwab 2016).

Schon an diesem Punkt wird klar, dass sich hier nicht jedes Unternehmen austoben sollte, auch wenn die sozialen Medien heute in jede intelligente Marketingstrategie gehören (siehe Abb. 7).

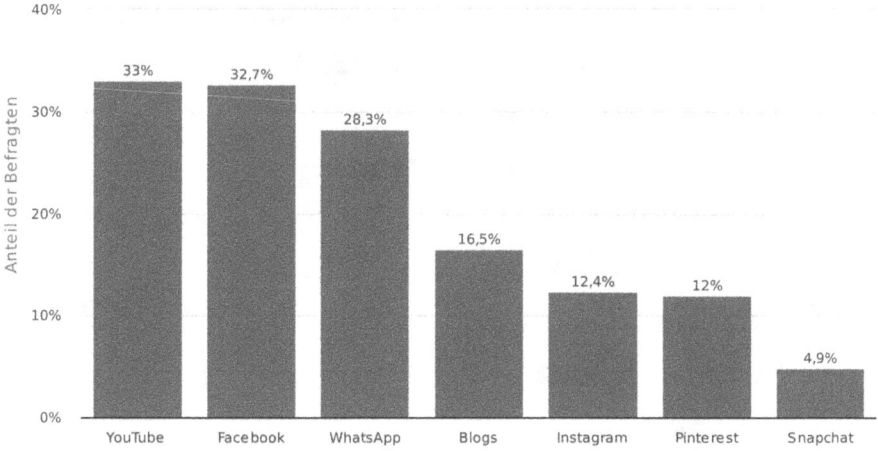

**Abb. 6** Social-Media-Nutzung zur Kaufvorbereitung in Deutschland. (Hermes 2017)

## Party-Selfies ohne Konsequenzen

Mittlerweile befassen sich wissenschaftliche Studien mit den unterschiedlichen Social-Media-Kanälen, bedient doch jede einzelne Plattform ganz gezielt vor allem bestimmte Segmente: YouTube sorgt für Unterhaltung, Instagram zeigt die „happy shiny people", und Snapchat ist der digitale Ort für Ungeschminktes (Brecht 4. Mai 2017). Universal McCann studierte die Zielgruppe der 14- bis 19-Jährigen, die offenbar hin- und hergerissen sind zwischen dem Bedürfnis nach Spaß, der Freude an der perfekten Selbstdarstellung und einer gewissen Sehnsucht, sich der Welt auch einmal ganz ohne Maske zu präsentieren. Gleichzeitig ergab die Studie, dass diese Zielgruppe am besten mit Inhalten in Mikro-Einheiten zu konfrontieren ist: Komprimiert auf Headlines und bewegte Bilder – also Content ad hoc. Die Inhalte sollten jedoch trotz aller Kürze eine persönliche Bedeutung für die Jugendlichen haben und müssen selbstredend „shareable", also mit anderen teilbar sein, darauf fußen schließlich die auf jedes einzelne Netzwerk zugeschnittenen Marketingstrategien (Brecht 4. Mai 2017).

Snapchat gerät so zum Spiegel für eine Generation, die immer weniger schreiben oder lesen, aber trotzdem Neues und Interessantes konsumieren will – rund um die Uhr und überall, schön verpackt in leicht verdauliche Häppchen, die ebenso kurzlebig sind wie die eigenen Snaps. Kein Wunder,

**Welche Social-Media-Plattformen sind für Ihr Unternehmen erfolgskritisch?**

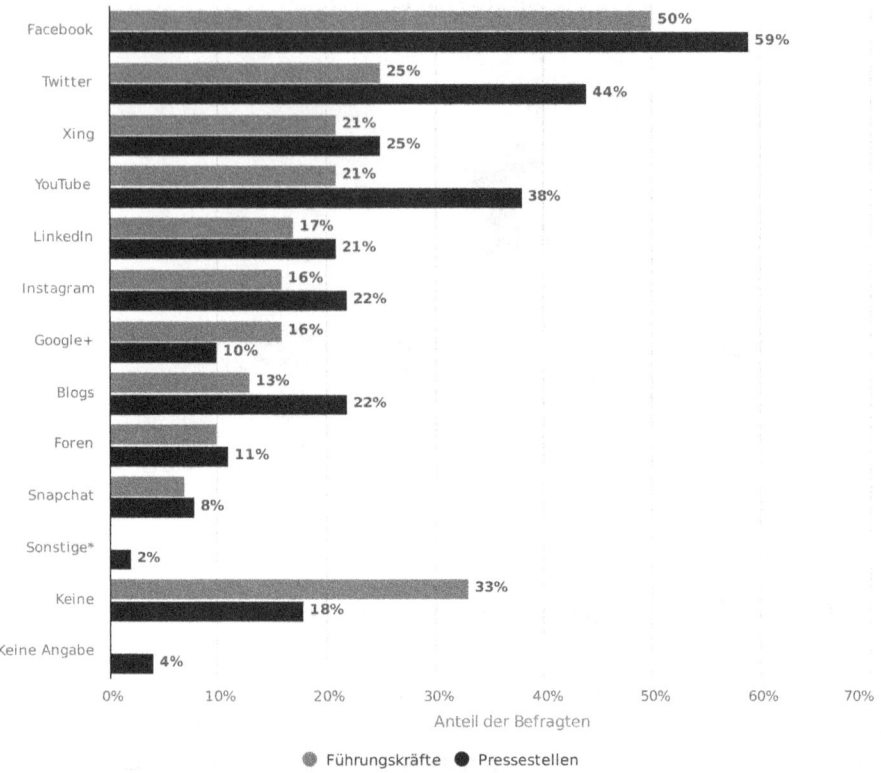

**Abb. 7** Erfolgskritische Social-Media Plattformen für Unternehmen in Deutschland. (Faktenkontor 2017)

dass Snapchat seine User von allen Kommunikations-Apps am glücklichsten macht, wie die Studie belegt: Raus mit dem Snap – und nie wieder damit auseinandersetzen müssen. Es lebe der Mut zum blöden Spruch oder auch zur ausgesprochenen Frechheit.

Die sozialen Netzwerke mögen in ihrer Ausrichtung unterschiedlich sein, eines jedoch eint sie alle: Ihre Algorithmen werden immer weiter verfeinert, um die User in einer selbst beeinflussten Blase zu halten, aber auch dazu zu verführen, von sich aus die privaten Momente zu veröffentlichen. Hier wird die ganz menschliche Suche nach Bestätigung bedient, die sich nicht selten zur wahren Sucht auswächst. Es wird gepostet, was das Zeug hält: User beim Genießen appetitlich angerichteter kulinarischer Leckerbissen aus und in allen Teilen der Welt, beim ganz privaten Auspacken von Geschenken, beim Auflegen eines Make-ups, beim Frisieren und in vielen anderen privaten

Situationen. In erster Linie geht es den Usern um die Jagd nach Likes und Shares, mit denen sich die erfolgreichen Blogger im Optimalfall ein neues und durchaus lukratives Geschäftsfeld erobert haben. Denn natürlich satteln die Marketing-Strategen auf diesen Trend geschickt auf. Je intensiver Blogger, Gruppen oder Kanäle frequentiert werden, umso attraktiver werden sie letztendlich für Werbekunden – und hier wird richtig Geld investiert. Nicht zu verkennen sind jedoch die so ausgelösten Veränderungen in der Gedankenwelt des Nutzers: Sobald er einen ganz intimen Moment auch nur in Gedanken auf sein Likepotenzial hin prüft, hat er sich dieses Erlebnisses, seiner Limitiertheit, dieses intimen Augenblicks beraubt. Er muss sich gleichsam von außen betrachten und so die Position der anderen Nutzer einnehmen, um nachvollziehen zu können, wie diese den geteilten Moment beurteilen und vor allem bewerten würden – das bewusste Leben im Hier und Jetzt geht verloren (Faller 2015).

Dreh- und Angelpunkt für diese Trends sind die Algorithmen von Facebook & Co., und gegen die ist schwer anzukommen. Sie entscheiden letztendlich darüber, ob es ein Post überhaupt in den Bereich anderer User schafft. Jedes Mitglied erhält mithilfe bestimmter Filter individuell zusammengestellte Beiträge präsentiert, die von Werbung über Postings anderer Nutzer bis hin zu Veranstaltungshinweisen reichen. Laut Facebook sind diese Filter notwendig, um die sonst rund 1500 immer wieder wechselnden Botschaften, mit denen ein durchschnittlicher Nutzer ständig bombardiert werden würde, auf die machbaren rund 20 % zu reduzieren. Und die wählt der Algorithmus anhand des mit 100.000 Kriterien definierten Relevanzbegriffs aus. Grob eingeteilt beziehen sich diese Kriterien auf die Aktualität der Beiträge, die Verbundenheit der Nutzer mit Facebook sowie die Popularität der User. Mit einem Wort: Wer häufig im Netzwerk agiert und für seine aktuellen Posts zahlreiche Likes erhält, dessen Posts werden auch einer größeren Community angezeigt – was wiederum die Chancen auf vielfältige Bestätigung erhöht (Faller 2015).

Dieses Phänomen, dass die ungeheure Masse an permanent veröffentlichten Meldungen und Informationen für eine andauernde Bewegung im Netz sorgt und eigene Meldungen in hoher Geschwindigkeit im Nirwana verschwinden lässt, hat vollkommen neue und gegeneinanderlaufende Geschäftszweige hervorgebracht: Einerseits ist die Suchmaschinenoptimierung heute unverzichtbar, also die algorithmengerechte Gestaltung, soll eine Webseite überhaupt im Internet gefunden werden – und das lassen sich vor allem Unternehmen einiges kosten. Die Algorithmen der Suchmaschinen genießen nämlich als Geschäftsgeheimnis der Betreiber umfassenden Schutz, lediglich aus den Ergebnissen bei

Suchanfragen lassen sich gewisse Rückschlüsse ziehen (Lobe 2017). Das setzt wiederum ein fundiertes und permanent zu aktualisierendes Wissen um die neuen Technologien voraus, zumal Google & Co. die Bewertungsrichtlinien regelmäßig ändern. So wirken sich neben der Struktur der Webseite auch die Benutzerfreundlichkeit und vor allem der Inhalt auf das Ranking aus, das eine Webseite auf der Ergebnisliste einer Suchanfrage erreicht. Die Platzierung ist entscheidend dafür, dass ein Suchender überhaupt auf die Seite stößt: Erfahrungsgemäß erlischt nach der zweiten Ergebnisseite von Google das Interesse weiterzuklicken. Hier etabliert sich ein komplett neuer Geschäftszweig, um der Macht der Algorithmen nicht vollkommen hilflos ausgeliefert zu sein (Rus 2017). Auf die Spitze getrieben wird das durch das System der digitalen Sprachassistentin Alexa (siehe Abb. 8) – auf die Bitte, eine Stückzahl aus einer bestimmten Warengruppe zu liefern, wählt das System das auf Amazon höchstgerankte Produkt aus, wenn keine bestimmte Marke vorgegeben wurde. Hersteller unbekannter Produkte tauchen dann einfach nicht mehr auf.

Ein sensibles Thema bildet das Löschen sensibler Daten, die bei der Nutzung elektronischer Geräte zwangsläufig hinterlassen werden. Festplatten, Laptops, Smartphones & Co. werden regelmäßig gegen

**Abb. 8** Alexa ist bereits in vielen Haushalten fester Bestandteil des Alltags geworden. (Urena 2017)

neue Geräte ausgetauscht, um mit der rasend schnellen technologischen Entwicklung Schritt halten zu können. Ganz unabhängig davon, ob das gebrauchte Equipment verkauft oder verschrottet wird: Die Daten sollten gründlich gelöscht werden. Die einfache Formatierung, die oft genug von den Herstellern empfohlen wird, reicht hier bei Weitem nicht aus – findige Datenretter stellen die Dateien ohne Probleme wieder her. Selbst Spezialprogramme halten nicht immer das, was sie versprechen, löschen sie doch oftmals nur die Verweise auf die Dateien, die selbst aber noch auf den Festplatten vorhanden sind. Nicht ohne Grund werden nicht nur immer effizientere Programme entwickelt, sondern finden auch Unternehmen hier ein interessantes Geschäftsfeld: die physische Löschung von Daten – und das nicht nur im geschäftlichen, sondern auch im privaten Bereich (Bär 2016).

## Masse und Geschwindigkeit – (Un-)Vergänglichkeit der Informationen

Die Macht online veröffentlichter Informationen, die sich selbst dann entfaltet, wenn sie dementiert, schnellstmöglich wieder gelöscht und von neuen Meldungen abgelöst werden, ist nicht zu unterschätzen. So reichte im Jahr 2011 eine Meldung aus, um einen der globalen Big Player empfindlich zu treffen: Steve Jobs gab eine krankheitsbedingte Auszeit bekannt, ohne seine Funktion als CEO an seinen Stellvertreter zu übertragen – prompt stürzte der Aktienkurs von Apple dramatisch ab, innerhalb von Minuten verlor das Unternehmen rund 25 Mrd. US$ (Heuzeroth 2011).

Auf der anderen Seite profitierte der Bitcoin, die am stärksten kapitalisierte digitale Währung überhaupt, nach einigen empfindlichen Rückschlägen von der Nachricht, dass die US-Finanzbehörde den Handel mit Bitcoin-Futures im Dezember 2017 zulassen wird. Schon weit vor dem geplanten Start am 18. Dezember 2017 explodierte der Kurs der Kryptowährung geradezu. Notierte der Bitcoin zu Jahresbeginn noch unter 1000 US$, touchierte er kürzlich die Marke von 20.000 US$, bevor er sich wieder halbierte (Sasse 2017).

Auch wenn die Börsen sich in der Folge wieder beruhigten, da neue Meldungen das Geschehen dominierten, kann die Unvergänglichkeit einmal veröffentlichter Nachrichten im Spiel der Algorithmen fatale Folgen haben – vor allem bei negativen oder falschen Meldungen. Wenn sich die Community mit Inbrunst auf die vermeintlichen Affären von Stars und

Sternchen, auf die angeblichen Verfehlungen der Wirtschaftsbosse oder mehr oder weniger belegten Betrügereien von Unternehmen stürzt, werden sehr menschliche Bedürfnisse ausgelebt: Tratscherei 4.0 eben. Wie muss sich Bettina Wulff als Ehefrau des Ex-Bundespräsidenten Christian Wulff gefühlt haben, als ihr in einer Meldung eine Vergangenheit als Edel-Prostituierte angehängt worden war. Selbst alle Versuche, diese Meldung aus dem Fokus der Öffentlichkeit zu entfernen, scheiterten: Sie wurde wegen der häufigen Suchanfragen im Google-Ranking immer wieder nach oben gespült. Das sei der Autocomplete-Funktion der Suchmaschine und damit deren Algorithmen geschuldet, so die Argumentation von Google im Prozess, den Wulff angestrebt hatte. Diese Funktion wurde zwar überarbeitet, allerdings kann sich nicht jeder Betroffene vor Gericht gegen derartige Auswüchse zur Wehr setzen (Huber 2015).

Die Algorithmen können aber auch zurückschlagen, wie die Diskussionen um die WhatsApp-Rechte an veröffentlichten Bildern und Texten belegen (siehe Abb. 9). Die Wellen schlugen hoch, als eine Meldung die Runde machte: Die neuen Allgemeinen Geschäftsbedingungen von WhatsApp sollten demnach eine Regelung enthalten, die einen automatischen Übergang der Rechte an allen von den Usern geposteten Nachrichten und Fotos an den Messenger vorsähe – zahlreiche Nachrichtensender und -publikationen berichteten darüber (Tom 2017). Wie sich herausstellte, war der zugrunde

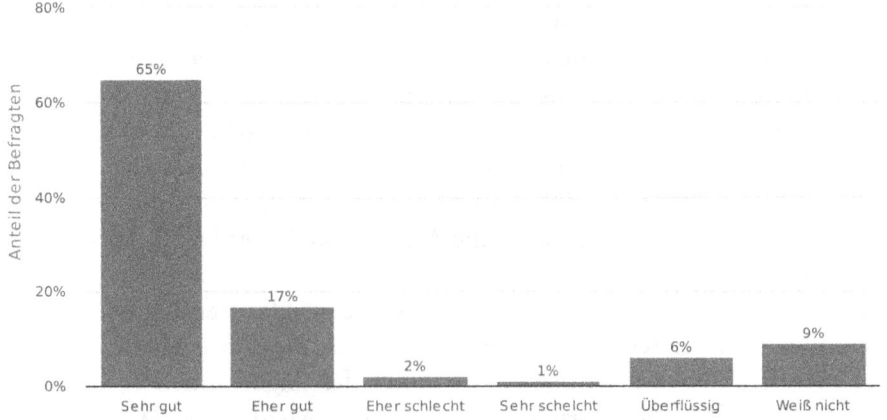

**Abb. 9** Meinung zur Weitergabe von Whatsapp-Userdaten an Facebook in Deutschland 2016. (YouGov 2016)

liegende Beitrag bereits 2015 veröffentlicht worden. Der daraus entwickelte Kettenbrief sorgte bei Facebook für Furore: Mehr als vier Millionen Nutzer riefen das alte Video ab, über 90.000 Mal wurde die Nachricht geteilt. Und das zu Unrecht: „Denn die Nutzungsrechte, die WhatsApp für sich beansprucht, beziehen sich ausschließlich auf das öffentliche Profilbild und den Status, den jeder User selber setzen kann." (Tom 2017). Sobald der User sein Bild oder seinen Status löscht, hat auch WhatsApp keine Rechte mehr daran. Die zwischen den Nutzern ausgetauschten Informationen sind ohnehin generell von diesem Zugriffsrecht ausgeschlossen (Tom 2017).

## Der gute Ruf im WWW – gesetzlicher Anspruch auf Vergessen

Kämpfen die einen mit allen technologischen Raffinessen um unbedingte Aufmerksamkeit im Internet, wollen andere schnellstmöglich vergessen werden – und darauf haben sie seit dem Sommer 2017 zumindest in Bezug auf Links und die Verweise in den Suchmaschinen auch einen gesetzlichen Anspruch: Der Europäische Gerichtshof (EuGH) wollte mit seinem Urteil in der Rechtssache C-131/12 das Recht auf Vergessen stärken, konnte jedoch an der Möglichkeit, beliebige Inhalte im Netz zu veröffentlichen, nichts ändern. Es ging also lediglich um die Suchmaschinenbetreiber, denen der EuGH die Verantwortung erfolgreich zuwies. Verbraucher können demnach die Löschung von Links, die zu veralteten oder falschen personenbezogenen Daten führen, einfordern – solange kein öffentliches Interesse an den Informationen besteht. Die Inhalte auf den jeweiligen Webseiten werden von diesem Urteil explizit ausgenommen (Verbraucherzentrale 2017).

Die logische Folge: weitere Geschäftsfelder, die die Digitalisierung hervorbringt. Grundsätzlich ist es nämlich nicht möglich, einmal veröffentlichte Meldungen, so verleumderisch, falsch oder verletzend sie auch sein mögen, sauber aus dem Netz zu entfernen. Selbst wenn sie von der betreffenden Webseite gelöscht wurden, besteht immer die Gefahr, dass sie bereits kopiert wurden und an einer ganz anderen Stelle wieder auftauchen. Hier ist ein enormer Aufwand erforderlich, der bei einer Rücksprache mit dem Verursacher beginnt, über die Auseinandersetzung mit dem Provider reicht – und letztendlich vor Gericht enden kann. Unterstützung bieten neue Behörden, wie beispielsweise die Freiwillige Selbstkontrolle Multimedia oder die Internet-Beschwerdestelle für die Meldung illegaler Weinhalte sowie die in den Bundesländern organisierten Datenaufsichtsbehörden (Thieme o. J.).

Die öffentliche Meinung beeinflusst das Image von Privatpersonen ebenso wie von Unternehmen. Und ein positives Image wird insbesondere in der Wirtschaft und bei Personen des öffentlichen Lebens immer wichtiger. Es ist also nur folgerichtig, das professionelle Reputations- und Krisenmanagement angesichts der rasend schnellen technologischen Entwicklungen und der hartnäckigen Verbreitung von Informationen ausgewiesenen Spezialisten zu überlassen: Der zeitliche Aufwand ist enorm, ein fundiertes Know-how unabdingbar, um die einmal in die Welt gesetzten Meldungen effektiv wieder einzufangen – oder zu relativieren. Es reicht eben nicht, wenn Unternehmen die negativen Kommentare der User auf ihre Produkte oder Dienstleistungen löschen. Im Gegenteil, damit kann im schlimmsten Fall sogar ein Shitstorm ausgelöst werden. Hier helfen nur stringente Strategien, die professionell umgesetzt werden (Bippes 2017).

## Wie vergesslich ist das Internet wirklich?

Auch wenn mit Snapchat ein Geschäftskonzept komplett auf den Augenblick setzt und den Eindruck vermittelt, das Internet könne vergessen, ist dem bei Weitem nicht so: Einerseits erlauben Screenshots das Überdauern von Postings, andererseits setzt das Unternehmen nun doch auf Memories. Videos und Fotos lassen sich speichern, verwalten und bei Bedarf erneut verbreiten (Hammerl 2016). Das birgt naturgemäß einige Vorteile, insbesondere für Unternehmen, die das Material für ihre Marketingstrategien so besser verwalten können.

Und doch ändert die (derzeit vorhandene) in der Vergänglichkeit der Nachrichten liegende Besonderheit von Snapchat nichts am grundsätzlich schier unbegrenzten Gedächtnis, welches das Internet auszeichnet. Wir mögen uns in Sicherheit wiegen, wenn entsprechende Beiträge nicht mehr auf der ersten Ergebnisseite der einschlägigen Suchmaschinen auftauchen (die meisten Nutzer recherchieren nur in diesem Rahmen). Mit etwas Aufwand findet sich jedoch alles wieder. Nicht zu vergessen sind die Spezialdienste, wie beispielsweise Technorati.com, Archive.org oder Stalkerati.de. Hier werden insbesondere von Mitarbeitern der Personalabteilungen Daten in einer derartigen Menge aus Blog-Beiträgen recherchiert, wie sie nur mithilfe modernster Tools analysiert werden können. Die Ergebnisse können durchaus zu peinlichen Momenten in Bewerbungsgesprächen führen, wenn der User beispielsweise einen Job bei einem gut zahlenden Energie-Unternehmen ergattern will, er früher aber als Umweltaktivist gegen den Konzern agierte. Selbst das Bereinigen der eigenen Homepage nützt nichts, die entfernten Einträge können leicht wieder sichtbar gemacht werden (Focus Money Online 2017).

Das Internet ist nicht vergesslich, darüber sollte sich jeder Nutzer im Klaren sein: Digitale Spuren lassen sich nicht nur leicht verfolgen, sondern vor allem gezielt vermarkten. Die führenden Datenunternehmen, allen voran soziale Netzwerke wie Facebook, machen mit diesen Informationen lukrative Geschäfte. Aber nicht nur die Werbeindustrie lässt grüßen, die ihre Marketing-Strategien auf der Grundlage der Big Data sehr genau auf die jeweilige Zielgruppe zuschneiden kann. Mit der Preisgabe von Daten, dem Veröffentlichen von Posts oder Fotos werden auch kriminellen Kräften Tür und Tor geöffnet – wie im wahren Leben, nur dass die digitale Welt eine Anonymität vorgaukelt, die niemals gegeben war (Schwendinger 5. Oktober 2017). Umsicht, Vorsicht und Weitsicht sind unverzichtbar, um sich sicher im World Wide Web zu bewegen – daran ändern auch Plattformen wie Snapchat nichts.

**Wussten Sie schon?**
- 2017 besaß Snapchat 173 Mio. aktive Nutzer, und allein im zweiten Quartal gewann die App 7 Mio. neue Nutzer. In Europa konnte Snapchat 3 Mio. neue Nutzer generieren. Damit wächst der europäische Markt genauso schnell wie der Markt in Nord Amerika (Firsching 2017a).
- Täglich werden auf Snapchat drei Milliarden Snaps erstellt. 2016 waren es noch 2,5 Mrd. (Firsching 2017c).
- Der durchschnittliche User verwendet Snapchat für ca. 30 min am Tag, und 60 % der Nutzer generieren täglich Inhalte (Firsching 2017b, c).
- Snapchat veränderte die Form des Kommunizierens, da es die Vergänglichkeit von Medien aufgrund der „Einmal-Anschauen"-Funktion oder der „24-Stunden"-Funktion zurück in den Konsumentenalltag holte. Im Prinzip brachte es einen Teil der Kommunikation wieder, die wir gepflegt haben, als das Telefon erfunden wurde (BusinessCollective 2016).
- Im Sommer 2017 begann der Verkauf der Spectacles-Snapchat-Brille in Deutschland. Die Spectacles ist eine Video-Aufnahme-Brille mit Weitwinkel-Linse, mit der Momente aus dem unmittelbaren Umfeld via Knopfdruck aufgenommen und im Anschluss direkt an die Smartphone App Snapchat übertragen werden können (Spectacles 2017).
- „16,3 Prozent der Befragten bestätigten, dass sie durch die Empfehlung eines anderen Snapchatters erst auf eine Marke bzw. ein Unternehmen aufmerksam wurden. 5,7 Prozent geben an, dass sie durch die Empfehlung eines Influencers ein Produkt gekauft haben" (Rondinella 16. Januar 2017).
- „Von den insgesamt 1.610 befragten Personen in Deutschland geben 55 Prozent an, bis zu zehn Prominenten auf Snapchat zu folgen. Knapp jeder Vierte konsumiert sogar Inhalte von bis zu 20 Prominenten, vor allem die US-Amerikanerin Kylie Jenner gilt unter den Nutzern als sehr beliebt, gefolgt vom deutschen Model Stefanie Giesinger" (Rondinella 16. Januar 2017).

- Snapchat ist Spielen. Wenn man die ersten Bedienungsmechanismen verstanden hat, dann versteht man, warum die Benutzer nach Spaß, nach Aufregendem und nach „great experiences" suchen. Einige Benutzer sagen, dass die App ein Erlebnis an sich sei (Acunzo 2016).

**Take-aways**

- Snapchat richtig verstehen und alle Funktionen kennenlernen. Steuer (2015) bietet einen Guide, der Snapchat von Grund auf erklärt. Wenn Unternehmen sich auf Snapchat präsentieren wollen, sollten sie mit der App bestens vertraut sein, denn nicht umsonst gibt es Tausende Tutorials, wie die App bedient wird, da sie alles andere als intuitiv ist (Social Media Aachen 2016).
- Die meisten Snapchat-User wollen beim Folgen einer ihrer Lieblingsmarken wissen, wie es hinter den Kulissen aussieht. Deshalb dürfen Momentaufnahmen gern „quick und dirty" sein. Die Hauptsache ist, dass die Inhalte glaubhaft und unterhaltsam sind (Social Media Aachen 2016).
- Snapchat ist der optimale Ort für multimediales Storytelling. Unternehmen sollten nicht vor der Video-Funktion zurückschrecken, persönliche Worte der Mitarbeiter oder eine Serie „Wie mein Arbeitsplatz aussieht" können besonders spannend für Snapchat-Konsumenten sein (Social Media Aachen 2016).
- Auf Snapchat mit seinen Kunden in Interaktion zu treten, wird durchaus positiv bewertet. Es signalisiert nicht nur Kundennähe, sondern generiert auch Customer Insights. Man sollte allerdings beachten, dass der Kundendialog zeitintensiv ist. Daher sollte er nur angewendet werden, wenn die nötigen Ressourcen zur Verfügung stehen (Social Media Aachen 2016).
- Snapchat ist eine ideale Plattform zum Experimentieren. Die Atmosphäre ist „locker und entspannt", das Publikum nicht überkritisch, sondern möchte in den meisten Fällen unterhalten werden. Aus diesem Grund bietet die Plattform alle Vorrausetzungen, andersartige Inhalte zu testen und Kunden nach ihrer Meinung zu neuen Produkten oder Services zu fragen (Social Media Aachen 2016).

# Literatur

Acunzo, J. (2016). *The 3 factors behind Snapchat consumer behaviour.* Mark Schaefer, 19. Juli 2016. https://www.businessesgrow.com/2016/07/19/snapchat-consumer/. Zugegriffen: 20. Nov. 2017.

ARD & ZDF. (2017). Anteil der Nutzer von Social-Media-Plattformen nach Altersgruppen in Deutschland im Jahr 2017. Statista. https://de.statista.com/statistik/daten/studie/543605/umfrage/verteilung-der-nutzer-von-social-media-plattformen-nach-altersgruppen-in-deutschland/. Zugegriffen: 20. Nov. 2017.

Bär, T. (2016). Ratgeber Festplatten-Tools. Festplatten sicher löschen. https://www.computerwoche.de/a/festplatten-sicher-loeschen,2486506. Zugegriffen: 18. Dez. 2017.

Bippes, A. (2017). Was ist Online Reputationsmanagement? https://www.primseo.de/reputationsmanagement/was-ist-online-reputationsmanagement. Zugegriffen: 20. Dez. 2017.

Brecht, K. (4. Mai 2017). Diese Regeln sollten Werber beim Social-Media-Marketing für Teenager beachten. *Horizont.* http://www.horizont.net/marketing/nachrichten/Snapchat-Instagram-und-Co.-Diese-Regeln-sollten-Werber-beim-Social-Media-Marketing-fuer-Teenager-beachten-157775. Zugegriffen: 18. Okt. 2017.

BusinessCollective. (Hrsg.). (2016). The Snapchat effect. BusinessCollective. https://businesscollective.com/the-snapchat-effect/. Zugegriffen: 20. Nov. 2017.

Digitalguide. (2017). Snapchat im Social-Media-Marketing: Tipps und Beispiele für Unternehmen. 1 & 1 Digitalguide, 7. Februar 2017. https://hosting.1und1.de/digitalguide/online-marketing/social-media/snapchat-marketing-fuer-unternehmen/. Zugegriffen: 18. Okt. 2017.

Faktenkontor. (2017). Welche Social-Media-Plattformen sind für Ihr Unternehmen erfolgskritisch? Statista. https://de.statista.com/statistik/daten/studie/727333/umfrage/erfolgskritische-social-media-plattformen-fuer-unternehmen-in-deutschland/. Zugegriffen: 20. Nov. 2017.

Faller, H. (2015). Soziale Netzwerke. Nur für den Klick. Erschienen in *ZEITmagazin 2015*(48), 10. Dezember 2015. http://www.zeit.de/zeit-magazin/2015/48/soziale-netzwerke-facebook-twitter-aufmerksamkeit-likes/komplettansicht. Zugegriffen: 18. Dez. 2017.

Firsching, J. (2017a). Snap Inc 2017: Aktuelle Nutzerzahlen zu Snapchat. 173 Mio. aktive Nutzer täglich. Zu wenig? Futurebiz, 11. August 2017. http://www.futurebiz.de/artikel/aktuelle-nutzerzahlen-snapchat-173-mio-nutzer/. Zugegriffen: 20. Nov. 2017.

Firsching, J. (2017b). Mehr Messenger als Instagram – Warum Snapchat einen anderen Weg als Facebook & Instagram geht. Futurebiz, 8. August 2017. http://www.futurebiz.de/artikel/mehr-messenger-als-instagram-warum-snapchat-einen-anderen-weg-als-facebook-instagram-geht/. Zugegriffen: 20. Nov. 2017.

Firsching, J. (2017c). So steht es um Snapchat: 166 Mio. aktive Nutzer, 55 Mio. Nutzer in Europa, 3 Mrd. Snaps pro Tag. Futurebiz, 11. Mai 2017. http://www.futurebiz.de/artikel/snapchat-166-mio-nutzer-3-mrd-snaps-pro-tag/. Zugegriffen: 20. Nov. 2017.

Focus Money Online. (2017). Karrierekiller Internet. Das Internet vergisst nicht. Focus Money Online, 20. Oktober 2017. http://www.focus.de/finanzen/karriere/bewerbung/internet/tid-7051/bewerbung_aid_69071.html. Zugegriffen: 20. Okt. 2017.

Futurebiz. (2016). Wie oft sollten Marken/Unternehmen Deiner Meinung nach Snaps oder Storys posten? Statista. https://de.statista.com/statistik/daten/studie/659000/umfrage/umfrage-zur-bevorzugten-haeufigkeit-der-snapchat-nutzung-durch-unternehmen/. Zugegriffen: 20. Nov. 2017.

Götz, C. (2016). Snapchat – Das Internet, das vergessen kann. Frohsinn 2.0, 1. Februar 2016. http://frohsinn2.blogspot.de/2016/02/snapchat-das-internet-das-vergessen-kann.html. Zugegriffen: 18. Okt. 2017.

Hammerl, T. (2016). Snapchat-Memories: Unternehmen ändert Strategie, macht Inhalte für immer abrufbar. t3n, 7. Juli 2016. http://t3n.de/news/snapchat-memories-speichern-723347/. Zugegriffen: 20. Okt. 2017.

Hermes. (2017). Wo haben Sie sich vor Ihrem letzten Onlinekauf informiert bzw. inspirieren lassen? Statista. https://de.statista.com/statistik/daten/studie/748087/umfrage/social-media-nutzung-zur-kaufvorbereitung-in-deutschland/. Zugegriffen: 20. Nov. 2017.

Heuzeroth, T. (2011). Steve Jobs' Auszeit reißt Apple-Aktie in die Tiefe. https://www.welt.de/wirtschaft/webwelt/article12208782/Steve-Jobs-Auszeit-reisst-Apple-Aktie-in-die-Tiefe.html. Zugegriffen: 20. Dez. 2017.

Holmes, R. (2017). Was wir von älteren Snapchat-Nutzern lernen können. Hootsuite, 10. Februar 2017. https://blog.hootsuite.com/de/aeltere-snapchat-nutzer/. Zugegriffen: 18. Okt. 2017.

Huber, J. (2015). Vergleich noch vor dem Prozesstermin Bettina Wulff und Google streiten sich nicht mehr. http://www.tagesspiegel.de/medien/vergleich-noch-vor-dem-prozesstermin-bettina-wulff-und-google-streiten-sich-nicht-mehr/11236566.html. Zugegriffen: 20. Dez. 2017.

ibi research. (2016). Welche sind die wichtigsten drei Aspekte, nach denen Sie als Kunde ein Zahlverfahren im Online-Shop auswählen? Statista. https://de.statista.com/statistik/daten/studie/649829/umfrage/wichtigste-aspekte-bei-der-wahl-von-zahlungsverfahren-beim-online-kauf-in-deutschland/. Zugegriffen: 21. Dez. 2017.

Inhoffen, L. (2017). Werbung auf Snapchat: Die Zielgruppe kennen. YouGov, 10. Mai 2017. https://yougov.de/news/2017/05/10/werbung-auf-snapchat-die-zielgruppe-kennen/. Zugegriffen: 18. Okt. 2017.

Keup, T. (2016). Snapchat: Ist das Kunst oder kann das weg? Gastbeitrag. *Deutsche Startups*, 22. Februar 2016. https://www.deutsche-startups.de/2016/02/22/snapchat-ist-das-kunst-oder-kann-das-weg/. Zugegriffen: 18. Okt. 2017.

Lobe, A. (2017). Strategien der Digitalkonzerne: Gebt die Algorithmen frei! http://www.faz.net/aktuell/feuilleton/medien/digitalkonzerne-geschaeftsgeheimnis-algorithmus-15072713.html. Zugegriffen: 18. Dez. 2017.

Moßburger, T. (2016). Snapchat. Die Trend-App erklärt. Focus Online, 19. April 2016. http://www.focus.de/digital/internet/menschen-ueber-20-sind-ratlos-auch-wenn-sie-es-nicht-verstehen-warum-sie-sofort-snapchat-herunterladen-sollten_id_5447605.html. Zugegriffen: 18. Okt. 2017.

Nensuria. (2017). Friends having fun with smartphones. Freepik. https://www.freepik.com/premium-photo/friends-having-fun-with-smartphones_1364303.htm#term=people%20smartphone&page=1&position=4. Zugegriffen: 21. Dez. 2017.

Rebelko. (2016). 5 Tipps: Snapchat für Unternehmen, 7. Juni 2016. www.rebelko.de/blog/6-tipps-snapchat-fuer-unternehmen/. Zugegriffen: 19. Febr. 2018.

Rondinella, G. (16. Januar 2017). Wie snappt Deutschland? Das sind die Ergebnisse der ersten großen Snapchat-Befragung. *Horizont*. http://www.horizont.net/marketing/nachrichten/Wie-snappt-Deutschland-Das-sind-die-Ergebnisse-der-erstengrossen-Snapchat-Befragung-145402. Zugegriffen: 20. Nov. 2017.

Rus, A. (2017). Was kostet Suchmaschinenoptimierung in 2017? Abrechnungs- und Preismodelle verstehen. https://www.evergreenmedia.at/seo-kosten/. Zugegriffen: 18. Dez. 2017.

Sasse, R. (2017). Bitcoin Group Einführung des Bitcoin Futures lässt Bitcoin explodieren! https://www.wallstreet-online.de/nachricht/10129689-bitcoin-group-einfuehrung-bitcoin-futures-laesst-bitcoin-explodieren. Zugegriffen: 20. Dez. 2017.

Schade, M. (2017). Nach dem Snapchat Discover-Launch in Deutschland: Was Sie über die App mit dem Geist wissen müssen. Meedia, 26. April 2017. http://meedia.de/2017/04/26/nach-dem-snapchat-discover-launch-in-deutschland-was-sieueber-die-app-mit-dem-geist-wissen-muessen/. Zugegriffen: 18. Okt. 2017.

Schwab, I. (2016). Verkaufen auf Snapchat: Für wen sich Social Commerce lohnt. Interview mit Sascha Klein. Lead Digital, 31. August 2016. http://www.lead-digital.de/aktuell/social_media/verkaufen_auf_snapchat_fuer_wen_sich_social_commerce_lohnt. Zugegriffen: 18. Okt. 2017.

Schwendinger, K. (5. Oktober 2017). Vorsicht auf Facebook und Co.: Das Internet vergisst nie. MeinBezirk Schärding. https://www.meinbezirk.at/schaerding/freizeit/vorsicht-auf-facebook-und-co-das-internet-vergisst-nie-d2254706.html. Zugegriffen: 20. Okt. 2017.

Snap Inc. (2017a). Anzahl der täglich aktiven Nutzer von Snapchat in Deutschland und weltweit im Jahr 2017 (in Millionen). Statista. https://de.statista.com/statistik/daten/studie/713462/umfrage/taeglich-aktive-nutzer-von-snapchat-in-deutschland-und-weltweit/. Zugegriffen: 20. Nov. 2017.

Snap Inc. (2017b). Durchschnittlicher Umsatz pro Nutzer (ARPU) von Snap nach Regionen weltweit vom 1. Quartal 2015 bis 2. Quartal 2017 (in US-Dollar). Statista. https://de.statista.com/statistik/daten/studie/668576/umfrage/arpu-von-snapchat-nach-regionen-quartalszahlen/. Zugegriffen: 20. Nov. 2017.

Spectacles. (2017). Eine Sonnenbrille, die snappt! *Spectacles*. https://www.spectacles.com/de/. Zugegriffen: 20. Nov. 2017.

Steuer, P. (2015). Der ultimate Snapchat Guide – So funktioniert Snapchat! http://philippsteuer.de/snapchat-guide-so-funktioniert-snapchat/. Zugegriffen: 25. Nov. 2017.

Thieme, A. (o. J.). Medien. Der gute Ruf im Web. Unliebsame Inhalte sind schwierig zu entfernen. http://www.tagesspiegel.de/medien/der-gute-ruf-im-web-unliebsameinhalte-sind-schwierig-zu-entfernen/4419270.html. Zugegriffen: 20. Dez. 2017.

Tom. (2017): Faktencheck: Liegen die Bildrechte deiner Fotos bei WhatsApp? https://www.mimikama.at/allgemein/bildrechte-whatsapp/. Zugegriffen: 20. Dez. 2017.

Urena, A. (alias andresus) (2017). Portrait of a lifeless Alexa. Unsplash. https://unsplash.com/photos/k1osF_h2fzA. Zugegriffen: 21. Dez. 2017.

Verbraucherzentrale. (2017). EuGH: Bürger haben Recht auf Vergessen. https://www.verbraucherzentrale.de/wissen/digitale-welt/onlinedienste/eugh-buerger-haben-recht-auf-vergessen-11667. Zugegriffen: 20. Dez. 2017.
Wadhawan, J. (2016). Werbung für den Moment: Snapchat für Unternehmen. Absatzwirtschaft, 3. Februar 2016. http://www.absatzwirtschaft.de/werbung-fuer-den-moment-snapchat-fuer-unternehmen-74345/. Zugegriffen: 18. Okt. 2017.
Wergen, S. (2017). Snapchat-Marketing: 3 Vorzeigebeispiele von deutschen Unternehmen. Hubspot, 6. März 2017. https://blog.hubspot.de/marketing/snapchat-marketing-deutsche-beispiele. Zugegriffen: 18. Okt. 2017.
YouGov. (2016). Wie finden Sie die Anordnung des Hamburger Datenschutzbeauftragten Facebook die Nutzung von Daten von Whatsapp-Nutzern zu untersagen? Statista. https://de.statista.com/statistik/daten/studie/624768/umfrage/meinung-zur-weitergabe-von-whatsapp-userdaten-an-facebook-in-deutschland/. Zugegriffen: 21. Dez. 2017.

## Weiterführende Literatur

Cunningham, B. (2017). Snapchat Vs. Instagram stories: What business owners need to know. Forbes, 25. April 2017. https://www.forbes.com/forbes/welcome/to URL=https://www.forbes.com/sites/baldwincunningham/2017/04/25/snapchat-vs-instagram-stories-what-business-owners-need-to-know URL=https://www.google.com/. Zugegriffen: 18. Okt. 2017.
Focus Money Online. (2017). Karrierekiller Internet. Das Internet vergisst nicht. Focus Money Online, 2017. http://www.focus.de/finanzen/karriere/bewerbung/internet/tid-7051/bewerbung_aid_69071.html. Zugegriffen: 18. Okt. 2017.
Halberschmidt, T. (19. Oktober 2017). Provinzial in der Kritik. Warum man keine halbnackten Babys posten sollte. *Handelsblatt.* http://www.handelsblatt.com/finanzen/banken-versicherungen/provinzial-in-der-kritik-das-internet-vergisst-nie/11489284-2.html. Zugegriffen: 18. Okt. 2017.
Jacobsen, N. (2017). 250 Millionen Stories-Nutzer: Instagram zieht Snapchat immer weiter davon. Meedia, 20. Juni 2017. http://meedia.de/2017/06/20/250-millionen-stories-nutzer-instagram-zieht-snapchat-immer-weiter-davon/. Zugegriffen: 18. Okt. 2017.
Maurer, M. (2016). Über Sinn und Unsinn von Snapchat Marketing. Kusito, 21. Juli 2016. https://kusito.ch/uber-sinn-und-unsinn-von-snapchat-marketing/. Zugegriffen: 18. Okt. 2017.
Romahn, M. (2017). Sat.1-Drama „Nackt. Das Netz vergisst nie". Das gnadenlose Internet. RP Online, 4. April 2017. http://www.rp-online.de/panorama/fernsehen/sat1-zeigt-cybermobbing-drama-nackt-das-netz-vergisst-nie-aid-1.6731581. Zugegriffen: 18. Okt. 2017.

Steger, S. (10. Juni 2017). Snapchat nennt Nutzerzahlen für Deutschland. *Handelsblatt*. http://www.handelsblatt.com/unternehmen/it-medien/soziales-netzwerk-snapchat-nennt-nutzerzahlen-fuer-deutschland/19909348.html. Zugegriffen: 18. Okt. 2017.

Viete, A. (2017). Sinn und Unsinn von Snapchat und Instagram für Unternehmen. Markop, 27. Juli 2017. http://www.markop.de/blog/sinn-und-unsinn-von-snapchat-und-instagram-fuer-unternehmen. Zugegriffen: 18. Okt. 2017.

# Wem kann man noch vertrauen? Klassische Werbung versus Influencer-Marketing

Seit 2017 haben sie nun auch ihr eigenes Magazin – die Rede ist nicht von Barbara Schöneberger und Daniela Katzenberger, sondern von der wachsenden Gruppe der Influencer. Mit „Le Buzz" hat Pascal Wabnitz das weltweit erste Online-Magazin zum Thema „Influencer-Marketing" gegründet und geht damit auf die wachsende Bedeutung dieser Gruppe ein. Le Buzz ist aber nur eines von zwei Produkten, die er vertreibt. Unternehmerisch relevanter ist seine Software „Le Buzz Relations". Damit richtet er sich an Unternehmen und Agenturen, die Influencer-Marketing langfristig verwenden und die Erfolge damit bestmöglich messen wollen – oder nach Rondinella (2017): „Wild-West-Methoden im noch unregulierten Influencer-Marketing müssen ein Ende haben."

Dieser Trend bewegt schon seit einiger Zeit die internationale Marketing-Welt: Immer mehr Unternehmen lassen ihre Produkte oder Dienstleistungen von sogenannten Influencern in deren Communities, also Fangemeinden, promoten (siehe Abb. 1). Die Idee an sich ist nicht neu, die VIPs dieser Welt stehen schon seit einigen Jahren regelmäßig zu Werbezwecken für die unterschiedlichsten Produkte mit Product Placement wie zufällig vor der Kamera. Das mediale Potenzial hat sich allerdings deutlich vergrößert, seit die sozialen Medien das Verbreiten eigener Videos und Posts so einfach möglich machen. Durch soziale Medien wachsen die Chancen für eine zielgruppengerechte Werbung, zugleich steigen jedoch auch einige Risiken.

Wie wird sich die Relevanz von Influencer Marketing in Zukunft entwickeln?

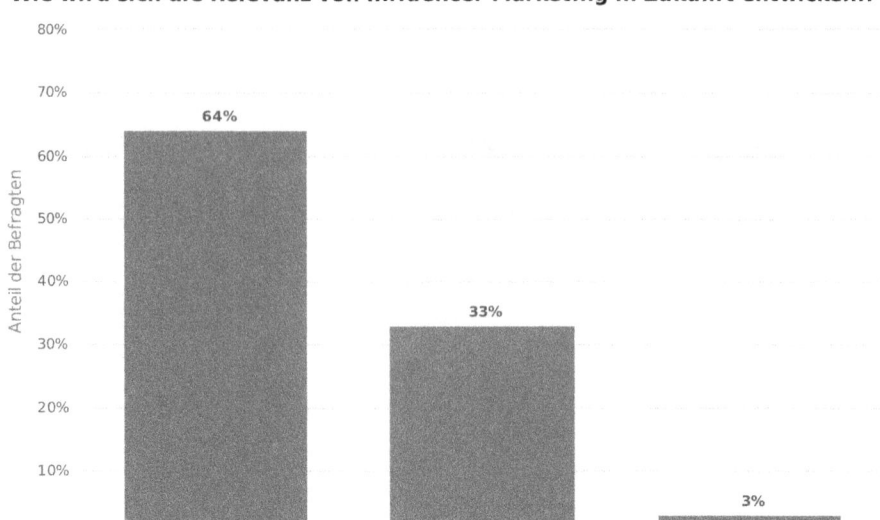

**Abb. 1** Umfrage zur künftigen Relevanz von Influencer-Marketing in Deutschland. (Horizont 2017a)

## Influencer sind die neuen Unternehmer – wer steckt dahinter?

Wir sind es schon lange gewöhnt, dass Schauspielerinnen wie Heike Makatsch, Jane Fonda und Iris Berben als Werbegesichter in offiziellen Anzeigen vor allem für Kosmetikprodukte in TV, Magazinen, Zeitungen und auf Online-Foren zu sehen sind. Neben Kosmetik sind Taschen, Uhren, selten auch Luxuskleidung beliebt. Auch nehmen wir etwa dankend zur Kenntnis, dass Jürgen Klopp eine deutsche Automarke bevorzugt oder mussten schmunzeln, als Boris Becker vor Jahren zum ersten Mal „drin war", also seinen scheinbar ersten Besuch im Internet mit aller Welt teilte. Die TV- und Print-Werbung mit Prominenten ist ein alter Hut, erinnert sei nur an den Werbe-Kaiser Franz Beckenbauer, der medienwirksam und für einen üppigen Betrag diverse Suppen löffelte, Bier trank oder im Baumarkt shoppen ging. Schon damals machten sich die Werbestrategen die Bekanntheit bestimmter VIPs zunutze, setzten aber vor allem auf deren Image: Kaiser Franz, der einstige Mittelfeldregisseur ohne Fehl und Tadel, kann sich auch heute noch einiges leisten – ein Fauxpas wird seiner Beliebtheit nicht viel anhaben können. Ebenso durchgehend positiv und doch ganz anders kann der britische Ex-Nationalspieler David Beckham als Influencer eingesetzt werden. Was für viele Sportgrößen gilt, ist ebenso bei bekannten Schauspielern gegeben, auch wenn das Image ein paar Kratzer durch Skandale erhält. Bekannte Personen als Influencer eignen sich jedoch nicht generell für alle Produkte, auch wenn ihr Bekanntheitsgrad weltweit groß ist. Ein unpassendes Produkt kann etwa dem Schauspieler ein schlechtes Image vermitteln. Andersherum kann ein schlecht platzierter Schauspieler eine Marke schwächen. Beispielsweise trennten sich einige Unternehmen von Rihanna als Werbegesicht, als sich die Musikerin mit selbstgedrehten Haschzigaretten in den sozialen Medien zeigte. Andere Unternehmen dagegen nutzten das Bad-Girl-Image von Rihanna gerade dafür, ihrer Marke einen frischen und etwas frechen Akzent zu verleihen, wie z. B. Nivea. Nach dem ersten großen Fleischskandal hatte es die Branche schwer, Prominente für ihre Produkte zu gewinnen. Die Produktgruppe stand nicht mehr nur für Genießen, sondern hatte einen zweifelhaften Ruf bekommen. Einen Werbevertrag mit der Branche abzuschließen, davon rieten viele Prominenten-Managements ihren Schützlingen ab. Daneben spielt die Altersgruppe bei der passenden Produkt-Prominenten-Mischung eine wichtige Rolle – insbesondere bei Werbung mit Influencern, deren Karriere in sozialen Medien wie Instagram oder YouTube begonnen hat.

Hier steht nicht einer für alle (siehe Abb. 2). Wenn ein Influencer für Marketingaktivitäten eines Unternehmens eingesetzt wird, wird dieser meist ebenso wie bei anderen eher traditionellen Werbegrößen nicht bei allen Zielgruppen punkten: Einerseits konsumieren insbesondere die Generationen Y und Z viel weniger klassische Werbung als ältere Zielgruppen – außer wenn z. B. TV-Spots wirklich außergewöhnlich sind und zum viralen Hit werden. Deshalb funktionieren die Versuche, Influencer-Werbung in traditionellen Medien zu schalten, auch nur teilweise. Wenn Moet et Chandon statt der seniorigen Schauspielerin Senta Berger die 21-jährige Internetgröße Dagmar Ochmanczyk, alias Dagi Bee einlädt, vertritt das sicher noch nicht die ganz große Zielgruppe für Champagnertrinker, zeigt aber die Tendenzen, neue Zielgruppen anzusprechen, ein jüngeres Image zu bekommen und zunehmend auf Stars aus dem Internet zu setzen. Influencer-Marketing trifft aber nicht nur die junge Zielgruppe, auch bei der Zielgruppe 40 plus kommt es an: „37% dieser Altersgruppe haben einen Lieblings-Influencer, den sie aufmerksam verfolgen", so David Hein, Redakteur bei Horizont (Hein 24. August 2017a).

Was vor wenigen Jahren – außer in den USA mit Stars wie den Kardashians – noch nicht denkbar war, ist mittlerweile Realität geworden: Internetstars werden zunehmend auch von traditionellen Veranstaltern und

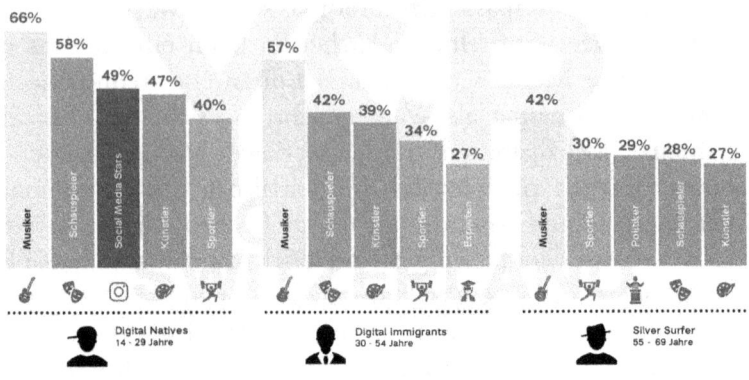

Abb. 2 Top 5 Influencer-Typen. (Y&R Group Switzerland 2017)

Werbern wahrgenommen, ernstgenommen und eingeladen. Wer meint, bei den betreffenden Fotos und Videos gehe es um professionell bearbeitetes Material, der irrt sich. Gerade ein kleiner Makel demonstriert die Authentizität, die Kunden beim Image vieler Unternehmen mittlerweile vermissen. Und so kommentieren Anne Strandt und Daniel Kriebel von der Agentur RCKT: „Manch einer mag den Kopf schütteln, doch hinter diesen erstmal primitiv anmutenden Auftritten steckt ein riesiges Potenzial für Marken." (Strandt und Kriebel 16. August 2017).

Daneben orientieren sich Verbraucher zunehmend in den neuen Medien und bei scheinbar authentischen Quellen, wie personenbezogenen Social-Media-Accounts, über die aktuellen Trends in den unterschiedlichsten Bereichen. An dieser Stelle kommen die Influencer ins Spiel.

Wie viele andere Trends auch, konnte sich das Influencer-Marketing längst in den USA etablieren, bevor die Marketinggemeinde in Europa das enorme Potenzial populärer und gut vernetzter Blog-Betreiber für sich erkannte: Wie kräftig eine positive Bewertung oder Produktempfehlung einer Marke auf die Beine helfen kann, hängt auch von der Größe und Beschaffenheit der jeweiligen Community ab. Natürlich spielen Stars wie Cristiano Ronaldo, Kim Kardashian oder Selena Gomez mit ihren rund 100 Mio. Followern in einer ganz eigenen Liga: Erhält Ronaldo für einen gesponserten Instagram-Post im Schnitt ca. 337.334 EUR, bringen es die weiblichen VIPs im Durchschnitt auf ca. 464.702 EUR – die Wirtschaft lässt sich das Engagement der Prominenz ordentlich etwas kosten (siehe Abb. 3). So weit müssen wir aber gar nicht gehen, denn für einen Großteil des deutschen Mittelstands beispielsweise passen solche Preise nicht in das Marketingbudget oder zu der Zielgruppe.

Abgesehen von den Superpromis mit breiter Zielgruppe, die zumeist durch Sport, Fernsehen oder Film bekannt geworden sind, sind es doch eher die Blogger und Aktivisten in den sozialen Netzwerken, die sich einen Bereich oder eine Nische gesucht haben, in der sie sich mit ihren Beiträgen an eine bestimmte Zielgruppe wenden. Diese Erfolg versprechenden Influencer präsentieren Trends und Lifestyles, kommentieren zu relevanten Themen aus ihrem Bereich, führen manchmal auch Diskussionen mit ihren Fans und nehmen so auch Einfluss auf die Meinung ihrer Follower. Dabei kann es sich um ganz alltägliche Dinge handeln, die beispielsweise bevorzugt Teenager beschäftigen, oder spezielle Schwerpunkte wie Reise- oder Mode-Blogs. In selbst gedrehten Videos werden Schmink- oder Frisurentipps gegeben, aber auch politische Fragen gestellt und beantwortet. Seit dem Interview des YouTubers Florian Mundt, alias LeFloid, mit Bundeskanzlerin

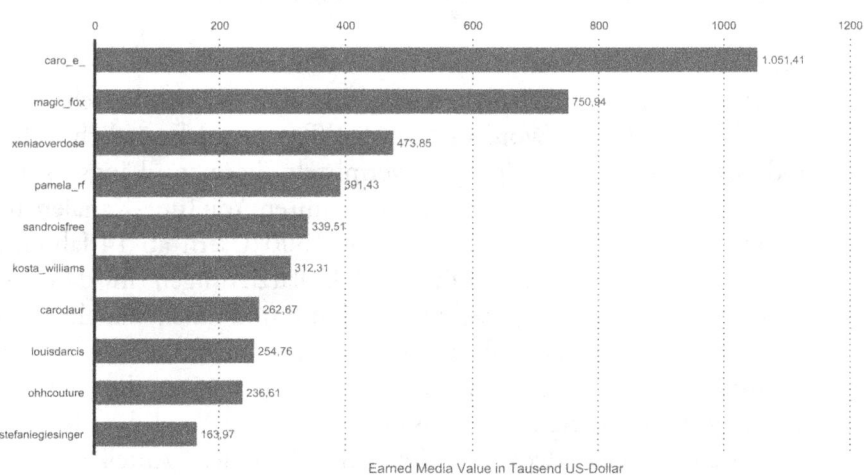

**Abb. 3** Ranking der deutschen Influencer auf Instagram nach Earned Media Value im April 2016. (Horizont 2016)

Angela Merkel ist dieser auch Vertretern der älteren Generationen ein Begriff. Auch wenn das Interview aus journalistischer Sicht nicht hochklassig war, traf er doch den Nerv und vor allem die Sprache der Gleichaltrigen, was die enorme Reichweite und Resonanz erklärt. In Deutschland ist eine neue Gruppe an VIPs am Start, die sich allein durch Fotos und Texte aus ihrem eigenen Leben Schritt für Schritt eine Fangemeinde aufgebaut haben. Einige von ihnen erzielen bereits in jungen Jahren ein einträgliches Einkommen und werden durch YouTube zu Unternehmern.

Die Funktionen des Influencer-Marketings sind im Einzelnen (Tamblé 2015):

- **Content und Kanäle**
  Ideenquelle für Inhalte und Kanäle, die im Internet tatsächlich gut funktionieren
- **Meinungsführer und Multiplikatoren**
  - Wer kommuniziert aktuell über welche meiner Themen?
  - Wer hat welchen Einfluss?
- **Distribution und Seeding**
  Networking und Interaktion, um von der Reichweite relevanter Influencer zu profitieren

## Die Mächtigen hinter den Influencern

Fakt ist: Influencer können zu Meinungsführern werden. Damit werden sie attraktiv für Wirtschaftsbereiche, die ihre Markenbotschaften so gezielt und mit einem Word-of-Mouth-Effekt, sprichwörtlich Mund-zu-Mund, der jeweiligen Zielgruppe vermitteln können. Längst sind es nicht mehr nur Teenager, die sich auf bestimmten YouTube-Kanälen tummeln. Eine Goldmedia-Studie mit mehr als 1600 Usern ab 14 Jahren hat dazu ein eindeutiges Resultat: Die Produktplatzierungen in den sozialen Netzwerken werden mit wachsender Zahl und auch zunehmendem Alter wahrgenommen (siehe Abb. 1). Je bekannter ein Influencer ist, umso mehr Produkte werden in den Videos gezeigt. Rund 26 % aller deutschen Internetnutzer frequentieren die Präsentationen auf YouTube, Instagram und auf anderen Social Media Plattformen. Mit einem Anteil von 39 % nimmt dabei die Altersgruppe von 18 bis 23 Jahren den ersten Rang ein, die Teenager zwischen 14 und 17 Jahren erreichen 37 %. Bei den 24- bis 29-Jährigen sind es immerhin 34 % und bei den 30- bis 49-Jährigen 23 %, die auf die Produktplatzierungen aufmerksam gemacht werden. Nach der Produktpräsentation durch einen Influencer entschieden sich durchschnittlich rund 20 % der Nutzer zwischen 14 und 17 Jahren für ein im Video gezeigtes Produkt, rund sieben Prozent konnten bei den 30- bis 49-Jährigen zum Kauf animiert werden, so die Ergebnisse der Studie (Saal 16. August 2017; Sonnenschein 18. August 2017) (Abb. 4).

Dieses enorme Potenzial macht Influencer zum Objekt der Begierde: Nicht nur die Unternehmen, die ihre Marken stärken und Produkte oder Dienstleistungen bewerben wollen, sondern auch die unterschiedlichsten Agenturen buhlen um die Gunst der passenden Influencer (siehe Abb. 5). Hier existiert eine ganze Industrie, die mit enormen Budgets ausgestattet ist. Das begeisterte, authentisch anmutende Urteil zu einem Produkt oder einer Dienstleistung kann eine Community mitreißen und beeinflussen. Die Influencer bereiten die Inhalte selbst auf, um sie ihren Fans zur Diskussion zu stellen – in deren Sprache und aus deren Blickwinkel.

Der wachsenden Kritik bis Ablehnung gegenüber der von Unternehmen selbst lancierten Werbung steht damit ein professionalisiertes Empfehlungsmarketing gegenüber, das für viele der Nutzer noch den Anschein hat, es könne auch die Freundin oder der Nachbar von gegenüber sein, die oder der völlig ohne Hintergedanken und nur als Ausdruck der eigenen Überzeugung etwas weiterempfiehlt. Die Kritik gegenüber der

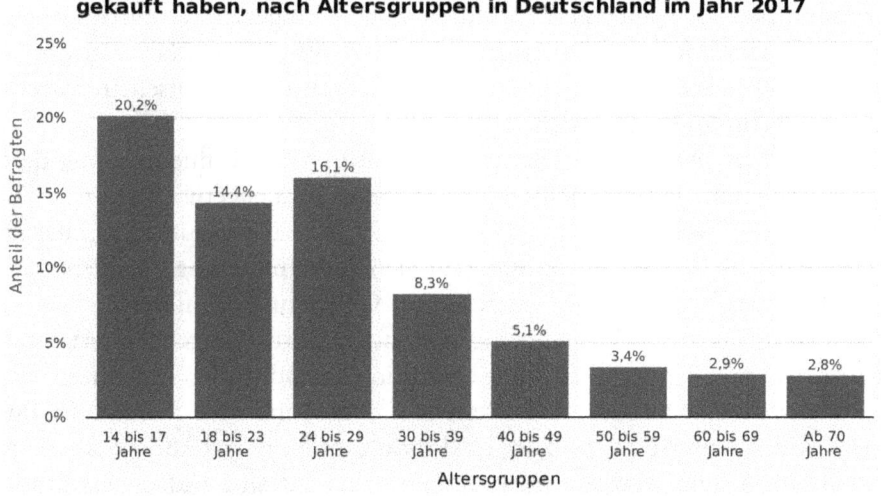

**Abb. 4** Umfrage zum Kauf der von Influencern beworbenen Produkte nach Altersgruppen. (Horizont 2017b)

# Reichweite hilft: Influencer fördern besonders effektiv die Markenbekanntheit

*Industry Insights*

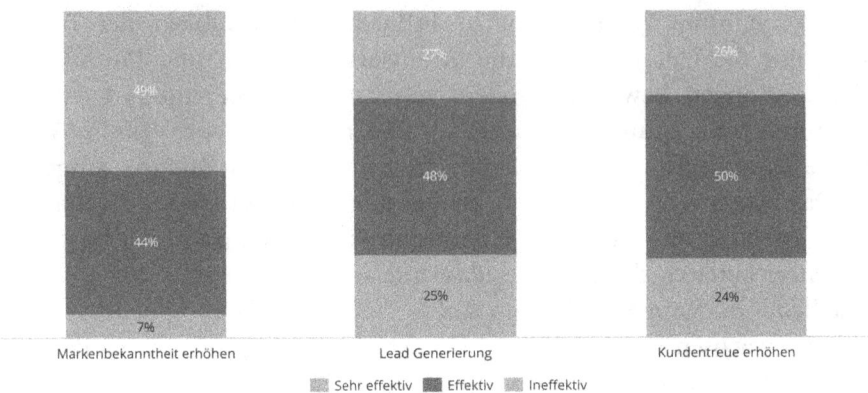

**Abb. 5** Wirksamkeit von Influencer-Marketing nach Marketingziel. (LaunchMetrics 2017a)

klassischen Werbung besteht nicht erst seit beispielsweise der Diskussion um die sogenannten Magermodels. Mit zunehmender Bearbeitung durch Photoshop und der damit einhergehenden Verkünstlichung wirkt klassische Werbung oftmals realitätsfern. Kunden wollen hingegen vertrauen können; sie wollen eine Marke, der man glauben kann. Ein wie ein Selfie geschossenes Foto kann letztlich überzeugender sein, weil es den Anschein erweckt, aus dem wahren Leben zu sein.

Studio71 ist eine der bekannteren Agenturen für Influencer, aus deren Reihe viele der erfolgreichsten deutschen Influencern stammen. Ein Blick auf die Webseite zeigt, dass Studio71 ein Tochterunternehmen der ProSiebenSat.1 Media SE ist. Können sich hier Influencer profilieren und eine für die Vermarktung interessante Community aufbauen, hat die Plattform dies im Blick – und die passenden werbewilligen Unternehmen gleich an der Hand. Natürlich profitieren auch die Influencer vom Know-how und von der Reichweite des Netzwerks. Sie werden in ihrer Entwicklung unterstützt und in TV-Produktionen eingebunden, sollte sich dies anbieten. Die Werbekunden können dabei auf eine Video-Distribution über mehrere Kanäle bauen: Ob klassische TV-Werbung oder Kooperation mit einem Influencer – alles aus einer Hand.

## Influencer in der Bredouille – wo beginnt die Werbung?

So lukrativ dieses Geschäft für Blog-Betreiber und Social-Media-Aktivisten auch sein mag, eines ist klar: Sobald sie für ihre Videos oder Posts eine Vergütung von den Anbietern der beschriebenen Produkte oder Dienstleistungen erhalten, handelt es sich um Werbung. Ob sie ein bestimmtes Produkt überlassen bekommen, eine Leistung in Anspruch nehmen können oder ein Honorar erhalten, das sich oft an den erzielten Views bemisst, ist dabei vollkommen unerheblich. Eine gewisse Grauzone existiert noch, wenn Influencer Produkte für einen bestimmten Zeitraum zum Test und zur Bewertung erhalten oder diese selbst erwerben; die Rechtsprechung ist hier nicht eindeutig. Fakt ist jedoch, dass Influencer schnell Gefahr laufen, sich mit häufig wechselnden Werbeaktivitäten unglaubwürdig zu machen und damit ihr größtes Kapital gefährden: Nur mit Authentizität, ehrlichen Meinungen und einer gewissen Unabhängigkeit lässt sich eine Community nachhaltig begeistern.

Werbung ist klar zu kennzeichnen – genau an diesem Punkt besteht ein erheblicher Nachholbedarf. Die ersten Abmahnwellen wegen unterstellter Schleichwerbung ließen nicht lange auf sich warten, in der Regel engagieren sich hier der Verbraucherschutz und natürlich der Wettbewerb. So musste sich YouTuber „Flying Uwe" mit einer hohen Forderung der Landesmedienanstalt auseinandersetzen und mehr als 10.000 EUR dafür zahlen, dass er in seinen Videos und deren Beschreibung Produkte seines eigenen Unternehmens positiv darstellte, ohne diese als Werbung zu deklarieren. Entsprechende Abmahnungen waren schon 2016 vorausgegangen, allerdings hatte der YouTuber mit mehr als einer Million Abonnenten nicht alle Beiträge entsprechend gekennzeichnet. „Flying Uwe" ist durchaus kein Einzelfall, im Internet gelten klare Regeln zum Schutz der Verbraucher. Vermuten diese, dass Blogger und Netz-Aktivisten ihre Beurteilung vollkommen unabhängig abgeben, erhält diese einen hohen Stellenwert. Trotzdem können Influencer ihre Gemeinschaft auch mit gesponserten Beiträgen enorm beeinflussen, solange sie verantwortungsvoll mit ihren Werbe-Kooperationen umgehen.

# Influencer-Marketing als ein Element im Marketing-Mix

Bei aller Euphorie für den Einsatz von Influencern eignet sich diese Ansprache nicht für alle Unternehmen, Marken und Einsatzbereiche. So geht nach wie vor der weitaus größte Anteil am Werbeetat der meisten Unternehmen in die immer noch dominierende Fernsehwerbung. Aber Influencer-Marketing kann ein attraktives und effektives Element im Marketing-Mix darstellen. In erster Linie befassen sich bislang Unternehmen im B2C-Bereich mit Influencern, die Empfehlungen für deren Produkte oder Dienstleistungen in prägnanten Beiträgen kommunizieren. Allerdings zieht der B2B-Bereich sukzessive nach, Branchenexperten werden zunehmend gern zu ihren Erfahrungen konsultiert, ebenso wie gut vernetzte und erfolgreiche Marktteilnehmer. Es kommt also auf die Art und den Umfang der Fangemeinde an, ob und in welchem Maße ein Aktivist als Influencer in Frage kommt und welchen Preis er für seine Leistungen beanspruchen kann: Dass er am konkreten Thema nah dran ist, kann für diese Entscheidung ebenso relevant sein wie die Größe seiner Community.

Ohnehin geht der Trend mittlerweile weg von der Quantität und hin zur Qualität: Sogenannte Micro-Influencer, die eine relativ kleine Fangemeinde zu einem speziellen Thema aufgebaut haben und so eine klar definierte Zielgruppe eines Unternehmens ansprechen können, sind gerade dadurch für manche Unternehmen interessanter als größere Meinungsführer. Wie wenig effektiv wäre es etwa, wenn Erik Runge, alias Gronkh, plötzlich über Bohrmaschinen, Parkett oder das beste Holz für die Terrasse posten würde? Sein Bereich sind gewöhnlich Videospiele, dafür ist er bekannt und geschätzt. Unternehmen oder Marketing-Agenturen sollten also zunächst die für die eigene Zielgruppe relevanten Influencer recherchieren. Da diese selbständig tätig und auf die Einnahmen angewiesen sind, aber eben auch auf ihre Authentizität und Glaubwürdigkeit achten müssen, ist die Auswahl gründlich abzuwägen (siehe Abb. 6). Wichtige Aspekte können beispielsweise die Interaktionsraten sein, die Aufschluss über die Intensität des Meinungsaustauschs und damit zum Potenzial einer Produktpräsentation geben. Aber auch die Auswahl an Themen und Marken, die der Blog-Betreiber bereits bearbeitet hat, spielt eine große Rolle. Promotet der einflussreiche Aktivist wöchentlich unterschiedliche Produkte einer Produktkategorie, wie zunächst Sportprodukte von Nike, dann von Adidas und in der Folge von Puma, mag das auf kurze Sicht zumindest finanziell reizvoll sein – eine nachhaltig erfolgreiche Strategie sieht jedoch anders

## Die größte Schwierigkeit in der Marketing-Planung ist die geeignete Influencer Auswahl

*Industry Insights*

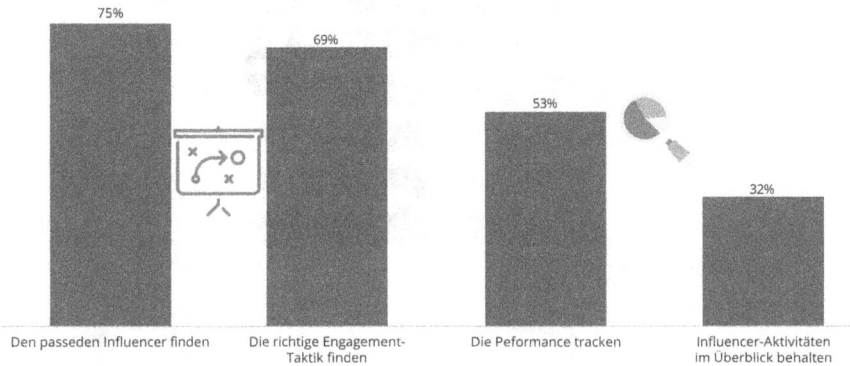

Abb. 6 Die am häufigsten genannten Schwierigkeiten des Influencer-Marketings. (LaunchMetrics 2017b)

aus. Es geht letztendlich darum, die selbst erfahrene Begeisterung für ein Produkt zu vermitteln und dabei glaubhaft und verlässlich zu wirken (siehe Abb. 7).

## Vielfältige Werbeformen – und noch kein Ende?

Influencer-Marketing ist Empfehlungsmarketing. In den USA traditionell als Geschäftszweig Direktvertrieb oder Strukturvertrieb erfolgreich, hat das Verkaufssystem bis heute in Deutschland oftmals einen negativen Beigeschmack, wenn es professionell betrieben wird. Der Vertrieb weiß, dass ein Geschäftsabschluss sehr viel leichter wird, wenn er auf Empfehlung kommt oder das Beispiel eines zufriedenen Kunden vorweisen kann.

Der Verkäufer profitiert damit vom Vertrauensvorschuss. Was im Offline-Bereich so effektiv funktioniert, wurde im Zuge der Digitalisierung lediglich auf ein neues Level gehoben – und das nicht ohne Grund: Rund 70 % der Verbraucher beziehen online verfügbare Kundenbewertungen, die anonym abgegeben werden und bei Weitem nicht immer echt sind, in ihre Kaufentscheidung ein. Mehr als 90 % lassen sich selbst von unbekannten

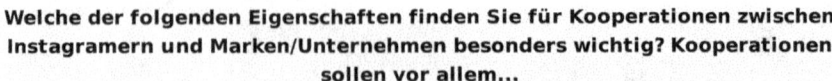

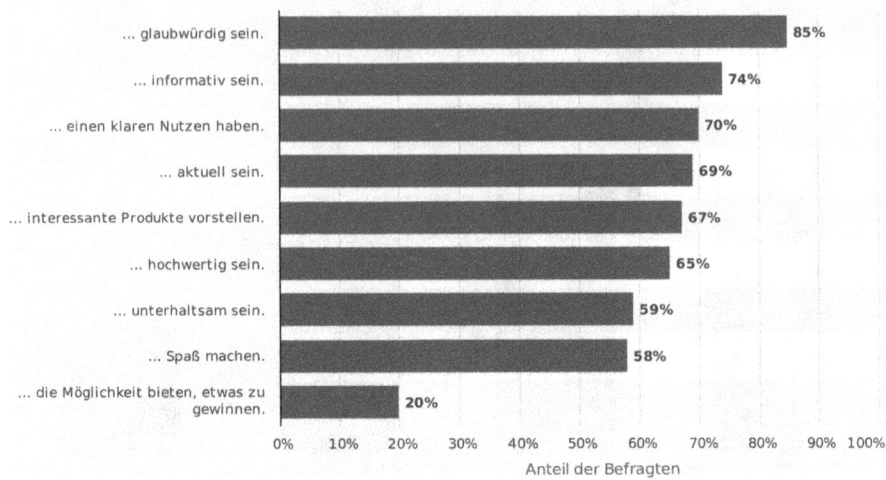

**Abb. 7** Umfrage zu Anforderungen an Kooperationen im Influencer-Marketing in Deutschland. (Gruner und Jahr 2017)

Empfehlungsgebern beeinflussen. Zunehmend viele Kunden glauben einer anonymen Bewertung mehr als einem vom Unternehmen selbst beauftragten Experten. Entsprechend stark kann sich die Empfehlung eines Blog-Betreibers auswirken, der seine Anhänger mit interessanten Fotos, Beiträgen und Diskussionen anzieht und deren Vertrauen gewinnen konnte. Fotos, die wie privat geschossen aussehen, Ausschnitte aus einem scheinbar privaten Leben, interaktiv angelegte persönliche Kommentare an einen vermeintlich befreundeten Follower – das sind die Elemente für den Aufbau von Vertrauen.

Die Zahl der Influencer steigt stetig. An Werbeverträge geknüpfte Bedingungen zur Frequenz und Darstellung getragener Produkte machen die Kommerzialisierung auch oftmals für den Follower sichtbar und können Vertrauen verwirken. Aber fehlende Kennzeichnung von Werbung wird mittlerweile verstärkt geahndet. So titelt etwa die W&V „Die Influencer-Jäger" und stellt im Artikel dar, dass Verbände wie der Berliner Wettbewerbsverband VSW beginnen, Influencer abzumahnen, die werben, ohne dies zu markieren (Meyer 2017, S. 74). Es gibt einige erfolgreiche Blog-Betreiber, die so erst viele Follower und darauffolgend auch Werbeeinnahmen verloren haben. Zudem geht es immer weniger um die absolute Zahl an Abonnenten, die vom Influencer angesprochen werden, sondern um deren Passung und Aktivität in Bezug auf das zu bewerbende Produkt. Dass Blog-Aktivisten Fake Accounts unter ihren Followern haben, ist nicht neu und fällt auch oftmals auf den ersten Blick nicht auf. Denn mit Bots lassen sich auch von Fake Accounts Nachrichten schicken, die automatisch eingestellt werden.

Für Influencer verändert sich das Geschäft. Bei steigender Nachfrage kann das Bloggen zum Beruf werden, bei wachsender Konkurrenz muss immer stärker auf das eigene Branding geachtet werden. Ausschlaggebender Faktor bleibt die Authentizität und damit auch Unverwechselbarkeit, was die Möglichkeiten der einzelnen Influencer in ihrer Weiterentwicklung natürlich begrenzt. Aber es könnten sich letztlich auch echte Spezialisten hervortun, die angesichts ihrer profunden Kompetenz zu einzelnen Themen gefragte Experten über ihren Blog hinaus sind.

Influencer ziehen mehr und mehr auch in die Offline-Markenwelt ein. So war z. B. Shirin David Mitglied der Promi-Jury für „Deutschland sucht den Superstar" (DSDS) neben Entertainer Dieter Bohlen. Interessant ist die Zielgruppenverschiebung in diesem Fall – durch die Zuschauergruppe der Fernsehsendung wird Shirin David so auch bei einer älteren und nicht so internetaffinen Zielgruppe bekannt. Es gibt auch Pläne, dass Blog-Aktivisten in virtuelle Welten einbezogen werden: Aktuell geschieht dies etwa in Computerspielen, wo Influencer als Darsteller fungieren. In umgekehrter Weise gibt es das bei Produkten schon länger – für virtuelle Welten erdachte fiktive Produkte werden danach reell hergestellt und vertrieben.

Noch aber ist Fernsehen das nach wie vor stärkste Werbemedium, vor allem zusammen mit der Nutzung über mobile Endgeräte und On-Demand-Angebote (Koll 2017; Hein 10. Oktober 2017b). Der TV-Markt selbst schrumpft bisher nicht, aber er verändert sich. Warum das so ist und hier Totgeglaubte länger leben? Das Fernsehen trumpft gegenüber Netflix- oder Amazon-Prime-Filmen gerade durch seine Aktualität, Reputation im Nachrichtenbereich und ohne Aufnahmegeräte limitierte Verfügbarkeit auf. Was man zu jeder Zeit und so oft wie man will sehen kann, weckt weniger Interesse als das, was jetzt gerade Aktualität verspricht. Zudem holt das Fernsehen deutlich heterogenere Zuschauergruppe vor den Bildschirm – das Angebot reicht von gut recherchierten Naturfilmen über Kindersendungen bis hin zur Reality-Trash-Shows.

Neben Fernseh- und Radio-Spots gehören nach wie vor Print, Außenwerbung, Werbeartikel, Events, Ausstellungen/Pop-ups und Sponsoring zu den erfolgreichen Tools traditioneller Werbung. Ihnen ist die starke Präsenz und Fühlbarkeit mit allen Sinnen, die direkte unmittelbare

Sichtbarkeit und Emotionalisierung sowie die hohe direkte Reichweite gemeinsam, die auch weniger internetaffine Kunden anspricht. Sie spricht aber auch die User an, durch deren Rezeptionsverhalten Internetwerbung schon weitgehend ausgeblendet wird. Zudem ist der direkte Kontakt mit dem Kunden unersetzbar. Das haben auch Unternehmen wie Amazon gemerkt, die nach und nach ganz traditionelle Geschäfte in Stadtzentren eröffnen. Hier findet man zwar nicht alle Produkte zum Direktkauf und zur Direktmitnahme. Aber für das Unternehmen kommt es stärker auf den direkten Kundenkontakt an, der auch mehr ungefiltertes Feedback bedeutet. Jedoch nicht nur das – auch das sichtbare, begehbare Ladenlokal mit realen Menschen als Gegenüber ist ein weitaus größerer Vertrauensbildner als eine Adresse im Internet mit einem virtuellen Verkaufsassistenten. So sind viele dieser Amazon-Geschäfte eher Showrooms, welche die Produkte zur Auswahl vor Ort präsentieren. Nach Hause kommt der Einkauf dann doch wieder per Kurier. Auch offline kann bequem sein …

Sicher wird Online-Werbung zunehmend in allen Generationen mit Software wie Adblock blockiert und ausgefiltert. Und bestimmte Online-Werbung wird nicht mehr bewusst wahrgenommen, weil die Flut und Schnelligkeit von immer mehr Information zum Ausfiltern führt: Banner werden oftmals gar nicht mehr gesehen, und Werbe-Mails wandern häufig direkt in den Spam-Ordner.

Dennoch hat die Online-Werbung große Vorteile, die zusammen mit der klassischen Werbung den perfekten Werbe-Mix ausmachen. Onlinebanner, Content-Marketing, Social Media, E-Mail-Werbung, Videos oder Podcasts ist gemein: Sie sind flexibler, können schneller an Kundenbedarfe angepasst werden und für spezielle Zielgruppen differenzierte Ansprachen anbieten. Die Online-Werbung punktet vor allem durch Echtzeit und Personalisierung. Werbeaktionen lassen sich sogar auf einzelne Nutzer abstimmen. Big Data macht es möglich. Zudem ist hier eine Erfolgsanalyse weit einfacher möglich. Analyse- und Tracking-Tools, die registrieren, wer wie lange welche Anzeige sieht und zu welchem Klickverhalten dies führt, halten dies alles fest. Wer allerdings denkt, Online-Werbung sei kostengünstiger, hat sich getäuscht. Allein schon die Suchmaschinenwerbung kostet pro Keyword pro Klick. Und das kann teuer werden, bevor der Erfolg, z. B. der Kauf eines Produktes, erreicht ist. Zudem verlangt Online-Werbung Kontinuität – einmal begonnen, muss sie weiterlaufen, und zwar mit hoher Qualität, soll kein schlechtes Kundenfeedback eingefangen werden. Dagegen führt das Einstellen einer Kampagne im klassischen Bereich nur zum Vergessen (1 & 1 Digitalguide 2016). Letztendlich macht es der richtige Mix aus online und klassisch (siehe Abb. 8).

Anteil der Europäer, die Vertrauen in folgende Werbeformen haben (Stand: 1. Quartal 2013)

**Abb. 8** Konsumenten vertrauen eher klassischer Werbung. (Brandt 2014)

**Wussten Sie schon?**

- Deutsche Influencer legen immer mehr Wert auf die Vermittlung von Werten, weil sie wissen, dass sie auf viele junge Menschen Einfluss nehmen können, so z. B. Dner, der zu Anfang seiner Karriere einmal die AfD mit einer Fotokampagne unterstützte, sich dann später davon distanzierte, und von sich selbst sagt: „Ich bin keine Moralinstanz. Aber generell versuche ich, positive Werte zu vermitteln." (Wermke 2016, S. 67).
- Die erfolgreichsten deutschen YouTuber sind in den drei Bereichen Spiele, Comedy und Kosmetik/Lifestyle aktiv (Wermke 2016, S. 67).
- Jeder Influencer hat seine Schwerpunktthemen und seinen bevorzugten Social-Media-Kanal: z. B. sind es bei Simon Desue die Themen Comedy und Musik und mit Abstand Facebook, bei Dagi Bee sind es die Themen Kosmetik und Comedy und der Kanal Instagram, bei Gronkh ist es der Schwerpunkt Videospiele und der Kanal YouTube (Wermke 2016, S. 67).
- Unter den deutschen YouTube-Topkanälen findet man einen Kanal mit über vier Millionen Abonnementen, auf dem sich der Influencer filmt, wie er Videospielschlachten kämpft. Der Erfolg gibt dem 39-jährigen Gronkh, alias Erik Range, recht (Wermke 2016, S. 67).
- Schauspieler versus Beauty-Queen: Die Kosmetik-Influencerin Dagi Bee, alias Dagmar Ochmanczyk, hat mit ca. zehn Millionen Followern mehr als doppelt so viele wie der beliebte Schauspieler Elyas M'Barek (Wermke 2016, S. 67).
- Einflussreiche Blogger sind in der Regel auch gute Influencer, weil sie ihre Informationen in Geschichten verpacken – durch Storytelling lassen sich Informationen besser merken, und man hört lieber zu.

- Influencer sind klassischerweise etwa Journalisten, im neuen Sprachgebrauch versteht man darunter eine Personengruppe, die sich vor allem aus Bloggern und Social-Media-Accounts zusammensetzt.
- Die wichtigsten Kanäle für Influencer sind Instagram, YouTube, Twitter, Facebook, Pinterest und eigene Blogs.
- Laut einer Untersuchung des Branchenverbandes Bitkom planen 27 % der Unternehmen, ihre Ausgaben im klassischen Marketing zu reduzieren, gleichzeitig gibt ein Viertel an, mehr für Online-Aktivitäten ausgeben zu wollen (1&1 Digitalguide 2016).

**Take-aways**

- Wenn Sie Influencer werden, wollen: Überlegen Sie, ...
  - was Ihr USP ist – Ihr Alleinstellungsmerkmal oder welche Mischung Sie einzigartig macht.
  - welcher Kanal und welches Medium besser zu Ihnen passen: YouTube, Instagram, ...
  - wie viel Zeit Sie in den Aufbau Ihrer Betätigung investieren wollen und ob es Ihnen möglich ist, etwas immer zur gleichen Zeit zu veröffentlichen, denn Regelmäßigkeit gehört zu den Erfolgsfaktoren (Tosev 2017).
- Wenn Sie für Ihr Unternehmen nach passender Werbung suchen und sich nicht sicher sind, ob Influencer ein passendes Instrument im Marketing-Mix sein können: Machen Sie den Test mit Ihrer Zielgruppe. Sind Influencer da ein Thema? Wenn ja: Wie sehr und wer und wie viel Geld sind Sie bereit, dafür einzusetzen, wenn Sie Aufmerksamkeit mit Nachhaltigkeit erzeugen wollen (Hein 2017a)?
- Seien Sie immer ehrlich – als Influencer wie Unternehmen: Nur Produkte, die passen und durch gute Qualität überzeugen, können auch durch Influencer erfolgreich beworben werden (Hein 2017a).
- Gute Influencer müssen vor allem eins sein: authentisch bzw. zumindest so wirken. Dabei kommt der Erfolg allerdings nur, wenn der Influencer auch ein guter Verkäufer ist. Weitere wichtige Eigenschaften: Schauspieler, Lebensberater und Entertainer sein (Strandt und Kriebel 16. August 2017).
- Wenn Sie für Ihr Unternehmen grundsätzlich mit Influencern in Kontakt treten wollen, um die passenden für Ihr Marketing zu finden: Bieten Sie attraktive Anreize.
- Als Influencer sollte man frühzeitig die rechtliche Situation genau kennen: Wenn man Geld für ein Posting bekommt, muss das Video mit dem beworbenen Produkt als Werbung kenntlich gemacht werden, ansonsten gilt es als Schleichwerbung und wird mit hohen Bußgeldern geahndet.
- Was Sie als Influencer für Ihre Starthilfe verwenden können: Suchmaschinen. Erhöhen Sie Ihre Chance, um in Suchmaschinen weit oben zu erscheinen und oft angeklickt zu werden, indem Sie ...
  - Keywords verwenden, nach denen häufig gesucht wird.
  - einen spannenden Titel wählen.

- Listicals bringen, also Listen, wie die zehn reichsten Influencer Deutschlands.
- Affiliate-Marketing mit Verlinkungen anbieten.

## Literatur

1&1 Digitalguide. (2016). Der richtige Marketing-Mix: Online vs. Offline. 1&1, 29. November 2016. https://hosting.1und1.de/digitalguide/online-marketing/verkaufen-im-internet/traditionelles-marketing-vs-onlinemarketing/. Zugegriffen: 11. Dez. 2017.

Brandt, M. (2014). Konsumenten vertrauen eher klassischer Werbung. Statista. https://de.statista.com/infografik/1753/vertrauen-in-werbung/. Zugegriffen: 14. Dez. 2017.

Gruner und Jahr. (2017). Welche der folgenden Eigenschaften finden Sie für Kooperationen zwischen Instagramern und Marken/Unternehmen besonders wichtig? Kooperationen sollen vor allem… Statista. https://de.statista.com/statistik/daten/studie/756196/umfrage/anforderungen-an-kooperationen-im-influencer-marketing/. Zugegriffen: 18. Nov. 2017.

Hein, D. (24. August 2017a). Das sind die Dos und Don'ts des Influencer Marketing. Studie von G+J Ems. *Horizont*. http://www.horizont.net/marketing/nachrichten/Studie-von-GJ-EMS-Das-sind-die-Dos-und-Donts-des-Influencer-Marketing-160546?utm_source=%2Fmeta%2Fnewsflash%2FHORIZONT_vor_9&utm_medium=newsletter&utm_campaign=nl11786. Zugegriffen: 26. Okt. 2017.

Hein, D. (10. Oktober 2017b). On-Demand schließt 2020 zu linearem Fernsehen auf. *Horizont*. http://www.horizont.net/medien/nachrichten/TV-Nutzung-On-Demand-schliesst-2020-zu-linearem-Fernsehen-auf-161721?utm_source=%2Fmeta%2Fnewsflash%2FHORIZONT_vor_9&utm_medium=newsletter&utm_campaign=nl12414. Zugegriffen: 26. Okt. 2017.

Horizont. (2016). Ranking der zehn deutschen Influencer auf Instagram mit dem höchsten Earned Media Value* im April 2016 (in 1.000 US-Dollar). Statista Dossier Influencer Marketing, S. 15. https://de.statista.com/statistik/studie/id/45106/dokument/influencer-marketing/. Zugegriffen: 18. Nov. 2017.

Horizont. (2017a). Wie wird sich die Relevanz von Influencer Marketing in Zukunft entwickeln? Statista. https://de.statista.com/statistik/daten/studie/748753/umfrage/zukuenftige-relevanz-von-influencer-marketing-in-deutschland/. Zugegriffen: 18. Nov. 2017.

Horizont. (2017b). Anteil der Befragten, die ein von Influencern beworbenes Produkt gekauft haben, nach Altersgruppen in Deutschland im Jahr 2017. Statista. https://de.statista.com/statistik/daten/studie/737794/umfrage/kauf-der-von-influencern-beworbenen-produkten-nach-alter-in-deutschland/. Zugegriffen: 18. Nov. 2017.

Koll, M. (2017). YouTube sagt TV-Werbung den Kampf an. Pulpmedia, 27. September 2017. https://www.pulpmedia.at/blog/youtube-gegen-tv-werbung/. Zugegriffen: 26. Okt. 2017.

LaunchMetrics. (2017a). Reichweite hilft: Influencer fördern besonders effektiv die Markenbekanntheit. Influencer-Marketing: Expertenmeinung – Vergleiche – Trends. https://de.statista.com/statistik/studie/id/43903/dokument/influencer-marketing-expertenmeinung—vergleiche—trends/. Zugegriffen: 18. Nov. 2017.

LaunchMetrics. (2017b). Die größte Schwierigkeit in der Marketing-Planung ist die geeignete Influencer Auswahl. Influencer-Marketing: Expertenmeinung – Vergleiche – Trends. https://de.statista.com/statistik/studie/id/43903/dokument/influencer-marketing-expertenmeinung—vergleiche—trends/. Zugegriffen: 18. Nov. 2017.

Meyer, M. (2017). Die Influencer-Jäger. *W&V 39*, 74–75.

Rondinella, G. (2017). Erstes Online-Magazin zum Thema Influencer Marketing geht an den Start. Horizont, 18. August 2017. http://www.horizont.net/medien/nachrichten/Le-Buzz-Erstes-Online-Magazin-zum-Thema-Influencer-Marketing-geht-an-den-Start-160391?utm_source=%2Fmeta%2Fnewsflash%2FHORIZONT_vor_9&utm_medium=newsletter&utm_campaign=nl11681. Zugegriffen: 26. Okt. 2017.

Saal, M. (16. August 2017). Influencer Marketing wirkt nicht nur bei Teenies. *Horizont*. http://www.horizont.net/marketing/nachrichten/Studie-Influencer-Marketing-wirkt-nicht-nur-bei-Teenies-160324?utm_source=%2Fmeta%2Fnewsflash%2FHORIZONT_vor_9&utm_medium=newsletter&utm_campaign=nl11647. Zugegriffen: 26. Okt. 2017.

Sonnenschein, B. (18. August 2017). Was die Werbewirkung von Influencern beeinflusst. *Horizont.* http://www.horizont.net/marketing/nachrichten/Kooperationen-mit-Social-Media-Stars-Was-die-Werbewirkung-von-Influencer-Marketing-beeinflusst-160276?utm_source=%2Fmeta%2Fnewsflash%2FHORIZONT_vor_9&utm_medium=newsletter&utm_campaign=nl11681. Zugegriffen: 26. Okt. 2017.

Strandt, A., Kriebel, D. (16. August 2017). Mit Influencern zur Best-Case-Kampagne. #NOSHIT. *Horizont.* http://www.horizont.net/marketing/kommentare/noshit-Mit-Influencern-zur-Best-Case-Kampagne-160320?utm_source=%2Fmeta%2Fnewsflash%2FHORIZONT_vor_9&utm_medium=newsletter&utm_campaign=nl11647. Zugegriffen: 26. Okt. 2017.

Tamblé, M. (2015). Funktionen der Influencer im Content Marketing. Influma. http://www.influma.com/blog/content-marketing-und-influencer-relations/. Zugegriffen: 14. Dez. 2017.

Tosev, T. (2017). Influencer werden: Der ultimative Guide für ambitionierte Instagrammer. bjoerntantau. https://bjoerntantau.com/influencer-guide-instagram-07022017.html. Zugegriffen: 30. Nov. 2017.

Wermke, C. (2016). Die neuen Meinungsführer. *Handelsblatt 190*, 67.
Y&R Group Switzerland. (2017) Top 5 Influencer-Typen. Media Use Indes 2017. https://www.yr-group.ch/mui/yr-group-switzerland-publiziert-media-use-index-2017. Zugegriffen: 14. Dez. 2017.

## Weiterführende Literatur

Die reichsten Blogger. (2017). Influencer der Welt. Blogger-Helden, 26. Februar 2017. http://www.blogger-helden.de/ratgeber/die-reichsten-blogger-influencer-der-welt-86. Zugegriffen: 26. Okt. 2017.
Gamescom stellt Virtuelle Realität als Trend-Thema nach vorne. (10. August 2016). *ZEIT.* http://www.zeit.de/news/2016-08/10/computer-gamescom-stellt-virtuelle-realitaet-als-trend-thema-nach-vorne-10140206. Zugegriffen: 26. Okt. 2017.
Hackober, J. (2017). Allein das Wort „Influencer" ist schon gefährlich! AMP Welt, 8. Januar 2017. https://amp.welt.de/amp/icon/mode/article160963232/Allein-das-Wort-Influencer-ist-schon-gefaehrlich.html. Zugegriffen: 26. Okt. 2017.
Heinrick, V. (o. J). Innovative Online Werbung von Ikea. Daily Business Inspiration. http://www.dailybusinessinspiration.com/innovative-online-werbung-von-ikea/. Zugegriffen: 26. Okt. 2017.
Henrichs, B. (28. Juli 2016). Wie Virtual Reality die echte Realität verändern wird. *Welt.* https://www.welt.de/regionales/hamburg/article156641870/Wie-Virtual-Reality-die-echte-Realitaet-veraendern-wird.html. Zugegriffen: 26. Okt. 2017.
Hubschmid, M., & Voß, O. (25. Juli 2017). Das lukrativste Hobby der Welt. *Tagesspiegel.* http://amp.tagesspiegel.de/wirtschaft/influencer-marketing-das-lukrativste-hobby-der-welt/20065718.html. Zugegriffen: 26. Okt. 2017.
Jarvis, J. (31. August 2016). Keine Angst, die Wirklichkeit verschwindet nicht! *Welt.* https://www.welt.de/debatte/kommentare/article157905097/Keine-Angst-die-Wirklichkeit-verschwindet-nicht.html. Zugegriffen: 26. Okt. 2017.
Kock, F. (6. September 2016). Das Geschäft mit der Glaubwürdigkeit. *Süddeutsche.* http://www.sueddeutsche.de/stil/influencer-marketing-das-geschaeft-mit-der-glaubwuerdigkeit-1.3138243!amp. Zugegriffen: 26. Okt. 2017.
KPMG. (2016). Dimensionen der Realitität. KPMG, April 2016. https://home.kpmg.com/content/dam/kpmg/pdf/2016/04/virtual-reality-exec-summary-de.PDF. Zugegriffen: 26. Okt. 2017.
Meyer, A. (2017). Diese Reise verändert dich. Deutschlandfunk, 29. Oktober 2017. http://www.deutschlandfunk.de/virtuell-wird-real-diese-reise-veraendert-dich.740.de.html?dram:article_id=374647. Zugegriffen: 26. Okt. 2017.
Mumme, T. (9. August 2017). Warum Angela Merkel die Nähe zu den YouTubern sucht. *Welt.* https://amp.welt.de/amp/politik/deutschland/article167522521/Warum-Angela-Merkel-die-Naehe-zu-den-YouTubern-sucht.html. Zugegriffen: 26. Okt. 2017.

Oeljeschlaeger, H. (2015). 8 Online Werbeanzeigen die uns überzeugt haben, für jedes Budget. Blog Hubspot Marketing, 28. Oktober 2015. https://blog.hubspot.de/marketing/online-marketing. Zugegriffen: 26. Okt. 2017.

Online-Werbung. (o. J.). Internetworld. https://www.internetworld.de/online-werbung-315853.html. Zugegriffen: 26. Okt. 2017.

PWC. (2016). Digital Trend Outlook 2016 – Virtual Reality: Nimmt der Gaming Markt eine Pionier-Rolle ein? CP Wissen, August. http://www.cpwissen.de/tl_files/pdf/STUDIEN/PwC_Studie_Virtual_Reality.pdf. Zugegriffen: 26. Okt. 2017.

Räth, G. (21. Juli 2017). Im Porno-Business heißt die Zukunft Hologramm. *Welt.* https://www.welt.de/sonderthemen/noahberlin/article165740818/Im-Porno-Business-heisst-die-Zukunft-Hologramm.html. Zugegriffen: 26. Okt. 2017.

Stewart, R. (2017). Virtuelle Realität: Die Zukunft der Kunst? DW, 22. März 2017. http://www.dw.com/de/virtuelle-realität-die-zukunft-der-kunst/a-38056979. Zugegriffen: 26. Okt. 2017.

Storytelling-Kampagnen. (2017). Storytelling: Die erfolgreichsten. Marketinginstitut, 11. August 2017. https://www.marketinginstitut.biz/blog/storytelling-die-top-10-der-erfolgreichen-storytelling-kampagnen/. Zugegriffen: 26. Okt. 2017.

Struller, J. (17. April 2017). Aufbruch in neue Welten. *Handelsblatt.* http://www.handelsblatt.com/technik/hannovermesse/virtuelle-realitaet-aufbruch-in-neue-welten/19544652.html. Zugegriffen: 26. Okt. 2017.

Trisko, A. (2016). Project Nourished: Essen in der virtuellen Realität. Trends der Zukunft, 15. Juli 2016. http://www.trendsderzukunft.de/tag/virtuelle-realitat/. Zugegriffen: 26. Okt. 2017.

Virtual Reality. (o. J.a). Welt. http://www.welt.de/virtual-reality/. Zugegriffen: 26. Okt. 2017.

Virtual-Reality. (o. J.b). Cebit. http://www.cebit.de/de/news/thema/virtual-reality/. Zugegriffen: 26. Okt. 2017.

Vogue Beauty News. (2016): Die 10 erfolgreichsten Beauty-Influencer weltweit. *Vogue,* 20. Oktober 2016. http://m.vogue.de/beauty/beauty-news/influencer-top-10. Zugegriffen: 26. Okt. 2017.

Witzeck, J. (2016). Setzt sich die virtuelle Realität jetzt endlich durch? Wirtschaftswoche, 31. August 2016. http://www.wiwo.de/technologie/digitale-welt/ifa-trend-virtual-reality-setzt-sich-die-virtuelle-realitaet-jetzt-endlich-durch/14480214.html. Zugegriffen: 26. Okt. 2017.

# Viele Gefahren – eine Antwort: Bildung!

## Wir müssen lernen

Estland ist das am weitesten digitalisierte Land in Europa. In dem nördlichsten Land des Baltikums werden die allermeisten Verwaltungsvorgänge zwischen Bürger und Staat ohne Papier erledigt, so gut wie alles kann per Computer geregelt werden. Es wird sogar digital gewählt. Zur Heirat muss ein Brautpaar allerdings noch persönlich im Rathaus erscheinen.

Wenn die Esten nicht verstünden, was Digitalisierung für sie heißt und wie sie damit umgehen müssen, könnten sie letzten Endes ihre Bürgerrechte gar nicht ausüben. Das heißt: Das Wissen über Digitalisierung wird zu einer Frage der gesellschaftlichen Teilhabe. Es muss also gesichert sein, dass alle Menschen mitgenommen werden und nicht ein Teil zurückbleibt. Das heißt wiederum: Es ist die Aufgabe der Politik, sicherzustellen, dass alle Bürger die Chance haben, auf den rasenden Zug der Digitalisierung aufzuspringen.

„Letztlich geht es um eine Weltgesellschaft, die allmählich digital mündig werden muss. Die Menschen müssen neu lernen, was ein Leben als digitaler Bürger bedeutet. Dazu zählt, die Quellen von Nachrichten kritisch zu hinterfragen und nicht alles zu glauben, was einem die Facebook-Timeline so auf den Bildschirm spült. Dazu zählt, zumindest eine Ahnung davon zu entwickeln, mit welchen Methoden die eigenen digitalen Aktivitäten ausgewertet werden. Und schließlich zählt dazu auch ein netzpolitisches Bewusstsein" (Bialek et al. 2017), heißt es im Handelsblatt.

Aber es ist, wie an mehreren Stellen bereits beschrieben, bei Weitem nicht immer leicht, die Quellen von Nachrichten kritisch zu hinterfragen und nicht alles zu glauben, was einem die Facebook-Timeline auf den Bildschirm spült. Facebook habe die Verantwortung, Fake News möglichst auf null zu reduzieren, wird Adam Mosseri, Vice President News Feed und damit „verantwortlich für alles, was die Facebook-Nutzer zu sehen bekommen", im Magazin Der Spiegel (Schulz 2017) zitiert. Deswegen müsse der Konzern schneller und klüger werden und bessere Entscheidungen treffen. Allerdings sagt Mosseri auch: „Wir können nicht für fast zwei Milliarden Menschen entscheiden, was wahr ist." (Schulz 2017). Facebook dürfe nicht die einzige Quelle der Wahrheit sein, dass sei eine heikle Position.

Weiter heißt es in dem Beitrag von Schulz (2017):

> Auch, wenn es manchmal so klingt: Zyniker sind sie hier im Silicon Valley nicht. Die großen Weltverbesserungspläne der Konzerne sind nicht lediglich PR-Masche. Die allermeisten Programmierer und Ingenieure hier glauben an ihre Mission, die Zivilisation voranzubringen. [...] Aber warum schaffen sie es dann nicht, offensichtliche Lügen zu eliminieren? Was ist das für ein Kleinmut auf einmal? Facebook marschiert voran in allen Ländern der Erde – aber wenn es um Wahrheit und Demokratie geht, dann wird es schwierig, wird es kompliziert, sind die Hände gebunden? Nackte Brüste werden herausgefiltert, aber wenn jemand Flüchtlinge in die Gaskammern schicken will, kann er seine Ansichten auf Facebook verbreiten? Volksverhetzung und Onlinemobbing seien schwer zu erkennen für Maschinen, sagt Mosseri. Und dazu spiele ‚Kontext' eine große Rolle: Die Algorithmen verstehen keine Ironie, erkennen nicht, was nur Zitat ist. Facebook wolle kein Zensor sein, ‚wer hier Fehler macht, muss sie teuer bezahlen.' Es ist eine unbefriedigende Antwort, Mosseri weiß das, ‚wir brauchen bessere Instrumente'.

„Doch das kann dauern," heißt es in dem Spiegel-Artikel, „und darin liegt das Problem der Philosophie der Tech-Konzerne: Erfunden wird im Laufschritt, oft ohne zu wissen, wo genau es hingeht. Das macht die Prozesse schnell und geht gut, solange sich Fehler einfach ausbügeln lassen. Und über allem liegt ein Furnier aus Arroganz: alles besser wissen zu wollen und sich von niemandem etwas sagen zu lassen. Doch Tempo und Arroganz ergeben eine explosive Kombination, wenn die Einsätze höher werden, wenn es darum geht, Antworten auf gesellschaftliche Krisen zu finden" (Schulz 2017).

Gesellschaftliche Krisen will die staatliche Führung in China mit aller Gewalt verhindern, am besten gleich im Keim ersticken. So wurde beispielsweise nach einer Bevölkerungsexplosion in den 50er und 60er Jahren des vergangenen Jahrhunderts 35 Jahre mit der Ein-Kind-Politik das Geburtenwachstum brachial gesenkt, um so Hungersnöte zu vermeiden und die wirtschaftliche Entwicklung zu fördern. Heute setzt das Zentralkomitee der kommunistischen Partei die Möglichkeiten der digitalen Neuzeit ein, um das Volk zu überwachen: das Sozialkreditpunktesystem. Damit will China seine 1,4 Mrd. Einwohner disziplinieren, kontrollieren und zu einem sozialen Verhalten zwingen, wie es den Vorstellungen der Staatsführung entspricht.

Das System, das derzeit in einigen Zonen angewandt wird und 2020 für ganz China gelten soll: Jeder Einwohner hat ein 1000-Punkte-Konto. Verhält er sich vorbildlich, besucht er beispielsweise regelmäßig seine Eltern und trennt umweltbewusst seinen Abfall, erhält er Punkte dazu. Verhält er sich in den Augen der Führung nicht vorbildlich und bewohnt etwa eine große Wohnung ganz alleine, werden ihm Punkte abgezogen.

Je mehr Punkte also ein Chinese auf seinem Punktekonto hat, umso vertrauenswürdiger ist er für den Staatsapparat. Und wer mehr Punkte hat, darf dann auch mehr Privilegien in Anspruch nehmen, er erhält z. B. schneller Kredite oder sogar einen Job in einer staatlichen Organisation.

Daten dafür will der Staat von allen möglichen Plattformen einbeziehen, etwa die des Online-Händlers Alibaba, dessen Finanz-App Alipay rund 500 Mio. Chinesen für mobiles Bezahlen benutzen. „Die 25 Millionen Einwohner zählende Wirtschaftsmetropole Schanghai testet seit geraumer Zeit die App ‚Ehrliches Schanghai' mit Freiwilligen. Die App ruft 5000 Einzelangaben von 100 Ämtern und Behörden ab und erstellt danach ein Profil, das mit Kategorien bewertet wird. Diese reichen von gesellschaftlich vorbildlich bis asozial. Die App scannt auch das Gesicht des Nutzers. Bei der Entwicklung und dem Einsatz von Gesichtserkennung ist China weltweit führend" (Ankenbrand 22. November 2017), schreibt Hendrik Ankenbrand für die FAZ. Dabei ist heute noch unklar, wie das bei der Menge an Menschen überhaupt kontrolliert werden kann, ob nicht auch hier wieder die weit verbreitete Korruption ihren Weg ins System finden wird.

Ziel dieses Systems ist offenbar der gläserne Einwohner, über den der Staat alles weiß. Er weiß, was er auf Online-Plattformen schreibt, was er einkauft, was er tagtäglich tut, wie er seine Freunde, Familie und Umwelt behandelt, wie viel Verkehrsvergehen er begangen hat etc. Und jeder Einwohner weiß dann auch, dass alles, was er sagt und tut, ihn Punkte kosten kann. Das Ergebnis: total angepasste Menschen in einer IT-Diktatur.

## Das neue Verhältnis von Mensch und Maschine

An der Art und Weise, wie die chinesische Staatsführung mit ihren Einwohnern kommunizieren will, lässt das Sozialkreditpunktesystem keinen Zweifel. Internet und Digitalisierung sind zu einem willkommenen

Instrument von Diktatoren geworden. Welche großen Hoffnungen waren einst mit dem Internet verknüpft worden, allein das Entstehen des sogenannten arabischen Frühlings wurde den boomenden sozialen Netzwerken zugeschrieben. Die in den 1990er Jahren noch idealisierte Kommunikationsrevolution, die das Potenzial eines globalen Bewusstseins mit dem Internet entstehen sah, zeigt sich in der Praxis sehr pragmatisch – und politisch willfährig. Dass ein US-Präsident hauptsächlich über den Kurznachrichtendienst Twitter mit seinem Volk kommuniziert und dabei die ihm lästige „Fake-News-Presse", wie er behauptet, außen vor lässt, konnte damals auch noch kein IT-Guru voraussagen.

Neue Geschäftsmodelle entstehen, wenn Menschen sich weltweit vernetzen und in Echtzeit kommunizieren. Wie an verschiedenen Stellen bereits dargelegt, müssen sich vor allem große Konzerne einer nicht zu unterschätzenden Transparenzoffensive stellen, die keine Rücksicht auf Hierarchien nimmt: Unternehmens müssen sich, zumindest in der freien Welt, mit einer starken, kritischen Community auseinandersetzen und sich den neuen Kommunikationsregeln anpassen. Die Stimme des Unternehmens zählt dabei nicht mehr als die der User, die damit eine neue Macht in den Händen halten könnten. Und die Community überwindet Distanzen und Grenzen ohne Mühe, lässt sich allerdings auch in bestimmte Filterblasen fragmentieren. Die Algorithmen bestimmen zunehmend die Inhalte, die den Nutzern im Internet präsentiert werden – bestimmte Eindrücke werden auf diese Weise verstärkt, was die Wahrnehmung von der realen Welt durchaus verzerrt (Lindner und Klug 2017).

Auf der anderen Seite kommunizieren künftig Dinge miteinander, wenn Häuser intelligent werden und sich entsprechend den Vorgaben automatisch selbst steuern, Kühlschränke direkt Lebensmittel online ordern oder Alexa die Fragen des Alltags abnimmt. Das mag bequem sein, lässt aber auch Kompetenzen verkümmern und neue Abhängigkeiten entstehen. Per Chip im Körper werden medizinische Daten erfasst, mit auf Big Data fußenden Statistiken abgeglichen und an den Arzt übermittelt – oder gleich das benötigte Medikament verabreicht. Die elektronische Fußfessel ist längst gängige Praxis, sie überwacht unsere Bewegungen, kann aber deutlich mehr. Wir werden als Gesellschaft immer abhängiger von der Technik, ersetzt sie doch zunehmend die menschliche Arbeit. Gleichzeitig nähern sich die Maschinen immer mehr dem Menschen an, wenn die steuernden Computer aus den Erfahrungen lernen und sich selbst weiterentwickeln (Dueck 2017).

Kommunikation wird schnell zur nonverbalen Angelegenheit, wenn intelligente Sensoren praktisch im Vorbeigehen alle relevanten Informationen austauschen. In der Industrie steuern sie längst die automatisierten Prozesse, im ganz alltäglichen Leben erledigen sie den Bezahlvorgang in Geschäften bereits berührungslos – und ohne ein Wort wechseln zu müssen (Rauscher 2017).

## Künstliche Intelligenz – das nächste große Ding

Noch vor wenigen Jahren mussten wir ins Kino gehen, wollten wir auf einen Avatar stoßen. Heute wird, egal wo, einfach nur eine spezielle Brille aufgesetzt, und schon können wir in vollen Zügen in eine andere Welt eintauchen und, wenn wir wollen, uns auch mit Avataren treffen – dank der Virtuellen Realität, kurz VR. Was hier so nach Sci-Fi klingt, dürfte in kurzer Zeit die Grenzen zwischen realer und virtueller Welt immer weiter verschwimmen lassen.

Genau da beginnen aber die Probleme, denn unser menschliches Gehirn ist noch nicht fit für die virtuellen Reisen in die fantastischen Welten. Empfindliche Menschen ziehen sich auch in der VR die ganz profane Reisekrankheit, auch gern als Motion Sickness bezeichnet, zu und reagieren mit Kopfschmerzen und Übelkeit. Daran können die Fortschritte in puncto Auflösung oder auch in Bezug auf die Möglichkeiten zur Interaktion nichts ändern. Hier sind weitere Entwicklungen notwendig. Das Ziel heißt: volle Bewegungsfreiheit – und die scheint in greifbarer Nähe zu sein. Bereits jetzt erobert sich VR, die ihre Ursprünge in der kreativen Spielewelt hat, sukzessive weitere Unterhaltungsbereiche wie Filme, die mit VR-Erlebnissen bestückt werden, oder die Musikszene. Mit der Verfeinerung der Technologie und Marktfähigkeit der handlichen VR-Brillen, die bereits avisiert sind, werden die Erlebnisse in der virtuellen Welt noch authentischer, noch intensiver – und damit auch gefährlicher: Die im Kampf mit lebensecht dargestellten Untieren, Aliens oder anderen Widersachern entwickelten Gefühle enden nicht mit dem Absetzen der Brille. Sie werden mit in die ganz reale Welt genommen und müssen dort aufgefangen werden (Krizsak 2017).

Die Technologie hat sicher noch einige wichtige Schritte zu absolvieren, diese sind aber bereits absehbar: Multifokus-Displays, welche die bei einigen Usern auftretende VR-Übelkeit oder Motion Sickness verhindern sollen, und Eye-Tracking, also Geräte, die praktisch in Echtzeit eine Analyse der Blickbewegungen ermöglichen. Diese Schritte werden nicht nur die anstrengenden Aspekte in der virtuellen Welt reduzieren, sie sollen auch den echten Blickkontakt mit anderen Avataren oder computersimulierten Charakteren erlauben (Bastian 2017).

Die virtuelle Realität eröffnet eine ganze Reihe weiterer Anwendungsmöglichkeiten, die von der Kunst über die Bildung bis hin in die Wirtschaft reichen: Reisebüros können ihren potenziellen Kunden mithilfe der VR-Brille einen authentischen Eindruck von den Reisezielen in aller Welt verschaffen, Sportbegeisterte treten gegen virtuelle Kontrahenten an, 3D-Malprogramme eignen sich dazu, begehbare Kunstwerke zu kreieren – welch eine Reizüberflutung für das Gehirn. Für Architekten und Konstrukteure hingegen bringt die Technologie deutliche Erleichterungen. Sie können direkt verfolgen, wie sich ihre Entwürfe in der Realität entwickeln und darstellen werden (Krizsak 2017). Aber auch in der Telemedizin bietet VR ebenso wie Augmented Reality schon jetzt bahnbrechende Möglichkeiten bei operativen Behandlungen bzw. deren Planungen.

Mögen einige Aspekte vielleicht fragwürdig erscheinen, könnte die virtuelle Realität doch erhebliche Vorteile in vielen Bereichen bringen – insbesondere als Realitätserweiterung, also als Augmented Reality (AR). Diese Technologie ist längst üblich, bei Fußballübertragungen liefert die eingeblendete Abseitslinie regelmäßig den Beweis für die Fähigkeiten des Schiedsrichters. Die Weiterentwicklung dieser Ansätze könnte das Eintauchen in eine virtuelle Umgebung ermöglichen, ohne den Kontakt zur Realität zu verlieren: Beim Einkaufsbummel lassen sich beispielsweise Informationen zur Ware, wie beispielsweise zum Herkunftsland, zur optimalen Zubereitung oder Anwendung, direkt im Verkaufsraum in 3D konsumieren. Video-Konferenzen erhalten per Headset eine weitere Dimension und werden damit deutlich authentischer. Reisekosten lassen sich auf diese Weise ebenso sparen wie Planungszeit, Fehlerquellen werden reduziert und die Planungsqualität verbessert (Wiesend 2016).

Ob Virtuelle Realität oder Realitätserweiterung, ob Sprachsteuerung oder Fake-News-Erkennung – die Digitalisierung nimmt ihren Lauf. Dabei ist sie sicher nicht das Nonplusultra und in den falschen Händen häufig auch kein Segen. Aber sie bricht sich Bahn. Und der Treibsatz schlechthin für die Wirtschaftszweig für Wirtschaftszweig verschlingende Digitalisierung ist die künstliche Intelligenz (KI). Zunächst führte diese das Dasein eines Mauerblümchens am Rande der technischen Revolution, doch jetzt steht sie mehr und mehr im Mittelpunkt. Fast täglich werden aus den Laboratorien Fortschritte und neue Entwicklungen gemeldet, die schon morgen unsere Welt verändern werden. Mit der künstlichen Intelligenz sind auch große Hoffnungen verbunden: eine schöne, neue Welt, in welcher der Mensch kaum noch arbeiten muss. Roboter nehmen ihm vieles ab. Der persönliche Roboter erledigt nicht nur Haushalt und Einkauf, er pflegt auch kranke oder bedürftige Familienangehörige.

Wäre da nicht auch die Angst, Angst vor dem Verlust von Arbeitsplätzen. Steht bald ein Heer von schlecht oder kaum ausgebildeten Menschen in Konkurrenz mit Robotern um den Arbeitsplatz? Wird es nur eine schöne, neue Welt für die sein, welche die Roboter entwickeln, also hoch qualifizierte Tätigkeiten ausüben, die Roboter (noch) nicht ersetzen können?

Schon heute ist die Wissenschaft auf dem Weg, Computer zu bauen, die selbst lernen können. Maschinen treffen Entscheidungen, die ihnen kein Programmierer vorgeschrieben hat: Sie lernen aus den vielen Fallbeispielen, die ihnen vorgegeben wurden, bilden praktisch einen Erfahrungsschatz, aufgrund dessen sie in neuen Situationen Entscheidungen treffen. Die Branche nennt diese Methodik „Deep Learning".

Yann LeCun, KI-Chef von Facebook, wird von Thomas Schulz (2017) im Spiegel zitiert: „Ohne künstliche Intelligenz würde Facebook heute nicht mehr funktionieren." Algorithmen würden die Vorlieben der Nutzer lernen und schon bald sie eine flüssige Unterhaltung mit dem Computer möglich machen.

Schulz (2017) weiter: „Wann Maschinen menschenähnliche Intelligenz erreichen werden, ist umstritten, vielleicht in 20 Jahren, vielleicht in 100 Jahren, die meisten Forscher aber halten es prinzipiell für möglich. Erreichen sie diesen Punkt erst einmal, könnten sie sich selbst verbessern und zu einer neuen Superintelligenz heranwachsen, so argumentiert der Oxford-Philosoph Nick Bostrom." Und viele Experten stimmen Bostrom zu.

Und damit stehen wir wieder am Anfang dieser Schlussbemerkungen: Wenn wir nicht in Bildung investieren, neue Methoden und Wege für das lebenslange Lernen entwickeln, wenn die Bildung der Menschheit nicht Schritt hält mit der digitalen Revolution, dann werden die Maschinen übernehmen. Ob sie nun Cyborgs sein werden oder dem Menschen nicht verwandte Roboter – sie werden kein Mitleid mit der doch so unvollendeten Menschheit haben. Daher noch einmal eindringlich: Es ist die Aufgabe der Politik, sicherzustellen, dass alle Menschen die Chance haben, auf den rasenden Zug der Digitalisierung aufzuspringen. Wir brauchen eine Bildung, die Kindern nicht nur hilft, sich zurecht zu finden, sondern die auch dabei hilft, ihre eigene Zukunft zu gestalten. Zur Erinnerung das Zitat der Calliope-Initiative, die in Kindern die Begeisterung für IT wecken möchte: „Nur, wer weiß, was hinter den Apps und Gadgets der smarten Welt steckt, was Daten wirklich bedeuten und wie wir uns durch clevere Anwendungen selbst schützen können, wird sich selbstverständlich und ohne Angst in ihr bewegen." (Calliope 2017)

I don't know why people are so keen to put the details of their private life in public; they forget that invisibility is a superpower (Banksy).

Der Spray-Künstler Banksy hat seine Vorstellung von Superpower, Elon Musk, der ungewöhnliche Tesla- und SpaceX-Chef, hat eine andere. Und da wir schon an verschiedenen Stellen dieses Buches den US-Präsidenten erwähnt haben, zum Schluss dieses Zitat von Musk: Unsere digitale Präsenz durch E-Mail oder Social Media sei eine „Superkraft" wie bei einem Cyborg. „Du hast mehr Macht als der Präsident der Vereinigten Staaten vor 20 Jahren hatte. Du kannst jede Frage beantworten, du kannst jederzeit und an jedem Ort eine Videokonferenz einberufen. Du kannst innerhalb von Sekundenbruchteilen Millionen von Menschen eine Nachricht senden. Du tust einfach Unglaubliches" (Stollen 2016).

Das Unglaubliche hat sicher noch kein Ende. Es wird noch viel mehr Unglaubliches entwickelt werden, das uns ungeahnte Möglichkeiten, aber auch Gefahren in der digitalen Welt eröffnen wird. Und damit die Leser dieses Leitfadens auf dem Laufenden bleiben, ein letzter Tipp: Talk about digital – unser Blog, in dem wir neue Berichte, Ideen, Kommentare und Bilder aus dem Digital-Universum veröffentlichen werden.

## Literatur

Ankenbrand, H. (22. November 2017). Nationales Punktesystem – China plant die totale Überwachung. *Frankfurter Allgemeine Zeitung (FAZ), Wirtschaft.* http://www.faz.net/aktuell/wirtschaft/china-plant-mit-nationalem-punktesystem-die-totale-ueberwachung-15303648.html?printPagedArticle=true#pageIndex_0. Zugegriffen: 7. Jan. 2018.

Bastian, M. (2017). Playstation VR: Sony-Forscher spricht über die Zukunft der VR-Brille. Vrodo. https://vrodo.de/playstation-vr-sony-forscher-spricht-ueber-die-zukunft-der-vr-brille/. Zugegriffen: 30. Nov. 2017.

Bialek, C., et al. (2017). Das Geschäft mit den Daten – Die unheimliche Macht. *Handelsblatt* 27./28./29. Oktober 2017, Nr. 208, S. 50 ff.

Calliope. (2017). Calliope mini: Weil coden Spaß macht. Worum geht es in dem Projekt? https://www.startnext.com/calliope. Zugegriffen: 3. Jan. 2018.

Dueck, G. (2017). Keynote Kompetenzwende. Schulze Kopp. http://schulzekopp.de/dueck-pmk-2017-keynote-gunter-kompetenzwende/. Zugegriffen: 30. Nov. 2017.

Krizsak, C. (2017). Wie sieht die Zukunft von Virtual Reality aus? VR World. https://vr-world.com/zukunft-von-virtual-reality-im-jahr-2017/. Zugegriffen: 30. Nov. 2017.

Lindner, M., & Klug, M. (2017). *Morgen weiß ich mehr: Intelligenter lernen und arbeiten nach der digitalen Revolution.* Hamburg: tredition.

Rauscher, B. (2017). Industrie-4.0-konform. Intelligente Sensoren für die vernetzte Kommunikation von morgen. Digital industrielle Automation. http://digital.industrielle-automation.net/industrielle-automation-2-2017/58127173/26. Zugegriffen: 30. Nov. 2017.

Schulz, T. (2017). Zuckerbergs Zweifel. *Der Spiegel, 14,* 16 ff.

Stollen, M. (2016). 9 verrückte Zitate von Elon Musk. businessinsider.de, 20. Mai 2016. http://www.businessinsider.de/9-verrueckte-zitate-von-elon-musk-2016-6?op=1. Zugegriffen: 7. Jan. 2016.

Wiesend, S. (2016). Augmented Reality & Virtual Reality. AR- & VR-Lösungen im Unternehmen. Computerwoche. https://www.computerwoche.de/a/ar-und-vr-loesungen-im-unternehmen,3217983. Zugegriffen: 30. Nov. 2017.

GPSR Compliance

The European Union's (EU) General Product Safety Regulation (GPSR) is a set of rules that requires consumer products to be safe and our obligations to ensure this.

If you have any concerns about our products, you can contact us on

ProductSafety@springernature.com

In case Publisher is established outside the EU, the EU authorized representative is:

Springer Nature Customer Service Center GmbH
Europaplatz 3
69115 Heidelberg, Germany

www.ingramcontent.com/pod-product-compliance
Lightning Source LLC
LaVergne TN
LVHW020327260326
834688LV00037B/909